Das Falschdenkersyndrom

Hans Georg Hoyer

Das Falschdenkersyndrom

Warum wir Menschen
zwangsläufig falsch denken
und was wir tun können,
das möglichst abzustellen

Hans Georg Hoyer
Radeberg, Deutschland

ISBN 978-3-658-32864-1   ISBN 978-3-658-32865-8 (eBook)
https://doi.org/10.1007/978-3-658-32865-8

Die Deutsche Nationalbibliothek verzeichnet diese Publikation in der Deutschen Nationalbibliografie; detaillierte bibliografische Daten sind im Internet über http://dnb.d-nb.de abrufbar.

© Der/die Herausgeber bzw. der/die Autor(en), exklusiv lizenziert durch Springer Fachmedien Wiesbaden GmbH, ein Teil von Springer Nature 2021
Das Werk einschließlich aller seiner Teile ist urheberrechtlich geschützt. Jede Verwertung, die nicht ausdrücklich vom Urheberrechtsgesetz zugelassen ist, bedarf der vorherigen Zustimmung des Verlags. Das gilt insbesondere für Vervielfältigungen, Bearbeitungen, Übersetzungen, Mikroverfilmungen und die Einspeicherung und Verarbeitung in elektronischen Systemen.
Die Wiedergabe von allgemein beschreibenden Bezeichnungen, Marken, Unternehmensnamen etc. in diesem Werk bedeutet nicht, dass diese frei durch jedermann benutzt werden dürfen. Die Berechtigung zur Benutzung unterliegt, auch ohne gesonderten Hinweis hierzu, den Regeln des Markenrechts. Die Rechte des jeweiligen Zeicheninhabers sind zu beachten.
Der Verlag, die Autoren und die Herausgeber gehen davon aus, dass die Angaben und Informationen in diesem Werk zum Zeitpunkt der Veröffentlichung vollständig und korrekt sind. Weder der Verlag, noch die Autoren oder die Herausgeber übernehmen, ausdrücklich oder implizit, Gewähr für den Inhalt des Werkes, etwaige Fehler oder Äußerungen. Der Verlag bleibt im Hinblick auf geografische Zuordnungen und Gebietsbezeichnungen in veröffentlichten Karten und Institutionsadressen neutral.

Lektorat: Thomas Zipsner
Springer ist ein Imprint der eingetragenen Gesellschaft Springer Fachmedien Wiesbaden GmbH und ist ein Teil von Springer Nature.
Die Anschrift der Gesellschaft ist: Abraham-Lincoln-Str. 46, 65189 Wiesbaden, Germany

Für Alexander, Magdalena, Thomas, Olivia, Maja und Moritz und für meinen Freund Siegfried, der mich immer darin bestärkt hat, dieses Buch zu schreiben.

Denken ist die schwerste Arbeit, die es gibt. Das ist wahrscheinlich auch der Grund, warum sich so wenig Leute damit beschäftigen.

Henry Ford

Prolog

Es ist ein großer Zufall und von unschätzbarem Wert, dass wir Menschen im Zuge der Evolution mit einem einzigartigen Organ, dem Gehirn beschenkt worden sind. Dieses „Menschengehirn" ermöglicht dem Menschen Denkprozesse und Erkenntnisse, die kein anderes Lebewesen dieser Erde, ob mit oder ohne Gehirn, zu leisten vermag. Die Voraussetzung dafür ist allerdings, dass der Mensch sein Gehirn richtig benutzt.

Leider hat die Evolution vergessen, uns die Gebrauchsanweisung für die sinnvolle Nutzung unseres Gehirns mitzugeben. Deshalb nutzen nur vergleichsweise wenige Menschen ihr Gehirn einigermaßen richtig. Die große Mehrheit nutzt ihr Gehirn falsch (Falschdenker) oder gar nicht (Fauldenker). Mittlerweile haben wir zwar herausgefunden, dass es in Sachen Komplexität kein vergleichbares Etwas zu unserem Gehirn gibt. Wir wissen schemenhaft über einzelne Abläufe Bescheid und wir können Hypothesen über die Arbeitsweise unseres Gehirns aufstellen. Aber den richtigen Durchblick haben wir noch lange nicht, auch wenn Wissenschaftler mit der sogenannten künstlichen Intelligenz versuchen, unserem Gehirn auf die Spur zu kommen. Es kann aufgrund der Kompliziertheit und unserer Unwissenheit definitiv keine fundierte Gebrauchsanweisung geben. Aber wir können infolge unserer bisherigen Erkenntnisse und Erfahrungen zumindest Handlungsanweisungen und Nutzungsempfehlungen für den Umgang mit unserem Gehirn formulieren. Wir können Hypothesen darüber aufstellen, wie unser Gehirn arbeiten könnte und daraus ableiten, wie wir mit ihm umgehen sollten. Irrtümer und Fehler sind dabei unumgänglich, denn wir Menschen können nur durch eben diese Irrtümer und Fehler den Umgang mit unseren Gehirnen erlernen.

Wenn wir uns die Geschichte der Menschheit anschauen, dann sind Irrtümer und Fehler nicht zu übersehen. Wenn wir uns den aktuellen Zustand der Menschheit anschauen und analysieren, müssen wir zwangsläufig konstatieren, dass sich die Irrtümer und Fehler zwar den aktuellen Gegebenheiten angepasst, aber in ihrer Häufigkeit und Intensität nicht nachgelassen haben. Im Gegenteil, noch nie in der Menschheitsgeschichte waren die Nebenwirkungen der Menschen auf ihre Umwelt so gravierend und zerstörerisch.

Es bleibt die Frage, warum die Menschheit nicht aus ihren Fehlern und Irrtümern gelernt hat bzw. wann die Menschheit endlich mit dem Lernen anfangen will. Genau dazu will dieses Buch anregen, denn das Falschdenkersyndrom und die Pandemie der Dummheit verhindern das Lernen der Menschheit. Dieses Buch ist der Versuch, das Fühlen, Denken und Handeln der Menschen und speziell das falsche Denken allgemeinverständlich zu erklären.

In *Teil 1* geht es geht es um das Denken der Menschen, wie Fühlen, Denken und Handeln funktionieren, was es mit den Begriffen Bewusstsein, Unterbewusstsein und Gedächtnis auf sich hat und weshalb falsches Denken unvermeidlich ist.

In *Teil 2* werden Folgesyndrome und konkrete Symptome unseres falschen Denkens erläutert. Das Falschdenken entwickelt sich nach meiner persönlichen Einschätzung weltweit rasant. Deshalb benutze ich den Begriff „Pandemie der Dummheit" als Untertitel, denn falsches Denken ist ohne Zweifel das Dümmste, was die Menschheit so fabriziert und, es grassiert länderübergreifend.

Der Buchtitel „Das Falschdenkersyndrom" erklärt sich selbst.

In der Heilkunde bedeutet ein Syndrom so viel wie: *Ganz Genaues weiß man nicht, aber ein Syndrom besteht aus einer Gruppe von Symptomen, die Dutzende verschiedene Krankheiten umfassen können.*

Wir müssen also lediglich die Symptome des falschen Denkens identifizieren, dann haben wir es, das Falschdenkersyndrom.

Dieses Buch schreibe ich mitten in der Corona-Krise, der weltweit größten Krise seit dem Zweiten Weltkrieg. Die Infektionsrate steigt exponentiell an, weil das Coronavirus offensichtlich hochinfektiös ist und viele Menschen diese Tatsache ignorieren oder die Gefahren einer Ansteckung unterschätzen. Wenn selbsternannte „Experten" dann die Gefahren auch noch verharmlosen und Vorsichtsmaßnahmen als übertrieben oder unnötig bezeichnen, dann nimmt die Verbreitung des Virus ihren Lauf. Die Symptome eines Virusbefalls ähneln anfangs den Grippesymptomen Fieber und Husten. Danach kann es in schweren Fällen zu Lungenentzündungen, zu Organschädigungen sowie zu Schäden am Nervensystem kommen. Die Zahl der Todesopfer in Zusammenhang mit einer Corona-Infektion steigt täglich. Unter anderem spricht man von einem *Atemwegs-*

syndrom oder einem *akuten Atemnotsyndrom.* Es kommt also zu verschiedenen Symptomen, was die Behandlung nicht erleichtert.

Trotz Kontaktverboten und Ausgangsbeschränkungen verbreitet sich das Virus kontinuierlich über Ländergrenzen hinweg. Es ist ohne Zweifel eine länderübergreifende Infektionskrankheit, eine Pandemie. Auswirkungen sind nicht annähernd abzuschätzen. Selbst wenn in absehbarer Zeit wirksame Medikamente oder gar Impfstoffe entwickelt werden und die Pandemie gestoppt werden kann, sind die wirtschaftlichen Folgen höchstwahrscheinlich gravierend. Von Wachstum, dem ewigen Mantra von Politik und Wirtschaft, wird vorerst keine Rede mehr sein. Dies könnte als eine Chance zum Umdenken genutzt werden. Endlich weg vom Falschdenken des unbegrenzten Wachstums, der unbegrenzten Ressourcen, des menschengemachten Klimawandels und des ewigen weiter so wie bisher. Leider wird nichts dergleichen passieren. Das Falschdenkersyndrom grüßt trotz Corona siegesgewiss aus den Vorstandsetagen der Weltkonzerne, aus den Regierungsgebäuden der ganzen Welt und nicht zuletzt grüßt die Pandemie der Dummheit von zahllosen Klugscheißern und Besserwissern aus den sozialen Medien.

Wir können das Falschdenken der Menschen nicht ändern, aber wir sollten es trotzdem versuchen.

Albert Einstein wird der Ausspruch zugeschrieben:

„Es gibt zwei Dinge auf dieser Welt, die unendlich sind.
Das eine ist das Weltall und das andere die Dummheit der Menschen."

Beim Weltall soll er sich nicht ganz sicher gewesen sein.

Welch weiser Mann, dieser Einstein. Er konnte von unserer Informationsgesellschaft noch nichts wissen.

Frage: Stimmt das wirklich, sind wir Menschen wirklich so dumm?

Antwort: JEIN! Lesen Sie das Buch. Halten Sie durch, wenn es auch manchmal schwerfallen sollte. Nehmen Sie sich die Zeit, lesen Sie in Ruhe und vor allem denken Sie nach. Machen Sie sich Ihre eigenen Gedanken dazu. Lesen Sie andere Bücher zum Thema.

Im Anhang finden Sie eine Liste mit Büchern, die ich Ihnen empfehlen kann.

Ich habe beim Schreiben dieses Buches sehr viel Zeit für das Denken verwendet. Dabei habe ich viele auch für mich selbst neue Erkenntnisse gewonnen, obwohl ich mir am Anfang ziemlich sicher war, dass ich wüsste, was ich schreiben will. Ich bedaure nun ein wenig, dass ich diese Erkenntnisse nicht schon in jungen Jahren haben konnte. Wahrscheinlich hätte ich viel falsches Denken vermeiden können. Aber hätte, hätte Fahrradkette – das Einzige, was der Mensch nicht ändern kann, ist seine Vergangenheit. Morgen beginnt immer die Zukunft und heute ist der erste Tag vom Rest meines Lebens.

Radeberg, im Oktober 2020						Hans Georg Hoyer

Inhaltsverzeichnis

Prolog	VII
Teil 1 – Wie Fühlen, Denken und Handeln funktionieren	1
Was ist ein Mensch?	1
Wie lebt ein Mensch?	4
Fühlen, Denken und Handeln	5
Definition „Denken"	9
Mitspieler 1: Die Information(en)	14
Mitspieler 2: Die Wahrnehmung	19
Mitspieler 3: Das Gehirn	27
Hypothese: Das Gehirn, unsere Fühl- und Denkfabrik	29
Riesenspeicher Gedächtnis	31
Das Denken – ein Arbeitsprozess	35
Abteilung Unterbewusstsein (UBWS)	37
Abteilung Bewusstsein (BWS)	39
Abteilung Gedächtnis (GDS)	44
Fabrikarbeiter Gehirnzellen	46
Einsteins Gehirn	47
Neuronen-Mitarbeiter	49
Gliazellen-Mitarbeiter	50
Vorgänge im Zellkörper (ganz stark vereinfacht)	50
Wie sich die Fühl- und Denkfabrik Gehirn entwickelt	51
Das GIGO-Prinzip (nach Edward de Bono)	55
Die Ich-Illusion	58
Was ist Lesen?	61
Und was ist Schreiben?	64
Schadmoleküle	65
Disharmonie der Botenstoffe	71
Intelligenz und Denken	76
De Bonos Gleichnis	80

Die Intelligenzfalle	81
Denken, Kreativität und Intelligenz	82
Was ist Dummheit?	85
Dumme Fragen	88
Gefühle	89
Gedanken und Gefühle bei identischen Informationen	96
Was ist Kohärenz?	97
Was ist Liebe?	99
Fazit Pseudoliebe?	101
Besitzdenken	102
Der Streit zwischen Sonne und Wind	103
Wozu sind Gefühle wie Liebe noch gut?	105
Richtig oder falsch	110
Gibt es einen freien Willen?	115
Recht auf freie Meinungsäußerung	124
Falsches Denken	126
Alternative zum Dreiabteilungsgehirn	130
Persönlichkeit	133
Was ist Glauben?	144
Die Physiognomie des menschlichen Zellhaufens	147
Denken und Kommunikation	151
Streit – eine Form der Kommunikation	152
Gefahren der Ich-Illusion	155
Geschmackstest Kaffee	156
Das geistige Auge	160
Die Objektivitätsillusion	163
Zwischenfazit Zellhaufen Mensch	164
Maßnahmenkatalog gegen das Falschdenken	168
Teil 2 – Folgesyndrome und konkrete Symptome des falschen Denkens	**173**
Kinder sind unschuldig	176
Mainstream	180
Wachstum	181
Die Kehrseite des Wachstums	185
Der Preis des Wachstums	186
Falschdenker	187

Bilder statt Worte	188
Informationen	189
Symptom Religion	192
Die Erschaffung der Hölle	197
Symptom Krieg – wohl die schlimmste Folge des Falschdenkens	199
Kleiner Themenwechsel: Wen nehmen Sie mit?	202
Das Führersyndrom	204
Woher kommt das Führersyndrom?	205
Die zwei Seiten des Führersyndroms	209
Das Fauldenkersyndrom	211
Die Syndrom-Triade	213
Die Schwarmdummheit	215
Gott, Mose, Mord und Totschlag	216
Die dunkle Triade	220
Hitler, Dschughaschwili (Stalin) und Zedong	224
Persönlichkeit – was wir bisher wissen	227
Drei Steckbriefe	232
Diktatoren im Allgemeinen	234
Vom Regen in die Traufe	237
Die „Diktatorentriade" Hitler, Stalin und Zedong	238
Mao Zedong und der „Lange Marsch"	240
Devolution	246
Wir sind Zwerge	249
Demokratie	253
Was ist Glück?	255
Meinungen und Überzeugungen	258
Faszination der Dummheit	259
Die Macht der unterschwelligen Informationen	265
Angst	267
Die Metapher von den Steinen	270
Pandemie der Dummheit	274
Epilog	279
Anhang: Bücherliste	280

Teil 1 – Wie Fühlen, Denken und Handeln funktionieren

Was ist ein Mensch?

Blöde Frage, wir alle wissen, was ein Mensch ist. Jeder von uns ist ein Mensch.

Aber: Ein Mensch ist tatsächlich ein großer Zellhaufen, der aus mehreren kleineren Zellhaufen bzw. Zellgruppierungen besteht. Im Durchschnitt hat dieser menschliche Zellhaufen insgesamt ca. 30 Billionen (30.000.000.000.000) lebende Körperzellen. Das ist ein Schätzwert – große Menschen haben mehr, kleine etwas weniger Körperzellen. Körperzellen kommen in ca. 220 unterschiedlichen Arten in einem Haufen vor. Wir sind sozusagen ein Multikulti von Körperzellen. Sie bilden die einzelnen Bestandteile (Organe, Gliedmaßen, Muskeln etc.) des menschlichen Körpers.

Unsere Körperzellen sind also Lebewesen, die spezielle Unterzellhaufen oder Zellgruppierungen bzw. Zellgewebe bilden, aus denen unser Körper besteht. Zellen selbst bestehen aus Molekülen. Verschiedene Moleküle bilden wiederum „Molekülhaufen", aus denen dann unsere Zellen bestehen. Und Moleküle wiederum bestehen aus Atomen, also aus kleineren oder größeren „Atomhaufen". Diese wiederum bestehen aus Haufen von Elementarteilchen. Bis hierhin und nicht weiter. Von Teilchenphysik habe ich keine Ahnung und wir bleiben besser bei unseren Körperzellen. Die brauchen natürlich Energie (Nahrung), um ihren Job zu machen. Diese Energie erhalten sie in Form von Molekülen, die aus der Ernährung des großen Zellhaufens Mensch und aus der Atemluft (Luft besteht ja auch aus Molekülen) gewonnen werden. Zusätzlich leben in und auf dem menschlichen Körper ca. 39 Billionen Bakterien, die uns überwiegend bei der Nahrungszubereitung helfen. Bakterien sind winzige Molekülhaufen (Zellen), die im Gegensatz zu allen anderen Körperzellen keinen Kern haben. Die meisten der Bakterien arbeiten im Dickdarm und zerteilen Nahrung. Sie sind aber auch im Mund und vielen anderen Feuchtgebieten unseres menschlichen Zellhaufens. Ohne sie könnten wir nicht überleben.

Damit ein Zellhaufen die Energiezufuhr für seine Zellen leisten kann, hat sich im Verlauf der Evolution ein Körper mit allen erforderlichen Organen und Gliedmaßen ausgebildet. Unter anderem mit einem Verdauungssystem, das die

Nahrung zerteilt und die Reste wieder entsorgt. Einem Herz-Kreislauf-System, das Sauerstoff und Nahrung in Form von Molekülen zu den Zellen transportiert und Gliedmaßen, Muskeln, Sinnesorgane und einem Nervensystem einschließlich Gehirn, welches die Funktion des kompletten Zellhaufens sowie der einzelnen Zellhaufen organisiert, koordiniert und steuert.

Viele Millionen Zellen wuseln täglich durch einen menschlichen Zellhaufen. Pro Sekunde bilden sich mehrere Millionen neue Körperzellen und in etwa so viele sterben gleichzeitig wieder ab. Ein ständiges Kommen und Gehen. Aber woher wissen die neuen Zellen, wo sie hin (gehen) müssen?

Ein ganzes Ensemble von Genen (Molekülketten) und Botenstoffen (Molekülverbindungen) und entsprechende Informationen (elektrische Impulse) entscheiden darüber, welche Zellen bei der Teilung entstehen und zu welchem Organ sie sich mit anderen Zellen zusammenschließen.

Beim fertigen Zellhaufen Mensch (ZHM) werden die neuen Zellen überwiegend durch elektrische Signale an die Position „navigiert", wo neue Zellen benötigt werden. Bei Verletzungen der Haut werden z. B. von den Zellen an den Wundrändern elektrische Signale ausgesendet, die den neuen Hautzellen den Weg zeigen. Die Körperzellen bewegen sich dann mit Hilfe von sogenannten Motorproteinen (ähnlich wie eine Made) bis zur Wunde.

Übrigens entstehen an solchen Wunden Spannungen von bis zu 70 mV und darüber. Es ist also im wahrsten Sinn des Wortes spannend, was die Zellen in unserem Zellhaufen physikalisch so „draufhaben".

Wir Menschen ähneln somit einem Unternehmen von unvorstellbarer Größe, in dem ca. 30 Billionen Mitarbeiter (Körperzellen) in verschiedenen Abteilungen (Organe, Glieder etc.) mit ca. 39 Billionen Leiharbeitern (Bakterien) zusammenarbeiten.

Dieses Unternehmen, der Zellhaufen Mensch oder der menschliche Zellhaufen ist ein emergentes System.

Was ist Emergenz?

Unter Emergenz verstehen wir einen Zustand oder einen Prozess in einem System. Bei diesem Prozess wirken (arbeiten) viele Einzelbestandteile des Systems zusammen. Die Einzelbestandteile haben jeweils begrenzte Eigenschaften. Aber durch ihr Zusammenwirken entsteht ein Gesamtsystem mit höheren Eigenschaften.

Das wichtigste emergente Untersystem des Menschen ist zweifelsohne das Gehirn und es spielt in diesem Buch eine ziemlich zentrale Rolle.

Hier zum besseren Verständnis noch eine offizielle Definition von Emergenz (1.) und eine zutreffende Äußerung von Gerhard Vollmer zum Thema Emergenz (2.):

1. **Emergenz** (Lateinisch *emergere* „auftauchen", „herauskommen", „emporsteigen") bezeichnet die Möglichkeit der Herausbildung von neuen Eigenschaften oder Strukturen eines Systems infolge des Zusammenspiels seiner Elemente. Dabei lassen sich die emergenten Eigenschaften des Systems nicht – oder jedenfalls nicht offensichtlich – auf Eigenschaften der Elemente zurückführen, die diese isoliert aufweisen. So wird in der Philosophie des Geistes von einigen Philosophen die Meinung vertreten, dass Bewusstsein eine emergente Eigenschaft des Gehirns sei. Emergente Phänomene werden jedoch auch in der Physik, Chemie, Biologie, Mathematik, Psychologie oder Soziologie beschrieben. (Quelle: Wikipedia)

2. **Gerhard Vollmer (deutscher Physiker und Philosoph):**
„Die Evolution hat nicht mit komplexen Systemen oder einem besonders komplizierten Supersystem begonnen, die nun allmählich zerfallen und dabei mehr und mehr Eigenschaften verlieren ... Es ist genau umgekehrt: Die komplizierteren Systeme entstehen später und zeigen Eigenschaften, die keines der Teilsysteme je besaß. Dieses Auftreten neuer Systemeigenschaften nennen wir *Emergenz*."

Ist es nicht erstaunlich, dass ein Zellhaufen der Gattung Mensch Lesen, Schreiben, Sprechen und zum Mond fliegen kann? Wo doch keine einzige von den ca. 220 Zelltypen der insgesamt rund 30 Billionen Körperzellen weder lesen noch schreiben oder sprechen kann? Die Zahl der Zellhaufen, die es bis zum Mond schaffen, ist verschwindend gering.

Dagegen wächst die Zahl der Zellhaufen rasant an, die man eigentlich „auf den Mond schießen" müsste, aber das ist ein ganz anderes Thema.

Der Mensch ist der einzige Zellhaufen, der mittlerweile wissen kann, dass er ein emergenter Zellhaufen ist. Pflanzen und Tiere sind auch emergente Zellhaufen, aber sie wissen es nicht und, wenn man es ihnen sagen würde, könnten sie es nicht verstehen, weil sie das wichtigste Denkwerkzeug nicht haben: die Sprache. Das ist einer der wesentlichen Unterschiede zwischen den menschlichen Zellhaufen (MZH) und den pflanzlichen und tierischen Zellhaufen (PZH und TZH). Wir Menschen sind der *„emergenteste"*, besser am meisten emergente Zellhaufen („emergenteste" gibt es in der deutschen Sprache leider nicht), weil wir mit unserem Gehirn den am meisten emergenten Unterzellhaufen von allen Zellhaufen haben. Leider trifft das nicht auf alle Haufen zu. Es gibt sehr viele menschliche Zellhaufen (MZH), um die die Emergenz einen großen Bogen macht.

Frage: Wie äußert sich das?

Antwort: Natürlich im chronischen Falschdenken und darin, dass sie die Tatsache, „nur" ein Zellhaufen zu sein, permanent ignorieren.

Übrigens machen menschliche Zellhaufen (MZH) nur 0,01 % der Biomasse auf dieser Erde aus.

Tierische Zellhaufen (TZH) stellen rund 5 % der Biomasse und pflanzliche Zellhaufen (PZH) ca. 80 % Biomasse. Der Rest wird durch Bakterien aufgefüllt. So gesehen sind pflanzliche Zellhaufen die erfolgreichsten Lebewesen auf dem Planeten Erde. Bis auf wenige Arten leben sie überwiegend von Licht (Sonne), Luft und Wasser, wobei natürlich über das Wasser diverse Nährstoffe aufgenommen werden. Aber pflanzliche Zellhaufen fressen sich nicht gegenseitig und sie sind echte Überlebenskünstler. Sie überleben Ernten und Abfraß durch Tiere und sie verarbeiten Informationen in ihren Zellen. Nur haben sie kein Gehirn und deswegen können sie nicht denken. Die Informationsverarbeitung erfolgt über die einzelnen Zellen, auch elektrisch und chemisch wie bei tierischen Zellhaufen, nur eben ohne Gehirn. Pflanzliche Zellhaufen brauchen kein Gehirn, weil sie sich eh nicht von der Stelle bewegen können. Aber pflanzliche Zellhaufen machen das Klima **lebensfreundlich** – und menschliche Zellhaufen machen das Klima **kaputt**.

Wie lebt ein Mensch?

Auf jeden Fall leben wir Menschen in der Ich-Illusion. Das heißt, wir ignorieren die Tatsache, ein großer emergenter Zellhaufen aus vielen kleineren emergenten Zellhaufen zu sein, mit einem emergenten Unterzellhaufen Gehirn, das unseren kompletten Zellhaufen organisiert und steuert. Ein emergentes System hat keinen Anführer oder Bestimmer! Trotzdem fühlen wir uns als etwas Ganzheitliches, eben als eine Einheit, eine Person, die alles selbst macht und über ihr Leben bestimmt. Das ist für unser Leben im Alltag eine hilfreiche und sinnvolle Vorgehensweise. Allerdings wäre es in vielen Lebenssituationen hilfreich, sich zumindest der Tatsache des „emergenten Zellhaufens" bewusst zu sein – später dazu mehr.

Fühlen, Denken und Handeln

Unsere „Tätigkeit" Leben können wir mit der Triade: *„**Fühlen, Denken, Handeln**"* beschreiben. Damit ist normalerweise alles gesagt, was uns Menschen ausmacht. Wir haben Gefühle, wir haben Gedanken und wir handeln (Ausnahmen bestätigen die Regel).

Die Triade aus Fühlen, Denken und Handeln (FDuH)

Das Wort Triade steht für Drei bzw. „Dreiheit" oder „Dreieinigkeit" und wird unter anderem in der Soziologie, in der Wirtschaft, in der Religion, der Philosophie und in der Psychologie verwendet.

In unserem Fall bilden also *„**Fühlen, Denken und Handeln**"* die erste Triade.

Alle drei Aspekte bestimmen darüber, wie wir unser Leben in einer Umwelt gestalten, in die wir (unverschuldet) hinein geboren werden.

Triade (Dreieinigkeit) bedeutet auch, dass keiner der drei Aspekte Fühlen, Denken oder Handeln unabhängig voneinander stattfinden kann. Alle drei beeinflussen sich gegenseitig, alle drei sind voneinander abhängig. Alle drei werden vom Gehirn gesteuert und alle drei bestimmen unser Leben bzw. sind unser Leben. Wir können uns also nicht mit dem Denken befassen, ohne unsere Gefühle und unser Handeln in unsere Analysen einzubeziehen. Trotzdem ist

Denken für uns der wichtigste Aspekt, denn wir müssen zuerst über die Abläufe beim Denken eine schlüssige Hypothese aufstellen, bevor wir uns dem falschen Denken zuwenden. Wir müssen eine Vorstellung davon entwickeln, was Denken sein könnte bzw. welche Abläufe in unserem Körper wir dem Begriff Denken zuordnen wollen. Und wir müssen uns im Klaren darüber sein, dass wir wahrscheinlich nie erfahren werden, ob unsere Hypothese vom Denken richtig ist. Hier heiligt der Zweck die Mittel. Wenn uns die Hypothese hilft, falsches Denken auch nur um wenige Prozentpunkte zu verringern, dann ist sie vielleicht falsch, aber außerordentlich nützlich.

Beim Falschdenkersyndrom beschäftigen wir uns später konkret mit den massenhaften Symptomen (Erscheinungsformen) unseres „falschen" Denkens und fassen die Summe aller Symptome zu einem Syndrom zusammen. Wann immer möglich, wollen wir die Ursachen unseres falschen Denkens gleich mit herausfinden.

Aber vorher müssen wir klären, was Denken ist bzw. was wir uns unter dem Begriff Denken vorstellen können.

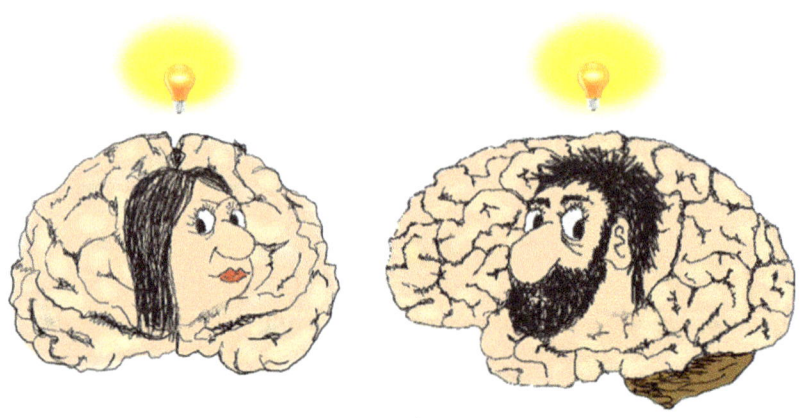

Fühlen und Denken

„Nichts" oder **nicht zu denken** ist uns Menschen unmöglich, auch wenn uns manche Zeitgenossen vom Gegenteil zu überzeugen scheinen. Wir Menschen denken fortwährend, Tag und Nacht, und vielfach leider eben falsch. Nicht immer, aber immer öfter. Deshalb wäre es auch sinnlos, wenn ich auf die Frage meiner Frau, was ich gerade gedacht hätte, mit „Nichts" antworten würde. Das wäre gelogen und Lügen ist in diesem Fall keine gute Idee. Entweder ich erzähle

ihr, was ich gerade wirklich gedacht habe – das kann unter Umständen mit unangenehmen oder peinlichen Gefühlen verbunden sein – man denkt ja manchmal ganz absurde Dinge, die man eigentlich gar nicht denken wollte. Oder ich antworte wahrheitsgemäß: „Wenn ich gewollt hätte, dass du weißt, was ich gerade gedacht habe, hätte ich es dir schon erzählt." Diese Antwort kommt nicht immer gut an und führt bei meiner Frau zu unguten *Gefühlen* meine Person betreffend. Die schlechteste Lösung: Ich stammele eine erlogene, belanglose Antwort zusammen, die sofort als unglaubwürdig entlarvt oder zumindest ganz sicher angezweifelt wird. Das Dilemma ist also: Egal für welche Antwort ich mich entscheide, ich kann nur verlieren.

Ebenso, wie uns das **Nichtdenken**, also Nichts zu denken, unmöglich ist, können wir auch **nicht Nichts fühlen**. Einen **Gefühlszustand** und **Gedanken** haben wir immer, wir sind uns dessen nur nicht bewusst. Es ist vergleichbar mit Atmen. Wir atmen immer, werden uns dessen aber erst bewusst, wenn wir mal außer Atem geraten oder keine Luft bekommen und deshalb tief Luft holen müssen.

Fühlen und Denken, Gefühle und Gedanken gehen Hand in Hand wie Brüderlein und Schwesterlein. Gefühle begleiten unsere Gedanken und umgekehrt und beide sind die Ursachen für unser Handeln. Ausgenommen sind Affekthandlungen oder Handlungen, die wir auf Anweisung von Vorgesetzten oder *„Familienangehöriginnen"* ausführen (Befehle). Doch auch in diesen Fällen spielen Gefühle und Gedanken eine entscheidende, die Handlung begleitende Rolle. Wir fühlen uns schlecht, wenn wir Anweisungen ausführen müssen, die mit unseren inneren Überzeugungen (Gedanken) nicht übereinstimmen. Oder noch schlimmer, wenn diese sich sogar widersprechen. Schlechte Gefühle führen normalerweise immer zu nicht so guten Gedanken und das kann sich negativ auf die Qualität unseres Handelns auswirken. Handeln wir gegen unsere Überzeugungen (Gedanken), wird sich das negativ auf unser Gefühlsleben auswirken. Handeln wir gegen unser „Bauchgefühl", bekommen wir gegebenenfalls Zweifel. Zweifel fördern schlechte Gedanken. Wir kommen an der Triade „Fühlen, Denken, Handeln" definitiv nicht vorbei. Ob wir nun aus einem Gefühl heraus handeln, oder ob wir zeitgleich einen Gedanken in eine Tat umsetzen, ist erstmal egal. Wir erhalten in jeden Fall irgendwann mindestens ein oder auch mehrere Ergebnisse auf unser Handeln. War unser Handeln gut bzw. erfolgreich, gibt es Lob oder auch eine Belohnung. Hat es einfach nur einen Mordsspaß gemacht?

Auch gut. In diesen Fällen fühlen wir uns gut und diese Erfahrungen inklusive der Gedanken und Gefühle werden im Gedächtnis gespeichert. Haben wir hingegen falsch gehandelt und Kritik oder auch eine Strafe erhalten, fühlen wir uns entsprechend unwohl oder richtig mies und auch diese Erfahrung wird inklusive der entsprechenden Gedanken und Gefühle gespeichert.

Es bleibt die **Frage:** Was war eigentlich zuerst da, das Fühlen, das Denken oder das Handeln?

Antwort: Ganz sicher das Fühlen, denn wir haben schon fleißig im Bauch unserer Mutter „gefühlt", bevor wir überhaupt denken und handeln konnten. Wir können uns nur nicht bewusst daran erinnern.

Die Triade „Fühlen, Denken und Handeln" bestimmt unser Dasein und damit letztlich unser gesamtes Leben. Aber: *Unser Denken kann sich über unsere Gefühle hinwegsetzen. Wir können Gefühle unterdrücken oder ignorieren. Unser Denken kann zu Handlungen führen, die sich gegen unsere Vernunft, ja gegen unser eigenes körperliches Wohlbefinden (Wohlfühlen) richten. Unser Denken steht in der Triade über dem Fühlen und über dem Handeln.* Kurz:

Unser Denken bestimmt fast ALLES von uns!

Daraus ergeben sich folgende **Fragen:**

- *Wenn Denken fast ALLES von uns bestimmt, was bestimmt dann unser Denken?*
- *Was ist eigentlich Denken?*
- *Wann fangen wir an mit Denken?*
- *Was beeinflusst (prägt) wann und wie unser Denken?*
- *Was ist falsches Denken?*
- *Wie kam das Denken zu den Menschen?*
- *Hat unser Denken einen Sinn?*
- *Kann man Denken lernen bzw. trainieren?*

Natürlich kann dieses Buch nicht alle Fragen zum Thema Denken beantworten. Es kann bestenfalls subjektive Informationen zum Denken liefern und es will zum (richtigen) Denken anregen. Dazu müssen wir zuerst definieren, was wir unter Denken verstehen und wie der Denkprozess eventuell funktionieren könnte. Danach versuchen wir die Symptome des falschen Denkens zu „identifizieren" und damit die Ursachen für das falsche Denken zu „ermitteln". Klingt einfach, ist es aber definitiv nicht. Sie werden schon noch sehen bzw. lesen.

Definition „Denken"

Was ist Denken? Wir Menschen haben zum Glück eine überdimensionierte Sprache mit einem riesigen Wortschatz und vielen Deutungsmöglichkeiten.

Zwei Menschen können wörtlich das Gleiche sagen, aber durchaus Unterschiedliches damit meinen. Nur ein banales Beispiel:

„Er ist eine vielversprechende Persönlichkeit" im Sinne von: der hat Potential und wird's zu was bringen.

„Er ist eine viel versprechende Persönlichkeit" im Sinne von: er verspricht viel, hält's aber nicht immer.

Sie merken schon, sich sauber und eindeutig ausdrücken oder etwas definieren ist nicht einfach. Das Thema Persönlichkeit werden wir übrigens später noch ausführlich behandeln.

Von einigen Philosophen habe ich zumindest für mich ganz faszinierende Definitionen vom Denken gelesen. Hier ein paar Beispiele streng philosophischer Definitionen und meine, zugegeben teils unqualifizierten, „nichtphilosophischen" Bemerkungen gleich dazu:

- **Denken ist das Fassen eines Gedankens.**
  Nun, ich kann Gedanken nicht (an)fassen, was hier natürlich auch nicht gemeint ist. Gemeint ist, sich „Gedanken machen" oder sein Denken in Form von Gedanken „erfassen". Was sind jetzt Gedanken? Gedanken sind etwas, was gedacht wird.
  Das beantwortet die Frage: „Was ist Denken?" für mich leider nicht, schade. Was war jetzt Denken? Das Fassen eines Gedankens.
  Das klingt eher wie „Was ist Fahrradfahren? Fahrradfahren ist mit einem Fahrrad zu fahren!" Aber da weiß man wenigstens, was ein Fahrrad ist. Toll!

- **Die Wörter „Intelligenz, Scharfsinn, Klugheit, Meinen, Grübeln und Vermuten" bezeichnen Vorgänge beim Fassen von Gedanken.**
  Sind Intelligenz, Scharfsinn und Klugheit wirklich Vorgänge beim Denken? Für mich sind das zufällig unter den Menschen verteilte menschliche Eigenschaften, die das Denkergebnis beeinflussen, aber Vorgänge?
  Meinen, Grübeln und Vermuten hingegen sind Vorgänge beim (bewussten) Denken, einverstanden!

- **Ein Gedanke ist etwas, das entweder wahr oder falsch ist.**
  Tja, was will mir dieser Satz sagen? Ein Fahrrad ist etwas, das entweder fährt oder nicht fährt, weil es kaputt ist. Sowohl richtige Gedanken als auch falsche Gedanken können jeweils wahr oder falsch sein. Ja, das kann ich akzeptieren, aber was ist Denken?

- **Ein sinnvoller Gedanke ist etwas, das weder wahr noch notwendig falsch ist.**
  Ich sehe eine junge Frau auf einem Fahrrad mit einem sehr dicken Bauch und habe den Gedanken: „Sie könnte schwanger sein" – das muss weder wahr sein (vielleicht hat sie nur zu viel gegessen), das muss auch nicht notwendigerweise falsch sein, sie kann ja tatsächlich schwanger sein. Aber was ist an diesem Gedanken sinnvoll?
  *Wenn ich die Frau nicht kenne, dann ist der Gedanke doch vollkommen **sinnlos**, oder? Wozu sollte ich mir Gedanken über wildfremde Fahrradfahrerinnen machen?*

- **Der Gegenstand eines Gedankens ist dasjenige, von dem der Gedanke handelt.**
  Jawohl, einverstanden. Wenn ich an Gänsebraten denke, dann ist der Gegenstand meines Gedankens „dasjenige Gänsebraten", weil mein Gedanke von dem Gänsebraten handelt. Logisch!

- **Ein sinnloser Gedanke ist entweder eine Tautologie (ein Gedanke der notwendig wahr ist) oder eine Kontradiktion (ein Gedanke, der notwendig falsch ist).**
  Zurück zur jungen Frau mit dickem Bauch und meinem Gedanken „Sie könnte schwanger sein".
  Ist sie schwanger, dann ist mein Gedanke eine Tautologie und damit sinnlos, weil sie auch ohne diesen (sinnlosen) Gedanken notwendig schwanger ist, natürlich.
  Ist sie nicht schwanger, dann ist mein Gedanke „sie könnte schwanger sein" notwendig falsch und eine Kontradiktion, und damit auch sinnlos, selbstverständlich. Aber was war nochmal Denken?

Wenn Sie streng philosophisch denken, also *Gedanken fassen* können, die weder wahr noch notwendig falsch sind, und das auch *wollen*, sollten Sie darüber nachdenken, ob Sie dieses Buch wirklich weiterlesen wollen. Ich weise vorsorglich darauf hin, dass dieses Buch wahrscheinlich völlig „nichtphilosophisch" geschrieben ist.

Wie bereits erwähnt: Für ein und dieselbe Sache und für jede Definition gibt es mehrere Interpretations- und Deutungsmöglichkeiten. Juristen studieren das mehrere Jahre und können bei hinreichender Begabung anschließend den Menschen sprichwörtlich die Worte im Munde verdrehen oder umdrehen, womit aus „unschuldig" durchaus „schuldig" werden kann und umgekehrt.

Als einfaches Beispiel für verschiedene Deutungsmöglichkeiten betrachten wir das allseits bekannte **halbe Glas Wasser** – und wir fragen uns, ist es nun **halb voll** oder **halb leer**?

Rein formal betrachtet, wären beide Interpretationen möglich und es gäbe auch noch eine weitere Interpretation: Das Glas ist doppelt so groß wie es eigentlich sein müsste bzw. die Füllmenge ist nur halb so groß wie das Fassungsvermögen des Glases (schon wieder eine Triade).

halb voll ?   halb leer ?   Glas zu groß ?

Ein Psychiater würde wahrscheinlich die Aussage „**halb voll**" als positive Weltsicht/Lebenseinstellung, die Aussage „**halb leer**" als negative Weltsicht/Lebenseinstellung und das **zu große Glas** gegebenenfalls als mangelnde Entscheidungsfreudigkeit interpretieren.

Ein Philosoph würde der Sache sicherlich auf den Grund gehen und gründlich interpretieren: War das Glas vorher leer und wurde es nur zur Hälfte gefüllt, dann ist es „nur" **halb voll**, denn man hätte es ja vollständig füllen können (sofern man davon ausgeht, dass genügend Füllmenge vorhanden gewesen ist).

War das Glas ursprünglich voll und wurde es „nur" zur Hälfte geleert, dann ist es „nur" **halb leer**, denn man hätte es ja auch ganz entleeren können.

Für die dritte Interpretationsmöglichkeit müsste von Anfang an die konkrete Diskrepanz zwischen der Größe des Glases (maximal mögliche Füllmenge) und der vorhandenen Füllmenge (die Hälfte der maximal möglichen Füllmenge) bekannt sein. In beiden Fällen ist es ein sinnvoller Gedanke.

Um den Zustand des Glases einem Philosophen zu beschreiben, könnte man auch sagen, der Gedanke an den Zustand des Glases ist sowohl eine Tautologie als auch eine Kontradiktion – er wird es verstehen.

Der Jurist bewertet den Zustand des Glases grundsätzlich als Straftat, denn es ist ganz sicher nur eine halbe Sache, egal ob halb voll oder halb leer, und dafür muss ja jemand zur Verantwortung gezogen werden können. Halbe Gläser sind nicht zugelassen, halb schwanger ist ja auch unmöglich. Im Falle einer Schwangerschaft stellt sich nur die Frage nach der Vaterschaft, wegen eventueller Unterhaltszahlungen. Das heißt, es ist nicht die Frage, ob das Glas halb voll oder halb leer ist, sondern wer dafür verantwortlich gemacht und zur Rechenschaft gezogen werden kann.

Für den **Optimisten** ist das Glas halb voll.
Für den **Pessimisten** ist das Glas halb leer.
Und **die Mutti** würde fragen: Warum ist denn da kein Untersetzer drunter?

Einem Kneipenbesucher stellt sich die Frage nicht. Der will für sein Geld ein volles Glas und basta.

Für den Begriff Denken gibt es jede Menge weiterer auch nichtphilosophischer *Definitionen*. Ich habe mich für die folgende Definition entschieden, weil sie nach meiner Überzeugung einerseits das Denken am besten beschreibt und andererseits genügend Interpretationsspielraum zulässt.

Die enthaltenen Begriffe **Informationen, Wahrnehmung, Gehirn** und vor allem **Verarbeitung** lassen allein schon umfassende Interpretationen zu, sind aber unabdingbar für die Beschreibung des Denkprozesses.

Die Definition:
Denken ist die Verarbeitung der vom Körper und seinen Sinnesorganen wahrgenommenen Informationen im Gehirn.

Bitte gut merken, diese Definition zieht sich durch das ganze Buch ...

Gemäß dieser Definition wird unser Denken also überwiegend von drei **Mitspielern** (schon die zweite Triade) bestimmt:

1. **dem Gehirn, unserer Fühl- und Denkfabrik**, der Ort wo *gefühlt, gedacht und Handlung* veranlasst wird.

2. **der Wahrnehmung** von Informationen durch unseren Körper bzw. seinen Sinnesorganen (was nicht wahrgenommen wird, kann auch nicht verarbeitet werden).

3. **den Informationen**, die unseren Sinnesorganen zugänglich sind. Ohne Informationen, die wahrgenommen und verarbeitet werden können, findet kein Denken statt.

Die drei Mitspieler beim Denken: Informationen, Wahrnehmung, Gehirn

Mitspieler 1: Die Information(en)

Wir teilen die Informationen in drei Gruppen auf:

- *Bedeutende Informationen*
  Informationen, die wir brauchen, um unsere Bedürfnisse zu erfüllen.

- *Bequeme Informationen*
  Informationen, die wir glauben zu brauchen, weil sie einfach nur „bequem" sind. Die wir aber nicht brauchen, weil sie uns lediglich Zeit rauben und völlig unnötige Gedanken erzeugen.

- *Belastende und Schadinformationen*
  Informationen, die wir nicht brauchen, die aber heimtückisch unsere Sinnesorgane okkupieren. Die Urheber dieser Informationen wollen uns Gefühle vermitteln und uns zu Gedanken und Handlungen bewegen, die wir definitiv nicht brauchen – diese Informationen schaden uns (Manipulation). Darunter fallen auch alle falschen Informationen, also Lügen.

Überschneidungen gibt es, wie wir gleich sehen werden. Der Zellhaufen Mensch lebt in einer Welt voller Gefahren, sei es durch Umweltereignisse wie z. B. Klima und Naturkatastrophen usw. oder sei es durch Nahrungskonkurrenten, sowohl menschliche Zellhaufen als auch tierische Zellhaufen (TZH). Er braucht Nahrung für seine Zellen und er muss einen Partner für die Fortpflanzung finden. Über all das, und darüber, was seine Existenz bedroht oder bedrohen könnte, benötigt er grundsätzlich Informationen. Der moderne Mensch in einer hochentwickelten Industriegesellschaft benötigt darüber hinaus noch jede Menge weitere Informationen zum Schutz seines Lebens, zur Organisation seiner Familie und zum Wohlfühlen usw. All das können wir uns am besten anhand der *Maslowschen Bedürfnispyramide* erklären. Für das Erreichen jeder Bedürfnisstufe muss sich der Mensch informieren und sich das erforderliche Wissen aneignen.

Mitspieler 1: Die Information(en)

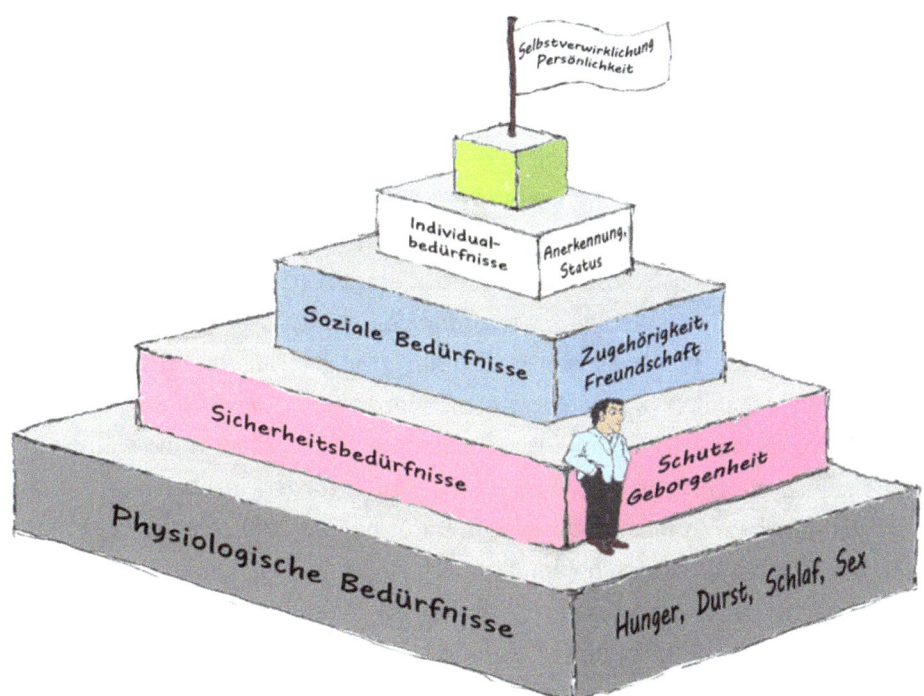

Die Maslowsche Bedürfnispyramide beinhaltet fünf Stufen

1. Bedeutende Informationen

Die *erste Bedürfnisstufe* der Maslowschen Bedürfnispyramide beinhaltet die physiologischen Bedürfnisse, d. h., es werden *Informationen* zu allen Grundbedürfnissen, die zum Erhalt des Lebens notwendig sind benötigt (Atmung, Nahrung, Schlaf, Sex usw.).

Die *zweite Bedürfnisstufe* beinhaltet die körperliche Sicherheit und damit *Informationen* zu den Themen Gesundheit, materielle Absicherung, Arbeit, Wohnung, Familie etc.

In der *dritten Bedürfnisstufe* werden *Informationen* zu den Themen Freundschaft, Gruppenzugehörigkeit, soziale Stellung, Gemeinschaftsgefühl, Beziehungen und Liebe benötigt.

Die *vierte Bedürfnisstufe* verlangt nach *Informationen*, um Ansehen zu erlangen, Erfolg zu haben, Wertschätzung zu erfahren.

In der *fünften und letzten Bedürfnisstufe* verlangen wir nach *Informationen*, um unserem Leben einen Sinn zu geben, um uns zu verwirklichen und unser Potential zu entfalten.

Nun sind diese Bedürfnisstufen nach Maslow kein Gesetz und einige Menschen bleiben auf den unteren Stufen einfach stehen oder überspringen bestimmte Stufen. Maslow ging davon aus, dass eine höhere Stufe nur erreicht werden kann, wenn die vorherige bereits erklommen wurde. Wie dem auch sei, Fakt ist, dass zur Befriedigung bestimmter Bedürfnisse entsprechende Informationen, also Erfahrungen, Wissen und Erkenntnisse (EWE) erforderlich sind. Fakt ist auch, dass EWE sozusagen von Generation zu Generation weitergegeben werden und eine ständige Erweiterung des „Weltwissens", der Erfahrungen und Erkenntnisse der Menschen stattfindet. Und das Wissen muss auch nicht individuell vorhanden, sondern „nur" verfügbar sein. Das vorhandene Wissen über die Welt hat mittlerweile Dimensionen erreicht, die ein Individuum niemals speichern und erinnern kann. Universalgelehrte wie noch vor ein paar Jahrzehnten kann es nicht mehr geben. Dafür nehmen die Zahl der Wichtigtuer und der notorischen Klugscheißer drastisch zu. In der heutigen Informationsgesellschaft verliert Faktenwissen zunehmend an Bedeutung. Wichtig ist allein das Wissen, wo und wie bestimmte Informationen (unter anderem das Faktenwissen) zu finden und zu verarbeiten sind. Das Finden ist dank Suchmaschinen und Internet relativ einfach geworden. Die Verarbeitung von Wissen (Informationen) wird immer wichtiger. Und nach unserer Definition ist die Verarbeitung von Informationen das Denken, d. h., das Denken wird immer wichtiger, das richtige Denken!

Diesem „richtigen" Denken wirkt entgegen, dass wir uns heutzutage nicht mehr nur informieren, sondern dass wir informiert werden, und zwar rund um die Uhr, unter anderem mit *den bequemen Informationen*.

2. Bequeme Informationen

Bequeme Informationen kommen aus dem Computer, dem Radio, dem Fernseher, und zwar wann immer, wo immer und was immer wir wollen. Radio und Fernsehen sind die normalsten Sachen der Welt, wer tagsüber arbeiten muss, hat abends meist keine Lust oder auch keine Kraft mehr, aktiv etwas zu unternehmen. Oder er ist einfach zu bequem, etwas selbst zu tun. Fernsehen geht immer. Natürlich gibt es Theater, Oper, Kino, Museen, Galerien etc. Das ist aber nicht ganz so bequem und obendrein kostet der Besuch noch Geld. Deshalb ist die Nachfrage hier in den letzten Jahrzehnten etwas zurückgegangen. Es muss als großes Glück für die Menschheit bezeichnet werden, dass die geistigen Ansprüche der Menschen an die Unterhaltungsprogramme im Allgemeinen steigen. Es ist ein Segen, dass nach geschätzten mehr als 100.000 Kriminalfilmen und täglichen Vorabendkrimiserien die Kriminalfälle knapp werden und das Niveau den wachsenden Ansprüchen der in 30 Jahren „hochgebildeten" Krimizuschauer kaum noch folgen kann. Neben den sozialen Medien facebook, twitter, instagram etc. erobern seit einigen Jahren die Computerspiele nicht nur die Kinder- und Jugendzimmer und befördern uns auf Knopfdruck oder per Mausklick in eine virtuelle Welt. In der virtuellen Welt bleibt jede Handlung ohne Folgen, und sei sie noch so absurd oder brutal. Das sieht in der realen Welt ganz anders aus. Welche Folgen der Aufenthalt in einer virtuellen Welt haben kann, ist bisher wenig erforscht. Fakt ist, es muss Auswirkungen auf unser Fühlen, Denken und Handeln geben. Ganz anders die Auswirkungen von bestimmten Unterhaltungsshows, Talkshows, Telenovelas, Vorabendserien und anderen geistig anspruchslosen Unterhaltungsmüll. Die Frage ist, welchen Einfluss haben diese „bequemen" Zeitdiebe auf unser Gehirn, oder wie kann ein Gehirn virtuelle Informationen verarbeiten und was ist das Ergebnis? Wir beantworten diese Fragen etwas später. Zurück zu unseren Informationskategorien und zu den *belastenden Informationen*.

3. Belastende oder Schadinformationen

Belastende Informationen sind Informationen, die unser Fühlen und Denken in eine bestimmte Richtung lenken und wenn irgend möglich, uns zu einer bestimmten Handlung bewegen sollen. Das können Überzeugungen und Meinungen sein, die wir uns ohne diese Informationen nie angeeignet hätten und die uns dann entsprechend handeln lassen. Wir werden also von Informationen manipuliert. Jede Art von Werbung soll uns manipulieren, ein bestimmtes Produkt zu wollen oder ein bestimmtes Bedürfnis zu entwickeln. Das ist zwar belastend, aber nicht weiter schlimm. Gefährlicher sind Schadinformationen, die uns dazu bringen sollen, andere Menschen zu hassen, sie zu verachten oder gar zu misshandeln oder zu töten. Wie gefährlich und im negativen Sinn erfolgreich solche Schadinformationen sein können, sehen wir am Beispiel des Nationalsozialismus und seinen Folgen für die ganze Welt.

Wir können unzählige Beispiele anführen, was Schadinformationen anrichten können. Einige besonders krasse Beispiele werden wir später noch genauer behandeln. Das gefährliche an diesen belastenden oder Schadinformationen ist der Fakt, dass sie in den bequemen Informationen versteckt werden. Wir bekommen sie nebenbei verabreicht, in geringen Dosen, aber permanent. Unser Fühlen, Denken und Handeln wird sozusagen „schleichend vergiftet" – steter Tropfen höhlt den Stein – in unserem Fall höhlt steter Informationstropfen das Gehirn.

Fazit 1: Unsere Vorfahren in der Steinzeit konnten aufgrund ihrer Lebensumstände und ihres relativ geringen Wissens über die Welt wenig Informationen „verarbeiten". Viele Vorgänge konnten sie zwar wahrnehmen, aber nicht verarbeiten. Sie hatten z. B. keinerlei Erklärung für bestimmte Wetterphänomene und sie wussten nicht, dass sie Zellhaufen sind. Noch vor 200 Jahren bezog die Mehrheit unserer Vorfahren ihre Informationen überwiegend durch direkten Kontakt/Austausch mit anderen Menschen und/oder, sofern sie überhaupt lesen konnten, aus wenigen Büchern oder Broschüren, allen voran aus der Bibel. Das absolute Informationsmonopol lag bei der Kirche bzw. bei den Bischöfen, Pastoren und Pfarrern, die nicht nur an den Sonntagen die Menschen mit ihren Predigttexten „informierten" und sie aus Mangel an Bildung und damit mangels Vorwissen leicht manipulieren konnten. Im Gegensatz dazu haben wir heute ein ziemlich umfangreiches Bildungssystem und werden dank der Digitalisierung von einer in der Geschichte der Menschheit nie dagewesenen Informationsflut überschwemmt, infiltriert und damit wieder manipuliert.

Mit den Folgen dieser beiden „Menschheitsperioden" für unser Denken, dem „Informationsmangel" oder schlicht und einfach „Unwissen" über Jahrtausende sowie der permanenten „Überbildung" und „Überinformation" seit wenigen Jahrzehnten, werden wir uns noch eingehend beschäftigen müssen.

Fazit 2: Menschen die Informationen „machen", Medien und Institutionen, die uns mit „ihren" bzw. von „ihren Mitarbeitern gemachten" Informationen versorgen bzw. deren Informationen wir wahrnehmen und verarbeiten, haben großen Einfluss auf unser Fühlen, Denken und Handeln. Wer die Macht über die Informationen besitzt, hat auch eine sehr große Macht über die Menschen.

Beispiel: Diktaturen, autokratische und undemokratische Herrschaftssysteme lassen keine unabhängigen Medien zu. Alle Medien werden dem Herrschaftssystem unterstellt und gleichgeschaltet. Es werden ausschließlich Informationen ausgesendet, die der Machterhaltung dienen. Die Mehrheit der Bevölkerung wird gezielt so informiert bzw. manipuliert, dass sie letztlich das Herrschaftssystem für gut und richtig hält (Erdogan und das Falschdenkersyndrom lassen grüßen).

Fazit 3: Jeder vernünftige Mensch ist gut beraten, seinen „Konsum" von Informationen zu überdenken und gründlich zu hinterfragen. Das kostet etwas Zeit und ist unter Umständen auch anstrengend. Es ist aber die einzige Möglichkeit, unsere „Informationsverarbeitung", unser eigenes Denken zu verbessern. Andernfalls werden unser Fühlen, Denken und Handeln von den Informationen uns völlig fremder Menschen und damit von diesen Menschen selbst bestimmt, und das können wir doch nicht wollen, oder?

Fazit 4: Informationen sind für den Menschen lebensnotwendig. Ohne Informationen wären unsere Sinnesorgane und unser Gehirn arbeitslos. Weder Wahrnehmung noch Verarbeitung würden stattfinden. Unsere Sinnesorgane würden verkümmern, unser Gehirn würde verkümmern. Wie wir später noch sehen werden, bestimmen Informationen den Aufbau und die Struktur unseres bei der Geburt fast „leeren" Gehirns bis zur Pubertät. Unsere Persönlichkeitsentwicklung, unser Verhalten, ja unser gesamtes Fühlen, Denken und Handeln und damit unser gesamtes Leben werden maßgeblich von Informationen bestimmt.

Fazit 5: Informationen werden in unserem Gedächtnis gespeichert. Damit sind im Prinzip immer Informationen verfügbar, auch wenn von der Umwelt für eine gewisse Zeit keine Informationen kommen.

Mitspieler 2: Die Wahrnehmung

Unser menschlicher Zellhaufen ist von einem sehr großen Netzwerk aus Nervenzellen und Nervenfasern durchzogen. Dieses Netzwerk (unser Nervensystem) gleicht praktisch einer Verkehrsinfrastruktur für den Transport von Informationen. Würde man nur dieses Netzwerk bildlich darstellen, wäre unsere Körperform auch ohne Haut, Muskeln und Knochen etc. deutlich zu erkennen. Warum? Jeder menschliche Zellhaufen benötigt zum Leben und Überleben

Informationen von der Welt außerhalb des Zellhaufens und, aufgrund seiner Komplexität, auch Informationen über den Zustand der Unterzellhaufen (Organe), so auch der Mensch. Wie viele andere tierische Zellhaufen hat er mit dem Gehirn ein Organisations- und Steuerungsorgan. Dieses muss sowohl die Informationen von außen (Umwelt) als auch von innen (Körperorgane) verarbeiten (organisieren) und das sinnvolle Verhalten des gesamten menschlichen Zellhaufens steuern. Sinnvoll bedeutet: im Sinne des Lebens und Überlebens des Zellhaufens bis hin zum Wohlfühlen. Eine ironisch gemeinte Aussage (nicht ganz ernst nehmen):

Deshalb heißen die Organe, die für die Wahrnehmung der Informationen verantwortlich sind, Sinnesorgane. Sie sollen so sinnvoll arbeiten, dass sie vorrangig die für das Leben, das Überleben und das Wohlfühlen wichtigen Informationen wahrnehmen.

Zumindest unsere menschlichen Sinnesorgane schießen weit über das Ziel hinaus und nehmen alles wahr, was nicht niet- und nagelfest ist. Hier hat die Evolution meines Erachtens versagt. Evolution findet einfach nur statt, ohne Sinn und Verstand. Was sich als sinnvoll im Sinne von „kann auf dieser Welt existieren" erweist, darf weiterleben, auch wenn es eigentlich ohne Sinn und Verstand ist. Was auf Dauer nicht überlebensfähig ist, stirbt wieder aus, was durchaus auch sein Gutes hat. Denn leider gab und gibt es jede Menge durchaus überlebensfähiger, aber sinnloser menschlicher und tierischer Zellhaufen und Zellhäufchen auf dieser Welt, wie z. B. Hitler, Stalin, Mao, Trump, Bremsen, Zecken und Malariamücken, um nur einige zu nennen. Neben diesen menschlichen und tierischen Zellhaufen versucht sich die Evolution in noch sinnloseren Molekülhaufen wie z. B. dem Coronavirus u. v. a. gefährlichen Viren, auch wenn die wissenschaftlich betrachtet keine Zellen und damit keine Lebewesen, sondern nur „lebensnahe Wesen" sind. Sie werden definitiv nicht gebraucht.

Unsere Sinnesorgane haben zwar den Sinn in ihrem Namen, sind aber Produkte der Evolution, also ebenfalls ohne Sinn und Verstand gebildet worden. Deshalb nehmen sie alles wahr, was sie können, anstatt nur die Informationen, die Sinn für das Überleben und Wohlfühlen des Zellhaufens machen. Unsere Sinnesorgane Augen, Ohren, Nase, Mund, Tastsinn und Haut nehmen Informationen wahr und leiten sie über Nervenbahnen an das Gehirn weiter.

Mitspieler 2: Die Wahrnehmung

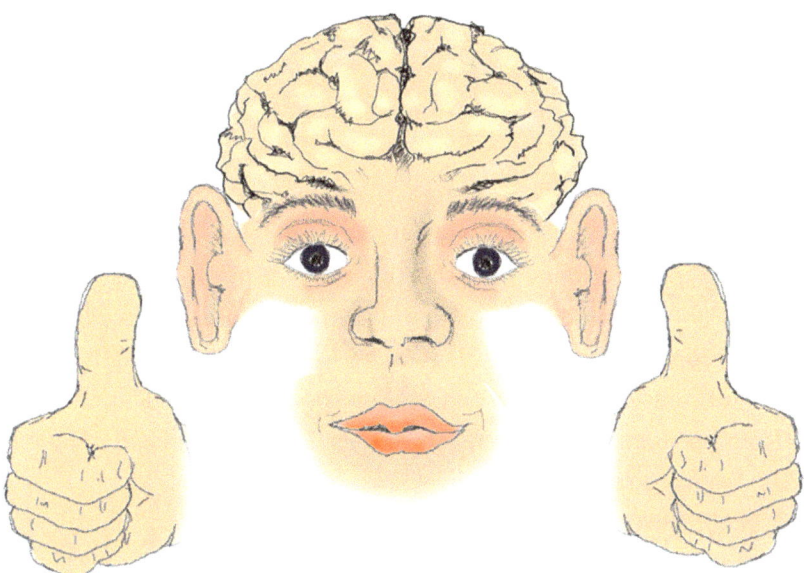

*Die Sinnesorgane des Menschen: 2 Augen; 1 Nase; 1 Mund;
2 Ohren; Tasten (2 Hände); ≈ 1,9 m² Haut*

Dafür haben unsere Sinnesorgane sogenannte Sensorzellen (Rezeptoren), die über die Nervenbahnen mit den Gehirnzellen verbunden sind.

Sinnesreize (Informationen) werden in elektrische Aktivitäten (Impulse) umgewandelt. Diese elektrischen Impulse werden vom Unterbewusstsein zu Repräsentationen der ursprünglichen Informationen zusammengesetzt. Diese Repräsentationen werden immer im Gedächtnis gespeichert. An unser Bewusstsein werden sie „nur" geliefert, wenn es gerade Zeit hat. Gleichzeitig erzeugt das Unterbewusstsein mit diesen Repräsentationen Gefühle. Gefühle entstehen, indem von diversen Gehirnzellen und Drüsen Botenstoffe produziert und ausgeschüttet werden. Diese Botenstoffe verteilen sich je nach Art und Menge im Gehirn bzw. im gesamten Zellhaufen und erreichen damit auch immer das Bewusstsein, auch wenn es keine Zeit hat. Im Gehirn und im gesamten Zellhaufen beeinflussen die Botenstoffe sowohl die Funktionssteuerung als auch die Funktionen der Unterzellhaufen selbst.

Alle Nervenzellen zusammen (auch die des Zellhaufens Gehirn, bilden unser Nervensystem.

Die Mediziner unterscheiden zwischen dem *zentralen* und dem *peripheren* Nervensystem. Das zentrale Nervensystem (ZNS) wird vom *Gehirn und den Ner-*

ven im Rückenmark gebildet. Alle anderen Nerven unseres Körpers gehören zum peripheren Nervensystem (PNS).

Sowohl das ZNS als auch das PNS haben einen *willkürlichen* und einen *unwillkürlichen* Anteil.

Der *willkürliche Anteil* (auch somatisches Nervensystem genannt) wird für die bewusst von uns veranlassten und gesteuerte Bewegungen unserer Sinnesorgane und Körperteile benutzt, also alles, was **wir** bewusst mit unserem Körper, seinen Sinnesorganen, seinen Gliedmaßen und Muskeln tun *wollen*.

Der *unwillkürliche Anteil* (das vegetative Nervensystem) regelt alle Grundfunktionen unseres Körpers wie den Stoffwechsel, die Atmung, den Herzschlag usw., also alles was **unser Gehirn** ohne unser Zutun mit unseren Organen tut, ohne dass wir es tun *wollen*.

Über den unwillkürlichen Anteil des Nervensystems werden Signale vom Gehirn zum Körper bzw. zu den Organen des Körpers und in der Gegenrichtung Signale vom Körper bzw. seinen Organen zum Gehirn übertragen.

Unsere Sinnesorgane können nicht alle Phänomene unserer Umwelt wahrnehmen. So gibt es Gase, die wir nicht riechen können, Stoffe, die wir nicht schmecken können, Geräusche, die wir nicht hören können und Strahlungen, die wir nicht fühlen können. Aber, Wissenschaftler haben festgestellt:

Pro Sekunde übermitteln unsere Sinnesorgane ca. 11 Millionen Informationen an unser Gehirn!

Für Freunde von Zahlen ein etwas eigenwilliger Vergleich zwischen der Anzahl der übermittelten Informationen pro Sekunde und der Geschwindigkeit des Lichts (die beträgt „nur" knapp 300.000 km/Sekunde) und der Schallgeschwindigkeit (die liegt bei regelrecht läppischen 340 m/Sekunde).

Hier nochmal für die Autofahrer eine Gegenüberstellung der Größenordnungen *pro Stunde*:

Zahl der Informationen an das Gehirn	39.600.000.000 Stück/h
Lichtgeschwindigkeit	1.078.956.000 km/h
Schallgeschwindigkeit	1.236 km/h
Höchstgeschwindigkeit Formel 1 Rennwagen	413 km/h

Wenn Sie versuchen, sich die Lichtgeschwindigkeit vorzustellen, werden Sie vermutlich genauso scheitern, wie bei dem Versuch, sich die Unendlichkeit des

Universums vorzustellen. Es dürfte Ihnen ebenso schwerfallen, sich vorzustellen, dass Sie (Ihre Sinnesorgane) 11 Millionen Informationen pro Sekunde „wahrnehmen" können, denn „Sie" können sich das nicht vorstellen, ich natürlich auch nicht. Wie wir im obigen Vergleich ersehen können, sind 39,6 Milliarden Informationen pro Stunde ein absoluter Spitzenwert. Diese 11 Millionen Informationen pro Sekunde hat natürlich niemand gezählt, wie auch.

Aber die Zahl lässt sich abschätzen, wenn man weiß, wie viele Sensorzellen unsere jeweiligen Sinnesorgane besitzen und mit welcher Geschwindigkeit die Impulsübertragung stattfindet.

Anzahl der Sensorzellen unserer Sinnesorgane:

Augen: Allein unsere Augen haben *120 Millionen Stäbchen und 6 Millionen Zäpfchen* auf der Netzhaut, die optische Informationen in elektrische Impulse umwandeln und an unser Gehirn weiterleiten.

Mund: In unserer Mundhöhle und auf der Zunge befinden sich ca. 10.000 Geschmacksknospen, von denen jede wiederum ca. 50 Geschmackszellen hat. In Summe ergeben sich ca. 500.000 Geschmacksknospen, also eine *halbe Million*.

Haut: Unsere Haut, das mit 2 Quadratmetern Fläche größte Sinnesorgan, besitzt ca. 6 Millionen Sinneszellen pro Quadratzentimeter (davon sind ca. 5.000 sogenannte Sinneskörperchen). Das heißt, unsere gesamte Hautfläche besitzt geschätzte *80 bis 100 Millionen* Sinneskörperchen, die auf Wärme, Kälte, Tasten, Druck oder Schmerz reagieren, wobei diese natürlich nicht gleichmäßig über die gesamte Hautfläche verteilt sind.

Nase: Die Zahl unserer Riechzellen liegt bei *20 bis 30 Millionen*.

Ohren: Die Zahl unserer Hörzellen (Haarzellen und Spiralganglienzellen) liegt bei *ca. 20.000 bis 30.000*.

In Summe besitzt unser Zellhaufen also ungefähr 250 Millionen Sensorzellen, die gleichzeitig Informationen wahrnehmen könnten.

Die wahrgenommenen Informationen werden in Form elektrischer Impulse von den jeweiligen Sensorzellen über die Nervenfasern an die Gehirnzellen übertragen. Je nach Stärke der Nervenfasern schwanken die Geschwindigkeiten zwischen 1 und 100 m/Sekunde.

Mit diesen Zahlen im Hintergrund ist es also nicht unrealistisch, von ca. „11 Millionen Informationen" pro Sekunde auszugehen. 11 Millionen Informationen von 250 Millionen theoretisch möglichen Informationswahrnehmern – das sind gerade mal Informationen von „nur" ca. 4 % unserer gesamten Sensorzellen – die restlichen 96 % nehmen dann gerade nichts wahr oder schlafen.

Frage: Was kann ein Gehirn mit 11 Millionen Informationen pro Sekunde anfangen?

Antwort: Wir wissen es nicht. Wir können es uns auch nicht vorstellen.

Es könnte uns ein wenig helfen, wenn wir uns klar machen, das von jeder „wahrnehmenden" Sensorzelle nur eine winzige Teilinformation von einer Gesamtinformation übertragen wird.

Mit 11 Millionen Informationen sind also 11 Millionen elektrische Impulse gemeint. Und für unser Gehirn mit seinen 86 Milliarden Nervenzellen sind 11 Millionen Informationen ein Klacks.

Wenn jeder Impuls von nur einer Gehirnzelle empfangen würde, erhielten nur ca. 0,01 % unserer im Gehirn vorhandenen Gehirnzellen „Teilinformationen" zur Weiterverarbeitung bzw. zum Zusammenfügen zu einer Gesamtinformation (Repräsentation), für das emergente Gehirn sind diese Größenordnungen Peanuts.

Stark vereinfacht könnte man Wahrnehmung wie folgt beschreiben: Eine Information, z. B. eine Szene aus dem Straßenverkehr wird von Millionen Sensorzellen unserer Sinnesorgane in rund 11 Millionen Teilinformationen (Anzahl, Form, Farbe, Größe der Autos, Fahrräder und Fußgänger, Geschwindigkeiten, Geräusche, Abgasgerüche, Wetter, Häuser, Bäume, Ampeln usw.) pro Sekunde wahrgenommen und über die Nervensysteme an unser Gehirn weitergeleitet. Unser Gehirn bastelt aus diesen rund 11 Millionen Teilinformationen pro Sekunde dann die Szene aus dem Straßenverkehr als Repräsentation möglichst originalgetreu wieder zusammen und schon erscheint sie vor unserem „geistigen Auge" – in unserem Bewusstsein, ohne dass wir von der ganzen Aktion etwas bemerkt haben. Wir denken natürlich, wir hätten alles „live" in Echtzeit selbst wahrgenommen. Nein, es waren unsere Sinnesorgane und unsere Gehirnzellen – *die Ich-Illusion* lässt grüßen.

Wie schafft es unser Gehirn, das alles zu bewerkstelligen? Wir wissen es nicht. Wir können und werden aber Hypothesen darüber aufstellen, wie unser Gehirn das eventuell macht. Dabei können wir uns irren. Irren ist menschlich, so wie in der folgenden kleinen Episode:

Ein älteres Ehepaar befindet sich im Wohnzimmer. Die Frau sitzt in der Ecke und liest Zeitung, der Mann steht gegenüber und denkt. Er hat aufgrund diverser Vorkommnisse „einen Gedanken gefasst", nämlich den, dass seine Frau mit zunehmendem Alter schwer hört. Nun wissen wir aus der Philosophie, dass ein sinnloser Gedanke entweder eine Tautologie (ein Gedanke, der notwendig wahr ist) oder eine Kontradiktion (ein Gedanke, der notwendig falsch ist) sein muss. Der Mann hat von Philosophie aber keine Ahnung und will der Sache auf den Grund gehen. Er beschließt (in Folge seines Gedankens) zu Handeln und ruft seiner Frau zu: „Kannst du mich hören?" – keine Antwort. Er begibt sich in die Mitte des Zimmers und ruft erneut: „Kannst du mich hören?" – wieder keine Antwort. Nun stellt er sich direkt neben seine Frau und spricht direkt in ihr Ohr: „Hörst du mich?", worauf er seine Frau sagen hört: **„Zum dritten Mal: JA!"**

Zusammenfassend können wir festhalten, dass Wahrnehmung ein sehr komplexer Prozess ist und das allein aufgrund dieser ungeheuren Komplexität Wahrnehmungsfehler passieren müssen. Alle Aspekte beschreiben zu wollen, würde dieses Buch sprengen.

Als Beispiel hier ein Auszug aus dem Buch „Gehirn und Erfolg" von John Medina zum Thema Sehen:

„Das Gehirn interpretiert die elektrische Information und der visuelle Eindruck rückt in unser Bewusstsein. Diese Vorgänge scheinen mühelos abzulaufen, sodass sie uns ein vollständig zutreffendes Bild unserer Umwelt liefern.
Auch wenn wir es gewohnt sind, unseren Sehsinn für derart verlässlich zu halten: An dem letzten Satz stimmt überhaupt nichts.
In Wirklichkeit ist der Vorgang (Sehen, d. A.) äußerst kompliziert und liefert nur selten – und alles andere als zuverlässig – ein ‚richtiges' Bild der Welt."

Eines der bekanntesten Wahrnehmungsfehler (optische Täuschung) ist die sogenannte Tischillusion nach Roger Shepard: Die Tische sehen unterschiedlich aus. Sie haben aber die gleiche Größe und Form, wie Sie auf der nächsten Seite unschwer erkennen können.

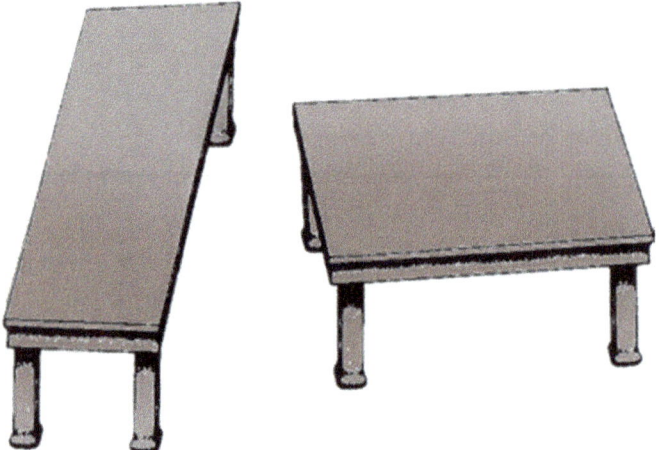

Tischillusion nach Shepard

Die Müller-Lyer-Täuschung ist wohl ebenso bekannt; den meisten Menschen erscheint die Strecke zwischen den Pfeilspitzen in der rechten Darstellung länger als die Strecke des Pfeiles auf der linken Darstellung, obwohl beide gleich lang sind.

Die Aussage von John Medina trifft prinzipiell auf alle Sinnesorgane zu.

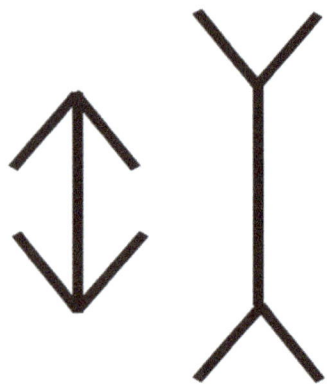

Müller-Lyer-Illusion

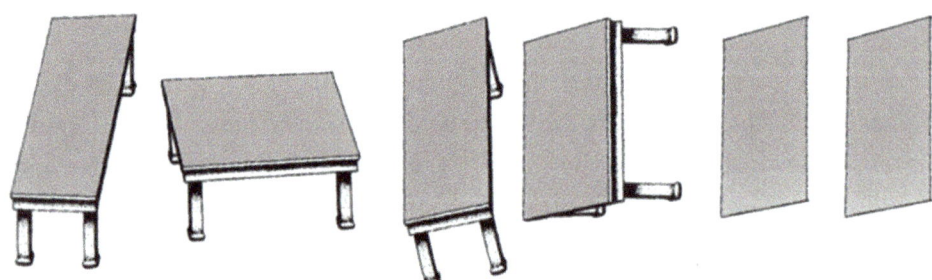

Die Tische haben tatsächlich die gleiche Größe und Form, auch wenn unser Gehirn das Gegenteil behauptet.

Niemand kann garantieren, dass unsere Sinnesorgane bei der Wahrnehmung alle Informationen dieser Welt eins zu eins an unser Gehirn liefern. Wir sprechen deshalb auch von Repräsentationen der Wirklichkeit, die in unserem Gehirn erzeugt werden.

Bevor wir uns aber mit einigen weiteren phänomenalen Besonderheiten unserer „Wahrnehmung" befassen, müssen wir uns über den 3. Mitspieler laut unserer Definition, das Gehirn informieren.

Mitspieler 3: Das Gehirn

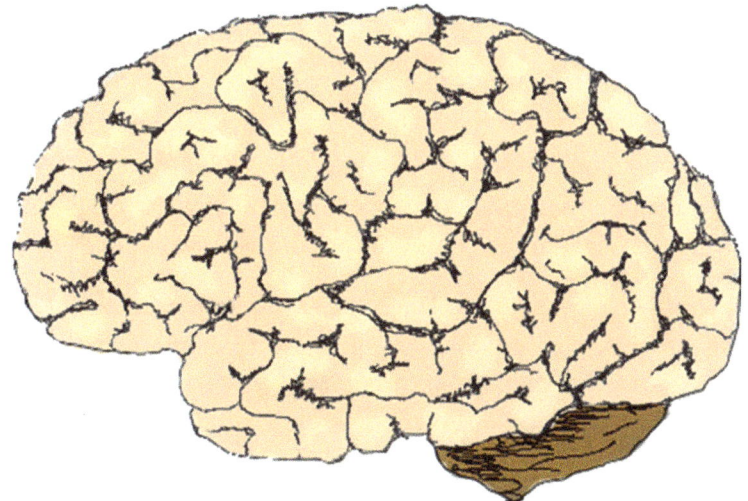

Das menschliche Gehirn

Ich wiederhole: Im Durchschnitt besteht ein Zellhaufen Mensch (ZHM) aus geschätzten 30 Billionen (30.000.000.000.000) Körperzellen.

Sehr große Menschen haben unter Umständen doppelt so viele oder noch mehr. Kleine Menschen unter Umständen weniger. Der Grund dafür ist, dass Zellen nur eine bestimmte Größe erreichen können. Deshalb schwankt die Anzahl der Körperzellen mit der Körpergröße – je größer ein Mensch, umso mehr Körperzellen hat er und umgekehrt. Die Anzahl der Gehirnzellen schwankt auch, aber die Körpergröße bzw. die Anzahl der Körperzellen ist für die Anzahl der Gehirnzellen nicht entscheidend. Selbst die Masse eines Gehirns sagt nichts über die Intelligenz des Besitzers aus. Gesunde Menschen haben ein Gehirn, das zwischen 1.000 und 2.000 Gramm wiegt. Der Durchschnitt bei Männern liegt bei 1.370 Gramm und bei Frauen bei 1.216 Gramm.

(Quelle: Gerhard Roth: Fühlen, Denken, Handeln)

Diverse Studien haben keinen Zusammenhang zwischen der Größe des Gehirns und der Intelligenz seines Besitzers nachweisen können. Es gibt sehr intelligente Menschen mit einem Gehirn von 1.000 Gramm und weniger intelligente mit einem Gehirn von 2.000 Gramm.

Die Diskrepanz zwischen der durchschnittlich etwas geringeren Gehirngröße bei Frauen im Gegensatz zur Gehirngröße bei Männern spielt bezüglich der Intelligenz überhaupt keine Rolle.

Die Gehirne der Menschen wurden im Verlauf der Evolution optimiert. So können sich nicht ALLE Neuronen und Gliazellen miteinander verbinden. Dafür ist schlicht und einfach zu wenig Platz im Schädel eines Menschen. Die Neurowissenschaftler Mark Nelson und James Bower haben ausgerechnet, dass unser Gehirn einen Durchmesser von 20 Kilometern!!! haben müsste, wenn alle Zellen mittels Nervennetzwerken miteinander verbunden wären.

(Quelle: Gazzaniga „Die Ich-Illusion")

Das heißt aber auch, dass unsere Fühl- und Denkfabrik Gehirn keine unendlich großen Leistungsreserven in Form von neuen Netzwerken aufbauen kann und die Aussage, wir würden nur einen Bruchteil der Fähigkeiten unseres Gehirns nutzen, erscheint unter diesem Aspekt zumindest fraglich.

Der Unterzellhaufen Gehirn ist die Steuerungszentrale des Zellhaufens Mensch und das mit Abstand komplexeste System in unserem Universum, jedenfalls soweit wir das überhaupt überblicken können. Tausende Gehirnforscher auf der ganzen Welt versuchen seit Jahrzehnten, das Gehirn und seine Arbeitsweise zu erforschen. Täglich werden teils fundamentale, neue Erkenntnisse und Forschungsergebnisse veröffentlicht. Aber mit der Anzahl der Erkenntnisse zur Arbeitsweise des menschlichen Gehirns steigt fast proportional die Anzahl der offenen Fragen. Viele Aspekte der Arbeit unseres Gehirns sind und bleiben vorerst Rätsel und es ist zumindest mit einem hohen Risiko verbunden, anhand der bisherigen Erkenntnisse eine Vorstellung davon zu entwickeln, wie das Gehirn arbeiten könnte. Aber genau das wollen wir tun. Nicht mit den Worten und Forschungsergebnissen der Gehirnforscher und Neurobiologen. Das können die definitiv viel besser und wissenschaftlich exakter. Unsere Annahmen sind rein hypothetisch und zugegeben etwas schlicht, dadurch aber vielleicht besser verständlich. Wenn wir unser Denken dadurch auch nur ansatzweise besser verstehen, haben wir vielleicht nicht alles richtig gemacht, aber der Zweck heiligt bekanntlich die Mittel.

Die Aufgaben des Gehirns können grob in folgenden sechs Aufgabenblöcken zusammengefasst werden:

1. Steuerung aller Körperfunktionen des Zellhaufens Körper (alle lebenserhaltenden Maßnahmen).
2. Verarbeitung von Informationen und Erarbeitung von Gefühlen und Gedanken aus eingehenden Informationen unter Berücksichtigung von bereits im Gedächtnis gespeicherten Informationen, Gefühlen und Gedanken.
3. Veranlassung von Handlungen (aufgrund von Gefühlen und/oder Gedanken).
4. Speichern von neuen Informationen bzw. permanente Aktualisierung des Speicherinhaltes im Gedächtnis.
5. Beurteilung und Bewertung der situationsbedingten Gefühle, Gedanken und Handlungen hinsichtlich des Überlebens, der Fortpflanzung und des Wohlergehens des Zellhaufens Körper.
6. Anpassung an sich verändernde Umgebungsbedingungen durch Einflussnahme auf das Fühlen, das Denken und das Handeln.

Es ist leicht zu erkennen, dass die Aufgaben 1. bis 4. vom Gehirn erledigt werden, ohne dass wir etwas dazu beisteuern oder es bemerken. Es wird uns nicht bewusst, deshalb sprechen wir von unserem Unterbewusstsein. Wir bekommen zwar permanent die Ergebnisse und sind davon überzeugt, diese selbst herbeigeführt zu haben. Aber, Pustekuchen – die Ich-Illusion ist wieder am Werk.

Für die Aufgabenblöcke 5. und 6. muss sich unser Gehirn dagegen voll konzentrieren und wir müssen uns etwas Zeit nehmen, was uns sehr wohl bewusst wird, deshalb sind wir hier bei(m) Bewusstsein.

Wie könnte also unser Gehirn organisiert sein, um alle genannten Aufgaben erledigen zu können?

Hypothese: Das Gehirn, unsere Fühl- und Denkfabrik

Nehmen wir an, unser Unterzellhaufen Gehirn ist unsere Fühl- und Denkfabrik mit 172 Milliarden Mitarbeitern. Nehmen wir weiter an, die Fabrik hat drei Abteilungen: die Abteilung Bewusstsein, die Abteilung Unterbewusstsein und die Abteilung Gedächtnis. Weil diese Begriffe künftig sehr häufig vorkommen, verwende ich in diesem Buch ab und an folgende Abkürzungen:

- Abteilung *Bewusstsein:* **BWS** oder „Wir" bzw. „**Ich-Gefühl**"
- Abteilung *Unterbewusstsein:* **UBWS** oder einfach nur „**Es**"
- Abteilung *Gedächtnis:* **GDS** oder einfach nur „**Speicher**"

(Übrigens, das ist schon die dritte „Triade" – aller guten Dinge sind offensichtlich doch drei.)

Frage: Wozu könnte ein emergentes Gehirn (Fühl- und Denkfabrik) drei Abteilungen benötigen?
Antwort:

1. Aus Zeitgründen und
2. weil wir damit das Denken besser verstehen können.

Wie bereits im Abschnitt Wahrnehmung beschrieben, liefern unsere Sinnesorgane pro Sekunde mehrere Millionen Einzelinformationen an unsere Fühl- und Denkfabrik Gehirn.

Unsere Abteilung Bewusstsein (BWS) wäre zeitlich völlig überfordert, diese Menge an Einzelinformationen zu „verarbeiten", zu Gesamtinformationen zusammenzusetzen, zu bewerten und zu speichern.

Die Aufgabenblöcke 1. bis 4. löst unsere Abteilung Unterbewusstsein (UBWS) locker. Die Abteilung UBWS arbeitet so schnell, dass „wir" (unser BWS) ihr nicht folgen können. Es verarbeitet die eingehenden Informationen und produziert Gefühle und Gedanken, es veranlasst Handlungen und organisiert und verwaltet auch noch die Abteilung Gedächtnis. Deshalb bemerken wir (unser BWS) weder die Wahrnehmung noch die Verarbeitung von Informationen in der Abteilung UBWS (Unterbewusstsein).

Die Abteilung BWS bekommt nur die Arbeitsergebnisse von der Abteilung UBWS geliefert, die sie zeitlich bearbeiten kann, um in Ruhe zu bewerten, zu beurteilen und bei Bedarf auch Einfluss zu nehmen, also das Fühlen, Denken und Handeln zu verändern. Natürlich immer erst nach Rücksprache mit den Kollegen der Abteilung UBWS, die wiederum im Gedächtnis nach bereits gesammelten Erfahrungen und Erkenntnissen suchen müssen. Ebenso muss die Abteilung BWS die Abteilung UBWS über gewünschte Veränderungen von Speicherinhalten informieren, die dann von der Abteilung UBWS im Gedächtnis (GDS) veranlasst werden.

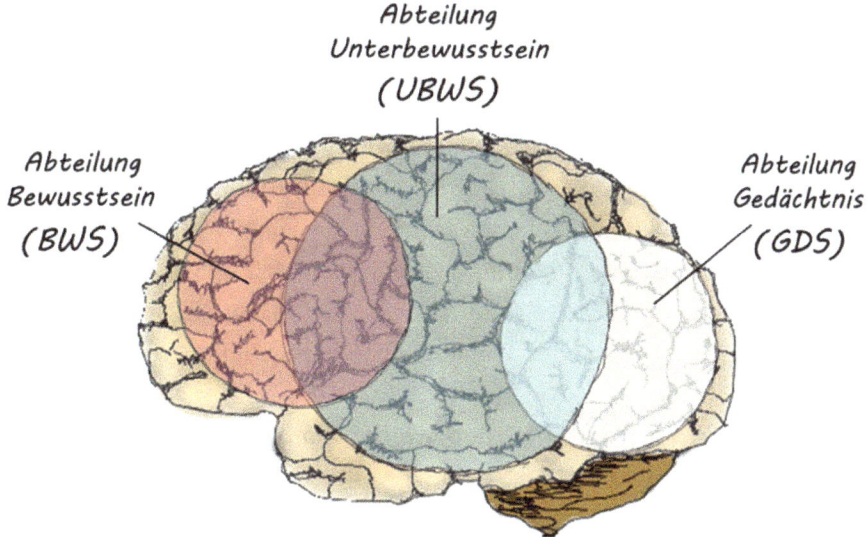

Die „Dreieinigkeit" (Triade) der Fühl- und Denkfabrik Gehirn:
Bewusstsein (BWS); Unterbewusstsein (UBWS); Gedächtnis (GDS)

Das alles kostet die Abteilung BWS allerdings Energie und vor allem Zeit. Zeit, die wir (unser BWS) uns nehmen müssten, und das tun wir einfach nicht oder wir tun es zu wenig.

Einige böse Wissenschaftlerzungen behaupten, dass die Abteilung Bewusstsein überflüssig sei, denn die Abteilung Unterbewusstsein verarbeitet sowieso alle wahrgenommenen Informationen und verwaltet obendrein noch das gesamte riesige Gedächtnis und das alles in atemberaubender Geschwindigkeit.

Andere behaupten, unbewusste Wahrnehmung und Informationsverarbeitung gäbe es gar nicht und, wenn doch, dann wäre ihr Anteil vergleichsweise unbedeutend. Nun, wir werden unsere Hypothese der drei Abteilungen bei vielen Erläuterungen des Fühlens, Denkens und Handelns der menschlichen Zellhaufen anwenden und Sie lieber Leser, dürfen sich Ihr Urteil und Ihre Meinung getrost selbst bilden.

Riesenspeicher Gedächtnis

„Im Gedächtnis gespeicherte Informationen sind das Ergebnis von bewussten und/oder unbewussten Lernprozessen Die Gedächtnisbildung wird dabei durch die neuronale Plastizität ermöglicht."

(Quelle: Wikipedia)

Üblicherweise werden folgende Klassifikationen für unser Verständnis zur Arbeitsweise unseres Gedächtnisses beim Speichern von Informationen verwendet:

Ultrakurzzeitgedächtnis: eingehende Einzel- bzw. Teilinformationen werden für wenige Sekunden gespeichert, damit unser Unterbewusstsein sie zu einer Gesamtinformation zusammenfassen kann.

Arbeitsgedächtnis: Informationen werden für kurze Zeit gespeichert, um mit diesen Informationen „arbeiten" zu können. Wir geben z. B. eine Adresse in unser Navigationssystem oder wählen eine Telefonnummer und vergessen beides sofort wieder.

Langzeitgedächtnis: Informationen werden für Wochen, Jahre oder Jahrzehnte abgespeichert.

Das mag alles rein wissenschaftlich betrachtet korrekt sein. Aber es gibt durchaus alternative Möglichkeiten, dieses emergente Speichersystem zu interpretieren. Es vollkommen verstehen zu wollen, halte ich für unmöglich.

Unsere Fühl- und Denkfabrik Gehirn arbeitet mit 86 Milliarden Nervenzellen (Neuronen) und 86 Milliarden Gliazellen. Wozu eine einzelne Nervenzelle fähig ist, hängt von ihren Genen und ihrem Trainingszustand ab. Eine Nervenzelle, die voll im Arbeitsprozess steht, also ständig aktiv ist, kann aus mehreren Tausend eingehenden Informationsimpulsen in Sekundenbruchteilen neue Impulse in ca. zehn verschiedenen Signalstärken wiederum an mehrere Tausend andere Nervenzellen weiterleiten. Kann sie selbst etwas speichern? Wir wissen es nicht. Das Speichern von Informationen erfolgt nach unserem Kenntnisstand durch den Aufbau von Verbindungen zwischen Nervenzellen, also in Form von Netzwerken.

Unser Gehirn mit seinen Netzwerken aus miteinander verbundenen Nervenzellen hat eine geschätzte Speicherkapazität von *10 hoch 150*! Das sollen wohl mehr sein, als die Anzahl von Elementarteilchen, aus denen unser gesamtes Universum besteht – ob das so stimmt – keine Ahnung. Ob diese Speicherkapazität ein Gehirn mit einem Durchmesser von 20 Kilometern benötigen würde, wissen wir auch nicht. Für unser langsames Bewusstsein ist dieser Speicher normalerweise zu groß, und zwar viel zu groß. Für unser Unterbewusstsein, das ja mehrere Millionen Informationen pro Sekunde verarbeiten kann, ist es offensichtlich in Ordnung, andernfalls hätte die Evolution diese riesigen Speicherkapazitäten nicht geschaffen. Angesichts dieser Speicherkapazitäten erscheint mir die Einteilung in Ultrakurzzeit-, Kurzzeit- und Langzeitgedächtnis mit zahlreichen Unterteilungen zwar für viele Erklärungsversuche hilfreich, aber auch gewagt. Warum?

Erinnern Sie sich an die Ich-Illusion. Unser Unterbewusstsein verarbeitet Unmengen an Informationen von unseren Sinnesorganen bei gleichzeitigem Abgleich mit unseren gespeicherten Informationen im Gedächtnis. Unser Bewusstsein erhält lediglich das Verarbeitungsergebnis, glaubt aber fest daran, alles „selbst" erledigt zu haben. Doch dieser „Abgleich" bedeutet nicht weniger, als einen großen Teil der Speicherplätze aufzusuchen und die Inhalte hinsichtlich ihrer Ähnlichkeit oder Korrespondenz mit den wahrgenommenen Informationen zu bewerten.

Ein ähnliches Prozedere sollte beim Abspeichern von Informationen stattfinden. Neue Informationen oder Verarbeitungsergebnisse sollten vorzugsweise den vorhandenen Speicherinhalten zugeordnet werden, zu denen sie passen oder passen könnten. Andernfalls würde es ja keinen Lerneffekt geben, bei dem auf vorhandenes Wissen zu einem Sachverhalt neues oder ergänzendes Wissen „addiert" wird. Auch hier wäre unser langsames Bewusstsein zeitlich völlig überfordert. Wir (unser BWS) können zwar veranlassen, dass eine Erkenntnis oder Erfahrung im Gedächtnis gespeichert werden, aber den Speichervorgang selbst übernimmt definitiv unser schnelles UBWS. Wir unterliegen wieder der Ich-Illusion, wir hätten uns etwas gemerkt, und das ist falsch. Wir wollen uns *etwas* merken, können aber nur hoffen, dass unser UBWS dieses *Etwas* so geschickt speichert, dass es bei Bedarf auch wieder aufgefunden wird.

Unser faules und langsames Bewusstsein (BWS) findet ohne unser hyperschnelles Unterbewusstsein (UBWS) überhaupt nichts in unserem Gedächtnis (GDS).

Wozu also eine bewusste Einteilung? Woher wollen wir wissen, ob vermeintlich „vergessene" Informationen in unserem „Ultrakurzzeitgedächtnis" nicht doch irgendwo herum liegen? Nur weil unser Unterbewusstsein sie nicht findet?

Es bleibt die Frage, ob Informationen aus dem Ultrakurzzeit- und dem Kurzzeitgedächtnis überhaupt wirklich gelöscht werden bzw. ob wir sie wirklich endgültig vergessen können. Ich glaube eher, dass unser Gedächtnis keine einzige Information „vergisst", also nichts gelöscht wird, was einmal gespeichert wurde. Informationen können aber sowohl ergänzt, verändert als auch durch neue Informationen „überschrieben" werden. Letztlich wäre das ja eine Variante des Löschens. Ein „bewusstes" Vergessen (Löschen) kann mit unserem Unterbewusstsein nicht funktionieren, dazu ist es zu dumm.

Für alle, die gerne mit sehr großen Zahlenmengen umgehen, hier weitere Zahlenangaben zum Gedächtnis – die Angaben schwanken:

1. Die Abteilung Gedächtnis unseres Gehirns, deren Netzwerke für das Speichern von Informationen zuständig sind, (der sogenannte Hippocampus) kann zwischen 5 und 20 Petabytes Daten speichern, was mit der Größe des gesamten Internets vergleichbar ist.
(1 Petabyte = 1.000 Terabyte = 1.000.000 Gigabyte = 1.000.000.000 Megabyte)

2. Die Anzahl der Speicherinhalte unseres Gehirns wird mit **10 hoch 150** angegeben. Die Anzahl der Elementarteilchen des Universums wird mit **10 hoch 79** angegeben. Elementarteilchen sind kleinste uns bekannten Teilchen, die nach heutigem Wissenstand unteilbar sind. Das Gehirn eines einzigen Menschen kann also mehr Informationen speichern, als das gesamte uns bekannte Universum Elementarteilchen hat, Donnerwetter!

3. Speichernetzwerke sind keine konsistenten, dauerhaften Formationen. Verbindungen zwischen den Nervenzellen werden ständig neu gebildet oder gekappt. Wir nennen das die „Plastizität des Gehirns" und kommen später noch einmal darauf zurück. Praktisch kann man davon ausgehen, dass jede neue Information eine, wenn auch minimale Veränderung in unseren Netzwerken bewirken kann.

4. Verbindungen zwischen Nervenzellen werden gefestigt oder im Extremfall neu geschaffen. Andere werden nicht mehr benötigt und getrennt. Dabei werden nicht die kompletten Nervenfasern wegrationalisiert, sondern die Kontaktstellen an den Zellwänden (die Synapsen) zeitweise getrennt.

Zugegeben, ich kann mit diesen Zahlenmengen eher wenig anfangen. Ich kann nur ehrfürchtig über die Größenordnungen staunen, aber erfassen kann ich diese Angaben nicht. Ob 20 Petabyte, 10 hoch 150 oder unendlich ist jetzt für uns Menschen sowieso nicht so wichtig.

Warum? Weil diese Größenordnung kein Gedanke mehr erfassen kann. Die Philosophie meint ja, Denken ist das Erfassen von Gedanken. Solche Zahlen sind schlicht nicht „denkbar", also undenkbar und demzufolge für uns unvorstellbar. Es sind einfach undenkbar viele Speicherplätze, die unser Gedächtnis in unserem vergleichsweise kleinen Zellhaufen Gehirn zumindest theoretisch bereithält.

Fazit 1: Grundsätzlich unterliegen wir beim Erinnern der gleichen Ich-Illusion wie bei der bereits beschriebenen Wahrnehmung. Wir (unser Bewusstsein) haben nicht im Gedächtnis „gekramt" und etwas gefunden. Dazu sind wir (ist unser Bewusstsein) zu langsam. Es war unser Unterbewusstsein, das uns in Sekundenbruchteilen Erinnerungen aus dem Gedächtnis geliefert hat und wir haben es wieder mal nicht gemerkt.

Fazit 2: Für unseren Alltag ist es vollkommen gleich, dass wir (falsch) denken, wir hätten etwas selbst in unserem Gedächtnis gesucht und gefunden. Für das Ergebnis (die Erinnerung) ist es allerdings nicht ganz unerheblich, dass es unser eigenwilliges Unterbewusstsein war, das inmitten einer mit Informationsmüll verseuchten Datenmenge im Gedächtnis für uns fündig geworden ist. Hat es auch richtig gesucht? Wir wissen es nicht!

Das Denken – ein Arbeitsprozess

Wir haben nun die drei Mitspieler gemäß unserer Definition: „**Denken** ist die **Verarbeitung** der von unserem Körper und seinen Sinnesorganen **wahrgenommenen Informationen** im **Gehirn**" näher betrachtet: die **Informationen**, die **Wahrnehmung** und das **Gehirn**.

Die **Verarbeitung** bzw. der **Verarbeitungsprozess** selbst verkörpern im normalen Sprachgebrauch das eigentliche „**Denken**". Die beim Mitspieler Gehirn getroffene Annahme der drei Abteilungen in unserer Fühl- und Denkfabrik Gehirn (BWS; UBWS und GDS) dient dazu, die hochkomplexe Arbeitsweise unseres Gehirns überhaupt auch nur ansatzweise zu verstehen. Unser Gehirn selbst wusste von dieser Einteilung nichts, bis … ja, wer hat die Abteilungen Bewusstsein und Unterbewusstsein eigentlich erfunden? Sokrates? Siegmund Freud (oder die Schweizer)? Vielleicht sind es gar nicht drei Abteilungen, vielleicht macht eine Abteilung alles oder es gibt noch jede Menge weiterer Abteilungen? Für mich macht die Dreiteilung Sinn, denn ich kann damit mir und Ihnen eine mögliche Arbeitsweise unseres Gehirns erklären. Dadurch können wir verstehen, wie unser Denken funktioniert, woher unser Falschdenken kommt und was wir tun können, um etwas weniger falsch zu denken. Und damit wäre das Ziel erreicht.

Trotzdem möchte ich an dieser Stelle klarstellen:

Es wäre im höchsten Grad vermessen zu behaupten, meine Hypothese von der Arbeitsweise unseres Gehirns, und damit meine Sicht über das Denken, sei die einzig wahre und richtige. Es ist nur eine Sicht von vielen. Sie hat nicht den Anspruch auf wissenschaftliche Korrektheit, sondern dient ausschließlich dazu, unser Denken zu erklären und vielleicht zu verstehen.

Getreu dem Motto: „Wir können das Gehirn und sein Denken niemals vollkommen verstehen, aber wir sollten es trotzdem versuchen" postulieren wir weiter fröhlich drauf los. Auch wenn wir ganz sicher manchem Irrtum unterliegen, ist es allemal besser als nichts zu tun.

Um die unterschiedlichen Arbeitsweisen unserer Abteilung Bewusstsein, unserer Abteilung Unterbewusstsein und der Abteilung Gedächtnis zu verdeutlichen, bemühen wir folgenden „hinkenden" Vergleich mit einem Puzzle. *Vergleiche „hinken" ja häufig. Eigentlich kann ein Vergleich weder laufen noch hinken. Hinken ist schlechtes Laufen. Also ist ein „hinkender" Vergleich ein schlechter Vergleich. Wenn uns aber kein besserer Vergleich einfällt, ist „ein hinkender Vergleich" immer noch besser als „ein schlechter Vergleich".*

Wie viel Zeit benötigen Sie für ein Puzzle mit 1.000 Teilen? Nehmen wir an, Sie schaffen einen Teil in durchschnittlich 6 Sekunden, dann benötigen Sie also 6.000 Sekunden für das gesamte Puzzle. Das sind dann 1 Stunde und 40 Minuten. Ich habe übrigens bei meinem letzten Puzzle drei Tage (mit längeren Pausen versteht sich) benötigt. Ein Puzzle müssen Sie überwiegend bewusst zusammensetzen. Sie müssen jedes Teil nach Form und Motiv mit den vielen Lücken vergleichen und mit den Händen in die richtige Position bringen. Zwar helfen Ihnen das Unterbewusstsein und auch Ihr Gedächtnis dabei, aber den größten Teil der Arbeit haben Sie, Ihre Abteilung Bewusstsein, weshalb es auch so lange dauert.

Ihre Abteilung Unterbewusstsein setzt pro Sekunde „Puzzles" (Informationen) mit jeweils mehreren Millionen Teilen (Teilinformationen) zusammen und generiert dabei mehrdimensionale „Puzzles". Optische Wahrnehmungen werden z. B. im Unterbewusstsein je nach Informationslage gleichzeitig mit akustischen und/oder ertasteten Wahrnehmungen bzw. Geschmacks- oder Geruchswahrnehmungen empfangen und nach „Rücksprache" mit der Abteilung Gedächtnis zu einer Gesamtinformation zusammengefasst. Diese wird entweder direkt an die Abteilung Bewusstsein zur weiteren Bearbeitung geliefert, oder im Gedächtnis abgespeichert, falls das Bewusstsein gerade mit der Verarbeitung anderer Inhalte beschäftigt ist.

Zur Erinnerung: unsere gesamte Fühl- und Denkfabrik und jede der drei hypothetischen Abteilungen sind emergente Systeme. Das bedeutet, die einzelnen Mitarbeiter können nur durch ihre Zusammenarbeit die anstehenden Aufgaben meistern. Hier der Versuch, unser Denken mit Hilfe der drei Abteilungen etwas genauer zu beschreiben:

Abteilung Unterbewusstsein (UBWS)

Die Abteilung Unterbewusstsein arbeitet extrem schnell und ihre Strukturen und Arbeitsabläufe sind so kompliziert, dass es selbst den profiliertesten Hirnforschern bisher nicht gelungen ist, sie bis ins Detail zu verstehen. Es ist sogar zu vermuten, dass unsere Abteilung Gedächtnis mehr oder weniger nur die Speicherplätze vorhält, selbst also nicht aktiv wird. Die gesamte Organisation und die Logistik werden wahrscheinlich von der Abteilung Unterbewusstsein mit erledigt. Somit können wir den Mitarbeitern (Nervenzellen) der Abteilung UBWS folgende Aktivitäten zuordnen:

1. Die überwiegende Zeit verwenden die Mitarbeiter der Abteilung Unterbewusstsein darauf, die von unseren Sinnesorganen gelieferten Millionen Einzelinformationen wie ein Puzzle wieder zu einer Gesamtinformation zusammenzufügen. Das geht nicht ohne Austausch von Informationen der Mitarbeiter untereinander und dabei muss das Arbeitsklima stimmen.

2. Die Mitarbeiter der Abteilung Unterbewusstsein schauen ständig im Gedächtnis nach, ob Speicherinhalte zu finden sind, die irgendwie zum Puzzle passen. Zu jeder gespeicherten Information ist auch ein passendes Gefühl gespeichert. Diese Gefühle können helfen, das Puzzle schneller fertig zu bekommen. Sie können aber auch dazu führen, dass es nur sehr zögerlich vorwärts geht. Denn unserem Bewusstsein wird zwar permanent die Gefühlslage der Mitarbeiter der Fühl- und Denkfabrik Gehirn bzw. die jeweilige Arbeitsatmosphäre in den Abteilungen übermittelt, aber nicht die Ursachen dafür. Es gibt Tage, da fühlen wir uns einfach mies, wissen aber nicht warum. Die Ursachen waren zwar unserem schnellen Unterbewusstsein zum Zeitpunkt der eingetroffenen Informationen bekannt, aber es hat diese Ursachen unserem Bewusstsein nicht mitgeteilt und nach dem Speichern im Gedächtnis hat es sie vergessen.

3. Natürlich speichert die Abteilung Unterbewusstsein permanent alle Einzelinformationen, Zwischenergebnisse und die Gesamtinformationen inklusive Arbeitsatmosphäre (Gefühle) im Gedächtnis ab. Was davon wann an die Abteilung BWS weitergegeben wird, hängt davon ab, wie beschäftigt unsere Abteilung Bewusstsein gerade ist und welche Themen es gerade bearbeitet.

4. Die Gesamtinformation für unsere Abteilung Bewusstsein enthält also nicht nur die aktuell wahrgenommenen Informationen, sondern die zum Thema passenden und früher bereits gespeicherten Informationen und die zugehörigen Gefühle gleich mit. All diese Aktivitäten werden von der Abteilung Unterbewusstsein so klammheimlich und schnell erledigt, dass wir (unsere Abteilung Bewusstsein) die Gefühle (Arbeitsatmosphäre im Gehirn) immer, das fertige Endergebnis bzw. die Informationen zu Ursachen für die Gefühle nicht immer mitbekommen. Unser Bewusstsein ist dafür einfach zu langsam.

5. Eine weitere Aktivität unserer Abteilung Unterbewusstsein besteht darin, die von der Abteilung Bewusstsein erarbeiteten Erkenntnisse, Überzeugungen, Erfahrungen usw. innerhalb der Abteilung Gedächtnis zu speichern und diese Speicherinhalte auf Wunsch dem BWS in Sekundenbruchteilen aus dem GDS wieder zur Verfügung zu stellen. Die Organisation und Verwaltung der Informationen in unserer Abteilung Gedächtnis ist eine logistische Meisterleistung und neben den „Hochgeschwindigkeits-Puzzlefähigkeiten" die zweite großartige Fähigkeit unserer Abteilung Unterbewusstsein.

6. Das Unterbewusstsein nimmt Einfluss auf die Wahrnehmung, z. B. auf das Erkennen bedrohlicher Reize. Bedrohliche Informationen haben Priorität vor positiven oder neutralen Informationen. Das mag evolutionär von Nutzen gewesen sein, ist in unserer modernen Leistungsgesellschaft aber unter Umständen von Nachteil, wie wir später noch sehen werden.

7. Unser Unterbewusstsein kann keine Bewertung (positiv oder negativ) vornehmen und keine Verneinung erkennen, was beim Abspeichern von Informationen oder Denkergebnissen im Gedächtnis negative Folgen haben kann. Die Aussage „die morgige Prüfung macht mir keine Angst" wird vom Unterbewusstsein abgespeichert als „morgige Prüfung Angst", weil es mit Verneinungen nichts am Hut hat. Auf das Stichwort Prüfung liefert das UBWS am nächsten Tag das Wort Angst und gegebenenfalls das Angstgefühl gleich mit. Warum das so ist, wissen wir nicht. Eine Erklärung könnte in Punkt 6. „be-

drohlich geht vor positiv" zu finden sein. Es macht evolutionär für einen menschlichen Zellhaufen einfach keinen Sinn, Verneinungsinformationen im Gedächtnis zu speichern. Den Gedanken: „Der Säbelzahntiger ist nicht gefährlich" zu speichern ist sinnlos und für den Menschen lebensgefährlich, während der Speicherinhalt „Säbelzahntiger gefährlich" durchaus Sinn macht und gegebenenfalls das Leben des menschlichen Zellhaufens rettet. Menschen, deren Unterbewusstsein zufällig die Fähigkeit besaßen, Verneinungen zu speichern, wurden vermutlich vom Säbelzahntiger ausgerottet.

8. Unser Unterbewusstsein übernimmt Aktivitäten vom Bewusstsein, deren Abläufe ursprünglich in mühevoller Kleinarbeit und unter hoher Konzentration bewusst erlernt wurden. Nach ausreichendem Training bzw. häufigen Wiederholungen werden sie im Gedächtnis abgespeichert. Sie sind so stabil im Gedächtnis verankert, dass sie sozusagen ohne große Mühe gestartet werden können und ohne zusätzliche Aufmerksamkeit und ohne Konzentration ablaufen. Vom einfachen Gehen über das Fahrradfahren bis hin zum Autofahren – bei den täglich unbewusst ausgeführten Handlungen und Tätigkeiten benötigen wir keine Konzentration und keine große Aufmerksamkeit. Sie sind zur Routine geworden, unser Bewusstsein kann sich neuen, anderen Aufgaben und Herausforderungen widmen.

9. Unser Unterbewusstsein kann keine logischen Vorgänge rekonstruieren und keine analytischen Zusammenhänge erkennen. Es ist in dieser Hinsicht ein bisschen doof. Diesen Denkprozess kann nur das Bewusstsein leisten.

Damit haben wir aber bei weitem noch nicht das gesamte Leistungsspektrum unserer Abteilung Unterbewusstsein erfasst. Unser Unterbewusstsein kann natürlich noch viel mehr, wie wir später noch sehen werden, und es verdient sowohl unseren vollen Respekt als auch unser gesundes Misstrauen.

Abteilung Bewusstsein (BWS)

Was unsere Abteilung Unterbewusstsein definitiv **nicht kann**, dazu ist unsere Abteilung Bewusstsein sehr wohl in der Lage:

- analytisch und logisch arbeiten
- komplizierte Zusammenhänge erkennen
- schwierige Aufgaben oder Probleme zu lösen

- kreativ bzw. schöpferisch (erfinderisch) tätig werden
- Informationen moralisch bewerten
- Verneinung erkennen
- richtig und falsch auseinanderhalten.

All diese zum Teil überlebenswichtigen Fähigkeiten besitzt nur unsere Abteilung Bewusstsein. Aber diese Fähigkeiten des Bewusstseins werden nur wirksam, wenn das Unterbewusstsein permanent Informationen in Form von Erkenntnissen, Wissen und Erfahrungen aus dem Gedächtnis bereitstellt.

Etwas brutal formuliert:

Unser Unterbewusstsein ist extrem fleißig, hochproduktiv und extrem schnell, aber ein bisschen „doof".

Unser Bewusstsein ist faul und langsam, aber eben nicht ganz „doof" bzw. bisweilen sogar sehr schlau.

Nicht ganz „doof" bedeutet, unser Bewusstsein besitzt das Talent (oder hat die Veranlagung oder das Potential) logisch und schöpferisch kreativ zu sein. Es kann komplizierte Zusammenhänge erkennen und schwierige Aufgaben oder Probleme lösen. Aber ähnlich wie bei einem guten Fußballspieler, müssen diese Fähigkeiten entwickelt und trainiert werden, damit sich das Talent entfalten kann. Wird eine Begabung (Talent) nicht gefördert, kann sie (es) unentdeckt verkümmern.

Allerdings wäre unser Bewusstsein zu keiner der oben genannten Fähigkeiten in der Lage, wenn es nicht die logistischen Fähigkeiten unseres Unterbewusstseins zu jeder Zeit benutzen könnte. Das heißt, das Unterbewusstsein liest dem Bewusstsein beim Problemlösen jeden Wunsch nach Vorinformation förmlich von den Lippen ab, sucht die passenden Informationen im Gedächtnis und liefert sie mit sagenhafter Geschwindigkeit unaufgefordert ab. Also nur mit Hilfe des Unterbewusstseins und einem gut mit Erfahrungen, Wissen und Erkenntnissen gefülltem Gedächtnis kann unser Bewusstsein überhaupt seine Fähigkeiten entfalten.

Warum sprechen wir von einem „faulen" Bewusstsein? Ganz einfach, unsere Fühl- und Denkfabrik Gehirn ist grundsätzlich darauf aus, Energie zu sparen. Die Abteilungen Unterbewusstsein und Gedächtnis arbeiten automatisch, ohne dass wir (unser Bewusstsein) davon etwas bemerken. Hier kann niemand Energie sparen. Ist zu wenig Energie vorhanden, kommt es zu Funktionsstörungen in unserer Fühl- und Denkfabrik Gehirn. Aber wir bekommen, wenn überhaupt, nur die Ergebnisse dieser ungenügenden Denkarbeit mit und können nur vermuten, dass vielleicht Energiemangel eine mögliche Ursache gewesen sein könnte. Es gibt ja schließlich innerhalb der Verarbeitung der täglichen Informationsflut sehr viele Ursachen für falsches Denken. Anders verhält es sich mit unserer Abteilung Bewusstsein. Wir merken sofort, wenn wir keinen klaren Gedanken fassen können, wenn wir überfordert sind oder uns gestresst fühlen. Was tun wir? Wir gönnen unserem Bewusstsein notgedrungen eine Pause. Wir hören auf bewusst zu denken, wir sind faul. Das Problem: unser Unterbewusstsein kennt keine Pause. Es verarbeitet unbeirrt alle wahrnehmbaren Informationen einfach weiter. Damit gelangen unter anderem auch jede Menge falsche Informationen in unser Gedächtnis, ohne vorab von unserem passiven Bewusstsein bewertet und gegebenenfalls korrigiert worden zu sein. Im Ergebnis dieser *passiven Faulheit* unserer Abteilung Bewusstseins entstehen mindestens vermehrt falsches Fühlen und Denken, früher oder später auch falsches Handeln, verbunden mit einem unzufriedenen Leben bis hin zu Frust und Depression.

Die Lösung dieses Dilemmas ist *aktive Faulheit*! Aktive Faulheit bedeutet, wir verpassen unserem Unterbewusstsein eine Pause, indem wir bewusst die Zufuhr von vermeintlich wichtigen, aber unkontrollierten Informationen unterbinden und im Gegenzug ganz bewusst positive Informationen suchen, wahrnehmen und verarbeiten lassen. Wir organisieren sozusagen einen Wellnessurlaub für die Fühl- und Denkfabrik Gehirn, speziell für unser Unterbewusstsein. Raus aus dem Hamsterrad, rein in die Abgeschiedenheit der Natur oder wenigstens in einen geschützten Raum. Ruhe, Vogelgezwitscher, Meeresrauschen, angenehme, entspannende Musik u. Ä., anstelle von Termindruck, Handyanrufen, Mails, WhatsApp, Informationsflut und ständiger Erreichbarkeit. Abgesehen von den guten Gefühlen (gute Arbeitsatmosphäre), die in Ihrer Fühl- und Denkfabrik entstehen, werden die Aktivitäten Ihrer Abteilung Unterbewusstsein heruntergefahren und der Energieverbrauch sinkt. Ihre Abteilung Bewusstsein wird diese überschüssige Energie und die positive Arbeitsatmosphäre nutzen und Ihr bewusstes Denken wird sich positiv entwickeln, mit völlig neuen Sichtweisen, kreativen Ideen und jeder Menge Inspiration.

All das funktioniert wirklich, natürlich nicht auf Knopfdruck und nicht schlagartig. Je nach Ausgangssituation und Persönlichkeitsentwicklungsstadium benötigt unsere Fühl- und Denkfabrik Gehirn mal mehr oder mal weniger Zeit für diese aktive Faulheit.

Fazit 1: Wenn wir unser Bewusstsein nicht trainieren, wird es verkümmern und unser „schnelles, doofes Unterbewusstsein" übernimmt die Regie in der Denkfabrik. Unser Unterbewusstsein ist fleißig und schnell, hat aber keine moralische Kompetenz. Damit wird unser Denken überwiegend von den wahrgenommenen Informationen, die auch falsch sein können, und deren gegebenenfalls falscher Verarbeitung beeinflusst. Unser Fühlen, Denken und Handeln werden fremdbestimmt und fremdgesteuert. Ein menschlicher Zellhaufen kann theoretisch auch ohne Bewusstsein existieren. Die Frage ist nur, was ist das dann für ein Mensch? Vermutlich ein absolut manipulierbares Subjekt ohne Einfluss auf sein eigenes Fühlen, Denken und Handeln!

Fazit 2: Allgemein gilt: Rund 90 % aller Gehirnaktivitäten leistet die Abteilung UBWS, nur 10 % die Abteilung BWS. Rein mengenmäßig mag das ja hinkommen, aber wie sieht es wohl qualitativ aus? Weniger ist mehr könnte doch auch hier gelten. Die Frage, welche Abteilung unserer Fühl- und Denkfabrik Gehirn (Bewusstsein oder Unterbewusstsein) mehr Einfluss auf unser Fühlen, Denken und Handeln hat, lässt sich nämlich trotz dieser Mehrheitsverhältnisse nicht allgemeingültig beantworten.

Zieht sich das Bewusstsein zurück und pausiert (passive Faulheit), hat das Unterbewusstsein mehr Einfluss und unser Fühlen, Denken und Handeln wird überwiegend von den Menschen beeinflusst, die Informationen „herstellen" bzw. die diese zur Wahrnehmung zur Verfügung stellen. Unser Fühlen, Denken und Handeln wird wieder fremdbestimmt.

Oder es kommt zum *Fauldenkersyndrom*. In diesem Fall wird der Anteil des Bewusstseins am Denkprozess permanent minimiert und zeitweise sogar vollkommen eingestellt. Der Vorwurf, wir hätten in einer bestimmten Situation nicht nachgedacht ist also nicht zutreffend. Unsere Fühl- und Denkfabrik Gehirn arbeitet immer. Aber unser Bewusstsein macht manchmal aus den unterschiedlichsten Gründen einfach Pause oder pausiert langfristig.

Beteiligt sich das Bewusstsein aktiv am Denkprozess, kann es die vom Unterbewusstsein erhaltenen, wahrgenommenen Informationen unter Einbeziehung der aus dem Gedächtnis vom Unterbewusstsein abgerufenen persönlichen Erfahrungen, Meinungen und Erkenntnisse bewerten, analysieren, gegebenenfalls revidieren und damit *unser Fühlen, Denken und Handeln bestimmen*.

Achtung: Nur wenn das Gedächtnis gut mit Erkenntnissen, Wissen und Erfahrungen bestückt ist, kann das Unterbewusstsein diese Informationen dem Bewusstsein bereitstellen und damit dessen Einfluss auf das Fühlen, Denken und Handeln verbessern.

Das bedeutet konkret:

- Wer sich von morgens bis abends überwiegend passiv informiert (Radio, Fernsehen, Internet etc.), dessen fleißiges aber „doofes" Unterbewusstsein „überspeichert" das Gedächtnis auch mit unnützen Informationen und überschüttet nebenbei das „faule" und langsame Bewusstsein so mit Informationen, dass es keine Zeit für oder keine Lust auf das Lösen von Aufgaben oder Problemen hat. Hier gewinnt eindeutig das schnelle, „doofe" Unterbewusstsein mit den oben beschriebenen Folgen:
  Das *Fühlen, Denken und Handeln* wird fremdbestimmt und/oder das *Fauldenkersyndrom* wird wirksam.

- Wer von morgens bis abends einer geistig anspruchsvollen Tätigkeit oder Beschäftigung nachgeht, in welcher er fortwährend mit komplizierten fachspezifischen Aufgaben konfrontiert wird, dessen Bewusstsein muss ständig aktiv sein. Das Gedächtnis wird überwiegend mit fach-spezifischen Informationen versorgt. Die permanente Bewusstseinsaktivität beeinflusst damit auch die Arbeit des Unterbewusstseins, welches ja ständig Fachsupport aus dem Gedächtnis liefert. Die Tätigkeit dominiert damit zunehmend auch das gesamte Fühlen, Denken und Handeln. Der Wermutstropfen – in vielen Fällen besteht die Gefahr der Spezialisierung, der Einseitigkeit oder des „Fachgebietsdenkens". Die Aufgabeninhalte werden zum Lebensinhalt und dominieren das Fühlen, Denken und Handeln. Im Volksmund werden diese Menschen gern auch als Fachidioten bezeichnet.

- Wer:
  - täglich mit einer Vielzahl unterschiedlicher Aufgaben konfrontiert wird,
  - seine Freizeit bewusst aktiv gestaltet,
  - vielseitig interessiert ist,
  - über einen gut mit positiven Informationen (EWE) gefülltes Gedächtnis verfügt,
  - seine Informationen bewusst auswählt und sie zeitlich reglementiert,
  - seinem Unterbewusstsein auch Pausen verschafft (aktive Faulheit),

  der unterstützt die Arbeit seines Bewusstseins. Damit hat er, zumindest im Rahmen seiner Erfahrungen, seines Wissens und seiner Erkenntnisse, einen größeren Einfluss auf sein Fühlen, Denken und Handeln und führt ein vergleichsweise selbstbestimmtes Leben.

- Wenn wir bestimmte Tätigkeiten sprichwörtlich im Schlaf tun, heißt das nichts anderes, als das unser Unterbewusstsein in Zusammenarbeit mit dem Gedächtnis diese Tätigkeiten zwar auf Anregung unseres Bewusstseins ausführt. Aber bei der Tätigkeit selbst bleibt unser BWS außen vor und registriert maximal das Ergebnis. Handlungen, die von unserem Bewusstsein angeregt, ausgiebig trainiert oder sehr oft wiederholt wurden, werden vom Unterbewusstsein automatisch übernommen und gespeichert. Soll eine solche Handlung dann wiederholt werden, genügt ein kurzer Hinweis vom Bewusstsein und das Unterbewusstsein holt sich die gespeicherte Handlung und führt sie aus.

Zum Schluss noch ein Statement von Stuart Sutherland im International Dictionary of Psychology von 1989 zum Thema Bewusstsein:

*„Das Vorhandensein von Wahrnehmungen, Gedanken und Gefühlen ist Bewusstheit. Bewusstsein kann nur in Begriffen definiert werden, die unverständlich bleiben, wenn man nicht schon weiß, was das Bewusstsein ist. Es handelt sich um ein faszinierendes Phänomen; man kann weder feststellen, was es ist, noch was es bewirkt oder warum es sich entwickelt hat. Nichts, was je darüber geschrieben wurde, ist die **Mühe des Lesens** wert."*

Ich habe dieses Statement absichtlich am Schluss dieses Abschnittes platziert, damit Sie sich *die* **Mühe des Lesens** doch machen mussten. Die Aussage bietet uns Laien einen gewissen Trost. Selbst namhafte Neurologen und Hirnforscher geraten bei vielen Themen an ihre Grenzen.

Wir können nur mit dem Begriff **Emergenz** kontern, damit lassen sich die ungeheuren Leistungen unserer Fühl- und Denkfabrik Gehirn sowie ihrer Abteilungen Unterbewusstsein, Bewusstsein und Gedächtnis wenigstens hypothetisch erklären, aber keinesfalls konkret oder im Detail beschreiben.

Abteilung Gedächtnis (GDS)

Auch wenn wir vermuten, dass das Gedächtnis in unserer Drei-Abteilungs-Theorie vielleicht „nur" Speicherplatz bereitstellt und das Unterbewusstsein die gesamte Organisation und Logistik übernimmt. Unser Gedächtnis ist eine eminent wichtige Abteilung. Alles, was wir im Laufe unseres Lebens von klein auf lernen, erfahren und erleben muss gespeichert werden. Ansonsten würden wir jeden Tag das Laufen neu erlernen müssen. Ohne Gedächtnis gäbe es keine Gefühle, keine Erfahrungen, keine Erkenntnisse und schon gar kein Wissen. Ohne ein gut gefülltes und gut organisiertes Gedächtnis könnte unser UBWS keine Informationen finden und an das BWS liefern. Das BWS wäre praktisch arbeitsunfähig. Ein Mensch, der sein komplettes Gedächtnis „verloren" hätte, würde wie ein neugeborenes Baby nur da liegen und unkoordiniert herumstrampeln. Wenn wir also von einem Gedächtnisverlust sprechen, dann bezieht sich der „Verlust" immer nur auf bestimmte Bereiche diverser Netzwerke (Arbeitsgruppen) unseres Gehirns. Zwischen dem „normalen" Vergessen und einem teilweisen Gedächtnisverlust besteht oft kaum ein wesentlicher Unterschied.

Warum? Weil es weder im Gehirn noch außerhalb des Gehirns einen Chef gibt. In unserem emergenten System Gehirn sind unsere hypothetischen Abteilungen Bewusstsein, Unterbewusstsein und Gedächtnis räumlich nicht voneinander getrennt. Wir können uns das so vorstellen, als würden alle Mitarbeiter der Fühl- und Denkfabrik Gehirn willkürlich platziert gemeinsam in einem Großraumbüro sitzen und jeder Mitarbeiter würde je nach Bedarf für jede Abteilung tätig werden. Dabei sind alle drei Abteilungen nochmals in viele einzelne Arbeitsgruppen (Netzwerke) gegliedert, die sich jeweils mit speziellen Aufgaben befassen. Zugegeben, übersichtlich sieht anders aus. Milliarden von Mitarbeitern im Großraumbüro Gehirn, jeder macht was er will, keiner macht was er soll, aber alle machen mit? Ganz so schlimm ist es nicht. Mittlerweile haben Gehirnforscher ziemlich gut erforscht, welche Hirnareale (Netzwerke) bei bestimmten Tätigkeiten aktiviert werden bzw. welche Bereiche für welche Gefühle und Aktivitäten verantwortlich sind. Es gibt wie bereits erwähnt, unzählige Fachbücher und Fachartikel, die sich mit den verschiedenen Bereichen des Gehirns, den Netzwerken und ihren Zuständigkeiten usw. beschäftigen. Dank unserer Hypothese von der Fühl- und Denkfabrik Gehirn und deren drei Abteilungen BWS, UBWS und GDS können wir uns diese komplizierten Details ersparen. Abgesehen davon wäre ich nicht in der Lage, diese Sachverhalte auch nur annähernd korrekt zu erläutern. Unser Gehirn ist ein hochkomplexes System:

> Die gemeinsame Eigenschaft aller komplexen Systeme ist Organisation ohne ein von außen kommendes Organisationsprinzip.
>
> (Quelle: Gazzaniga: Die Ich-Illusion)

Wir können unser Denken mit den Milliarden Mitarbeitern, den drei Abteilungen und dem Wissen um die Emergenz ganz gut beschreiben. Um die Arbeitsweise der Mitarbeiter noch ein wenig besser zu verstehen, schauen wir uns diese Typen etwas genauer an.

Fabrikarbeiter Gehirnzellen

Die Gehirnzellen sind die fiktiven Mitarbeiter unserer Fühl- und Denkfabrik Gehirn. Unser emergenter Unterzellhaufen Gehirn, das Organisations- und Steuerungsorgan unseres menschlichen Zellhaufens, besteht aus ca. 172 Milliarden Gehirnzellen, davon sind ca. 86 Milliarden Nervenzellen und ca. 86 Milliarden Gliazellen (auch als Stützzellen bezeichnet).

Damit haben wir fast zweiundzwanzigmal mehr Gehirnzellen in unserem kleinen Schädel, als in 2020 Menschen auf der Erde leben.

Jede Nervenzelle (Neuron) kann mit bis zu 10.000 anderen Nervenzellen über die Nervenfasern verbunden sein (hier schwanken die Angaben erheblich).

Die Länge der Nervenfasern im Gehirn beträgt in Summe rund 5,8 Millionen Kilometer.

Der größte Abstand des Mondes von der Erde beträgt schlappe 384.400 Kilometer.

Die Gesamtlänge unserer Nervenfasern im Gehirn beträgt also das 15-fache der maximalen Entfernung des Mondes von der Erde.

Die Zahl der Kontaktstellen (Synapsen) an unseren Nervenzellen wird auf ca. 100 Billionen (= 100.000 Milliarden) geschätzt (wie wir bereits wissen, ist die Zahl der Synapsen aus Platzgründen begrenzt).

Es gibt auf der ganzen Welt keine (uns bekannte) mit unserem Gehirn vergleichbare Struktur. Wenn also jemand behauptet, er wüsste genau, wie und warum ein Mensch fühlt, denkt und handelt, sollten wir bzw. sollte unsere Abteilung Bewusstsein diesem Jemand durchaus mit einem gesunden Misstrauen begegnen. Zweifel sind angebracht.

Mit wie vielen Menschen (Verwandte, Freunde, Arbeitskollegen, Organisationen etc.) haben Sie mehr oder weniger dauerhaft Kontakt? Vielleicht 100? Und mit wie vielen davon tauschen Sie täglich intensiv und persönlich Informationen aus? (WhatsApp, Facebook und Twitter sind hier außen vor). Vielleicht mit 5 oder mit 10? Unser emergentes Gehirn mit seinen Netzwerken aus Zellen ist einzigartig. Dabei ist jede einzelne Zelle schon ein hochkomplexes „Lebewesen" für sich.

Zurück zu unserer Hypothese und den Mitarbeitern unserer Fühl- und Denkfabrik Gehirn, die wir in zwei Gruppen einteilen:

- Gruppe 1: die grau gekleideten „Neuronen-Mitarbeiter" (graue Masse).
- Gruppe 2: die weiß gekleideten „Gliazellen-Mitarbeiter" (weiße Masse).

Die grauen Neuronen-Mitarbeiter sind für nahezu alle Tätigkeiten der Fühl- und Denkfabrik in den bereits beschriebenen Abteilungen abteilungsübergreifend zuständig.

Die Gliazellen-Mitarbeiter (Stützzellen) haben eher eine für die Neuronen-Mitarbeiter „unterstützende" Funktion. Sie stützen und isolieren die Nervenfasern und erledigen außerdem wichtige Ver- und Entsorgungsaufgaben für die Neuronen-Mitarbeiter, auf die wir hier nicht näher eingehen. Mittlerweile haben Hirnforscher entdeckt, dass Gliazellen-Mitarbeiter auch an der Übertragung von Informationen beteiligt sind, d. h., sie kommunizieren über Botenstoffe direkt mit den Neuronen-Mitarbeitern.

Wie wichtig die grauen Gliazellen-Mitarbeiter sind, könnten wir am Beispiel des Gehirns von Albert Einstein vermuten. Doch es ist nur eine Vermutung, es gibt keine wissenschaftlich gestützten Aussagen dazu.

Einsteins Gehirn

Als Einstein 1955 in Princeton USA verstorben war, entnahm der Pathologe Thomas Harvey dem Leichnam ohne Genehmigung das Gehirn und die Augen. Er wollte erforschen bzw. erforschen lassen, ob bzw. inwieweit sich das Gehirn des Genies Albert Einstein von einem normalen Gehirn unterscheidet.

Der Leichnam selbst wurde auf Wunsch Einsteins verbrannt und die Asche an unbekanntem Ort verstreut. Harvey selbst wurde ertappt, aufgrund dieses Diebstahls entlassen und musste danach als Fabrikarbeiter sein Geld verdienen.

Mehrfach versuchte er, dass mittlerweile in 240 Würfel zerlegte und in Formalin eingelegte Gehirn von Neurologen untersuchen zu lassen.

Er fand aber in fünf Jahrzehnten nur zwei Forscherinnen, die jeweils einzelne Würfel untersuchten. Ihre Ergebnisse waren völlig unspektakulär, sie konnten nichts Außergewöhnliches an den Gehirnproben feststellen. Außer einer Information, die durchaus interessant klingt. In Einsteins Gehirn soll überdurchschnittlich viel weiße Masse, also sehr viele Gliazellen, gefunden worden sein.

Daraus könnte man schlussfolgern, dass Einsteins Nervenfasern zum einen sehr gut isoliert waren, was wiederum extrem wenig Informationsverlust bedeutet hätte. Zum anderen könnte die Unterstützung der Neuronen-Mitarbeiter durch die Gliazellen-Mitarbeiter zu einer nahezu verlustfreien Informationsübertragung geführt haben. Dies könnte in Zusammenhang mit der überdurch-schnittlichen Intelligenz Einsteins stehen. „Könnte" bedeutet hier „muss noch lange nicht". Die Alternative wäre, dass sich diese Gliazellen aufgrund des kreativen Denkens von Einstein stärker vermehrt haben, ähnlich wie jede Nutzung unseres Gehirns (z. B. Denktraining oder aktive Faulheit) grundsätzliche Veränderungen in der Hirnstruktur (Stichwort Plastizität des Gehirns) erzeugen kann. Auf das Thema Intelligenz kommen wir später noch ausführlich zu sprechen.

Neuronen-Mitarbeiter

Zurück zu den Mitarbeitern in der grauen „Arbeitskleidung", den Neuronen. Wir wollen etwas konkreter auf die Funktion der Gehirnzellen eingehen. Neuronen bestehen aus einem Zellkörper und jeder Menge verästelter Zellfortsätze, den sogenannten Dentriden.

Im Zellkörper befinden sich der Zellkern und die Zellorgane (Organellen). Die Dentriden am Zellkörper verzweigen sich wie die Äste eines Baumes, deshalb spricht man von einem Dentridenbaum. Über diesen Dentridenbaum empfängt die Gehirnzelle (das Neuron) Informationen von tausenden anderer Gehirnzellen. Im Gegensatz dazu hat jede Zelle nur ein Axon, über das sie Informationen weiterleiten kann. Ein Axon ist eine Nervenfaser, die von wenigen tausendstel Millimetern bis zu einem Meter lang sein kann. Ähnlich wie die Dentridenbäume verzweigen sich auch die Axone und nehmen so Kontakt mit Dentriden, Axonen und Zellkörpern anderer Neuronen auf. Zudem gibt es natürlich auch Verbindungen von und zu den Organen bzw. zu Drüsen und Muskeln des Körpers. Nicht alle der 86 Milliarden Gehirnzellen sehen genau gleich aus und haben die gleiche Ausstattung mit Dentriden und Axonen. Ganz wichtig jedoch sind die Kontaktstellen zwischen Axonen und Zellkörpern, Dentriden und Axonen, Axonen und anderen Axonen und Dentriden. Diese Kontaktstellen nennt man Synapsen und wie bereits erwähnt, wird die Anzahl der Synapsen bei einem erwachsenen Menschen auf ca. 100 Billionen geschätzt.

Wichtig: Synapsen sind keine unmittelbar berührenden Verbindungen, sondern jede Synapse hat einen synaptischen Spalt, der weniger als das Eintausendstel eines Millimeters breit ist. Es gibt elektrische und chemische Synapsen. Bei elektrischen Synapsen werden die elektrischen Informationsimpulse über Plasmabrücken direkt übertragen. Bei chemischen Synapsen erfolgt diese Übertragung durch chemische Botenstoffe (Neurotransmitter), die in den Spalt der Synapse geschüttet werden. Hergestellt werden Botenstoffe in Nerven- und/oder Körperzellen sowie in Gliazellen und transportiert werden sie über die Nervenfasern (Axone) und/oder über den Blutkreislauf. Botenstoffe beeinflussen demnach sowohl die Informationsübertragung als auch die Zellaktivitäten selbst (Stichwort Arbeitsklima-Gefühle).

Die Plastizität des Gehirns beruht darauf, dass Synapsen keine festen Verbindungen sind und jederzeit bei Nichtbenutzung getrennt oder bei starker

Nutzung stabilisiert werden können. Damit können Netzwerke für das Speichern von Erkenntnissen, Erfahrungen, Meinungen und Wissen permanent verändert werden.

Gliazellen-Mitarbeiter

Die Mitarbeiter in der weißen „Arbeitskleidung", die Gliazellen stützen und *isolieren* die Nervenfasern. Sie haben zwar keine Synapsen, aber ähnlich wie die Dentridenbäume haben sie stark verzweigte Ausläufer (Verästelungen). Diese Ausläufer können z. B. die Spalte der Synapsen nach außen abdichten und somit verhindern, dass Botenstoffe aus dem synaptischen Spalt entfleuchen. Damit nehmen sie direkt Einfluss auf die Informationsübertragung zwischen den Neuronen. Zusätzlich produzieren Gliazellen selbst Botenstoffe, versorgen die Neuronen obendrein mit Energie und haben diverse Ver- und Entsorgungsfunktionen für die Neuronen. Ohne Gliazellen wäre unser Gehirn nicht arbeitsfähig. Gliazellen sind die unentbehrlichen Helfer der Neuronen und beeinflussen somit die Stabilität und Funktion der Netzwerke im Gehirn und damit unser gesamtes Fühlen, Denken und Handeln.

Vorgänge im Zellkörper (ganz stark vereinfacht)

In jedem Zellkörper befinden sich ein Zellkern und die Zellorgane (Organellen). Zellorganellen sind überwiegend für den Stoffwechsel innerhalb der Zelle verantwortlich.

In jedem Zellkern befinden sich Gene, die über die Struktur, die Funktion und die Arbeitsweise einer Zelle entscheiden. Gene sind Abschnitte von Molekülketten (DNS: Desoxyribonukleinsäure), die in der Art der Anordnung der Moleküle unsere gesamten Erbinformationen enthalten. Diese Erbinformationen entstehen bei der Verschmelzung („Befruchtung") der Eizelle unserer Mutter mit der Samenzelle unseres Vaters. Dabei werden sowohl die Gene von der Mutter als auch die Gene vom Vater „vererbt", also weitergegeben. Die Gene (ca. 25.000) befinden sich auf den Chromosomen, von denen jeder Mensch im Normalfall 46 hat. Bei der Befruchtung einer Zelle kommen jeweils 23 Chromosomen von der Mutter und 23 vom Vater. Chromosomen sind DNA-Fäden (Molekülketten), die um ein Stützgerüst aus Eiweißmolekülen gewickelt sind. DNA ist die englische Bezeichnung für DNS. (Das S steht für *Säure* – auf Englisch *acid, also A*.)

Wie eine Zelle „arbeitet", hängt von ihren durch die Gene vorgegebenen Aufgabenbereichen und vielen verschiedenen anderen Faktoren ab. Unter anderem natürlich vom Sauerstoff- und Nahrungsangebot, aber auch von der Umgebung der Zelle (Milieu, Nachbarzellen, etc.). Gene sind nicht durchgängig selbst aktiv. Manche werden durch Signale aus der Umgebung (Informationen) aktiviert, manche nicht. Hier regiert auch der Zufall, der z. B. dafür verantwortlich ist, dass manche Kinder ganz anders aussehen als ihre Eltern, während andere ihnen wie aus dem Gesicht geschnitten zu sein scheinen.

Gene werden z. B. auch aktiv, um die Zellteilung einer Eizelle nach ihrer Befruchtung durch eine Samenzelle zu veranlassen. Ist die Zellteilung in Gang gesetzt, sind es wieder Signalmoleküle, entweder aus der Umgebung oder von benachbarten Zellen, die bestimmte Gene aktivieren (Genexpression) und so schließlich die Ausbildung der ca. 200 unterschiedlichen Zelltypen veranlassen. Unterschiedliche Zelltypen erzeugen wiederum „genaktivierende Signale".

So entstehen nach und nach alle Zellen für die verschiedenen Gewebe und aus den Geweben entstehen unsere Organe, Knochen, Blut und schlussendlich ein Embryo mit allem, was einen „neuen" kleinen Menschen ausmacht, auch einem Gehirn.

Wie sich die Fühl- und Denkfabrik Gehirn entwickelt

Bei unserer Geburt sind wir ein kompletter menschlicher Zellhaufen mit allem, was dazu gehört, auch einem Unterzellhaufen Gehirn. Alle Gehirnzellen sind vorhanden, nur kaum Verbindungen (Nervenfasern) zwischen den Gehirnzellen. Denn das ist der große Clou der Evolution: Die Verbindungen (Nervenfasern) zwischen den Gehirnzellen sind noch nicht vollständig vorhanden. Lediglich diverse Nervenfasern zwischen Gehirn und den Körperorganen müssen natürlich vorhanden sein, damit die Körperfunktionen gesteuert werden können. Diese Verbindungen sind also schon vorhanden und in der Regel auch nicht plastisch. Aber Denken können wir nach unserer Geburt definitiv noch nicht. Die dafür erforderlichen Verbindungen zwischen den Gehirnzellen (Netzwerke) entstehen erst durch Informationen von außerhalb, von der Umwelt. Deshalb können wir uns auch nicht an die Zeit direkt nach unserer Geburt erinnern, denn ohne bestehende Netzwerke besteht keine Speichermöglichkeit für Erlebnisse. Unser Gedächtnis ist hinsichtlich der Netzwerke für das Denken praktisch ein leerer Raum. Die ersten wahrgenommenen Informationen aktivieren bestimmte Gene in den Gehirnzellen und diese veranlassen das Wachstum der Nervenfasern, die schließlich die Verbindungen zu anderen Gehirnzellen bilden. Dabei spielen die Gene bzw. der vererbte genetische Bauplan natürlich eine bedeutende Rolle. Was an Genen (Bauplan) nicht vererbt wurde, kann auch nicht aktiviert werden. Die Verbindungen (Nervenfasern) zwischen den Sinnesorganen und den Gehirnzellen sowie die Kontaktstellen (Synapsen) entstehen also durch Signalmoleküle (Botenstoffe), die durch Informationen in den Zellen freigesetzt werden. Je öfter diese Synapsen zur Signalübertragung genutzt werden, umso „fester" werden diese Kontaktstellen. Werden über bestimmte Synapsen keine Informationen übertragen, verkümmern die Synapsen und bilden sich bis auf kleine Ansätze zurück. Unser Sehsystem benötigt z. B. optische Reize (Informationen), um die entsprechenden Verbindungen zwischen den Rezeptorzellen der Netzhaut (Augenhintergrund) und den Gehirnzellen zu bilden. Während z. B. die Verbindungen von den Geschmacksrezeptoren und den Hörzellen ins Gehirn schon im Mutterleib ausgebildet wurden, entstehen die Sehzellen und ihre Verbindungen zum und im Gehirn erst nach der Geburt. Warum? Weil es im Bauch unserer Mutter stockdunkel ist, die Fähigkeit des Sehens in diesem Entwicklungsstadium also sinnlos wäre.

Wie oben beschrieben, sind **Informationen** für die Ausbildung von Verbindungen zwischen den Neuronen und damit für die Ausbildung ganzer Netzwerke verantwortlich. Diese Bildung von Netzwerken dauert bis zur Pubertät, dann sind die wichtigsten Verbindungen festgelegt und konsolidiert, also gefestigt. Fühlen, Denken und Handeln sind damit „gelernt" bzw. „geprägt" worden. Informationen umfassen alles, was ein Kind von der Geburt bis zur Pubertät an Erfahrungen, Wissen, Erkenntnissen (EWE) und Meinungen vermittelt bekommt.

Das heißt, in Abhängigkeit vom Elternhaus, Klimazone, Gesellschaftssystem, Religionszugehörigkeit, Bildungssystem, Wohlstand etc. erfolgt eine entsprechende Prägung, die je nach Intensität das gesamte Fühlen, Denken und Handeln bestimmt – die frühkindliche Prägung. Diese frühkindliche Prägung ist so wichtig, dass wir uns später noch intensiv damit befassen werden. Wir wollen an dieser Stelle nicht tiefer ins Detail der Entstehung unseres Gehirns und seiner Netzwerke aus Gehirnzellen eindringen. Noch einmal zu erwähnen ist die Bedeutung der Plastizität der Synapsen. Plastizität bedeutet, dass keine festen unlösbaren, sondern jederzeit lösbare Verbindungen zwischen den Gehirnzellen und den Nervenfasern aufgebaut werden. Man könnte Synapsen mit Schraubverbindungen vergleichen, die im Gegensatz zu unlösbaren Schweißverbindungen jederzeit lösbar sind. Werden Verbindungen (Synapsen) zwischen Gehirnzellen häufig benutzt, werden sie stabilisiert (die Schrauben werden fester angezogen). Werden sie nicht benutzt, können sie fast vollkommen verschwinden (Schrauben werden gelockert oder ganz gelöst). Diese Eigenschaft der Plastizität (Veränderbarkeit) des Gehirns ist die Voraussetzung für lebenslanges Lernen. Betroffen sind natürlich alle Netzwerke der Abteilungen unserer Fühl- und Denkfabrik Gehirn. Ohne diese Plastizität wäre unser Gedächtnis nicht nutzbar, weil alte oder falsche Informationen, Erfahrungen, Meinungen, Erkenntnisse (EWE) nicht verändert werden könnten. Bei der frühkindlichen Prägung ist die „Festigkeit der Schraubverbindungen" sehr unterschiedlich, d. h., mit etwas Anstrengung und geeignetem Werkzeug ist auch eine negative frühkindliche Prägung reparabel, aber dazu später.

Alles, was wir bisher grob erläutert haben, genügt für folgendes Fazit:

Fazit 1: Es ist eminent wichtig, welchen Informationen ein neugeborenes Kind ausgesetzt ist. Die Bildung von Nervenfasern zwischen den Gehirnzellen und damit die Entstehung von emergenten Netzwerken für das Fühlen, Denken und Handeln erfolgt größtenteils durch Informationen aus der Umgebung. Zusätzlich spielen auch ererbte Veranlagungen (Gene) eine nicht unerhebliche Rolle. Diese ererbten Gene werden nicht automatisch aktiv, sondern sie werden durch Informationen aktiviert.

Fazit 2: Der Aufbau von Verbindungen und die Organisation der Netzwerke durch Informationen dauern bis zur Pubertät an. Das Fühlen, das Denken und das Handeln eines Kindes wird überwiegend von den Informationen in den ersten Lebensjahren geprägt – von der frühkindliche Prägung.

Fazit 3: Je nach Intensität dieser Prägung können bestimmte Eigenschaften vom Fühlen, Denken und Handeln für das ganze Leben im Voraus festgelegt werden. Dies beinhaltet auch fehlende Netzwerkverbindungen, die aufgrund fehlender Informationen nicht in einem möglichen Zeitfenster aufgebaut wurden und später nicht mehr gebildet werden können.

Fazit 4: Aufgrund der Plastizität des Gehirns ist es grundsätzlich möglich, eine „frühkindliche Prägung" später zu verändern bzw. zu verringern. Die Veränderung einer ausgeprägten frühkindliche Prägung ist wenn überhaupt, dann nur mit einem enormen Aufwand an Zeit, guten ausführlichen Informationen, persönlicher Zuwendung und einer radikalen Veränderung der Umgebungsbedingungen möglich.

Fazit 5: „Was Hänschen nicht lernt, lernt Hans nimmermehr." Zum Glück trifft dieses Sprichwort nur auf wenige spezielle Facetten des Fühlens, Denkens und Handelns eines Menschen zu. Grundsätzlich ist lebenslanges Lernen durch die Plastizität des Gehirns möglich.

Wir kommen später noch einmal ausführlich auf die Aussagen von Fazit 4 und Fazit 5 zurück.

In unserer hypothetischen Fühl- und Denkfabrik Gehirn könnten wir die Plastizität des Gehirns mit der Flexibilität der Mitarbeiter vergleichen. Für spezielle Arbeitsaufgaben werden die Kontakte zu bestimmten Mitarbeitern intensiviert und für die Dauer der Arbeitsaufgabe konsolidiert bzw. gefestigt. Ändert sich die Arbeitsaufgabe, wird die Zusammenarbeit mit anderen Mitarbeitern erforderlich und es werden alte Kontakte reduziert oder abgebrochen und neue Kontakte intensiviert. Natürlich bleiben auch viele Kontakte für immer bestehen. So oder so ähnlich können wir uns die Arbeitsweise unseres Gehirns fernab jeder wissenschaftlichen Realität vorstellen. Die Realität ist extrem kompliziert und in vielen Teilen noch unverstanden. Völlig unverstanden ist z. B. das sogenannte Bindungsproblem. Wie wir wissen, liefern unsere Sinnesorgane keine kompletten Informationen, sondern Teilinformationen in Form elektrischer Impulse. Diese elektrischen Impulse erzeugen an und in den Nervenzellen chemische Prozesse, die in Summe wiederum elektrische Impulse erzeugen usw. Alle Funktionen und Fähigkeiten unseres Gehirns basieren also auf elektrischen und chemischen Vorgängen in und zwischen unseren Gehirnzellen. Emergente Netzwerke verschiedener Hirnbereiche übernehmen zeitgleich ganz verschiedene Aufgaben beim Speichern von Informationen. Zum Beispiel werden in einem Bereich die Informationen zur Form eines Gegenstandes gespeichert, in einem anderen die Farbe, in einem weiteren Bereich die Größe und im nächsten der Geruch usw. Die große Frage, lautet: Wie schaffen es die Mitarbeiter unserer Abteilung Unterbewusstsein und unserer Abteilung Gedächtnis, diese an unterschiedlichen Orten gespeicherten unterschiedlichen Einzelinformationen wieder zur ursprünglichen Gesamtinformation zu verbinden? Wieso werden nicht permanent Teilinformationen verwechselt, die für ähnliche Gesamtinformationen verwendet werden könnten? Es braucht schon eine ausgeklügelte Logistik, diese „Lagerhaltung" zu organisieren. Zumal ja der Prozess des Findens und Verbindens in extrem kurzer Zeit abläuft. Unser Unterbewusstsein ist zumindest in der Lage dazu. Wie es das anstellt, wissen wir nicht. Auch deshalb nicht, weil weder unsere drei Abteilungen einen Abteilungsleiter noch die Fühl- und Denkfabrik Gehirn einen Direktor haben, denen man die Organisation und/oder Leitung des Fühlens, Denkens und Handelns zuschreiben könnte. Nein, das machen die Mitarbeiter in einem emergenten System ausschließlich durch ihre rätselhafte Zusammenarbeit. Es gibt deshalb auch niemanden, den wir falsches Denken in die Schuhe schieben könnten. Es gibt keine Verantwortlichen, es gibt „nur" ca. 172 Milliarden Mitarbeiter (Gehirnzellen) und alle wissen genau, was wann wie zu tun ist. Alle? Eben nicht alle, sonst gäbe es ja kein falsches Denken! Was wir bisher zum Thema Verarbeitung von Informationen = Denken, auch anhand unserer Hypothese von der Dreieinigkeit unseres Gehirns beschrieben haben, ist nur ein Teil der Fähigkeiten, die unsere Fühl- und Denkfabrik Gehirn zu leisten in der Lage ist. Dieses emergente System aus 172 Milliarden Zellen kann definitiv viel mehr. Das macht unser Vorhaben, das Denken bzw. das Falschdenken zu verstehen zwar vielfältiger, aber nicht unbedingt einfacher. Wie bereits erwähnt, kein Mensch weiß, wie dieses emergente System genau funktioniert. Aber es funktioniert. Es funktioniert sogar sehr gut. Nur funktioniert es eben nicht perfekt, das Falschdenkersyndrom lässt grüßen.

Das GIGO-Prinzip (nach Edward de Bono)

Das „GIGO-Prinzip" nach Edward de Bono lautet „GARBAGE IN – GARBAGE OUT", auf Deutsch: „Müll rein – Müll raus". Egal, ob Sie Müllinformationen in einen Computer eingeben oder Müllinformationen wahrnehmen, das Ergebnis ist sowohl beim Computer als auch bei Ihrem Gehirn gleich: Müll. Weder ein Computer noch unser Gehirn kann „Informationsmülltrennung" geschweige „Informationsmüllrecycling". Unser Denken wird von der Ich-illusion geprägt. Die Ich-Illusion ist für uns einerseits überlebensnotwendig, andererseits ist es aber auch eine der Quellen für falsches Denken. Warum? Unser Ich (Bewusstsein) hat nur einen begrenzten Zugriff auf das Duo Unterbewusstsein und Gedächtnis.

Unsere Fühl- und Denkfabrik Gehirn ist sehr sensibel, was Müllinformationen anbetrifft. Nach unserer Hypothese verarbeitet unsere Abteilung Unterbewusstsein die eintreffenden Informationen, speichert die Ergebnisse im Gedächtnis und liefert sie zur Endbearbeitung an unser Bewusstsein weiter. Unser schnelles aber ein bisschen „doofes" Unterbewusstsein kann dabei keine Bewertung bezüglich der Informationen vornehmen. Es erkennt praktisch Müllinformationen nicht als solche und verarbeitet sie emotionslos zu komplexeren

Müllinformationen. Wenn unser Bewusstsein diese Informationen vom Unterbewusstsein nicht als komplexe Müllinformationen erkennt, weil es zu langsam oder zu faul ist, werden diese Müllinformationen auch noch im Gedächtnis gespeichert. Damit ist praktisch der Grundstein zum Falschdenken gelegt. Bei der nächsten Informationsverarbeitung schaut das Unterbewusstsein im Gedächtnis nach und findet natürlich eine passende Müllinformation zur eintreffenden Müllinformation und die Geschichte wiederholt sich – der Informationsmüllberg im Gedächtnis wächst und beherrscht irgendwann den gesamten Denkprozess. Jede eventuell wahrgenommene „saubere" Information wird vom Unterbewusstsein sofort mit einem Müllberg von Informationen aus dem Gedächtnis zugeschüttet. Aus „Informationsmüll" erarbeitet unser Gehirn „Gedankenmüll", was wir gemäß unserer Definition vom Denken als „Falschdenken" bezeichnen müssen.

Das GIGO-Prinzip: garbage in – garbage out (Müll rein – Müll raus)

Wir (unser Bewusstsein) bemerken leider nicht, wenn unser armes Gedächtnis vom doofen Unterbewusstsein mit sinnlosen oder falschen Informationen zugemüllt wird.

Wenn wir nicht achtsam sind oder keine anderslautenden Erkenntnisse Wissen, Erfahrungen und Meinungen im Gedächtnis gespeichert haben, überschüttet unser Unterbewusstsein unser Gedächtnis und unser Bewusstsein so häufig mit falschen Informationen, dass wir (unser Bewusstsein) diese am Ende noch glauben oder für richtig halten.

Was können wir tun, jetzt, wo wir das GIGO-Prinzip kennen? Ab sofort können wir mit unserer Wahrnehmung Mülltrennung bei den Informationen vornehmen:

Schlechte Filme abschalten oder uns vorher informieren und gegebenenfalls den Fernseher gar nicht erst einschalten; auf unser Gefühl hören und schlechte Bücher weglegen; Zeitungsartikel oder Beiträge im Internet anhand der Themen/Überschriften nach den Kriterien interessant und nutzlos sortieren; Werbesendungen abschalten; Nachrichten nur ein bis zweimal am Tag hören/schauen, sinnfreies Moderatorengequatsche im Radio auch mal abschalten u. v. a. Suchen Sie nach soliden Informationsquellen wie z. B. Phönix oder 3-SAT sowie Bildungsfernsehen in anderen Programmen und tauschen Sie Meinungen und Erfahrungen mit vertrauten Personen aus. Suchen Sie nach alternativen Informationen und vergleichen Sie die Inhalte. Beurteilen Sie Informationen nach den Fragen: Brauche ich diese Information? Ist sie wirklich wichtig oder kann ich darauf verzichten? Übernehmen Sie die Regie über Ihr Informationsmanagement, indem Sie Ihre Wahrnehmung einfach reduzieren, von Müllinformationen abschotten und auf solide Quellen ausrichten (aktive Faulheit). Solide Fachliteratur findet man z. B. relativ einfach: Nehmen Sie eine für Sie interessante Fachpublikation eines bekannten Wissenschaftsverlages und suchen Sie sich einen renommierten Verfasser. In jedem soliden Fach- oder Sachbuch finden Sie entsprechende Hinweise auf Publikationen anderer namhafter Verfasser. Wenn Sie erstmal fündig geworden sind, bekommen Sie mit jedem neuen Buch wieder wertvolle Empfehlungen und es trennt sich ganz schnell die Spreu vom Weizen. Das kostet einerseits etwas Zeit und Energie, andererseits gewinnen Sie auch Zeit, wenn Sie durch kluge Empfehlungen den ganzen Informationsmüll weglassen können. Nehmen Sie sich die Zeit und planen Sie Ihre GIGO-Vermeidung. Ihr Fühlen, Denken und Handeln werden es Ihnen danken.

Die Ich-Illusion

Die Ich-Illusion ist eines der wichtigsten Symptome des Falschdenkersyndroms.

So positiv die Wirkung der Ich-Illusion im Alltag auch sein mag, in bestimmten Lebenssituationen wirkt sie kontraproduktiv und bisweilen sogar extrem negativ, es sei denn, wir haben sie erkannt. Die Ich-Illusion blendet die folgenden Tatsachen einfach aus:

- dass wir ein großer Zellhaufen sind, der aus vielen verschiedenen Unterzellhaufen besteht.
- dass unser Unterzellhaufen Gehirn ein emergentes System ist, ohne einen Bestimmer, der etwas entscheidet.
- dass unsere Sinnesorgane die Welt mit ihren Informationen nur mit Hilfe von Sensorzellen in Millionen Einzelinformationen wahrnehmen und in Form von elektrischen Impulsen an unser Gehirn liefern können.
- dass unsere Abteilung Unterbewusstsein demzufolge nur Repräsentationen (Abbilder) der Welt und Kopien der Informationen erstellen und an unser Bewusstsein liefern kann.
- dass Repräsentationen unvollständig sein können, weil unsere Sinnesorgane nicht alle Phänomene der Welt wahrnehmen können.
- dass Kopien von Informationen durch unsere Gedächtnisinhalte verändert oder verfälscht werden können.
- dass Informationen unvollständig oder falsch sein können.

Unsere Ich-Illusion lässt uns glauben, **WIR** könnten die Welt so erleben, wie sie wirklich ist. Sie lässt uns (falsch) denken, **WIR** selbst würden Informationen hören, sehen und fühlen und **WIR** könnten entscheiden, was **WIR** mit den Informationen anfangen.

Aber wer bitteschön soll das **WIR** im menschlichen Zellhaufen sein? Der emergente Unterzellhaufen, unser Gehirn? Nein! Natürlich ist unsere Fühl- und Denkfabrik Gehirn der Zellhaufen, der jeden von uns von anderen menschlichen Zellhaufen unterscheidet und der unser Fühlen, Denken und Handeln ermöglicht. Aber **WIR** oder **ICH** sind nur ein Teil der Aktivitäten unserer Fühl- und Denkfabrik. Hier kommt wieder die Hypothese von der „Abteilungstriade" Unterbewusstsein, Bewusstsein und Gedächtnis zum Zuge. Wenn überhaupt, dann ist unsere Abteilung Bewusstsein als das **WIR** bzw. **ICH** zu verstehen. Ohne die Aktivitäten unserer Abteilung Unterbewusstsein und ohne die Inhalte unserer

Abteilung Gedächtnis könnte die Abteilung Bewusstsein aber nicht existieren und schon gar nicht mitdenken. Das heißt, alle drei Abteilungen bilden in ihrer Zusammenarbeit unser **„ICH"**, nur bekommen **„WIR"** (die Abteilung BWS) von den Aktivitäten der beiden Abteilungen UBWS und GDS außer fertigen Arbeitsergebnissen gar nichts mit, denn die beiden arbeiten mehrheitlich inkognito miteinander, ohne die Abteilung Bewusstsein, aber insgesamt natürlich schon für die Abteilung Bewusstsein.

Es bleibt **UNS** (unserem BWS) also nur die Möglichkeit, unser **„ICH"** als Illusion bzw. als Konstrukt unseres Gehirns zu akzeptieren. Das eröffnet **UNS** (unserem BWS) völlig neue Perspektiven bzw. neue Denkansätze. Wenn **WIR** verstehen, wie unser UBWS mit unserem GDS beim Denken zusammenarbeitet und das unser BWS nur marginal in diese „Arbeit" eingebunden wird, können wir diese Arbeit zu unseren Gunsten (BWS) beeinflussen. Andernfalls werden **WIR** (unser BWS) von UBWS und GDS weitgehend ignoriert und unser Zugriff bzw. unsere Einflussmöglichkeiten auf unser Fühlen, Denken und Handeln sind gering, was zwangsläufig mit falschem Denken einher geht.

Fazit 1: Nicht wir (unser Bewusstsein) nehmen die Welt und Informationen wahr, sondern unsere Sinnesorgane (ca. 11 Millionen pro Sekunde).

Fazit 2: Nicht wir (unser Bewusstsein) verarbeiten diese Unmengen an Informationen, sondern unser Unterbewusstsein in Zusammenarbeit mit dem Gedächtnis, also unter Berücksichtigung der gespeicherten Gedächtnisinhalte, unser Bewusstsein ist dafür definitiv zu langsam.

Fazit 3: Wir (unser Bewusstsein) erhalten überwiegend fertige Arbeitsergebnisse, von denen wir fälschlicherweise überzeugt sind, sie selbst „erarbeitet" zu haben. Deshalb hinterfragen wir diese „unsere Denkergebnisse" vielfach nicht, was zu falschen Denkergebnissen (zum Falschdenken) aufgrund falscher Informationen führen kann. Diese falschen Denkergebnisse werden ohne unser Zutun wieder im Gedächtnis abgespeichert!

Fazit 4: Eine ganz entscheidende Rolle beim Denken spielen die Gedächtnisinhalte, die unser Unterbewusstsein bei der Informationserarbeitung verwendet. Je mehr negative (z. B. falsche) Inhalte im Gedächtnis vorhanden sind, umso mehr werden vom Unterbewusstsein verwendet und umso fragwürdiger werden die Denkergebnisse, welche unser Bewusstsein bekommt. Das liegt daran, dass unser UBWS zwar extrem schnell arbeitet, dabei aber keinerlei Bewertung (positiv oder negativ) vornehmen und keine „Verneinung" verwerten kann.

Wir erkennen also, dass es in unserem Unterzellhaufen Gehirn ganz anders abläuft, als es uns die Ich-Illusion vorgaukelt. Unser bewusstes **ICH** ist nicht unser kompletter Zellhaufen, es ist auch nicht der alles bestimmende Unterzellhaufen Gehirn, sondern es ist „nur" unsere Abteilung Bewusstsein. Den Löwenanteil unserer Denkarbeit leisten aber die Abteilungen Unterbewusstsein und Gedächtnis. Einen entscheidenden Anteil kann die Abteilung Bewusstsein, also unser *„ICH"* beitragen, wenn es denn weiß, wie der Denkprozess abläuft. Andernfalls ist unser *„Ich"* nur ein Spielball der Informationen.

Die Erkenntnisse nach Fazit 1 bis 4 ermöglichen **UNS** (unserem Bewusstsein) den Einfluss von Informationen auf unser Fühlen, Denken und Handeln mit folgenden Gegenmaßnahmen zu verringern:

- Wir sollten unsere Gedanken kritisch überdenken bzw. hinterfragen. Wir wissen ja nun, dass sie überwiegend vom superschnellen aber „doofen" UBWS mit Hilfe des GDS erarbeitet werden. Wir können sie aber mit unserem langsamen BWS erheblich beeinflussen, wenn wir die Energie dafür aufbringen und uns Zeit dazu nehmen (aktive Faulheit)!
- Wir können unsere Wahrnehmung vor negativen oder unnützen Informationen schützen – denken Sie an das GIGO-Prinzip!
- Wir können negative Gedächtnisinhalte bzw. Gedanken, die das UBWS beim geringsten Anlass an unser BWS liefert, analysieren, zerlegen, relativieren und letztlich durch positive Informationen (Gedanken) ersetzen. Zur Verbesserung unserer Gedächtnisinhalte helfen hier auch positive Informationen in Form von Selbstgesprächen – wir sprechen positive Informationen aus, nehmen sie wahr und sie werden gespeichert. Wichtig: unbedingt *Verneinungen* beim Selbstgespräch *vermeiden*. Von der Aussage: „Ich bin nicht doof" wird nur „Ich bin doof" im Gedächtnis gespeichert! Die bessere Alternative lautet einfach: Ich bin schlau!
- Selbst das „Angrinsen" des Spiegels kann unsere Gefühlssituation deutlich verbessern. Sie können das selbst testen, indem Sie sich einige Sekunden im Spiegel anlächeln. Die Signale der Lachmuskeln im Gesicht, die Wahrnehmung der fröhlichen Mimik, all das zusammen sind Informationen, die zur Ausschüttung von Botenstoffen führen und damit positive Gefühle hervorrufen.
- Geduld und Durchhaltevermögen bei der Umsetzung der oben genannten Maßnahmen.

Langeweile ist lediglich Faulheit, speziell Denkfaulheit. Wem langweilig ist, der ist nur zu faul zum Denken. Ihr Gedächtnis hält immer Informationen für Sie parat, über die sich das Nachdenken lohnt! Sie werden staunen, wie sich Ihr bewusstes Denken nach einigen Anfangsschwierigkeiten (Überwindung der Trägheit) verselbstständigt und wie viele neue Erkenntnisse möglich sind.

Was ist Lesen?

Bevor Sie weiterlesen – was ist eigentlich Lesen?

Laut Weltbildungsbericht der UNESCO gab es in 2013/14 rund 781 Millionen Analphabeten weltweit. Da sich die Prozentzahl bis heute kaum wesentlich verändert haben dürfte, kann etwa jeder zehnte Mensch auf der Erde nicht richtig lesen und schreiben!

„Lesen ist Denken mit einem fremden Gehirn", sagte der argentinische Schriftsteller Jorge Luis Borges und schrieb gleich ein Buch mit dem gleichen Titel.

Beim Lesen arbeiten Bewusstsein und Unterbewusstsein eng zusammen. Das Unterbewusstsein bekommt von den Ganglienzellen unserer Augen die wahrgenommenen Buchstaben in Form von Millionen optischer Reize, die in elektrische Impulse umgewandelt werden. Aus diesen Impulsen erarbeitet unser Unterbewusstsein in ständigem Austausch mit dem Gedächtnis Buchstaben, Worte und ganze Sätze. Diese Sätze werden dann inklusive der mit ihnen früher gespeicherten Bedeutungen und Gefühlen sofort an unser Bewusstsein gesendet. Bekommt unser Bewusstsein einen bereits bekannten Satz aus dem Gedächtnis, liefert das Unterbewusstsein die ebenfalls bereits gespeicherte Bedeutung dieses Satzes einschließlich eventueller Gefühle gleich mit. Wir verstehen und fühlen sofort.

Ist ein Satz vollkommen neu, bekommt unser Bewusstsein zumindest die Bedeutung der einzelnen Worte mitgeliefert und muss dann selbst die Bedeutung des Satzes erarbeiten. Das heißt, entweder wir verstehen einen gelesenen Satz, weil wir seine Worte und ihre Bedeutung kennen, oder wir müssen erst überlegen, was er bedeuten könnte, und gegebenenfalls müssen wir auch uns unbekannte Worte nachschlagen. Bei verschachtelten Sätzen ist unser Unterbewusstsein meist überfordert. Deshalb müssen wir (unser BWS) uns sehr konzentrieren und Schachtelsätze gegebenenfalls mehrfach lesen, um sie zu verstehen. Noch schwieriger sind Sätze mit Fremdwörtern oder Fachbegriffen, die wir nicht kennen. Für uns „fremde" Wörter sind nicht im GDS gespeichert und Fachbegriffe vielfach auch nicht. Unser Bewusstsein erarbeitet den Inhalt der Sätze, indem es die Bedeutung der einzelnen Worte in einen logischen oder sinnvollen Zusammenhang bringt. Ist das nicht möglich, müssen wir uns die Bedeutung des „fremden" Wortes erst besorgen. In der Regel werden Fremdworte durch allgemein bekannte Worte erklärt. Damit kann unser Bewusstsein die Bedeutung des Satzes erarbeiten und unser Unterbewusstsein kann den Satz inklusive Fremdwort und dessen Erklärung wieder abspeichern.

Beispiel: Das Wort „Kognition" kann man schlicht und einfach mit „Erkenntnis" oder „Erkennen" übersetzen. Die Definition von Kognition umfasst jedoch viele Aspekte von Erkenntnisprozessen und den dazu notwendigen Fähigkeiten. Selbst unsere Definition „Denken ist die Verarbeitung der von unserem Körper und seinen Sinnesorganen wahrgenommenen Informationen im Gehirn" wird mit dem Begriff Kognition bezeichnet. Ich selbst verstehe unter Kognition den Prozess des „Erkenntnisgewinns", gewissermaßen als Spezialdisziplin, als die höchste Form oder die Krönung des Denkens.

In jedem Fall bedeutet Lesen, dass wir die Gedanken eines anderen Menschen in Form von aufgeschriebenen Informationen wahrnehmen und verarbeiten. Wahrnehmen und Verarbeiten ist nach unserer Definition Denken. Indem wir die aufgeschriebenen Gedanken (das Denken eines fremden Gehirns) wahrnehmen und verarbeiten, denken wir beim Lesen ein stückweit mit einem fremden Gehirn.

Übrigens, dieses Buch wird Ihr Leben verändern. Klingt arrogant, ist es aber nicht. Indem Sie das Buch lesen, denken Sie sowohl mit meinem Gehirn als auch mit den Gehirnen der Menschen, deren Erkenntnisse, Meinungen und Überzeugungen ich in diesem Buch verwendet habe. Keine Sorge, Sie müssen nichts weiter tun als lesen. Alles andere besorgt Ihr Unterbewusstsein, egal ob Sie das wollen oder nicht. Natürlich können Sie sich intensiv mit dem Inhalt beschäftigen und sich Ihren eigenen Teil denken, Ihre eigene Meinung bilden und eigene Erkenntnisse dazu gewinnen. Aber was Sie auch tun oder nicht tun, die Informationen aus diesem Buch verändern Ihr Fühlen, Denken und Handeln. Das machen Informationen immer! Sie bemerken es natürlich nicht. Die „Ich-Illusion" und die „Illusion des freien Willens" behaupten nämlich, *Sie* würden entscheiden können, ob Sie sich verändern wollen oder nicht. Pustekuchen, es ist schon längst passiert. Ihr doofes, aber extrem schnelles Unterbewusstsein hat die Informationen praktisch mit dem Wahrnehmen (Lesen) schon längst im

Gedächtnis deponiert und wird sie bei nächster Gelegenheit abrufen und damit Ihr Fühlen, Denken und Handeln beeinflussen. Natürlich werden Sie durch dieses Buch nicht sofort ein anderer Mensch und Sie werden auch keine Veränderung bemerken. Aber, steter Tropfen …

Bitte jetzt nicht aufhören und das Buch ungelesen weglegen. Jede Information, sei es ein Buch, ein Film, ein Artikel, eine Reportage, ein Gespräch oder ein Museumsbesuch, wird Sie verändern. Denken ist die Verarbeitung von … Informationen im Gehirn und Ihr Unterbewusstsein muss diese Informationen verarbeiten und im Gedächtnis speichern, weil Ihr Bewusstsein schlicht und einfach zu langsam ist. Es gilt grundsätzlich das GIGO-Prinzip, d. h., wenn Sie Müllinformationen wahrnehmen, wird Sie das sicher nicht zum Positiven verändern, aber es wird Sie definitiv verändern. Deshalb müssen wir besonders sorgfältig darauf achten, welche Information wir (unsere Sinnesorgane) den lieben langen Tag so wahrnehmen. Das gilt natürlich auch für die Menschen, mit denen wir uns umgeben, und für das Milieu, in das wir uns begeben. Von beiden bekommen wir Informationen, die uns fühlen lassen, ob es uns in der Gesellschaft dieser Menschen bzw. in der Umgebung gut geht oder eher nicht. Verbringen wir längere Zeit mit einem bestimmten Menschen, so werden sehr viele Informationen ausgetauscht. Dabei treten schon bei den Informationspaketen ganz viele unterschiedliche Konstellationen auf. Im Abschnitt „Persönlichkeit" (Seite 133) werden wir uns diesem Thema intensiv zuwenden. Vorab nur so viel: Es gibt Millionen Kombinationsmöglichkeiten von möglichen Eigenschaften für jeden Menschen, die innerhalb seines vom Unterbewusstsein gefüllten Informationspaketes ausgestrahlt werden.

Stellen wir uns vor, wir können weder lesen noch schreiben. Folglich können wir ausschließlich mit unserem eigenen Gehirn denken, denn lesen (denken mit einem fremden Gehirn) können wir nicht. Wir wissen um die Bedeutung unseres Gedächtnisses. Weil wir nie etwas gelesen haben, ist unser Gedächtnis diesbezüglich leer. Es enthält zwar einige gehörte und gesehene Informationen, unsere persönlichen Erfahrungen und gehörte Geschichten, aber unser Wissenshorizont ist definitiv stark begrenzt. Lesen gehört ohne Zweifel zu den wichtigsten Möglichkeiten, gezielt Informationen, Erfahrungen und Erkenntnisse anderer Menschen wahrzunehmen. Wir können jederzeit Sätze nochmal oder auch mehrfach lesen, um sie zu verstehen. Beim Hören ist das schon schwieriger und funktioniert nur mit einem Aufnahmegerät, was wir dann zurückspulen müssen. Etwas zu überhören ist einfacher als etwas zu überlesen.

Andernfalls hätte die Blindenschrift ja keine Berechtigung. Ohne die Fähigkeit des Lesens könnten sowohl unser Unterbewusstsein als auch unser Bewusstsein definitiv nur auf ein beschränktes Informationsangebot zurückgreifen. Wir denken zwar sowohl in Bildern als auch in Worten, aber komplizierte, logische Zusammenhänge sind ausschließlich über die Sprache und über schriftliche Darstellungen wahrnehmbar und damit denkbar. Wenn wir nicht lesen können, verstehen wir viele logische Zusammenhänge nicht. Damit sind vorrangig unser Denken, aber auch unser Fühlen und Handeln stark eingeschränkt. Logisches Denken ist uns nahezu unmöglich.

Und was ist Schreiben?

Es gibt drei Arten zu schreiben:

1. Das Aufschreiben fremder Gedanken (Übernahme von Fremdmeinungen, Fremderkenntnissen etc.).

2. Das Aufschreiben von eigenen Gedanken, die durch das Lesen oder Hören (Wahrnehmung und Verarbeitung) fremder Gedanken unter Einbeziehung der eigenen Gedächtnisinhalte erarbeitet wurden.

3. Das Aufschreiben von eigenen Gedanken, die durch persönliche Erlebnisse unter Einbeziehung unserer Gedächtnisinhalte erarbeitet wurden.

Etwas aufschreiben ist eine Handlung unseres BWS unter Mitarbeit unseres UBWS. Unser Unterbewusstsein besorgt unserem Bewusstsein permanent die passenden Worte, Fakten, Erfahrungen, Erkenntnisse oder Meinungen aus unserem Gedächtnis, ohne die wir (unser BWS) praktisch nichts schreiben könnten. Die Bedeutung des Schreibens, besser des „Beschreibens" wird allgemein vollkommen unterschätzt. Etwas Aufschreiben ist die Fixierung/Konservierung von Gedanken, von Denkergebnissen unseres emergenten Unterzellhaufens Gehirn in Form eines langzeitbeständigen materiellen Objektes (Steintafel, Tontafel, Papier, Buch, Speichermedien etc.). Wir können diese Denkergebnisse deshalb praktisch jederzeit erneut wahrnehmen (lesen). Und wir können unsere Gedanken anderen Menschen jederzeit zum Nachlesen (Nachdenken) anbieten oder diese auch anderen Menschen einfach vorlesen. In jedem Fall können sich unsere aufgeschriebenen Gedanken sowohl horizontal als auch vertikal verbreiten. Wenn unsere geschriebenen Gedanken erfolgreich und außergewöhnlich waren, dann werden sie sich mehr oder weniger stark verbreiten. Wir können sie dann auch als Meme bezeichnen.

Schreiben ist das perfekte Denktraining. Es fördert die Kreativität und nötigt den Schreiber dazu, sich weiter zu bilden, also sich neues Wissen anzueignen. Des Weiteren führt schreiben zum besseren Verständnis und zum besseren speichern (lernen) von Sachverhalten, zu neuen Erkenntnissen und Einsichten, kurz, zu neuem Fühlen, Denken und Handeln. Etwas aufschreiben befreit die Fühl- und Denkfabrik Gehirn von Gedanken, umgangssprachlich: sich etwas von der Seele schreiben.

Sich selbst und/oder seine Erlebnisse, Gedanken und seine Situation zu beschreiben ist ein Weg zur Selbsterkenntnis und kann durchaus therapeutische Effekte (Selbstheilungseffekte) mit sich bringen. Entscheidend ist der Perspektivwechsel. Ist der Gedanke erstmal außerhalb unserer Fühl- und Denkfabrik auf Papier oder im Computer, ist die Wahrnehmung eine völlig andere als aus dem Gedächtnis. Durch lesen (wahrnehmen) der eigenen Gedanken erfolgt automatisch ein Nachdenken bzw. ein wiederholtes Denken (Überdenken) und damit ein besseres Erkennen von eventuell falschem Denken, falschem Handeln, schlechten Einflüssen und Gewohnheiten etc. Wenn wir unsere aufgeschriebenen Gedanken ein oder zwei Tage später lesen, kann es passieren, dass wir uns ein bisschen wundern, welche dämlichen Gedanken wir unter anderem so notiert, also (falsch) gedacht haben. Das ist Erkenntnis und Lerneffekt in Einem. So gesehen war das gute alte Tagebuch eine äußerst sinnvolle Einrichtung. Schade, dass es aus der Mode gekommen ist. Aber es hindert uns niemand, ein Tagebuch oder Gedankenbuch zu beginnen, egal ob auf Papier oder im Computer. Der Aha-Effekt ist früher oder später garantiert.

Schadmoleküle

Die Mitarbeiter unserer Fühl- und Denkfabrik, die „Gehirnzellen" sind Lebewesen. Die können auch mal schlecht drauf sein oder gar krank werden. Gelangen z. B. Schadmoleküle (Umweltgifte etc.) in unseren Körpe und gelangen diese Schadmoleküle dann in den Blutkreislauf, dann wird gegebenenfalls nicht nur unseren Organen, sondern auch einigen Gehirnzellen speiübel und sie arbeiten einfach nicht mehr richtig mit. Das kann so ein komplexes emergentes System wie unsere Fühl- und Denkfabrik Gehirn schon mal zum Straucheln bzw. zum partiellen Falschdenken bringen. Aber Falschdenken wäre noch das kleinere

Übel. Schadmoleküle können den Bauplan einer Zelle unseres Zellhaufens Körper so verändern, dass sie plötzlich beginnt sich zu teilen und die durch Teilung entstandenen „kranken" Zellen teilen sich wieder usw. Wir nennen dieses unkontrollierte Zellwachstum Krebs und die kranken Zellen nennen wir Tumorzellen.

Ohne näher auf andere Ursachen und die unterschiedlichen Tumore einzugehen, Krebs beginnt immer durch krankhafte Teilung einer Zelle und die Teilung kann durch die unterschiedlichsten Schadmoleküle verursacht werden.

Wie winzig Schadmoleküle sind, wollen wir durch ein Beispiel von dem bekannten britischen Physiker Lord Kelvin erläutern, der die Größe von Molekülen wie folgt erklärte:

Nehmen wir an, wir könnten die Moleküle eines mit Wasser gefüllten Glases rot markieren und würden dieses Glas Wasser irgendwo auf der Welt in einen Ozean schütten. Nehmen wir weiter an, wir würden nach fünf Jahren an einer beliebigen Stelle irgendwo, aus irgendeinem Ozean, ein Glas Wasser entnehmen.

Wie viele rot markierte Moleküle könnte man wohl in diesem Glas nach fünf Jahren Verteilung in den Weltmeeren noch finden?
   Antwort: ca. 100 Moleküle!

Ich weiß nicht, wie Lord Kelvin diese Zahl ermittelt hat, aber wenn sie richtig ist, liefere ich Ihnen noch folgende „Milchmädchenrechnung" dazu:

1 Glas ≈ 250 ml

≈ 6.250 Tropfen

≈ $6{,}25 \times 10^{24}$ Wassermoleküle

Ursprünglich befanden sich ca. 6,25 × 10 hoch 24 rot markierte Moleküle im Glas Wasser. Zugegeben, dagegen sind 100 Moleküle relativ wenig – ein Tropfen Wasser besteht schon aus 10 hoch 21 Molekülen (= 1 Sextillion).

1 Tropfen ≈ 40 µl enthält ≈ 10^{21} Wassermoleküle

Aber was sagt eine winzige Zelle unseres Zellhaufens zu 100 Schadmolekülen? Wie viele Schadmoleküle muss eine Zelle aufnehmen, bis sie zur Tumorzelle wird? Wir wissen es nicht. Aber es könnten theoretisch auch bedeutend weniger als 100 Moleküle sein, die eine Zelle krank machen. Rechnen wir weiter: 100 Moleküle bleiben von einem Glas Wasser nach fünf Jahren übrig, wenn sich die 6,25 *Septillionen* Moleküle des Glases auf ihrer Weltreise mit dem gesamten „Weltwasser" vermischen (1 Septillion = 10 hoch 24).

Beispiel Glyphosat:

In Deutschland werden jährlich rund 5.000 Tonnen Glyphosat auf die Felder geschüttet. Rund gerechnet sind das 5.000.000 Liter. Das entspricht einer Menge von 20.000.000 Gläsern. Und wenn wir also bei einem Glas nach fünf Jahren noch 100 Moleküle mittrinken, dann sind das bei 20 Millionen Gläsern weltweit ca. 2 Milliarden Glyphosatmoleküle, die allein aus Deutschland kommen und irgendwo mitgetrunken werden. Wie hoch mag wohl die Anzahl der Glyphosatmoleküle sein, die jährlich weltweit in Umlauf gebracht werden und die jeder von uns bei jedem Glas Wasser mittrinkt? Ich habe keine Ahnung, ich will es auch gar nicht wissen.

Bei der obigen „Milchmädchenrechnung" wird sicher jeder Statistiker die Hände über dem Kopf zusammenschlagen. Trotzdem bleibt irgendeine Anzahl von Schadmolekülen übrig, auch wenn diese Zahl im Vergleich zu den 6,25 Septillionen Wassermolekülen eines Glases verschwindend gering ist. Glyphosat ist bei weitem nicht die einzige Chemikalie, mit der wir Menschen unsere Umwelt verseuchen.

Beispiel Arzneimittel:

Von sämtlichen unverbrauchten Medikamenten in Deutschland landen rund 40 % im Abwasser und damit in unserem Grundwasser – einfach über die Toilette entsorgt. Medikamente bestehen aus Molekülen. Auch wenn die Wasseraufbereitung in Deutschland vorbildlich ist. Es darf bezweifelt werden, dass alle Medikamentenbestandteile (Moleküle) aus dem Wasser entfernt werden können. Es gibt miteinander unverträgliche Medikamente, die bei gleichzeitiger Verabreichung schädlich für den Menschen sind.

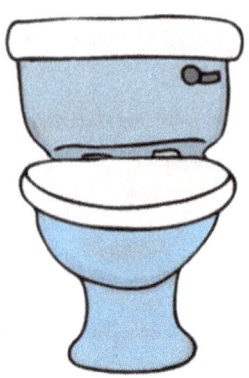

Dem Grundwasser wird durch uns Menschen ein zufällig gemixter Medikamentencocktail „verabreicht". Die Moleküle der Medikamente haben hier praktisch die unbegrenzte Freiheit, sich mit Glyphosat und jeder Menge anderer Moleküle zu vereinigen.

Die Frage, ob wir in Summe mehr Schadmoleküle von Medikamenten oder mehr Glyphosatmoleküle trinken, ist für unsere winzigen Körperzellen definitiv völlig uninteressant. Es ist davon auszugehen, dass manche Zellen nicht viel davon brauchen, um krank zu werden.

Unter dem Titel: „Antibiotika und Antibiotikaresistenzen in der Umwelt, Hintergrund, Herausforderungen und Handlungsoptionen" veröffentlichte das Umweltbundesamt 2018 ein Papier, woraus ich folgende Auszüge zitiere:

„In den letzten Jahren wurde zunehmend über die steigende Anzahl von Arzneimittel- und Antibiotikafunden in der Umwelt aber auch damit verbundene Umwelt- und Gesundheitsrisiken berichtet (Bio Intelligence Service 2013, Beek et al. 2016). Um den Eintrag von Arzneimitteln und somit auch von Antibiotika in die Umwelt zu reduzieren, erarbeitet die EU Kommission aktuell einen strategischen Ansatz gegen die Verunreinigung von Gewässern durch Arzneimittel. Der Eintrag von Antibiotika auch im Hinblick auf die Entstehung von antibiotikaresistenten Bakterien (ARB) wird in der EU-Strategie wahrscheinlich ebenfalls thematisiert."

„In der Humanmedizin wurden im Jahr 2016 in Deutschland 666 t Antibiotika durch Krankenhäuser, Ärzte und Apotheker abgegeben."

„In der Tiermedizin werden vergleichbare Mengen gemeldet und die Antibiotikaabgabemenge an Tierärzte lag im Jahr 2016 bei 742 t."

„Antibiotikawirkstoffe können auf unterschiedlichen Wegen in die Umwelt gelangen. Im Körper von Menschen und Tier werden Antibiotika nur zum Teil metabolisiert (vom Stoffwechsel verarbeitet) und daher als Ausgangswirkstoff teilweise wieder ausgeschieden. Je nach Antibiotikum variiert der Anteil der Ausscheidung zwischen 10 und 90 % des Ausgangswirkstoffes. In der Humanmedizin eingesetzte Antibiotika können sowohl aus privaten Haushalten als auch aus Gesundheits- und Pflegeeinrichtungen ohne Vorklärung in die Kanalisation, dann in die Kläranlage und so über geklärte Abwässer auch in Gewässer gelangen."

Aber es geht nicht nur um Antibiotika:

Laut einem aktuellen Bericht von UNICEF und der Umweltorganisation Pure Earth sind Kinder in großem und bisher unbekanntem Ausmaß von Bleivergiftungen betroffen. Dem Bericht zufolge weist eins von drei Kindern – rund 800 Millionen Kinder weltweit – eine Bleibelastung im Blut von mindestens 5 Mikrogramm pro Deziliter (µg/dl) auf, ein Grenzwert, der Handeln erfordert. Rund die Hälfte der betroffenen Kinder lebt in Südasien. „Mit wenigen Frühsymptomen gefährdet Blei die Gesundheit und Entwicklung von Kindern lautlos, mit möglicherweise tödlichen Folgen", sagte UNICEF-Exekutivdirektorin Henrietta Fore. „Das Wissen darüber, wie weit verbreitet Bleibelastungen sind und welche Zerstörung sie im Leben von Menschen und ihren Gemeinden anrichten können, muss zu dringendem Handeln führen, damit Kinder ein für alle Male davor geschützt werden."

Fazit 1: Wir atmen jede Menge Feinstaubmoleküle ein, wir nehmen mit diversen Lebensmitteln jede Menge Mikroplastik (auch in Molekülgröße) auf und trinken mit jedem wasserhaltigen Getränk jede Menge Glyphosat- und andere Schadmoleküle mit.

Wir sollten uns also nicht wundern, dass allein in Deutschland in 2020 rund **500.000 Menschen** an Krebs erkranken werden. (Quelle: RKI)

Wir dürfen uns wundern, dass es nicht noch viel mehr Krebserkrankungen gibt.

Und noch einige weitere Fragen:

Wann wirken Schadmoleküle so, dass eine von unseren ca. 30 Billionen Körperzellen zur Krebszelle wird? Nach fünf Jahren oder nach 25 Jahren?

Wie viele Schadmoleküle kann ein menschlicher Zellhaufen dank seines Immunsystems verkraften, ohne an Krebs zu erkranken?

Welche der 200 unterschiedlichen Körperzellen sind besonders gefährdet?

Welcher Ärzte oder welche Molekularbiologen sind in der Lage, diese Fragen zu beantworten?

Welcher Arzt soll bei einer Krebserkrankung im Nachhinein feststellen, welche Zelle durch welche Schadmoleküle zur ersten Krebszelle wurde?

Antwort: Kein Arzt und kein Molekularbiologe dieser Welt sind dazu in der Lage, auch nur eine dieser Fragen zu beantworten. Es ist reiner Zufall, wer, wann und an welchem Krebs erkrankt. Genauso, wie es reiner Zufall ist, ob wir genetisch dazu veranlagt sind, an einem bestimmten Krebsleiden zu erkranken.

Fazit 2: Was nichts mit Zufall zu tun hat, ist die Tatsache, dass wir mit jeder aktiven zusätzlichen Aufnahme von Schadmolekülen (Nikotin, synthetische und natürliche Drogen, diversen Kosmetika, Konservierungsstoffen, Insektiziden, Pestiziden, Nahrungsergänzungsmitteln, Feinstaub und unter anderem auch diverser Farbbestandteile von Tattoo-Farben) das Risiko einer Erkrankung vergrößern.

Und wir denken trotzdem, dass wir diese Dinge alle brauchen und sie deshalb ungestraft in unseren Körper lassen können und wir geben auch noch Geld dafür aus, toll! Es grüßt das Falschdenkersyndrom.

Fazit 3: Gerechterweise sollten wir noch darauf hinweisen, dass Schadmoleküle nicht immer gleich Krebs verursachen müssen. Sie können natürlich auch einfach „nur" die Arbeitsleistung der Gehirnzellen beeinträchtigen oder stören. Dies kann sowohl zur leichten Störung des Denkprozesses (also zum Falschdenken) als auch zu schweren geistigen Erkrankungen (Hirnschäden) führen. Es kann aber auch dazu führen, dass die Organisation und Steuerung unseres Zellhaufens Körper (die Körperfunktionen) durch unser Unterbewusstsein gestört und bestimmte Organe beschädigt werden.

Fazit 4: Es braucht nicht viel medizinisches Fachwissen, dass jede kranke bzw. geschädigte Körperzelle für Viren ein leicht zu erreichender Aufenthaltsort (Wirt) ist und dass ein Virus mit solchen Zellen leichtes Spiel hat.

Damit wäre erklärbar, dass einige Menschen am Coronavirus sterben, während andere nur leichte Symptome zeigen und wieder andere gar nicht bemerken, dass sie das Virus in sich tragen und fleißig an andere Menschen weiterreichen. Aber das ist natürlich eine reine Hypothese eines absoluten Laien.

Fazit 5: Wir erkranken an Krebs, wir werden zum notorischen Falschdenker und handeln demzufolge falsch. Wir erkranken geistig und/oder körperlich und weder wir selbst noch die uns behandelnden Ärzte können in jedem Fall die konkreten Ursachen dafür benennen. Das Wissen um die Wirkung bestimmter Schadmoleküle und um die Risiken und Nebenwirkungen bestimmter Verhaltensweisen könnte zu einem Denkprozess mit anschließendem Erkenntnisgewinn und einer Verhaltensänderung (Handeln) führen.

Gesunde Menschen haben viele Wünsche, kranke Menschen nur einen.

Darüber könnten Sie gerne ab und an mal nachdenken, oder?

Disharmonie der Botenstoffe

Wir wissen, dass die Netzwerke unserer Gehirne nach unserer Geburt infolge wahrgenommener Informationen und entsprechender Aktivierung bestimmter Gene gebildet werden. Wir wissen auch, dass Informationen in den Zellen die Produktion und Freisetzung von Botenstoffen verursachen. Botenstoffe sind praktisch für all unsere Gefühle verantwortlich. Jeder menschliche Zellhaufen hat das Ziel, sich wohlzufühlen. Es sollte also idealerweise eine Balance zwischen den verschiedenen Botenstoffen herrschen, sozusagen Harmonie der Gefühle im Gehirn. Leider gibt es jede Menge Informationen, die diese Harmonie stören und z. B. dazu führen, dass zu viele Botenstoffe einer speziellen Sorte ausgeschüttet werden. In zu großen Mengen können diese Botenstoffe schlechte Gefühle wie z. B. Angst oder Stress etc. hervorrufen. In unserer Fühl- und Denkfabrik Gehirn verschlechtert sich die Arbeitsatmosphäre zwischen den Mitarbeitern aufgrund dieser negativen oder bedrohlichen Informationen, es herrscht dicke Luft bzw. schädliches oder die Arbeitsleistung minderndes Milieu.

Die Mitarbeiter unserer Fühl- und Denkfabrik Gehirn werden nicht handgreiflich, es gibt keine physische Gewalt im Gehirn. Wohl aber wirkt sich die schlechte Arbeitsatmosphäre auf die Arbeitsleistung aus. Wir hatten bereits angenommen, dass viele der Mitarbeiter unserer Fühl- und Denkfabrik Gehirn je nach Bedarf universell tätig werden können, sei es für die Abteilung BWS, die Abteilung UBWS oder die Abteilung GDS. Weiter wissen wir, dass eine der Hauptaufgaben der Abteilung UBWS die Steuerung aller lebensnotwendigen

Körperfunktionen ist. Andernfalls wäre unser menschlicher Zellhaufen ja nicht lebensfähig und die anderen Aufgaben unseres UBWS würden nicht benötigt. Falschinformationen oder manipulierte Informationen, die unseren menschlichen Zellhaufen bedrohen oder ihm Gefahr signalisieren, führen mittels elektrischer und/oder chemischer Prozesse zu negativen Gefühlen (Inkohärenz oder Disharmonie im Gehirn) und in deren Folge zu negativen Gedanken. Wenn durch negative oder bedrohliche Informationen die Arbeitsatmosphäre unter den Mitarbeitern über einen längeren Zeitraum empfindlich gestört wird (Stress), dann wirkt sich das natürlich auf die Qualität ihrer Arbeitsleistung in allen Abteilungen aus, auch im UBWS. Und da das UBWS parallel zu seinen Informationsverarbeitungsaufgaben für die Steuerung der Körperfunktionen verantwortlich ist, kann auch die eine oder andere Körperfunktion empfindlich gestört werden.

Das Resultat: Ein Organ oder ein Arbeitsprozess im Körper wird schlecht gesteuert und zack, schon werden wir krank. Solche sogenannten psychosomatischen Störungen können die unterschiedlichsten Krankheiten verursachen, für die in der Regel in unserem Körper keine Ursachen gefunden werden. Die Ursachen liegen ja bei unserem fehlerhaft arbeitenden Unterbewusstsein und dessen Fehler im Arbeitsprozess bemerken wir ja nicht, sonst wäre es ja nicht die Abteilung „Unterbewusstsein", also die Abteilung die „unter unserem Bewusstsein" bzw. heimlich gut oder schlecht arbeitet. Wir bekommen vom Arbeitsprozess unseres UBWS einfach nichts mit, außer dem schlechten Ergebnis bzw. den Krankheitssymptomen.

Jetzt *könnte* die Stunde unseres schlauen aber langsamen Bewusstseins schlagen. Die Abteilung Bewusstsein kann Lösungen für ein Bedrohungsszenario erarbeiten. Sie kann gegen Angstgefühle positive Gedanken und/oder alternative Handlungen inszenieren. Sie kann falsche Informationen enttarnen und korrigieren und damit die Arbeitsatmosphäre wieder in Balance bringen bzw. die Harmonie der Botenstoffe wiederherstellen.

Wir (unser Bewusstsein) müssen dafür sorgen, dass anstelle falscher oder negativer Informationen richtige und positive Informationen gespeichert bleiben oder werden. Das ist selbstverständlich nicht einfach, deshalb die Formulierung *„könnte die Stunde des Bewusstseins schlagen"*.

Unsere Abteilung BWS benötigt dafür drei Dinge: Energie, Zeit und einen soliden, möglichst „sauberen" und reichhaltigen Speicherinhalt an EWE im Gedächtnis. Das Problem, gerade dieser Speicherinhalt ist mit „falschen" oder

„bedrohlichen" oder Müllinformationen verunreinigt, sonst wäre es ja gar nicht zur schlechten Arbeitsatmosphäre und zu den körperlichen Störungen gekommen. Da unser UBWS die schlechten Speicherinhalte nicht von den guten unterscheiden kann, müsste ihm das BWS auf die Sprünge helfen. Das kostet Energie. Energie, die ein kranker bzw. inkohärenter Zellhaufen nicht investieren will oder einfach nicht zur Verfügung stellen kann. Obendrein fehlt dazu noch Zeit. Zeit, die dieser gestörte, menschliche Zellhaufen nicht hat. Warum hat er keine Zeit? Weil er seine Zeit mit der Wahrnehmung bequemer und/oder belastender Schadinformationen vergeudet bzw. sie (die Zeit) gewissermaßen damit totschlägt.

Während das Bewusstsein also einfach vor sich hin döst (passive Faulheit), verarbeitet das Unterbewusstsein den ganzen wahrgenommenen Informationsmüll und speichert alles im Gedächtnis ab. Das Ergebnis ist klar: pures Falschdenken!

Im Normalfall hätte unser Bewusstsein die Arbeitsergebnisse des UBWS als negativ bewerten müssen.

Daraufhin hätte es die Zufuhr (Wahrnehmung) der negativen Informationen stoppen und eine notwendige Handlung auslösen können.

Zum Beispiel:

- einfach die Gruppe der Menschen (den Bekanntenkreis oder die Familienangehörigen), von denen permanent negative Informationen eintreffen verlassen, oder
- die Arbeitsstätte/den Betrieb wechseln oder
- bestimmte Medien abschalten oder, oder, oder.

Idealerweise kann das BWS versuchen, die Aufmerksamkeit auf positive Informationen zu richten. Wie wir wissen, arbeitet das UBWS ja neutral und wertungsfrei. Das Unterbewusstsein hätte also genau so gut anstatt negativer Informationen positive Informationen verarbeitet. Die Arbeitsatmosphäre der Fühl- und Denkfabrik hätte sich wieder verbessert, falsches Denken hätte weniger stattgefunden usw.

Wenn nun aber keine positiven Informationen zu finden (wahrzunehmen) sind bzw. der Mensch den negativen Informationen nicht entrinnen kann?

Dann hätte unser Bewusstsein unser Unterbewusstsein veranlassen können, aus dem Gedächtnis möglichst positive Informationen herauszufischen, um das Arbeitsklima zu verbessern.

Das Bewusstsein hätte mit diesen Informationen eine Gegeninformationsbewegung (von innen) entwickeln können, die die negativen Informationen (von außen) zumindest neutralisiert oder eben pulverisiert. Hätte, hätte …

Fazit 1: Vor allem negative Informationen haben eine große Macht, weil das Unterbewusstsein gut und schlecht nicht unterscheiden kann und negative (bedrohliche) Informationen besonders gerne wahrnimmt. Es verarbeitet alles, selbst wenn es dem Arbeitsklima und damit ihm selbst schadet!

Fazit 2: Unser Bewusstsein kann gut und schlecht bzw. richtig und falsch voneinander unterscheiden und auf negative Informationen angemessen reagieren, wenn

- es genügend Zeit und Energie hat (aktive Faulheit),
- es aus dem Gedächtnis bessere bzw. alternative Informationen abrufen lassen kann, vorausgesetzt, es sind welche gespeichert,
- es die Wahrnehmung verändert, indem es negative Informationen verhindert und die Aufmerksamkeit auf positive Informationen lenkt.

Fazit 3: Es liegt an uns (dem Versagen der Abteilung BWS) und unserem falschen Denken, wenn wir uns den negativen Informationen kampflos „ergeben" und davon geistig oder körperlich krank werden. Wir können mit unserem Bewusstsein die Verarbeitung und das Abspeichern von negativen Informationen verhindern oder wenigstens verringern.

Rein wissenschaftlich formuliert liest sich z. B. das Szenario einer depressiven Störung wie folgt:

- Anspannung/Nervosität: Die Menschen sind überempfindlich, leicht gereizt und überfordert. Die Ängstlichkeit macht das Nervensystem hypersensibel.
- Ängstliche Erregung: Die Fähigkeit, sich zu konzentrieren und Gedanken zu kontrollieren, ist beeinträchtigt. Zu den körperlichen Symptomen gehören Herzrasen, Schwitzen und sich gestresst fühlen.
- Melancholie: Die Menschen haben Probleme mit zwischenmenschlichen Beziehungen. Eingeschränkte soziale Interaktionen führen zu weiteren Problemen.
- Anhedonie: Das primäre Symptom ist die Unfähigkeit, Freude zu empfinden. Diese Form von Depression wird oft nicht erkannt. Die Betroffenen sind oft in der Lage, trotz großem (negativem) Stress noch einigermaßen gut zu funktionieren. Bei Überbeanspruchung sind die Betroffenen zwar in der Lage sich

durchzusetzen, stumpfen aber irgendwann ziemlich ab. Diese Menschen sind oft besonders depressiv.
- Allgemeine bzw. generalisierte Ängstlichkeit: Eine generalisierte Form von Angst mit den primären Merkmalen Sorgen und ängstliche Erregung – einer eher körperlichen Form von Stress.

(Quelle: © PSYLEX.de – Quellenangabe: Universität Stanford; JAMA Psychiatry (2017). DOI:10.1001/jamapsychiatry. 2017.3951; Dez. 2017)

oder weitere Symptome einer Depression:

- anhaltende gedrückte Stimmung,
- Hemmung von Antrieb und Denken,
- Interessenverlust und Konzentrationsverlust,
- Schlaflosigkeit und Appetitstörungen,
- Suizidgedanken, 10 bis 15 % aller Patienten mit wiederkehrenden schwer ausgeprägten depressiven Phasen sterben durch Suizid.

(Quelle: Neurologen und Psychiater im Netz – das Informationsportal zur psychischen Gesundheit und Nervenerkrankungen)

Dazu passen übrigens auch die wichtigsten „Burnout"-Symptome:

- Lustlosigkeit, Übellaunigkeit, Gereiztheit,
- Gefühle des Versagens, der Sinnlosigkeit,
- Angst, den Anforderungen nicht mehr gewachsen zu sein,
- mangelndes Interesse am Beruf oder Aufgabenbereich,
- permanente Müdigkeit, Mattigkeit, Kraftlosigkeit und Erschöpfung.

Burnout, Depressionen und Nervenerkrankungen nehmen unter der Bevölkerung seit Jahren spürbar zu. Die Bezeichnung „Nervenerkrankungen" bringt es auf den Punkt. Unser Nervensystem (unsere Fühl- und Denkfabrik) wird krank.

Die Ursachen der Nervenerkrankungen sind extrem vielschichtig und natürlich sehr viel komplizierter, als wir es mit unserer stark vereinfachten Darstellung anhand unserer Fühl- und Denkfabrik mit den drei Abteilungen BWS, UBWS und GDS und unserer Definition vom Denken beschreiben können.

Trotz dieser starken Vereinfachung konnten wir erläutern, dass unser „Falschdenken" eine der möglichen Krankheitsgründe sein kann. Mit dem Wissen über die Ursachen des Falschdenkens können wir unser falsches Denken (das Versagen der Abteilung BWS) analysieren und die Ursachen identifizieren und abstellen. Wir können unser Denken verbessern und damit zu unserer geistigen und körperlichen Gesundung beitragen.

Intelligenz und Denken

Mit dem Begriff Intelligenz verhält es sich wie mit dem Begriff Denken. Es gibt viele Definitionen, jedoch keine allgemeingültige Definition. Natürlich existieren mittlerweile viele wissenschaftliche Theorien, dazu umstrittene Intelligenztests und noch fragwürdigere Interpretationen der Testergebnisse. Differenziert wird zwischen vielen „Einzelintelligenzen" wie mathematische Intelligenz, musikalische Intelligenz, technische Intelligenz, künstliche Intelligenz, analytische Intelligenz, emotionale Intelligenz u. v. a.

Der Persönlichkeitsforscher Raymond Bernard Cattell unterscheidet zwischen flüssiger (fluider) und fester (kristalliner) Intelligenz.

- Flüssige Intelligenz beinhaltet demnach das gesamte geistige Leistungsvermögen eines Menschen.
- Als feste Intelligenz bezeichnet er das Ergebnis des geistigen Leistungsvermögens, also das, was wir aus unserer „flüssigen" Intelligenz so machen.

Mir persönlich ist die Definition „Intelligenz ist das Denkvermögen eines Menschen" des Philosophen Markus Gabriel sehr sympathisch. Demnach wäre Intelligenz = Denkvermögen, das geistige Potenzial eines Menschen, sozusagen die Leistungsfähigkeit des Gehirns.

In unserer hypothetischen Fühl- und Denkfabrik Gehirn bedeutet dies vor allem die Leistungsfähigkeit der Abteilung Unterbewusstsein und der Abteilung Gedächtnis.

Mit Denkvermögen könnte aber auch das „Denken können" an sich gemeint sein. Das würde bedeuten, dass intelligente Menschen richtig gut denken können und nicht so intelligente Menschen eher schlecht bzw. falsch denken. Pustekuchen – diese Interpretation ist vollkommen falsch!

Eine hohe Intelligenz ist noch keine Garantie für richtiges Denken und eine geringe Intelligenz muss ebenso wenig falsches Denken zur Folge haben.

Intelligenz und Denken sind nach Meinung vieler Wissenschaftler (und auch nach meiner Überzeugung) zwei völlig unterschiedliche Fähigkeiten.

- *Intelligenz* ist ein angeborenes geistiges Leistungsvermögen. Entweder man ist intelligent, oder man ist es nicht, egal mit welcher Einzelintelligenz man aufwarten kann.
- *Denken* hingegen kann man lernen und trainieren. Menschen können fehlende bzw. nicht ererbte Intelligenz durch das Trainieren ihres Denkens zu einem großen Teil kompensieren. Die Betonung liegt wieder auf „können" und auch auf „zu einem großen Teil".

Erstens kann man einen Menschen nicht zum Denken oder zum Training des Denkens zwingen und zweitens hat jeder Mensch ganz unterschiedliche Veranlagungen, Talente, Stärken, die man fördern sollte, anstatt sie zu ignorieren. Dafür könnten individuelle Schwächen, die mehr oder weniger jeder Mensch hat, einfach akzeptiert und toleriert werden. Auch eine behutsame Behandlung von Schwächen ist möglich, ohne dass diese Menschen gleich stigmatisiert werden. Aus diesem Grund ist ein Bildungssystem, das ohne Berücksichtigung der individuellen Fähigkeiten stur nach Lehrplan einheitliches Wissen vermittelt und ebenso stur die unterschiedlichen Lernleistungen über einen Kamm schert und nach einheitlichen Richtlinien beurteilt (und damit viele Schüler vorverurteilt) völlig inhuman, überholt und kontraproduktiv. Der Philosoph Richard David Precht sieht das ähnlich und kritisiert unser Bildungssystem eindrucksvoll und auf sehr hohem Niveau. Leider scheinen weder seine Kritik noch die unzähligen Hinweise von Neurologen, Hirnforschern und anderen Philosophen nichts zu bewegen. Ich bin ganz sicher nicht der Erste und schon gar nicht der Einzige, der ein Lehrfach „Denken" fordert. Edward de Bono fordert dies schon seit über 50 Jahren – leider ohne Erfolg. Solange unsere intelligenten, falsch denkenden Bildungspolitiker in ihrer Intelligenzfalle sitzen, wird sich wohl leider nichts ändern (Intelligenzfalle siehe Seite 81)

Was sagt die Hirnforschung zum Thema Intelligenz?

1. Die Größe des Gehirns hat keine Auswirkung auf die Intelligenz. Es gibt Menschen mit überdurchschnittlich kleinen Gehirnen mit sehr hoher Intelligenz und umgekehrt.

2. Die Anzahl der Synapsen könnte theoretisch mit der Intelligenz korrespondieren. Allerdings gibt es dazu keine überprüfbaren Studien. Synapsen werden durch eintreffende Informationen und den dadurch aktivierten Genen

gebildet. Sind diese Gene nicht ererbt, können sie nicht aktiviert werden und keine Synapsen bilden. Es konnte z. B. bisher auch kein Zusammenhang zwischen der frühkindlichen Prägung und der Intelligenz eines Menschen nachgewiesen werden. Hingegen ist der Einfluss einer frühkindlichen Prägung auf das Fühlen, Denken und Handeln eindeutig bestätigt.

3. Die Übertragungsgeschwindigkeiten der Informationen zwischen den Nervenzellen könnten beim Intelligenzgrad eine Rolle spielen. Je schneller Signale übertragen werden, umso effektiver ihre Verarbeitung.

4. Je besser die Nervenbahnen (Axone) durch *Gliazellen* isoliert werden, umso weniger Übertragungsverluste treten auf. Schlecht isolierte Leitungen haben im Gehirn ähnlich wie in einem Stromleitungsnetz Verluste durch Kriechströme. Signale können durch diese Leitungsverluste sogar verfälscht werden. Je besser die Übertragung der elektrischen Impulse im Gehirn funktioniert, umso sicherer können Informationen verarbeitet werden.

All diese Dinge kämen dem Unterbewusstsein zugute und würde es noch schneller und präziser machen, was natürlich auch positive Auswirkungen auf die Arbeitsweise unseres Bewusstseins hätte. Unser an sich langsames BWS könnte schneller und präziser arbeiten.

Die verbesserte Leistung des Unterbewusstseins bei der Informationsverarbeitung inklusive des schnelleren Zugriffs und des schnelleren Abrufens von Informationen aus dem Gedächtnis könnten demzufolge entscheidende Merkmale von Intelligenz sein. Wenn dem so ist, und es spricht einiges dafür, dann sind die Speicherinhalte (Erkenntnisse, Wissen, Erfahrungen) des Gedächtnisses natürlich ebenso wichtig, wie der schnellere Zugriff und das schnellere Abrufen dieser Inhalte. Wo nichts zu finden ist, da verpuffen selbst außerordentliche Fähigkeiten des Unterbewusstseins und die Intelligenz bleibt begrenzt.

Zwischenbilanz: Intelligenz selbst kann nicht angeboren sein, weil ja die Nervenbahnen (Netzwerke) zum Denken (Informationsverarbeitung) erst nach der Geburt gebildet werden und die Gliazellen erst dann etwas „isolieren" können, wenn etwas zum Isolieren da ist.

Was aber angeboren und damit vererbt sein kann, sind die entsprechenden Gene, die nach der Geburt aktiviert werden und bei der Ausbildung der Nervennetzwerke inklusive Gliazellen entscheidend beteiligt sind.

Fragen: Wird Intelligenz also wie viele andere Eigenschaften letztlich doch durch Gene vererbt? Wie wird diese geerbte Veranlagung zur Intelligenz dann in tatsächliche Intelligenz umgesetzt? Welche der vielen „Intelligenzen", hängt entscheidend von der frühkindlichen Prägung, der Erziehung und Bildung ab? Werden Musikerkinder immer wieder Musiker, Malerkinder wieder Maler usw.? Warum ist die sogenannte kriminelle Intelligenz in den unterschiedlichsten Spielarten weltweit verbreitet und leider auch ziemlich erfolgreich unterwegs?

Antwort: Keine Ahnung, vielleicht, vielleicht auch nicht, manchmal ja, manchmal nein. Die Epigenetik untersucht, welche Eigenschaften eines Menschen angeboren, also durch Gene und ihre entsprechenden An- und Abschaltmechanismen vererbt wurden und welche durch frühkindliche Prägung bzw. infolge der Plastizität des Gehirns entstanden sind. Vielleicht können wir einfach akzeptieren, dass beide Möglichkeiten bestehen und sich gegenseitig sowohl positiv als auch negativ ergänzen können. Das heißt, es gäbe da wenigstens vier Varianten:

1. Die geerbte Veranlagung zur Intelligenz wird durch eine negative frühkindliche Prägung zunichte gemacht oder in falsche (z. B. kriminelle) Bahnen gelenkt.

2. Die geerbte Veranlagung zur Intelligenz wird durch eine positive frühkindliche Prägung bestärkt und gefördert.

3. Die fehlende Veranlagung zur Intelligenz wird durch eine positive frühkindliche Prägung (z. B. durch Denktraining und/oder gute Bildung) teilweise ausgeglichen.

4. Die fehlende Veranlagung zur Intelligenz wird durch eine negative frühkindliche Prägung negativ verstärkt und es bestehen schlechte Voraussetzungen für ein sinnvolles Leben.

Womit wir wieder beim Falschdenken bzw. den Ursachen für falsches Denken gelandet wären und der Tatsache, dass Denken und Intelligenz zwar eng miteinander verflochten, aber eigenständige Fähigkeiten sind.

De Bonos Gleichnis

Intelligenz ist vergleichbar mit der PS-Stärke eines Autos, Denken ist hingegen das fahrerische Können des Autobenutzers. Einen Fahranfänger in einem PS-starkem Auto auf den Verkehr loszulassen, ist zumindest mit einem hohen Risiko verbunden. Nämlich dann, wenn der unerfahrene Fahrer zu schnell unterwegs ist und die Kontrolle über das Auto verliert. Das kann natürlich auch einem erfahrenen Fahrer passieren, hat dann aber andere Ursachen (z. B. Selbstüberschätzung oder Unachtsamkeit etc.).

Schlussfolgerung:

1. Wenn Sie ein PS-starkes Auto fahren, sollten Sie ein guter Fahrer sein. Andernfalls können Sie leicht die Kontrolle über das Fahrzeug verlieren und womöglich andere Verkehrsteilnehmer gefährden.
Ähnlich ist es mit sehr intelligenten Menschen, denn diese müssen ihre Denkfähigkeit verbessern, um ihre „hohe" Intelligenz vernünftig nutzen zu können. Andernfalls beherrschen sie ihre Intelligenz nicht und landen in der Intelligenzfalle (Seite 81) oder sie missbrauchen ihre Intelligenz für falsches Denken und Handeln.

2. Wenn Sie ein Auto mit geringer Motorleistung fahren, können Sie durch fahrerisches Können die fehlende Motorleistung zum Teil wettmachen. Gutes Denken kann fehlende Intelligenz ausgleichen!

(Quelle: De Bonos neue Denkschule)

Fazit 1: Denken umfasst den gesamten „Informationsverarbeitungsprozess" aller drei Abteilungen BWS, UBWS und GDS.
Fazit 2: Intelligenz bedeutet ausschließlich, ein „leistungsfähigeres" UBWS zu besitzen. Die Denkprozesse laufen schneller und auch präziser ab. Gedächtnisinhalte werden schneller gefunden und in den Prozess der Informationsverar-

beitung einbezogen. Aber wir wissen ja, dass unser UBWS nicht zwischen gut und schlecht oder richtig und falsch unterscheiden kann.

Fazit 3: Das Denken hochintelligenter Menschen ist schneller und präziser, aber deshalb noch lange nicht besser oder richtiger, als das Denken weniger intelligenter Menschen. Ganz im Gegenteil, es lauert die sogenannte Intelligenzfalle (siehe nachfolgenden Abschnitt).

Die Intelligenzfalle

Sehr intelligente Menschen bleiben leider vom falschen Denken nicht verschont. Im Gegenteil, falsche oder unvollständige Informationen werden von einem intelligenten Gehirn und dessen Abteilung Unterbewusstsein sehr schnell und sehr präzise verarbeitet. Die Abteilung Bewusstsein erhält praktisch sehr schnell hintereinander mehrere Ergebnisse und hat nun zwei Möglichkeiten. Entweder sie zweifelt an den Inhalten, hinterfragt sie und zieht Alternativen in Betracht, was natürlich wieder Zeit und Energie kostet. Oder die Abteilung Bewusstsein nimmt den einfacheren und energiesparenden Weg, nämlich die Ergebnisse kritiklos zu übernehmen (passive Faulheit) und danach das Unterbewusstsein zu veranlassen, im Gedächtnis nach Argumenten für die Bestätigung dieser Ergebnisse zu suchen. Darauf ist unser Unterbewusstsein ja spezialisiert – wertfrei wird alles, was irgendwie zu diesen gegebenenfalls falschen Ergebnissen passt und diese bestätigt, aus dem Gedächtnis abgerufen.

Die Intelligenzfalle

De Bono schildert die Intelligenzfalle in seinem Buch „Die neue Denkschule" wie folgt:

„Ein sehr intelligenter Mensch kann sich eine Meinung bilden und diese dank seiner Intelligenz verteidigen. Je intelligenter er ist, desto leichter fällt ihm das. Und je besser er seine Meinung verteidigt, desto weniger hält er es für notwendig, nach Alternativen zu suchen oder anderen zuzuhören – warum sollte er das tun, wenn er doch weiß, dass er Recht hat?"

Sinngemäß schreibt De Bono weiter:

- Ein intelligenter Mensch will von seiner Intelligenz profitieren. Andere Meinungen und Ideen zu kritisieren und zu widerlegen, bringt sofortigen Erfolg und beweist Überlegenheit.
- Konstruktive Kritik ist viel weniger lohnend und strengt gegebenenfalls an.
- Wer kritisch und destruktiv ist, hat mehr Freude an seiner Intelligenz.

Hier kann ich De Bono voll zustimmen. Machen Sie sich den Spaß und schauen Sie sich eine Polit-Talk-Show an. Abgesehen von profilierungssüchtigen Moderatorinnen (die kaum einen Gast ausreden lassen), werden Sie kaum einen Politiker erleben, der die Meinung bzw. die Ansichten eines Mitgliedes einer anderen Partei auch nur ansatzweise konstruktiv kritisiert.

Fazit 1: Sind Sie von Ihrem Fühlen, Denken und Handeln immer überzeugt und halten Sie sich für überdurchschnittlich intelligent, dann hüten Sie sich vor der Intelligenzfalle. Intelligente Menschen geraten schnell hinein, aber kommen nur sehr schwer wieder hinaus.

Fazit 2: Sollten Sie gewisse Zweifel an Ihrer Intelligenz hegen, ist das kein Grund für Traurigkeit. Nehmen Sie sich einfach etwas mehr Zeit und Ruhe zum Denken und essen und trinken Sie ausreichend.

Zeit, Ruhe und Energie wirken Wunder – ihre Denkergebnisse werden Ihnen Spaß machen und Sie dazu anregen, weiter zu denken.

Denken, Kreativität und Intelligenz

Was ist eigentlich Kreativität? Analog unserer bisherigen Erfahrungen mit Definitionen geht es auch hier mannigfaltig zu. Es gibt unterschiedliche Definitionen und diverse Interpretationen zum Begriff Kreativität. Eine davon lautet:

„Kreativität ist die Fähigkeit des Menschen, Denkergebnisse hervorzubringen, die im Wesentlichen neu sind und demjenigen, der sie hervorgebracht hat, vorher unbekannt waren."

(Quelle: Gerhard Roth: Fühlen, Denken, Handeln)

Kreativität ist eine besondere Art und Weise des Denkens. Wenn Denken die Verarbeitung von wahrgenommenen Informationen im Gehirn ist, dann muss kreatives Denken etwas mehr als nur diese Verarbeitung sein. Wenn der Prozess Denken nach unserer Hypothese eine gemeinschaftliche Leistung aller drei Abteilungen BWS, UBWS und GDS ist, stellt sich die Frage, welche Abteilung welchen Beitrag zum kreativen Denken leistet. Beim Thema Intelligenz war das noch relativ einfach. Wir vermuten ja, dass die gut isolierten Nervenbahnen unserer Abteilung UBWS eine bessere (schnellere) Verarbeitung externer Informationen und höhere Geschwindigkeiten beim Zugriff auf und beim Abruf von internen Informationen aus dem GDS ermöglichen. Dadurch erhält unser BWS während seiner an sich „langsamen" Denktätigkeit die notwendigen und erforderlichen Informationen schneller und kann seine Probleme und Aufgaben schneller lösen. Das heißt, die gesamte Leistung unserer Fühl- und Denkfabrik wird schneller und effektiver und das bezeichnen wir als Intelligenz.

Aber wer oder was macht nun die Kreativität beim Denken aus? Wissenschaftler haben herausgefunden, dass intelligente Menschen kreativer sind als weniger intelligente. Waren das die Wissenschaftler, die herausgefunden haben, dass Pfeife rauchen gesünder ist als Zigarette rauchen?

„Intelligenz ist zwar nicht gleichbedeutend mit hoher Kreativität, aber hohe Kreativität setzt eine überdurchschnittliche, insbesondere sprachliche Intelligenz voraus" (Gerhard Roth).

Vielleicht ist die Lösung aber auch ganz einfach: Intelligente Menschen sind die schnelleren Denker und gewinnen dadurch Zeit, um mehr neue Ideen zu haben bzw. neue Gedanken „zu fassen". Dazu muss man allerdings, egal ob sehr oder nicht so sehr intelligent, kreativ sein „wollen" oder besser, Kreativität zulassen.

Das heißt, unser Bewusstsein muss nach neuen Ideen und Gedanken suchen (lassen) bzw. danach Ausschau halten oder zumindest dafür offen sein.

Unser Hochgeschwindigkeits-Unterbewusstsein liefert am laufenden Band zufällig im Gedächtnis gefundene, früher entstandene Arbeitsergebnisse zu bestimmten Themen, hat jedoch nicht die leiseste Ahnung, ob neue bzw. kreative Ergebnisse dabei sind.

Unser Bewusstsein muss achtsam sein und die wirklich „neuen" von den „altbekannten" Informationen trennen und zack, schon gibt es ein kreatives Denkergebnis, eine neue Idee oder eine Inspiration. Das würde erklären, warum wir z. B. aus heiterem Himmel einmal eine spontane (für uns neue), also kreative Idee oder einen plötzlichen Einfall haben, während uns ein anderes Mal trotz vermeintlich angestrengtem Nachdenken partout nichts einfallen will.

Für ein kreatives Verhalten eines Menschen gibt es viele Mitspieler:

- Der Zufall entscheidet mit.
- Die Gedächtnisinhalte (die Vielfalt der im Gedächtnis abgespeicherten Informationen) entscheiden mit.
- Die Intelligenz (Schnelligkeit der Abteilung UBWS) entscheidet mit.
- Der Gesundheitszustand (Fitness) des Menschen entscheidet mit.
- Umgebungseinflüsse entscheiden mit.

In Ruhe und Abgeschiedenheit liefern die Sinnesorgane wenig Informationen an das Unterbewusstsein. In einer solchen Phase hat es Zeit, um im Gedächtnis herumzustöbern. Wenn es zufällig eine neue Kombination aus vorhandenen Informationen „gefunden" hat, gibt es diese als Inspiration oder kreative Idee an unser Bewusstsein weiter. Bezogen auf eine bestimmte Zeitspanne sind intelligente Menschen gegebenenfalls kreativer (bringen also gegebenenfalls mehr neue Denkergebnisse pro Zeiteinheit hervor). Grundsätzlich aber können weniger intelligente Menschen genauso kreativ sein wie intelligente Menschen. Sie brauchen nur mehr Zeit und viel Ruhe bzw. bringen sie weniger neue Denkergebnisse pro Zeiteinheit hervor.

Der Kreativitätsunterschied muss also nicht zwangsläufig qualitativer, sondern kann auch lediglich quantitativer Natur sein. Weniger ist halt manchmal mehr. Es gab und gibt Menschen, die durch eine einzige kreative (geniale) Idee reich und/oder berühmt wurden. Im Gegensatz dazu gab es viele Menschen, die eine kreative Idee nach der anderen fabrizierten, aber zu ihren Lebzeiten trotz großer Kreativität relativ erfolglos blieben und verarmt starben. Beispiele für die Letzteren?

Van Gogh, Mozart, Edgar Allan Poe, Charles Dickens u. v. a.

Trotz diverser wissenschaftlicher Untersuchungsergebnisse, die auf einen direkten Zusammenhang zwischen Intelligenz und Kreativität hinweisen, fällt mein Fazit diesbezüglich geteilt bzw. abweichend aus:

Fazit 1: Intelligenz ist eine angeborene Veranlagung, die den Denkprozess beschleunigen kann, ihn aber nicht zwangsläufig verbessert.

Fazit 2: Denken ist eine Fähigkeit, die bei entsprechendem Training in der Lage ist, fehlende Intelligenz bis zu einem gewissen Grad zu kompensieren.

Fazit 3: Kreativität ist ein „emergentes" Denken. Aus vorhandenen bekannten Informationen entstehen vollkommen neue Informationen.

Fazit 4: Intelligente Menschen liefern pro Zeiteinheit mehr kreative Ergebnisse als weniger intelligente. Die Menge sagt jedoch nichts über die Qualität aus.

Fazit 5: Die Qualität kreativer Denkergebnisse hängt nicht von der Intelligenz ab, sondern von der Vielfalt der Gedächtnisinhalte und von einer optimalen (inspirierenden) Umgebung.

Was ist Dummheit?

Für Immanuel Kant ist *„Dummheit ein Gebrechen des Kopfes"* oder *„Der Dumme ist ein stumpfer und eingeschränkter Kopf, dem es an nichts als am gehörigen Grade des Verstehens mangelt"*. Wie bei allen Begriffen gibt es unzählige Beschreibungen für Dummheit, ja es gibt sogar die Bezeichnungen „intelligente Dummheit" (für uns Dummergenz) und „gelehrte Dummheit". Die Definition: *„Dummheit ist die mangelnde Fähigkeit, aus Wahrnehmungen die richtigen Schlüsse zu ziehen"* habe ich von vielen möglichen ausgewählt. Spätestens mit dieser Definition ist klar, dass mit „mangelnder Fähigkeit" das Denken gemeint ist, denn aus „Wahrnehmungen Schlüsse ziehen" bedeutet wahrgenommene Informationen zu verarbeiten, und das ist letztlich nichts anderes als denken. Wenn Dummheit also bedeutet „falsche Schlüsse" zu ziehen, dann bedeutet Dummheit nicht mehr und nicht weniger als falsch zu denken.

Wir wissen mittlerweile, dass Fühlen, Denken und Handeln die Grundzüge eines menschlichen Zellhaufens sind und sein gesamtes Leben bestimmen. Wir wissen auch, dass Fühlen und Denken untrennbar miteinander verbunden sind und in unterschiedlicher Intensität, Qualität und Quantität auftreten. Und wir wissen ebenfalls, dass Wahrnehmungen, also „wahrgenommene Informationen" unser Fühlen und Denken bestimmen. Solange ein Mensch nicht zufällig bewusstlos, sondern bei vollem Bewusstsein ist, fühlt und denkt er, weil er Fühlen und Denken nicht einfach abschalten kann. Wenn zeitweise einmal keine Wahrnehmungen möglich sind, dann sind immer noch ausreichend wahrgenommene und gespeicherte Informationen (von früher) im Gedächtnis vorhanden, die für Gefühle und Gedanken sorgen.

Anders verhält es sich mit dem Handeln, denn das kann ein Mensch schon abschalten. Zum bewussten, also zum willentlichen Handeln, gehören im Prinzip auch alle Denkaktivitäten unseres Bewusstseins. Das Bewusstsein eines Menschen kann sich „abschalten", indem es einfach alle Wahrnehmungen und Zuarbeiten vom Unterbewusstsein akzeptiert, Aufgaben und Probleme ignoriert oder verdrängt, also seine Mitarbeit verweigert (passive Faulheit). Ich nenne es „Fauldenken", weil das Bewusstsein zu faul zum Mitdenken ist. Damit ist der Mensch bei seinem Gesamtprozess Denken den Informationen und ihrer Verarbeitung durch das Unterbewusstsein völlig ausgeliefert, denn der Denkprozess findet ja ohne Bewusstsein statt. Gleichzeitig spart der Mensch natürlich Zeit und Energie. Nachteil: Es steigt die Gefahr des Falschdenkens, denn die Institution Bewusstsein, die falsche Informationen erkennen und damit falsches Denken verhindern könnte, spielt ja nicht mehr mit.

Nun leben wir Menschen aber in einer Informationsgesellschaft mit dem Recht auf freie Meinungsäußerung. Jeder Mensch, egal ob „befähigt, oder vollkommen unfähig, aus Wahrnehmungen die richtigen Schlüsse zu ziehen", kann seine Gedanken und Meinungen in den sozialen Medien verbreiten. Ganz plump ausgedrückt: Jeder Falschdenker und jeder falsch denkender „Influencer" kann falsche Informationen oder auch Schadinformationen und „fake News" nach Herzenslust unter das Volk der „Follower" bringen. Die Follower (Falsch- und Fauldenker) werden dann ihrerseits den ganzen Gedankenmüll „liken" und weiterempfehlen und somit dabei helfen, die **Pandemie der Dummheit (PdD)** zu erzeugen. Im Übrigen gibt es mittlerweile sogenannte Trollfabriken (*„Troll-Armee" oder „Putinbots" sind die gebräuchlichen Bezeichnungen für eine verdeckte Organisation in Russland, die im Auftrag des Staates Manipulationen im Internet betreibt*). Nicht jeder Nutzer, den man in sozialen Netzwerken trifft, ist ein Mensch. Einige Accounts auf Facebook, Twitter und Co. kommen sogar völlig ohne Menschen aus. Diese „Social Bots" sind zumindest theoretisch in der Lage, Meinungen im Netz empfindlich zu manipulieren. Noch effektiver sind sogenannte „Cyborg Accounts", die von Maschinen gestartet und dann zu irgendeinem Zeitpunkt von Menschen übernommen werden. Mit ihnen lassen sich Falschinformationen extrem wirkungsvoll verbreiten.

Diese „Falschinformationstechnologie" steckt praktisch noch in den Kinderschuhen. Das alles entwickelt sich erst. Die Erzeuger dieser Falschinformationen werden ganz sicher immer mehr unser Denken beeinflussen, wenn wir nichts dagegen unternehmen. Sie werden uns Menschen beliebig manipulieren und unser Fühlen, Denken und Handeln kontrollieren und beherrschen, wenn wir nicht endlich unser Bewusstsein aktivieren.

So erschütternd es klingt, aus einem Volk von menschlichen Zellhaufen, welches alle Voraussetzungen mitbringt, ein emergentes System zu bilden, wird in der digitalen Welt durch die inflationäre Verbreitung von Falschinformationen und falschem Denken ein *„submergentes"* System.

In meinem Sprachgebrauch verwende ich anstelle von *„Submergenz"* (*als Submergenz wird das Gegenteil von Emergenz bezeichnet*) das fiktive, von mir frei erfundene Wort *„Dummergenz"*, weil es einfach besser zum Thema passt.

Anstelle von einem emergenten System mit höheren Systemeigenschaften, die ein einzelner menschlicher Zellhaufen allein nicht hat, entstehen durch die Pandemie der Dummheit Systemeigenschaften, die weit unter den Eigenschaften der einzelnen Menschen liegen. Bei einigen Menschen verschwinden sogar Eigenschaften, die sie vor der Pandemie noch hatten. In der Folge bekommen dummergente (submergente) Systeme in der Regel den Anführer, den sie verdienen ...

Beispiele gefällig?

1. Die Bewohner Deutschlands wählten Hitler, obwohl er in seinem Buch „Mein Kampf" seine Vorhaben und kruden Ideen angekündigt hat. Wie falsch kann ein ganzes Volk denken? Die Pandemie der Dummheit muss die deutschen Menschen, das Volk der Dichter und Denker, bereits in den 1930er Jahren befallen haben (Stichwort Intelligenz versus Denken). Es ist den Nationalsozialisten gelungen, allein mit den im Vergleich zu heutigen Möglichkeiten primitiven Mitteln in Form von Tageszeitungen, Kinos und wenigen Volksempfängern, ein ganzes Volk zu manipulieren und von der Richtigkeit Hitlers kruder menschenfeindlicher Ideen zu überzeugen.

2. Die Bewohner der USA wählten mehrheitlich Donald Trump zum Präsidenten – weitere Bemerkungen zu Donald Trump sind der Mühe nicht wert, denn er ist normalerweise unwählbar. Die Amerikaner könnten Einstein bereits in

den 1950er Jahren derart beeindruckt haben, dass er an ihrem Beispiel schon damals die unendliche Dummheit der Menschen (unermessliches Falschdenken) erkannt hat. Er könnte aber auch die deutschen Menschen gemeint haben. Egal, Einstein hat Recht behalten. Heute gilt seine Aussage aktuell halt mehr für die Amerikaner, was aber nicht automatisch bedeutet, andere Völker wären nicht ganz so dumm. Die Pandemie der Dummheit kennt keine Ländergrenzen und keine Sprachbarrieren. Sie kann sich infolge der Perfektionierung der Informationstechnologie heute schneller verbreiten als je zuvor und sie ist gleichzeitig auch noch wirksamer und perfider als je zuvor. Das Falschdenkersyndrom bietet dafür optimale Voraussetzungen.

3. Die Einwohner Großbritanniens entschieden sich zwar knapp, aber dennoch mehrheitlich, erst für den Brexit und danach für Boris Johnson als Premierminister. Warum? Perfekte Manipulation, Desinformation und/oder Pandemie der Dummheit? Das Falschdenkersyndrom lässt wieder grüßen.

Dumme Fragen

Das Zitat von Frank Wisniewski (Informatiker, Technischer Redakteur und Systemanalytiker): *„Es gibt keine dummen Fragen, es gibt nur dumme Antworten"* wird in dieser Form häufig, aber eben unvollständig zitiert. Das Zitat geht nämlich noch weiter: *„Allerdings – es gibt Fragen, die eindeutig auf die Dummheit des Fragestellers hinweisen."*

So vollständig trifft es den Sachverhalt doch viel besser.

Das mit der Dummheit hatten wir schon und es versteht sich von selbst, dass dumme Menschen in der Regel auch dumm kommunizieren. Nach meiner persönlichen Überzeugung gibt es sehr wohl saudumme Fragen und dazu auch saudumme Antworten. Sie müssen sich nur Interviews (Befragungen) oder Talkshows (Diskussionssendungen) anhören oder anschauen und ihre Aufmerksamkeit auf die Fragen richten. Hier nur ein Beispiel:

Ein Sportreporter fragt den Torschützen: Was haben Sie gedacht, als der Ball im Tor war?

Antwort des Torschützen: Tor!

Kommentar: Die Antwort überrascht mich jetzt nicht. Ich frage mich aber schon, was soll ein Fußballspieler auf diese Frage auch antworten? Vermutlich war er froh, dass der Ball im Tor war, Tor! Ein tolles Glücksgefühl durchströmt den ganzen Körper. Ob er überhaupt irgendeinen wichtigen oder unwichtigen Gedanken in diesem Moment hatte, darf bezweifelt werden.

Grundsätzlich gilt die alte Regel: Wer fragt, der führt (z. B. ein Gespräch). Mag schon sein. Aber wenn jemand nun im Gespräch Fragen stellt, die auf seine Dummheit hinweisen, wer soll sich von so einem Dummbeutel führen lassen? Talkrunden und Interviews leben von den Fragen und Antworten der Interviewpartner. In der Regel setzt man bei diesen Sendungen eine gewisse Intelligenz der Anwesenden voraus. Leider ist dies noch keine Garantie für eine interessante Talkshow oder ein interessantes Interview. Die Gründe dafür sind, wie gehabt, im Falschdenkersyndrom zu suchen und natürlich schnappt die Intelligenzfalle des Öfteren zu. Auf jeden Fall bieten nahezu jede Talkrunde und fast jedes Interview einen guten Anschauungsunterricht zum Thema Falschdenkersyndrom, und zwar von allen Beteiligten. Aus guten Sendungen kann man viel lernen, die schlechten sollte man ganz schnell abschalten.

Zurück zu unserem Thema „Falschdenken". „Dummheit" und „Falschdenken" sind nahezu identisch. Eine Dummheit begehen heißt, aufgrund falscher Gedanken eine falsche Handlung durchzuführen oder eine falsche Entscheidung zu treffen. Es gibt wohl kaum einen Menschen, der in seinem Leben noch keine Dummheit begangen hat, denn Fehler sind menschlich. Beim Falschdenkersyndrom sprechen wir nicht von vereinzelten und für das Leben belanglosen Fehlern. Wir sprechen von notorischem Falschdenken, von einer Pandemie der Dummheit. Wenn sich das Falschdenken rasant verbreitet, ist es nur eine Frage der Zeit, bis sich auch falsche Handlungen häufen. Rette sich wer kann ist hier keine Lösung, denn eine Pandemie ist ja länderübergreifend. Kampf dem falschen Denken bzw. Kampf der Dummheit – wenn hier jeder bei sich selbst beginnt, wird allen geholfen.

Gefühle

Das Leben des Zellhaufens Mensch (ZHM) besteht aus der Triade Fühlen, Denken und Handeln, also aus Gefühlen, Gedanken und Handlungen. Unser Schwerpunkt liegt eindeutig auf den Begriff Denken, weil wir ja davon die Symptome für das Falschdenkersyndrom ableiten wollen. Allerdings können wir unser Denken nicht ansatzweise begreifen, ohne unser Fühlen einigermaßen verstanden zu haben. Unser Handeln ist in der Regel das Resultat unseres Fühlens und/oder unserer Gedanken. Unser Denken haben wir bereits definiert.

Anhand unserer Hypothese von der Fühl- und Denkfabrik Gehirn mit den drei Abteilungen BWS, UBWS und GDS konnten wir abseits wissenschaftlicher Exaktheit den Denkprozess erläutern. Was wir bisher vernachlässigt haben, sind unsere Gefühle und ihr Einfluss auf bzw. ihre Beteiligung am Denkprozess.

Jede Nahrungsaufnahme ist mit Riechen und Schmecken verbunden. Die „Begleitinformationen" Geschmack und Geruch von Nahrungsmitteln signalisieren uns, ob etwas genießbar ist bzw. ob es mit unserem Appetit übereinstimmt oder nicht. Im besten Fall genießen wir unser Essen oder wir ignorieren den Geschmack, weil wir Hunger haben. Im schlimmsten Fall essen wir nicht, weil es einfach nicht oder ekelig schmeckt.

Ähnlich verhält es sich mit den Gefühlen. Jede Wahrnehmung und die Verarbeitung von Informationen sind mit Gefühlen verbunden. Außergewöhnliche, überraschende, bedrohliche oder auch besonders angenehme Informationen erzeugen bei ihrer Wahrnehmung und Verarbeitung sogenannte Begleitinformationen in Form von besonders starken Gefühlen. Gefühle sind durch chemische Prozesse hervorgerufene Körperzustände, die sowohl die Funktionen des Körpers als auch die Verarbeitung von Informationen in der Fühl- und Denkfabrik Gehirn beeinflussen und uns deshalb auch bewusst werden. Auf welche Art und Weise es die wahrgenommenen Informationen in Form von elektrischen Impulsen schaffen, dass mal mehr, mal weniger und mal diese oder jene Botenstoffe ausgeschüttet werden, ist vollkommen unklar.

Es ist natürlich längst bekannt, welche Botenstoffe welche Gefühle verursachen können. Aber wie konkret elektrische Impulse die Art und Menge der Botenstoffe oder einen bestimmten Cocktail von verschiedenen Botenstoffen auswählen und dadurch Gefühlszustände erzeugen, wissen wir nicht.

Die ersten Verarbeitungsergebnisse vom Unterbewusstsein nach der Wahrnehmung veranlassen am Beginn des eigentlichen Denkprozesses, dass Nervenzellen und Gliazellen sofort Botenstoffe (auch als Hormone oder Transmitter bezeichnet) produzieren und auszuschütten. Es gibt über 100 unterschiedliche Botenstoffe, die durch die verschiedensten Informationen von diversen Gehirnzellen produziert und freigesetzt werden. Die Wirkung dieser chemischen Prozesse wird uns als Gefühl bewusst. Botenstoffe beeinflussen auch die Informationsübertragung zwischen den Nervenzellen (speziell in den synaptischen Spalten) und damit den gesamten Denkprozess. Botenstoffe werden überwiegend über den Blutkreislauf auf andere Nervenzellen im Gehirn verteilt. Aus der Summe der mit bestimmten Botenstoffen „manipulierten" Nervenzellen entstehen die Gefühle. Heftige bzw. intensive Informationen können praktisch dazu führen, dass das Gehirn sozusagen mit Botenstoffen geflutet wird.

In solchen Fällen entstehen starke oder sogar extrem starke Gefühle. Welche Botenstoffe von welchen Zellen aufgrund welcher Informationen erzeugt werden, hängt wesentlich von den Genen der Zellen ab. Menschen, die mit einem Gendefekt geboren wurden, können unter Umständen bestimmte Gefühle nicht entwickeln. Die wohl bekanntesten Vertreter mit speziell durch Gendefekte verursachten Gefühlsdefiziten (Menschen mit speziellen Persönlichkeitsmerkmalen) werden durch die dunkle Triade repräsentiert. Die dunkle Triade ist eine Bezeichnung für Narzissten, Machiavellisten und Psychopaten. Wir werden auf diese dunkle Triade später ausführlich zurückkommen.

Unser Unterbewusstsein verarbeitet alle wahrgenommenen Informationen und erarbeitet offensichtlich auch sämtliche Gefühle dazu. Unser Bewusstsein kann primär keine Gefühle selbst erzeugen, muss aber unter den vom Unterbewusstsein aufgrund wahrgenommener Informationen erzeugten Gefühlszuständen arbeiten. Unser Bewusstsein kann Gefühlszustände auswerten, analysieren und versuchen, die Ursachen für die Gefühlszustände zu ermitteln. Allerdings ist es nicht sehr wahrscheinlich, dass es diesbezüglich erfolgreich ist. Gefühlszustände betreffen ja unter Umständen den gesamten Zellhaufenkörper, zumindest aber die Fühl- und Denkfabrik Gehirn, und damit alle drei Abteilungen. Das heißt, auch unsere Abteilung Unterbewusstsein wird von dem von ihr letztlich selbst erzeugten Arbeitsklima beeinflusst. Unser Bewusstsein kann lediglich Änderungen von Gefühlen anregen. Dazu informiert es das Unterbewusstsein darüber, dass ihm die Gefühle nicht gefallen und fordert es auf, im Gedächtnis nach Informationen zu suchen, die bessere Gefühle verursachen. Je nach Informationslage kann das funktionieren, muss aber nicht. Bestimmend für die Gefühle bleiben in jedem Fall die vom Unterbewusstsein wahrgenommenen Informationen sowie die im Gedächtnis gespeicherten Informationen inklusive der entsprechenden Gefühle. Sind keine passenden Informationen mit positiven Gefühlen gespeichert, hat das Bewusstsein einfach Pech gehabt.

Das alles wundert uns nicht, denn wir wissen ja schon, dass Informationen unser Denken bestimmen. Jetzt erfahren wir, dass Informationen auch unser Fühlen bestimmen.

Falsche Informationen führen nicht nur zum falschen Denken, sondern sie verursachen auch noch falsche Gefühle.

Das Problem besteht darin, dass unser Unterbewusstsein unserem Bewusstsein seine Verarbeitungsergebnisse aus den wahrgenommenen Informationen nicht immer zeitgleich mit den erarbeiteten Gefühlen liefert. Ist das Bewusstsein gerade anderweitig beschäftigt, bekommt es ausschließlich die Gefühle verpasst, erfährt aber nichts von den Informationen, die zu diesen Gefühlen geführt haben. Indem Gefühlszustände die Arbeitsatmosphäre aller drei Abteilungen unserer Fühl- und Denkfabrik Gehirn auch über einen größeren Zeitraum beeinflussen, können leicht Fehler bei der Verarbeitung von später wahrgenommenen Informationen passieren. Vor allem unser Bewusstsein ist mit seinen analytischen und logischen Anteilen am Denkprozess in bestimmten Gefühlszuständen für Fehler anfällig. Es kann unter Umständen die vom Unterbewusstsein gelieferten Verarbeitungsergebnisse nicht sauber beurteilen, analysieren und bearbeiten, weil es in einem „nichtneutralen" bzw. schwierigen Gefühlszustand ist. Kommen in dieser Situation noch Informationen des Zellhaufenkörpers hinzu, dessen Funktionen ja ebenfalls durch Gefühle beeinflusst werden, kann es zu einem Gefühlscocktail und auch zu einem „Rausch der Gefühle" kommen! Von Objektivität des Bewusstseins kann unter diesen Bedingungen nicht die Rede sein, oder können Sie im Vollrausch noch einen klaren Gedanken fassen? Eben, unser Bewusstsein kann das auch nicht.

Unser Vokabular hat für extreme Gefühlszustände ein reichhaltiges Angebot: trunken vor Liebe, blind vor Hass, gelähmt vor Angst, starr vor Schreck usw.

All diesen extremen oder besonderen Situationen ist gemeinsam, dass unser Bewusstsein zeitweise keinerlei Kontrolle bzw. keinen Zugriff auf das Unterbewusstsein hat. In dieser Phase bestimmen ausschließlich die wahrgenommenen Informationen und die dazugehörigen Gefühle unser Denken und Handeln.

Die einzige Abteilung, die in dieser Phase noch etwas zur Objektivität beitragen könnte, wäre das Gedächtnis. Vorausgesetzt, es sind alternative Informationen inklusive alternative Gefühle im Gedächtnis vorhanden und das Bewusstsein ist hinreichend trainiert, auch unter schwierigen Verhältnissen (Gefühlsrausch) zu arbeiten.

Andernfalls hilft nur abwarten, bis die Wirkung des Gefühlscocktails bzw. der Rausch der Gefühle vorüber ist und das Bewusstsein wieder „normal" mitarbeiten und dem Unterbewusstsein auf die Finger schauen kann. Allein das BWS kann in Zusammenarbeit mit dem UBWS und dem GDS verhindern, dass sich negative Gefühlszustände konsolidieren und durch weitere Müllinformationen stabilisiert werden. Länger anhaltende negative Gefühlszustände bedeuten ja eine länger anhaltende Produktion und Ausschüttung von Botenstoffen. Das Arbeitsklima in den Abteilungen BWS, GDS und UBWS wird nachhaltig gestört. Das führt wiederum zu einer Verschlechterung der Arbeitsleistung. Unser Unterbewusstsein ist ja nicht nur für die Wahrnehmung und Verarbeitung von Informationen verantwortlich. Unser Unterbewusstsein steuert nebenbei sämtliche Körperfunktionen.

Das heißt, eine geringere Leistungsfähigkeit des UBWS führt unter Umständen zu Fehlfunktionen einzelner Zellen und damit zu Fehlfunktionen innerhalb des gesamten Zellhaufenkörpers!

Müde, schlapp, missmutig, krank an Körper und/oder Seele, nur weil irgendwelche negativen Informationen zu negativen Gefühlen inklusive falschem Denken geführt haben und wir (unser BWS) die Situation einfach nicht in den Griff bekommen haben.

Warum nicht?

Das Gedächtnis bzw. seine Inhalte spielen eine überaus entscheidende Rolle für die Arbeit unseres Bewusstseins, und zwar nicht nur während extremer Situationen. Unser BWS kann nur auf der Basis von gespeicherten Informationen EWE (Erfahrungen, Wissen, Erkenntnisse) die Arbeitsergebnisse des UBWS beurteilen. Wo nichts ist, ist nichts zu holen. Oder besser, wenn überwiegend Müllinformationen (Ergebnisse des Falschdenkens) im GDS gespeichert sind, wird das Bewusstsein auch nur Müllinformationen bekommen und entsprechend fallen die Arbeitsergebnisse aus, das GIGO-Prinzip ist am Werk.

Trotz aller Probleme und Schwierigkeiten, unser Bewusstsein versucht immer, die vom Unterbewusstsein erzeugten Gefühle zu analysieren, zu bewerten und zu deuten. Es erhält vom Unterbewusstsein jede Menge Informationen, die absolut nichts mit dem aktuellen Gefühlszustand zu tun haben. Wenn unser BWS vom UBWS wissen will, was es mit dem Gefühlszustand auf sich hat, bekommt es in der Regel mehrere Antwortmöglichkeiten aus dem Gedächtnis. Diese Antworten sind „Zufallsfunde" des UBWS, denn dieses hat selbst schon längst keine Ahnung mehr, welche Informationen zu dem aktuellen Gefühlszustand geführt haben. Es ist, wie wir bereits mehrmals erwähnt haben, extrem schnell, aber ein bisschen „doof". Unser BWS sucht sich also eine „passende" Antwort (Information) aus. Die Chance, dass diese Information für den Gefühlszustand ursprünglich verantwortlich war, liegt bei (von mir) geschätzten 50 %. Die Gefahr, dass Gefühle falsch gedeutet werden, ist also relativ groß.

Fakt ist:

- dass Gefühle unser Denken und damit unser Handeln stark beeinflussen und in Extremsituationen auch vollständig bestimmen.
- dass Gefühle den Gesamtzustand des Zellhaufens Mensch (ZHM) repräsentieren.
- dass Gefühle und Gedanken wie Zwillinge miteinander verbunden sind.
- dass Gefühle eine wichtige Rolle bei der bevorzugten Speicherung von Informationen im Gedächtnis spielen.
- dass Gefühle das Denken begleiten und beeinflussen und, dass das Denken umgekehrt Gefühle beeinflussen (verändern) kann.

Jeder Mensch hat sein ganz eigenes Gefühlsleben, das geprägt ist von individuellen Erlebnissen und Erfahrungen inklusive der dazugehörigen Gefühle, denn alles zusammen ist im Gedächtnis gespeichert. Indem Sie sich an ein bestimmtes Erlebnis erinnern, werden automatisch auch die dazugehörigen Gefühle wieder aktiviert. Gefühle sind dafür verantwortlich, dass bestimmte Erlebnisse sofort und ohne Anstrengung erinnert werden können. Versetzen Sie sich aus Zufall oder mit Absicht in ein bestimmtes Gefühl, kommen automatisch bestimmte Erinnerungen wieder in Ihr Bewusstsein. Offensichtlich ist das kombinierte Speichern von Informationen mit den dazugehörigen Gefühlen im Gedächtnis besonders effektiv. Unser UBWS hat mit dem entsprechenden Gefühl die Möglichkeit einer Fokussierung auf bestimmte Speicherinhalte, die unter diesem Gefühl abgespeichert sind. Es hat dadurch einen schnelleren Zugriff und kann Informationen besser abrufen, was für Lernprozesse sehr vorteilhaft ist. Wissen, welches beim Lernen mit bestimmten Emotionen verknüpft und abgespeichert wurde, ist definitiv länger abrufbar als erlerntes Wissen ohne Emotionen. Der Nachteil besteht darin, dass auch negative Erlebnisse mit den dazugehörigen Gefühlen wie Angst, Schmerz, Ekel usw. sehr solide abgespeichert und sehr leicht und ungewollt wieder abgerufen werden, obwohl solche Erlebnisse besser schnell vergessen werden sollten. Der Fachbegriff für die Folgen dieser äußerst nachhaltigen Speicherung von extrem negativen Erlebnissen ist „posttraumatische Belastungsstörung" (PTBS). Ohne professionelle Hilfe und ohne Medikamenteneinsatz sind solche Störungen nicht zu heilen. In vielen Fällen können PTBS zu Suchterkrankungen führen und/oder mit dem Suizid der Betroffenen enden.

Gefühle sind nach unserer Hypothese also ein entscheidendes Logistikkriterium unseres Gedächtnisspeichers. Weder unser Unterbewusstsein noch unser Gedächtnis können Informationen bewerten und nach Kriterien wie z. B. gut oder schlecht, wichtig oder unwichtig, richtig oder falsch abspeichern. Das könnte nur unser Bewusstsein, aber das ist zu langsam. Gefühle können die Auswahlkriterien sein, nach welchen unser UBWS die entsprechenden zugehörigen Informationen abspeichert und auch schneller wieder abrufen kann.

Sobald irgendeine Information in unserer Abteilung UBWS ankommt, startet die Verarbeitung. Diese Verarbeitung besteht nicht nur im Zusammenfügen von Informationsimpulsen zu Teilinformationen (Puzzle), sondern überwiegend darin, im Gedächtnis nach passenden Informationen (Erfahrungen, Wissen, Erlebnisse etc.) zu suchen. Wir können beim Puzzle-Vergleich bleiben. Bevor das UBWS aus den erarbeiteten Teilinformationen (Puzzleteile) die Gesamtinformation (Komplettes Puzzle) zusammenfügt, checkt es erst im Gedächtnis, ob vielleicht schon ein vergleichbares komplettes Puzzle irgendwo herumlungert. Das spart Zeit und Energie und ist für den Zellhaufen Mensch ein Überlebensvorteil. Wir müssen kritische oder grenzwertige Erfahrungen nicht mehrmals machen, es könnte ja auch mal ins Auge gehen. Aus diesem Grund haben wir ja ein Gedächtnis, in das unser schnelles UBWS alles reinpackt, was nicht niet- und nagelfest ist, d. h. alle Erlebnisse und Erfahrungen inklusive aller dabei durchlebten Gefühle. Geraten wir nun in eine bestimmte Situation, checkt unser UBWS in Sekundenbruchteilen im Gedächtnis, ob wir so eine ähnliche Situation schon mal erlebt haben und welche Gefühle damit verbunden waren. Diese Gefühlsinfo bekommen wir (unser BWS) schon mal vorab vom UBWS, also bevor wir die eigentliche umfangreiche Information bekommen. Der Vorteil dieser „Vorabgefühlsinformation" besteht darin, dass wir (unser BWS) schon mal ganz fix reagieren und gegebenenfalls eine Handlung erzeugen kann, sozusagen aus dem Bauchgefühl heraus, und nicht erst die „damalige Situation" in seiner ihm eigenen Behäbigkeit analysieren muss. In diesem Fall sagen Gefühle mehr als tausend Worte.

Fazit: Wir können grundsätzlich zwischen positiven und negativen Gefühlen unterscheiden. Obwohl sie eng miteinander verwandt sind, haben sie zum Teil völlig verschiedene Eigenschaften und führen demzufolge zu kontroversem Denken und Handeln.

Das Paradoxon der Gefühle besteht darin, dass sich problematische Gefühlszustände bei einer Häufung der Wahrnehmung negativer Extremereignisse konsolidieren oder verstärken und unter Umständen zu ausgewachsenen Psychosen entwickeln können.

Im Gegensatz dazu schwächen sich trotz öfter auftretender, positiver Extremereignisse die positiven Gefühlszustände mit der Zeit ab und es tritt ein gewisser Gewöhnungseffekt ein.

Nach unserer Hypothese von einer Fühl- und Denkfabrik Gehirn arbeiten mehrere eingespielte und erfahrene Teams, bestehend aus multitaskingfähigen Mitarbeitern (Nervenzellen), in vielen Netzwerken zusammen. Ein Großteil dieser Mitarbeiter ist universell einsetzbar und kann nach Bedarf für jede der drei Abteilungen (Bewusstsein, Unterbewusstsein und Gedächtnis) tätig werden. Unsere Fühl- und Denkfabrik Gehirn hat die vorrangige Aufgabe dafür zu sorgen, dass es dem Menschen gut geht. Ein menschlicher Zellhaufen *fühlt* sich wohl, wenn er in einem Zustand der Balance ist. Die Zellen und Botenstoffe arbeiten harmonisch zusammen. Botenstoffe erzeugen Gefühle und Gefühle zeigen den Zustand des Zellhaufens Mensch an. Wenn also ein harmonischer Mix von Botenstoffen im Gehirn vorhanden ist, fühlt sich der Mensch gut, weil alles passt – kein Stress, keine Angst, keine Bedrohung, keine Krankheit …

Gedanken und Gefühle bei identischen Informationen

Das Denken der Menschen ist vielfältig und jeder Mensch denkt ein bisschen anders. Das ist logisch, denn jeder Mensch ist eine Persönlichkeit mit ganz individuellen Merkmalen (siehe Abschnitt „Persönlichkeit", Seite 133). Jeder Mensch hat sein individuelles Gehirn – kein Gehirn eines Menschen gleicht dem Gehirn eines anderen Menschen. Seit einigen Jahrzehnten wissen wir, dass jeder Mensch nicht nur einen einzigartigen Finderabdruck (Daktylogramm: Abdruck der Papillarleisten unterhalb der Fingerkuppen) besitzt, der unzweifelhaft zu seiner Identifizierung als Individuum beiträgt. Auch die Gene (das in den Körperzellen gespeicherte Erbgut) jedes Menschen sind so einzigartig, dass mittels einer Genanalyse (auch als genetischer Fingerabdruck bezeichnet) eine fast hundertprozentige Identifizierung möglich ist.

Die „Gene" bzw. das Erbgut bestimmen, neben den gesamten physischen Eigenschaften eines Menschen, auch die Organisation und die Arbeitsweise der Mitarbeiter (Gehirnzellen) unserer Fühl- und Denkfabrik Gehirn.

Indirekt haben die Informationen durch die Aktivierung der vorhandenen Gene die Netzwerke unseres Gehirns mitgestaltet (Persönlichkeit).

Indirekt veranlassen Informationen über die Genexpression die Herstellung und Ausschüttung der Botenstoffe (Gefühle).

Indem die Verarbeitung von Informationen zur Veränderung innerhalb der Netzwerke führen (Plastizität des Gehirns), verändern sie also nahezu permanent die Fühl- und Denkfabrik Gehirn. Hirnforscher hat das zu der Aussage bewegt: „We never use the same brain twice", wir verwenden also niemals das gleiche Gehirn zweimal beim Denken, weil es sich bei jedem Denkprozess verändert!

Gedanken sind Ergebnisse der Verarbeitung der vom Körper und seinen Sinnesorganen wahrgenommenen Informationen im Gehirn.

Gefühle sind das Arbeitsklima/die Arbeitsatmosphäre in unserem Zellhaufenkörper, insbesondere in unserer Fühl- und Denkfabrik Gehirn.

Ähnlich einem Katalysator können Gefühle die Informationsverarbeitung (den Denkprozess) beschleunigen oder verlangsamen.

(Katalysatoren sind Stoffe, die einen chemischen Prozesse beschleunigen oder verzögern können, ohne dabei selbst verbraucht zu werden.)

Im Extremfall wird die Fühl- und Denkfabrik mit Botenstoffen überflutet und der Denkprozess wird für kurze Zeit vollständig zum Erliegen gebracht.

Das heißt, selbst wenn mehrere Menschen vollkommen identische Informationen wahrnehmen, wird es diverse Unterschiede hinsichtlich des Arbeitsklimas und des Informationsverarbeitungsprozesses, also Unterschiede im Fühlen und Denken geben. Das schließt natürlich nicht aus, dass bezüglich bestimmter Sachverhalte mehrere Menschen die gleiche Meinung oder die gleichen Überzeugungen haben können. Aber eine vollständige Übereinstimmung des Fühlens und Denkens von zwei oder mehreren Menschen aufgrund identischer Informationen ist nicht realistisch.

Was ist Kohärenz?

Nach Wiktionary bedeutet Kohärenz

> „... den inneren oder äußeren Zusammenhalt. Etwas ist kohärent, wenn es in sich logisch oder schlüssig ist. Ein System ist kohärent, wenn seine Bestandteile sinnvoll zusammenhängen und keine Widersprüche auftreten."

Ich glaube, wir können Kohärenz im weitesten Sinn auch als Harmonie bezeichnen, wobei Harmonie ursprünglich natürlich nur eine musikalische Bedeutung hat. Wenn wir einen Menschen als großen Zellhaufen betrachten, dann wäre ein kohärenter Zellhaufen ein System aus Zellen, die sinnvoll zusammenhängen, oder besser, gut zusammenarbeiten und harmonisch kommunizieren. Der Idealzustand eines Menschen wäre demnach ein Zellhaufen, der in sich kohärent ist, damit er eine optimale Emergenz erreichen kann (Emergenz siehe Seite 2 f.). Dies bedeutet für uns nichts weniger als das Streben nach körperlicher und geistiger Gesundheit und Leistungsfähigkeit (eben Kohärenz), um den Widrigkeiten des Lebens gewachsen zu sein und wenn möglich, ein sinnvolles und erfülltes Leben zu führen. Dabei gibt es den allgemeinen Idealgefühlszustand nicht, sondern jeder Zellhaufen Mensch hat seinen kohärenten Zustand bzw. sein Gleichgewicht in Abhängigkeit von der Umgebung. Kommen nun Informationen aus der Umgebung, die die Kohärenz oder gar die Existenz des menschlichen Zellhaufens bedrohen, werden zusätzliche Botenstoffe produziert, die das Bedrohungsgefühl erzeugen. Dieses Bedrohungsgefühl verursacht entweder sofortiges Handeln (z. B. Flucht oder Kampf) oder zumindest das Nachdenken über die Bedrohung und darüber, welche Handlungen in der aktuellen Situation sinnvoll sein können. Allerdings ist es in bestimmten Bedrohungssituationen einfach nicht ratsam, erst noch darüber nachzudenken, ob der Löwe hungrig ist oder nicht.

Normalerweise sollten wir also anstreben, dass unser Denken innerhalb der Triade Fühlen, Denken, Handeln möglichst oft die Entscheidungshoheit hat. Das gelingt aber nicht. Vor allem unsere Gefühle sind durchaus ernstzunehmende Gegner bzw. Konkurrenten um diese Entscheidungshoheit. Aber ganz gleich, ob wir unsere Gefühle in den Griff bekommen oder nicht, unser Denken ist eben nicht in jeder Situation automatisch richtig. Deshalb heißt dieses Buch ja das Falschdenkersyndrom.

Wenn das falsche Denken die Macht übernimmt, bedeutet das für unser Fühlen und Handeln und damit für unser Leben nichts Gutes. Wir wissen um die Macht von wahrgenommenen Informationen und von unwägbaren Gedächtnisinhalten. Wir wissen auch von den begrenzten Fähigkeiten der Abteilung Unterbewusstsein (schnell aber ein bisschen „doof") auf der einen Seite und der Abteilung Bewusstsein (langsam und ein bisschen intelligent) auf der anderen Seite. Wer sein bewusstes, langsames Denken (die Arbeit seiner Abteilung Bewusstsein) nicht permanent fit hält und trainiert, der verliert – so einfach ist das. Nur ein trainierter Denker kann das Falschdenken verringern oder partiell vermeiden. Wie bereits mehrfach erwähnt – gutes Denken benötigt Ruhe (aktive Faulheit) und kostet Zeit und Energie, aber es macht Spaß und es lohnt sich.

Fazit 1: Denken ist die Verarbeitung der von unserem Körper und seinen Sinnesorganen wahrgenommenen Informationen im Gehirn! Die Informationen kommen von extern (Umwelt) und/oder von intern (Körper) und mit zunehmendem Alter aus unserem Gedächtnis.

Fazit 2: Gefühle entstehen vor oder zeitgleich mit dem Denkprozess, indem aufgrund der Informationen von bestimmten Nervenzellen Botenstoffe freigesetzt und verbreitet werden. Die Botenstoffe verursachen Gefühle und beeinflussen den Denkprozess.

Fazit 3: Gefühle könnten die Auswahlkriterien sein, nach welchen unser UBWS die entsprechenden zugehörigen Informationen abspeichert und auch schneller wieder abrufen kann. Je mehr Informationen, Erfahrungen, Wissen und Erkenntnisse (EWE) inklusive der jeweiligen Gefühle in unserem GDS für den Abruf durch unser UBWS bereitstehen, umso besser ist das Gesamtergebnis, unser Denken.

Fazit 4: Gefühle, Gedanken und Handlungen beeinflussen sich gegenseitig. Unser Ziel sollte es sein, dass unser Bewusstsein mit seinem Denkanteil möglichst oft unsere Gefühle in den Griff bekommt und damit unser Handeln bestimmt. Negative Gefühle führen zu falschem Denken und das verursacht falsches Handeln, was wiederum die negativen Gefühle verstärkt usw.!

Was ist Liebe?

Liebe ist ohne Zweifel ein Gefühl. Laut Wikipedia ist

> *„… Liebe ein starkes Gefühl, mit der Haltung inniger und tiefer Verbundenheit zu einer Person (oder Personengruppe), die den Zweck oder den Nutzen einer zwischenmenschlichen Beziehung übersteigt und sich in der Regel durch eine entgegenkommende tätige Zuwendung zum anderen ausdrückt. Das Gefühl der Liebe kann unabhängig davon entstehen, ob es erwidert wird oder nicht. Hierbei wird zunächst nicht unterschieden, ob es sich um eine tiefe Zuneigung innerhalb eines Familienverbundes (Elternliebe, Geschwisterliebe) oder um eine Geistesverwandtschaft handelt (Freundesliebe, Partnerschaft) oder aber um ein körperliches Begehren gegenüber einem anderen Menschen (Eros).*

Dieses Begehren ist als körperliche Liebe eng mit der Sexualität verbunden, die jedoch nicht unbedingt auch ausgelebt zu werden braucht (vgl. platonische Liebe)."

Alles klar? Zu kompliziert formuliert? Liebe ist kompliziert! Formulieren wir einfach eine eigene Definition:

„Liebe ist ein Gefühl, dass infolge der Wahrnehmung bestimmter Informationen in unserem Gehirn erzeugt wird."

Alle Gefühle werden durch die Produktion und Freisetzung bestimmte Botenstoffe (auch als Hormone oder Transmitter bezeichnet) erzeugt, die die Arbeitsatmosphäre in unserer Fühl- und Denkfabrik entweder *positiv oder negativ* beeinflussen.

Fakt ist:

- Liebe zählt ohne Zweifel zu den positiven Gefühlen.
- Liebe ist das schönste Gefühl aller Gefühle.
- Liebe beinhaltet zwar auch das „Verliebtsein", aber wichtiger sind die Aspekte der Liebe: Achtung, Wertschätzung, Respekt, Verständnis und Toleranz.
- Wahre Liebe ist selbstlos und will immer das Beste für den Partner
- Liebe ist aber auch die am meisten missverstandene und missbrauchte Bezeichnung für Gefühle, die mit dem „wahren" Gefühl Liebe absolut nichts zu tun haben (Pseudoliebe).
- Pseudoliebe ist ein Ergebnis des falschen Denkens.
- Pseudoliebe umfasst ein breites Spektrum von unterschiedlichen Gefühlen, die
  - entweder unter dem Deckmäntelchen „Liebe" ihren eher negativen Charakter verbergen oder
  - als harmlose Neigungen fälschlich als Liebe bezeichnet werden.
- Grundsätzlich können wir Menschen nichts dafür, wenn wir (unser BWS) fälschlicherweise glauben, jemanden oder etwas zu „lieben". Die Ich-Illusion und das Falschdenkersyndrom sind schuld. Unser Unterbewusstsein hat wahrgenommene Informationen verarbeitet, dabei sind zu viele Botenstoffe freigesetzt worden und zack, schon ist es passiert, gefühlte Liebe!
- Wir (unser BWS) sind aber wohl dafür verantwortlich, wenn wir den Begriff „Liebe" inflationär für alle möglichen Gefühlsregungen verwenden. Wenn wir z. B. unser neues schönes Auto toll finden und es uns Spaß macht, damit

durch die Welt zu sausen, dann ist das o. k. Aber ob wir es deshalb gleich „lieben" müssen?
- Auch hier gilt: Wer alles und jeden „liebt", liebt niemanden richtig.
- Um Missverständnissen vorzubeugen: Liebe und Sex sind zwei völlig verschiedene Dinge. Während Liebe bezüglich ihrer Zielobjekte tatsächlich grenzenlos ist, beschränkt sich Sex normalerweise auf einen/einige Partner bzw. eine/einige Partnerin/innen.
- Wahre Liebe und guter Sex sind ohne Zweifel eine optimale Erfahrung.
- Der Begriff „Liebe" wird umgangssprachlich und traditionell schon immer auch im übertragenen Sinne verwendet, z. B. als Ausdruck hoher Wertschätzung für andere Menschen oder auch für Tiere, Gegenstände, Fähigkeiten, Tätigkeiten oder Ideen.
- Als falsche oder Pseudoliebe können die Gefühle Eifersucht, Abhängigkeit und Hörigkeit betrachtet werden. Eifersucht entsteht einerseits infolge mangelnden Selbstbewusstseins und andererseits aufgrund von Besitzdenken oder durch beides gleichzeitig. Das Gefühl Eifersucht kann durchaus krankhaftes oder abnormes Denken und Handeln nach sich ziehen. Auch hier ist das Falschdenkersyndrom die Ursache: Selbstzweifel und Besitzdenken sind schlichtweg falsches Denken.

Fazit Pseudoliebe?

Pseudoliebe ist keine richtige Liebe, sie ist

- in der Regel egoistisch, deshalb sagen wir ja auch *„ich* liebe dich!" und nicht *„dich* liebe ich!". Wir merken es schon gar nicht mehr, dass das *„Ich"* an erster Stelle steht und das *„Dich"* oder das *„Objekt unserer Liebe"* erst danach kommt. Da wir nur das fühlen und aussprechen, was unser Unterbewusstsein erarbeitet hat und uns „vorsagt", müssen wir davon ausgehen, dass unser UBWS falsche Informationen erhalten hat. Das Persönlichkeitsmerkmal Egoismus muss in unserem Gedächtnis gespeichert sein und bestimmt unser Fühlen und Handeln.
- gegebenenfalls stärker ausgeprägt als die „wahre" Liebe. Verantwortlich dafür sind wieder entsprechende (falsche) Informationen, die zu dieser Ausprägung geführt haben.

- eine gewaltige Fehlinterpretation eines Gefühls, verbunden mit falschem Denken: Menschen glauben, dass wenn sie jemanden oder etwas sehr lieben, dieser Jemand oder dieses Etwas sie automatisch „zurück" lieben muss. Das ist falsches Denken. Die Frage ist nicht „Warum erwidert er/sie meine Liebe nicht?", sondern „Weshalb sollte er/sie meine Liebe erwidern? Was habe ich Liebenswertes an mir? Welche Persönlichkeitsmerkmale habe ich, weshalb mich jemand lieben könnte?"
Oder ganz einfach: „Was kann ich tun, um geliebt zu werden?" oder noch besser: „Was kann ich für sie/ihn tun, um mir ihre/seine Liebe zu verdienen?"

Besitzdenken

Besitzdenken in der Liebe ist grundsätzlich falsches Denken!

Menschen die denken, *etwas* zu lieben, wollen dieses *Etwas* in der Regel auch haben bzw. besitzen.

Liebe wird allzu oft mit Begehren verwechselt. Begehren bedeutet *gier*ig nach etwas sein, also etwas haben bzw. besitzen wollen. Das ist ein Missbrauch des Begriffes *Liebe*, denn es ist einfach nur *Gier* oder *Habgier* oder *Habsucht*.

Menschen setzen alle Hebel in Bewegung, um das Objekt ihrer vermeintlichen Liebe (1. Denkfehler: Habsucht statt Liebe) in ihren Besitz zu bekommen (2. Denkfehler: Besitzdenken). Der Denkfehler besteht darin, dass ein Mensch einen anderen Menschen nicht besitzen kann. Sklaverei ist zum Glück abgeschafft. Es gibt den Fakt der Abhängigkeit, den Fakt der Hörigkeit und den Fakt Machtmissbrauch. Eine Eheschließung zwischen zwei Menschen beinhaltet keine Besitzansprüche auf den Partner oder die gemeinsamen Kinder. Besitzdenken ist lediglich Habgier, meist verbunden mit miesem, egoistischem Machtmissbrauch.

Meine Frau, meine Kinder – was harmlos klingt, hat oft dramatische Folgen:

- *20 % der Frauen* weltweit werden Opfer von Gewalt durch ihren Partner oder Expartner, die Dunkelziffer liegt wahrscheinlich weit darüber.
- Auch Männer werden Opfer von Partnerschaftsgewalt.
- In Deutschland erfährt jede vierte Frau mindestens einmal in ihrem Leben körperliche oder sexuelle Gewalt durch ihren Partner oder Expartner.
- In Deutschland wurden in 2018 ca. 14.606 Kinder Opfer sexueller Gewalt.

- Mindestens 4.180 Kinder wurden Opfer von körperlichen Misshandlungen. Auch bei den Zahlenangaben für Kinder wird die Dunkelziffer sehr wahrscheinlich bedeutend höher liegen.
- Die Opfer seelischer Misshandlungen bzw. psychischer Gewalt werden von Außenstehenden nicht oder nur selten wahrgenommen. In vielen Fällen sind sich die Opfer selbst gar nicht bewusst, dass sie psychisch misshandelt werden. Die Folgen psychischer Gewalt sind nicht geringer einzuschätzen als die Folgen physischer körperlicher Gewalt. Anfangs verändern die Opfer „nur" ihr Selbstbild. Später verlieren sie das Vertrauen in sich und andere. Es kann zu Angststörungen oder Schlafstörungen kommen oder auch zu Schuldgefühlen, verbunden mit selbstverletzendem Verhalten usw.

Fazit 1: Physische oder psychische Gewalt in Partnerschaften und gegen Kinder ist wohl die schlimmste Folgeerscheinung falschen Denkens. Dagegen gibt es leider noch kein Patentrezept, zumal sich diese Gewalttaten in allen sozialen Schichten ereignen, völlig unabhängig von Intelligenz und Bildungsgrad.

(Quelle: Wikipedia)

Fazit 2: Ursachen für gewalttätiges Verhalten sind falsches Fühlen, falsches Denken und falsches Handeln, also das Falschdenkersyndrom samt der vielen *falschen Informationen*, die zum Falschdenkersyndrom führen.

Fazit 3: Gleichermaßen ursächlich sind aber auch die fehlenden Informationen, die gute Gefühle, richtiges Denken und richtiges Handeln hervorrufen könnten, die aber nicht oder nur unzureichend vermittelt und wahrgenommen werden. Es sind in erster Linie Fehler bei der Erziehung und bei der Bildung, die wir Menschen offensichtlich seit Jahrhunderten begangen haben und bis heute begehen. Zu wenig positiv wirkende Informationen und zu viele negative wirkende Informationen – klingt banal, ist aber so!

Der Streit zwischen Sonne und Wind

Die Sonne und der Wind stritten heftig darüber, wer wohl von ihnen der Stärkere sei. Um seine Stärke zu beweisen, zeigte der Wind der Sonne einen Wanderer und schlug vor, dass derjenige der Stärkere sei, dem es gelingen würde, dem Wanderer den Mantel vom Leib zu reißen. Die Sonne willigte in den Wettkampf ein und der Wind begann mit aller Kraft zu blasen. Doch so sehr sich der Wind auch bemühte, je stärker er blies, desto fester hielt der Wanderer seinen

Mantel zusammen. Es gelang dem Wind nicht, ihm den Mantel vom Leib zu reißen. Jetzt war die liebe Sonne an der Reihe. Sie schickte ihre warmen Strahlen und alsbald wurde es dem Wanderer so wohlig warm, dass er seinen Mantel von selbst auszog.

Die Moral der Geschichte ist klar: **Mit Liebe erreicht man mehr als mit roher Gewalt!**

Schön wäre das ja. Es funktioniert halt nur manchmal, nicht immer.

Kommentar: Die Moral ist o. k. – eine schöne Geschichte. Die Mehrheit der Menschen freut sich über einen sonnigen Tag und ärgert sich über einen verregneten Tag. Alle Zellhaufen (MZH, TZH und PZH) unserer Erde brauchen beides, Sonne und Regen und zum großen Glück gibt es auch beides. Nur ist es in unseren Augen weder räumlich noch zeitlich gerecht verteilt. Gänge es nach uns Menschen, müsste tagsüber die Sonne scheinen und nachts müsste es regnen. Oder wenigstens müsste die Sonne an Sonn- und Feiertagen scheinen und im Urlaub sowieso, weil sonst das Wochenende oder der Urlaub „ins Wasser fallen", und wer will das schon? Es soll Menschen geben, die bei Regen richtig schlechte Laune (negative Gefühle) haben. Das Falschdenkersyndrom lässt auch hier freundlich grüßen.

***Aber:** Die Sonne ist mitnichten eine „liebe" Sonne. Ohne Ozonschicht und Magnetfeld der Erde würde unsere „liebe" Sonne alle menschlichen, tierischen, pflanzlichen und pilzlichen Zellhaufen verbrennen und verstrahlen. Zum Glück* *verfügt unsere Erde mit der Erdatmosphäre und ihrem Magnetfeld über zwei grundlegende Schutzmechanismen vor dem Licht der Sonne und dem sogenannten Weltraumwetter. Und zum Glück gibt es Regen, ohne den ausnahmslos alle pflanzlichen, tierischen und menschlichen Zellhaufen vertrocknen würden.*

Wozu sind Gefühle wie Liebe noch gut?

Jetzt, wo wir gesehen haben, wie viel Unfug unter dem Deckmantel „Liebe" getrieben wird und wie viele Gefühle als „Liebe" missbraucht werden, sollten wir uns fragen, ob dieses Gefühl „Liebe" bei den Menschen von Anfang an da war, d. h., ob es zur genetischen Grundausstattung gehört. Wozu braucht ein Zellhaufen überhaupt Gefühle? Können einzelne Zellen so etwas Ähnliches wie Gefühle haben? Zellen sind Lebewesen ohne Gehirn. Deshalb haben sie nicht die Gefühle, wie wir sie als Gehirnbesitzer erleben, was nicht bedeutet, dass sie nichts merken. Sie „spüren" halt mehr ihre Umgebung und sie können krank werden und sterben. Das passiert ja ständig, sowohl mit Körper- als auch mit Gehirnzellen. Unser Fühlen und Denken sind das Ergebnis des Zusammenwirkens sehr vieler Nervenzellen im Gehirn, also das Ergebnis eines emergenten Systems aus Zellen, die selbst nicht so fühlen und denken können wie wir Menschen.

Hypothese: Jeder tierische und menschliche Zellhaufen, der ein (emergentes) Gehirn besitzt, kann Gefühle empfinden.

Die Frage ist nur, welche und wie viele. Fakt ist ja, dass mit der Komplexität eines tierischen oder menschlichen Zellhaufens die Komplexität seiner Fühl- und Denkfabrik Gehirn einher geht. Und ein Zellhaufen mit einem sehr einfachen Gehirn (z. B. ein Wurm), kann ganz sicher nicht annähernd so fühlen und denken wie ein Mensch. Aber prinzipiell kann er mit seinen wenigen Sinnesorganen irgendwelche lebenswichtigen Informationen wahrnehmen, die so etwas ähnliches wie Gefühle (eben Wurmgefühle) erzeugen und die er verarbeitet (Wurmdenken), worauf er letztendlich handelt, also irgendwo herumwurmt.

Je höher entwickelt ein tierischer Zellhaufen (TZH) ist, umso breiter ist das Spektrum an erlebbaren Gefühlen und umso besser ist sein Denkvermögen. Ein menschlicher Zellhaufen ist am höchsten entwickelt und hat demnach das breiteste Spektrum an Gefühlen und das umfassendste Denkvermögen, zumindest theoretisch (Ausnahmen gibt schon ...). Der Nachteil besteht darin, dass ein umfassendes Denkvermögen auch Denkfehler beinhalten kann, mithin also auch ein umfassendes „Falschdenkvermögen" aufweisen kann. Dieses „Falschdenkvermögen" ist definitiv bei TZH im Vergleich zu MZH ebenso weniger ausgeprägt wie das Denkvermögen selbst.

Wir haben bereits erwähnt, dass Fühlen und Denken Hand in Hand gehen und sich wie Geschwister verhalten bzw. dass sie sich gegenseitig beeinflussen. Das bedeutet, Falschinformationen und/oder falsch interpretierte Informationen können falsche Gefühle hervorrufen und zu falschem Denken führen. Auch im Gedächtnis gespeicherte Falschinformationen führen natürlich zu falschem Fühlen und Denken. Kommt es in dieser Phase folgerichtig zu falschen Handlungen, kann das für den Menschen auch mal dumm ausgehen. Falsche Handlungen werden meistens irgendwann vom Leben oder von anderen Menschen bestraft. Nur leider dauert es in vielen Fällen mit der Bestrafung sehr lang, was dazu führt, dass es immer wieder zu sehr falschem Fühlen, Denken und Handeln kommt. Besser wäre Vorbeugen – also falsches Denken und damit falsches Handeln vermeiden, richtiges Denken trainieren. Eine Aufgabe, die in unserer Gesellschaft leider viel zu kurz kommt – Stichwort: Erziehung und Bildung.

Nochmal zurück zum Gefühl „Liebe".

Frage: Braucht ein tierischer oder menschlicher Zellhaufen unbedingt das Gefühl „Liebe"?

Antwort: Jein! Schildkröten z. B. brauchen wahrscheinlich das Gefühl „Liebe" nicht. Sie haben ganz komischen Sex, ausschließlich zur Fortpflanzung, legen irgendwo ihre Eier ab und fertig. Kuscheln können sie wegen ihres Panzers eh nicht. Ihre Kinder müssen völlig ohne fremde Hilfe aus dem Ei ausbrechen und in der Welt zurechtkommen. Sowas wie Liebe erfahren sie nicht.

Fazit: Die Zellhaufen Reptilien kennen keine Liebe und können trotz oder wegen ihres Reptiliengehirns dieses und ähnliche Gefühle nicht entwickeln. Traurige Krokodile gibts nur in Zeichentrickfilmen. Traurige Elefanten wurden hingegen schon beobachtet und selbst Ratten haben Gefühle. Bei den Säugetieren müssen zumindest die Mütter ihren Nachwuchs so lange „lieben" und „liebevoll umsorgen", bis diese eigenständig überleben können. Bei einigen Tierarten kümmern sich auch die Väter um den Nachwuchs, bei anderen beteiligen sich diese nur an der Erzeugung und nicht an der Erziehung. Diese Einstellung hat sich leider auch bei vielen menschlichen Zellhaufen bis heute erhalten.

Vögel legen wie die Reptilien auch Eier, kümmern sich aber „liebevoll" um ihre Jungen, bis diese flügge sind. Der Kuckuck ist hier die unrühmliche Ausnahme. Er lässt sein Ei von anderen Vögeln ausbrüten und „liebevoll umsorgen".

Zum Dank schmeißt das Kuckucksküken die anderen Küken aus dem Nest und bringt sie damit um. Kuckucke sind also schon als „Kind" kaltblütige „Kindermörder". Wieso freuen wir Menschen uns eigentlich, wenn der Kindermörder Kuckuck im Wald Kuckuck ruft? Ist schon klar, Küken sind keine Kinder!

Der Kuckuck ist nur ein Beispiel dafür, dass es der Evolution ziemlich egal ist, ob ein Zellhaufen mit oder ohne „Liebe" großgezogen wird bzw. ob ein Zellhaufen ein Gehirn hat, das ein Gefühl „Liebe" entwickeln kann oder nicht. Es geht ausschließlich ums Überleben und da beschränkt sich der Begriff „Liebe" darauf, etwas zum „Fressen gern" zu haben. Irgendein Zellhaufen frisst immer das, was gerade da ist, egal ob Ei, Küken, Jungtier oder Elterntier, ob Babykrokodil oder Amselküken. Im Gegensatz zu Reptilienbabys brauchen Menschenbabys tatsächlich die Liebe und Fürsorge der Eltern. Sie brauchen diese nicht nur zum Überleben, sondern zur Ausbildung bestimmter Persönlichkeitsmerkmale.

Erinnern wir uns an die **biologischen Einflüsse** auf die Persönlichkeitsmerkmale eines Menschen nach Gerhardt Roth, sowie auf die drei wesentlichen Einflussfaktoren, speziell auf Faktor 3.:

1. ererbte Gene,
2. Umwelteinflüsse,
3. **die Erlebnisse eines Neugeborenen** nach der Geburt in den ersten Stunden, Tagen, Wochen und Monaten.

Menschen, die in ihrer Kindheit keine Liebe erfahren, handeln im späteren Leben häufig auch lieblos. Sie haben es einfach nicht „erfahren", also nicht gelernt. Sie können sich nur sehr schwer bis gar nicht in andere Menschen hineinversetzen. Es fehlt an emotionaler und sozialer Intelligenz. Für diese Menschen beginnen die Probleme im Kindergarten, setzen sich in der Schule fort und beeinflussen auch das spätere Berufsleben.

Hoffnung bietet allein die Plastizität des Gehirns, die es nach Prof. Birbaumer ermöglicht, die Defizite bezüglich emotionaler und sozialer Intelligenz auch im Erwachsenenalter auszugleichen. Der Aufwand hierfür ist wahrscheinlich sehr hoch, die Erfolgsgarantie dürfte aber im Vergleich zur Aufgabe, einen Psychopathen in einen empathischen Menschen zu verwandeln, bedeutend höher sein.

Das alles lässt vermuten, dass das Gefühl „Liebe" bei der Entstehung des Lebens auf unserem Planeten höchstwahrscheinlich keine große Rolle gespielt hat, weil überwiegend lieblose Saurier und Reptilien durch die Gegend räuberten. Das Gefühl „Liebe" ist ein reines Zufallsprodukt des emergenten Systems Gehirn und wahrscheinlich erst nach dem Aussterben der Saurier und der dadurch möglichen Evolution der Säugetiere in die Welt gekommen. Genau wie die Entwicklung des Unterzellhaufens Gehirn für jeden tierischen und menschlichen Zellhaufen ein evolutionärer Prozess war, können wir auch davon ausgehen, dass es eine Evolution des Fühlens und des Denkens gibt. Vielleicht ist die bei vielen Tierarten zur Arterhaltung notwendige Mutterliebe der Ursprung des Gefühls Liebe und alle anderen „Liebesgefühle" sind letztlich daraus entstanden.

Wenn wir mütterliche Fürsorge als Ursprung des Gefühls „Liebe" betrachten, stellt sich die Frage, wann und wozu welche der restlichen „Liebesgefühlsarten" entstanden sind. Wohlgemerkt, wir schließen Sex als unabdingbaren Bestandteil des Gefühls Liebe aus, weil Sex auch hinreichend ohne „Liebe" praktiziert wird. Natürlich fördert und intensiviert guter Sex auch das Gefühl „Liebe", aber prinzipiell existieren nur vier Varianten: Sex mit Liebe, Liebe mit Sex, Sex ohne Liebe und Liebe ohne Sex. Die beiden ersten Varianten können wir getrost zusammenfassen, denn im Falle wahrer Liebe spielt die Reihenfolge keine Rolle. Sex ohne Liebe ist reines Triebverhalten und hat sich als Geschäftsmodell schon früh am Anfang der Menschheitsgeschichte gesellschaftlich bis heute etabliert. Kommen wir zum Gefühl „Liebe" ohne sexuelle Komponente, oder besser, zu den vielen Gefühlen, die wir unter dem Sammelbegriff „Liebe" einordnen. Dazu gehören die Gefühle Sympathie, Geborgenheit, Zuneigung, Respekt, Achtung, Toleranz, Begeisterung, Zugehörigkeit usw. Wozu sind sie gut? Nun, sie sollten eigentlich das Zusammenleben sowohl innerhalb der Familie als auch zwischen unterschiedlichen Menschen verbessern. Das Problem dabei, jeder Mensch ist ein Unikat, was Aussehen und Persönlichkeitsmerkmale betrifft. Alles zusammen (also Aussehen, Erscheinung und Verhalten) bildet einen individuelles Informationspaket, das jeder weibliche und jeder männliche Zellhaufen ausstrahlt. Und wie wir bereits festgestellt haben, verändert sich dieses Informationspaket bezüglich des Verhaltensmusters je nach Informationslage bzw. aktueller Gefühlssituation. Wir nennen das Stimmungsschwankungen, die jeder Mensch kennt und denen nahezu jeder Mensch täglich mehrfach ausgesetzt ist. Warum? Weil er ja auch ständig mit irgendwelchen wechselnden Informationen „belästigt" wird, die entweder aus der Umgebung und/oder aus dem Gedächtnis eintrudeln. Sie erinnern sich: unser „doofes" Unterbewusstsein versorgt unser Bewusstsein ständig mit irgendwelchen Informationen, und das überwiegend ohne Sinn und Verstand. Plopp, schon haben wir einen Gedanken gefasst, der eigentlich gar nicht zur Situation passt, geschweige denn absichtlich gefasst wurde. Unser Unterbewusstsein akzeptiert keine Pause für unser Bewusstsein. Wenn Sie (Ihr BWS) sich mal nicht mit konkreten Denkthemen, Problemen oder Tätigkeiten befassen, grätscht das Unterbewusstsein prompt mit irgendwelchen zusammenhangslosen Gedanken dazwischen. Sie haben das ganz sicher schon erlebt. Sie denken an nichts Konkretes so vor sich hin und zack, kommt Ihnen plötzlich und unerwartet ein Gedanke. Falsch, der Gedanke ist Ihnen nicht gekommen, sondern Ihr Unterbewusstsein hat ihn aus dem Gedächtnis gezaubert. Ich wundere mich z. B. nicht mehr darüber, wenn ich mit meiner Frau über ein bestimmtes Thema gesprochen habe, und wir sitzen beide noch über die Inhalte sinnierend vor uns hin – zack, kommt eine Frage zu einem vollkommen anderen Thema. Wo hat sie in dieser Gesprächsphase bloß diese Frage her, frage ich mich. Sollte Ihnen so etwas Ähnliches passieren, denken Sie dran: Ihre Partnerin/Ihr Partner sind unschuldig, es war ihr Unterbewusstsein, das zufällig diese Frage aus dem Gedächtnis geholt hat.

Je nach Informations- bzw. Gefühlslage befinden wir uns also in einer bestimmten Stimmung und senden unbewusst das dazu passende Informationspaket aus.

Ob unser Informationspaket eher positiv oder eher negativ ausfällt und vor allem, wie es bei anderen Zellhaufen ankommt, wissen wir nicht. Das hängt natürlich auch von der aktuellen Stimmungslage des Empfängerzellhaufens ab. In jedem Fall löst unser ausgestrahltes Informationspaket beim Empfängerzellhaufen irgendwelche Gefühle aus. Mein Vater pflegte Zeit seines Lebens den Spruch: „Keiner weiß, wie er wirkt!", wie wahr.

Es entscheiden also die jeweiligen Informationspakete darüber, welche Gefühle bei wem ausgelöst werden, bzw. ob sich zwei Menschen nur sympathisch sind oder ob sie sich verlieben, ob sie sich unsympathisch finden oder verabscheuen. All das passiert auf alle Fälle weitgehend losgelöst von unserem Bewusstsein, durch Informationen, die vom Unterbewusstsein zu einem Paket zusammengestellt wurden.

Frage: Wenn unser situationsabhängig ausgestrahltes Informationspaket allein von unserem „doofen" Unterbewusstsein zusammengestellt wird, können wir selbst (unser Bewusstsein) dann überhaupt etwas für ein positives Erscheinungsbild tun?

Antwort: Ja, wir können sogar sehr viel dafür tun, aber eben nicht nur im Vorfeld einer entsprechenden Situation, also bevor ein neues Paket geschnürt wird. Unser schnelles aber „doofes" Unterbewusstsein liefert uns permanent neben aktuellen Informationen auch jede Menge Aufgaben, Probleme, Meinungen usw. Indem wir uns bewusst diesen Aufgaben stellen, Probleme lösen, Meinungen hinterfragen, kurz, indem wir intensiv und ohne Zeitdruck Informationen verarbeiten, also „nachdenken", was auch das Einholen möglichst umfassender Zusatzinformationen beinhaltet, bilden wir uns unsere eigene Meinung und gelangen zu unseren eigenen Erkenntnissen. Haben wir erst unsere eigene Meinung, können wir (unser Bewusstsein) diese mit anderen Meinungen vergleichen, sie überdenken und gegebenenfalls auch revidieren oder ändern. Unsere vom BWS „selbsterarbeiteten Erkenntnisse, Meinungen und Überzeugungen" werden natürlich von unserem arbeitswütigen Unterbewusstsein sofort im Gedächtnis abgespeichert und, das ist der entscheidende Punkt, sie werden beim Zusammenstellen unseres Informationspaketes mit eingepackt und damit ein wesentlicher Bestandteil unserer Ausstrahlung! Je mehr wir uns bewusst am Denkprozess beteiligen, desto reichhaltiger werden unsere Gedächtnisinhalte. Wir verbessern damit unser Fühlen, Denken und Handeln und stärken unsere Persönlichkeit, unsere Kompetenz und unser Selbstbewusstsein.

Fazit: Je mehr, je sorgfältiger und je bewusster wir denken,

- umso reichhaltiger werden unsere Gedächtnisinhalte (Erfahrungen, Wissen, Erkenntnisse, Überzeugungen, Meinungen),
- umso besser werden unser Fühlen, Denken und Handeln,
- umso stärker wird unsere Persönlichkeit,
- umso besser wird unsere Ausstrahlung (reichhaltiges Informationspaket),
- umso besser wird unsere Akzeptanz bei anderen Menschen (z. B. Liebe, Achtung, Respekt, Akzeptanz usw.),
- umso mehr Feedback (Informationen) erhalten wir von anderen Menschen,
- umso weniger denken wir falsch.

Richtig oder falsch

Was ist richtig, was ist falsch? Die Frage ist essenziell, damit wir richtiges und falsches Denken (richtige und falsche Gedanken) erkennen können. Nun, das scheint die am schwierigsten beantwortbare Frage überhaupt zu sein. Es ist gelinde gesagt relativ, was richtig und was falsch ist. Nicht richtig bedeutet nicht automatisch falsch und nicht falsch ist nicht zwangsläufig richtig. Es gibt also ein „sowohl als auch". Im Folgenden wollen wir anhand eines Beispiels versuchen, Falsches und Richtiges zu erläutern:

Denkende Tiere und denkende Menschen

Tierische Zellhaufen (TZH) haben Sinnesorgane zur Wahrnehmung und ein Gehirn zur Verarbeitung von Informationen. Demzufolge können sie nach unserer Definition fühlen und denken. Trotzdem kann man das Fühlen und Denken der tierischen Zellhaufen (TZH) mit dem Denken der menschlichen Zellhaufen (MZH) nicht vergleichen.

Für Menschen, die niedliche kleine TZH wie Vögel oder süße Mäuse lieben, ist es nicht richtig, dass der Mäusebussard niedliche kleine Vögel und Mäuse frisst. Zumindest seit Walt Disney mit seiner Mickey Mouse unsere Herzen erobert hat. Würde der TZH Mäusebussard aber keine TZH Vögel und Mäuse fressen, würde er vermutlich verhungern, was aus Sicht des Mäusebussards und der Menschen, die Mäusebussards lieben, ziemlich falsch wäre.

Gleiches trifft auf die restlichen Vogel- und/oder Mäusefresser zu wie z. B. Fuchs, Wiesel, Frettchen, Wildkatze, Schlangen, Falke, Habicht, Krähen u. v. a. Eine Schleiereule z. B. vertilgt pro Jahr zwischen 1.500 und 3.000 Mäuse und trotzdem gibt es auf der Welt deutlich mehr Mäuse als Schleiereulen.

Sogar der allseits beliebte Storch frisst neben Fröschen und Kröten auch Mäuse und wir nehmen ihm das nicht übel. Frösche, Kröten und Mäuse mögen da ganz anderer Ansicht sein. Zumindest errichten die Türschützer unter den Menschen seit einigen Jahren Krötenschutzbarrieren und Straßenunterquerungen, weil wir mit unseren vielen Autos andernfalls massenhaft Kröten beim Kriechen über die Straße töten würden und die Störche sowieso schon zu wenig Frösche und Kröten finden. Indem wir also Frösche und Kröten „retten", was ohne Zweifel richtig ist, füttern wir damit die Störche, was nur für den Storch richtig ist, nicht für die Frösche und Kröten.

Löwen sind faszinierende, imposante Tiere, und ausschließlich Fleischfresser. Sie ernähren sich zum großen Teil von Antilopen, Büffeln und Zebras, die (noch) in großen Herden durch Afrika ziehen. Offensichtlich hat die Evolution dafür gesorgt, dass immer genügend Antilopen, Büffel und Zebras für die Löwen zum Fressen da sind und auch nachwachsen, um die vergleichsweise wenigen Löwen satt zu machen. Dies geschieht alles, ohne dass die Herden der Antilopen, Büffel oder Zebras immer kleiner werden und ohne dass die Anzahl der Löwen stetig zunimmt. Die Natur sorgt also für die „Fleischversorgung" der Fleischfresser, indem sich die „Futtertiere" (Beutetiere) durch hohe Geburtenraten stärker vermehren, um die „Verluste" durch die Fleischfresser wieder auszugleichen. Das ist sozusagen durchgehend in der tierischen Nahrungskette der Fall. Insekten werden von Vögeln gefressen, kleine Vögel von Raubvögeln, Mardern usw. Kleine Säugetiere werden auch von Raubvögeln gefressen und Raubtiere fressen sowohl kleine als auch größere Säugetiere. So funktioniert das Gemeinwesen der Natur, die durch die Evolution entstanden ist. Und ja, aus der Sicht der Beutetiere ist dieses Geschehen falsch und aus der Sicht der jeweiligen Raubtiere und Raubvögel ist es richtig, weil absolut lebensnotwendig!

Jetzt kommt der Mensch ins Spiel, das wohl „intelligenteste Tier" dieser Welt. Dank seiner zunehmenden Intelligenz entwickelte sich der Mensch vom „Beutetier" zum „Raubtier". Mit der Erfindung von entsprechenden Waffen konnte der Mensch sowohl die ihm körperlich überlegenen Raubtiere töten als auch deren Beutetiere selbst erlegen. Der Mensch fand es ohne Zweifel richtig, den Raubtieren ihre Beutetiere wegzuessen bzw. die Raubtiere selbst schließlich auch noch zu essen oder wenigstens zu töten, damit sie ihm die Beutetiere nicht wegfressen usw.

In den technisch hochentwickelten reichen Ländern Europas gibt es jedenfalls kaum noch größere Raubtiere in freier Wildbahn – alle von den Menschen ausgerottet. Das finden wir richtig. Im Gegenzug maßen wir uns an, von den armen, unterentwickelten Ländern in Afrika zu verlangen, zum Schutz seltener und vom Aussterben bedrohter Tiere Nationalparks einzurichten und Wildhüter zu bezahlen, die gegen Wilderer vorgehen. Das finden wir auch richtig. Das größte Schutzgebiet Afrikas umfasst fünf Länder, in denen sich bedrohte Arten wie Elefanten, Löwen oder Nashörner frei bewegen können. Die Tiere leben dort in direkter Nachbarschaft mit Menschen – und das führt zu Konflikten. Immer wieder gibt es Todesopfer durch Löwen oder Elefanten. Für die armen Bauern dieser Gebiete ist das nicht richtig. Aber für die Erhaltung seltener Tiere muss das wohl sein, da kann man nichts machen.

Die wenigen in letzter Zeit wieder nach Deutschland eingewanderten Wolfsrudel sind bei der Landbevölkerung nicht besonders beliebt. Nicht weil sie Menschen fressen. Nein, weil sie uns unerhörter Weise unsere Schafe töten.

Das finden wir nicht richtig. Ein wirksamer Schutz gegen die Wölfe sind Hütehunde, was auch auf der Internetseite des NABU wie folgt beschrieben wird:

„… Diese Hunde sind in der Natur mit den Schafen auf sich gestellt. Ihre Intelligenz entscheidet daher über das friedliche Zusammenleben von Hund, Schaf und Mensch. Sie allein wissen, wie sie mit Spaziergängern, streunenden Hunden, Wildschweinen oder eben Wölfen umgehen. Leben Hunde unter den Schafen, stellen sie für Wölfe eine extrem schwere Beute dar, die sie lieber umgehen. Das berichten Schäfer in den Wolfsregionen der italienischen Abruzzen, den französischen Pyrenäen und im spanischen Nordwesten. Und die Erfahrung machen auch jene Schäfer in Deutschland, die Herdenschutzhunde zwischen ihren Tieren halten. Ein Wolf vermeidet grundsätzlich einen Kampf um Beute. Er könnte sich verletzen, was ihn wiederum für spätere Beutezüge schwächt. Als Jäger, dessen Streifzüge täglich 40 Kilometer betragen, ist die körperliche Unversehrtheit das höchste Gut. Ein Grund, warum Wölfe gegenüber Beute stets vorsichtig taktieren. Wölfe markieren ihr Revier ebenso wie Hunde mit Urin und Kot. Wölfe verstehen also die Botschaft, die Herdenschutzhunde aus der Schafherde senden: Hier leben wir!
Wölfe sind vorsichtige Tiere. Sie beobachten ihre Beute, bevor sie angreifen. Wölfe erkennen, welche Tiere jung, alt oder krank sind und damit überhaupt als Beute erreichbar sind. Die Herdenschutzhunde sind mindestens so groß wie die Wölfe. Die Hunde bedeuten also eine echte Gefahr für Wölfe. Die Schafe oder Ziegen in der Herde sind deswegen nicht mehr interessant für sie."

Der Haken an der Sache, Hütehunde wie z. B. Pyrenäenberghunde kosten bis zu 1.000,– € pro Stück, und auch noch jede Menge Hundefutter. Das ist ziemlich teuer. Das finden zumindest die Schafhalter nicht richtig.

Sie haben es sicher längst gemerkt, die Antwort auf die Frage nach richtig oder falsch ist kompliziert.

Hier noch ein lehrreiches Beispiel zum Thema Wölfe:

Vor 25 Jahre sind die Wölfe in den Yellowstone-Nationalpark zurückgekehrt. (1926 war das letzte Wolfsrudel im Park von Menschen ausgerottet worden. Aus damaliger Sicht fanden die Menschen das richtig). Entgegen aller Befürchtungen, dass die Wölfe die dortigen Wapiti-Hirsche ausrotten könnten, haben sich die Raubtiere als stabilisierende Kraft erwiesen. Neue Forschun-

gen zeigen, dass Wölfe durch die Verringerung des Hirschbestandes und die Jagd auf schwache und kranke Tiere dazu beitragen, widerstandsfähigere Herden zu schaffen.

In den letzten zwölf Jahren hat sich die Zahl der Tiere in der größten Herde des Parks zwischen 6.000 und 8.000 Tieren eingependelt. Zuvor war es immer wieder zu extremen Schwankungen gekommen, die direkt mit dem Klima zusammenhingen.

(Quelle: National Geographic)

Ein weiterer positiver Effekt der Wölfe und der damit zusammenhängenden Reduzierung der Wapiti-Hirschbestände ist die Tatsache, dass Espen und andere Baumarten wieder zu ausgewachsenen Bäumen werden können, weil sie nicht als junge Keimlinge bereits aufgefressen werden. Die Rückkehr der Wölfe hat also nicht nur für den Tierbestand, sondern auch für die Pflanzenwelt des Yellowstone-Parks eine sehr positive Wirkung. Aus heutiger Sicht ist es also richtig, dass Wölfe im Yellowstone-Nationalpark leben.

Fazit 1: Wäre der Mensch kein Fleischesser, hätte er vermutlich nicht die evolutionäre Entwicklung vollzogen und zumindest viele unserer Vorfahren hätten die langen Steinzeitwinter nicht überleben können. Pflanzen wachsen nun mal nicht im Winter bei Schnee und Eis, Aldi und Kaufland gab es damals nicht, aber Tiere kamen wenigstens ab und an vorbei … und deshalb war das Fleischessen damals wohl wichtig und richtig.

Für die Nichtfleischesser (Vegetarier und Veganer) unter uns: Pflanzen sind auch Lebewesen. Nur ohne Gehirn, ohne Gliedmaßen zur Fortbewegung und ohne die hoch entwickelten Sinnesorgane Augen, Ohren, Nase und Mund usw. Pflanzen brauchen diese Organe nicht, denn sie würden Ihnen nichts nützen. Es wäre total sinnlos, wenn Grashalme eine Kuh oder Getreidepflanzen den Mähdrescher hören oder sehen könnten, weglaufen ist ihnen ja unmöglich. Trotzdem bestehen Pflanzen aus lebendigen Zellen wie die menschlichen und tierischen Zellhaufen auch und auch pflanzliche Zellen kommunizieren untereinander und mit ihrer Umwelt. Unter günstigen Umgebungsbedingungen wächst und gedeiht (lebt) eine Pflanze, unter ungünstigen Bedingungen verkümmert sie oder stirbt ganz ab (was bedeutet: wer stirbt, muss gelebt haben, muss also ein Lebewesen gewesen sein).

Fazit 2: Aus der Sicht der pflanzenfressenden Zellhaufen Tiere und Menschen (auch Vegetarier und Veganer) ist der Verzehr von essbaren Pflanzen lebensnotwendig und deshalb vollkommen richtig, aber ob alle Pflanzen das auch so empfinden, darf zumindest bezweifelt werden. Wir Menschen bauen Pflanzen an und halten uns Nutztiere zum Essen, also zum Überleben. Würden 8,7 Milliarden Menschen heute ausschließlich vom Jagen und Sammeln leben wollen, gäbe es entweder längst keine Pflanzen und Tiere mehr oder keine Menschen.

Fazit 3: Der Philosoph Kant sagt, wenn etwas immer einen Wert hat, sagt man: Es hat eine Würde. Der Mensch hat immer einen Wert. Jeder Mensch ist deshalb wertvoll, weil er ein Mensch ist. Deshalb steht im Grundgesetz: Die Würde des Menschen ist unantastbar …

Wie sieht es mit den Pflanzen und Tieren aus? Haben die keinen Wert?

Nach unserer Zellhaufentheorie ist die Zelle die Basis allen Lebens. Eine lebende Zelle hat also immer einen Wert! Müsste demzufolge nicht jeder Zellhaufen, egal ob menschlich, pflanzlich oder tierisch, ebenfalls einen Wert und damit auch eine Würde haben? Theoretisch ja, praktisch gibt es das im Denken der Menschen aber nicht. Weder Pflanzen noch Tiere, weder bei Kant noch im Grundgesetz, haben eine Würde. Schade, vermutlich *würden* wir anders mit der Natur, mit den Pflanzen und Tieren umgehen, wenn wir sie mehr *würdigen würden*.

Gibt es einen freien Willen?

Die Frage nach dem freien Willen wird bis heute kontrovers diskutiert. Während viele Psychologen und Neurologen den Standpunkt vertreten, dass es definitiv keinen freien Willen geben kann, hält sich in großen Teilen der Gesellschaft hartnäckig die Illusion vom freien Willen. Ist ja auch ein schönes Lied: *„Die Gedanken sind frei, wer kann sie erraten … ich denke was ich will und was mich beglücket"* usw., aber es ist leider alles falsch. Gedanken sind das Resultat von wahrgenommenen und verarbeiteten Informationen. Die Frage lautet, was ist eine freie (freiwillige oder willkürliche) Entscheidung? Gibt es so etwas überhaupt? Wenn ich mich aufgrund meiner Erfahrung oder aufgrund bestimmter Informationen für etwas (eine Meinung oder eine Handlung) entscheide, dann ist diese Entscheidung ja nicht frei aus Jux und Tollerei gefallen, sondern eben aufgrund meiner Erfahrungen oder bestimmter Informationen. Bin ich hingegen gezwungen, mich ohne Zuhilfenahme von Erfahrungen oder Informationen für etwas zu entscheiden, dann habe ich ein Problem. Kann sein, ich treffe die richtige, kann auch sein ich treffe die falsche Entscheidung. Beides hat mit *freier*

Entscheidung aber absolut nichts zu tun. Schon das sich entscheiden Müssen ist nicht *„freiwillig"* und das Ergebnis einer Entscheidung ohne jegliche Orientierungshilfe ist entweder ein dummer oder ein glücklicher Zufallstreffer. Mich für etwas zu entscheiden bedeutet, dieses Etwas zu wollen. Dafür muss ich aber erst wissen was es ist, sonst kann ich es nicht wollen. Wenn ich es dann weiß (*Information*) und mich *deshalb* entscheide es zu wollen, dann ist es eine Entscheidung wegen *deshalb,* also wegen der *Information,* und keine **freie** Entscheidung.

Wenn ein Mensch geboren wird, ist dies nicht sein freier Wille, es ist purer Zufall. Und indem ein Mensch von seinen Eltern, den Kontaktpersonen aus seiner unmittelbaren Umgebung und von den gesellschaftlichen Verhältnissen, über seine Kindheit hinaus geprägt wird, gestaltet sich sein Fühlen, Denken und Handeln. Von einem freien Willen oder freien Fühlen, freien Denken oder freien Handeln dieses Menschen kann dabei keine Rede sein. Ein Wille entspringt also wieder nur dem Zufall, nämlich den Informationen, die ein Mensch zufällig wahrnimmt und die sein Fühlen, Denken und Handeln verursachen.

Sollten Sie daran zweifeln, dann hilft Ihnen vielleicht ein Spruch des dänischen Philosophen Sören Kierkegaard: „Je mehr Leute es sind, die eine Sache glauben, desto größer ist die Wahrscheinlichkeit, dass die Ansicht falsch ist. Menschen, die recht haben, stehen meistens allein."

Trotzdem unterliegen wir auch hier genau wie bei der Wahrnehmung der bereits beschriebenen Ich-Illusion. Wir glauben an einen freien Willen, weil wir entsprechend „informiert" wurden, und nicht, weil es ihn gibt. Gerhard Roth beschreibt das wie folgt: **„Wir fühlen uns frei, wenn wir von dem, was wir jetzt tun, den Eindruck haben, wir hätten dies auch so gewollt."**

Oder, auch nach Gerhard Roth, fühlen wir uns frei, wenn wir

- überzeugt sind, eine Tätigkeit bzw. Handlung sei von uns verursacht, erzeugt, gelenkt und so gewollt.
- überzeugt sind, wir könnten auch anders handeln bzw. wir hätten im Rückblick auch anders handeln können, wenn wir nur wollten bzw. gewollt hätten.
- uns für diese Handlungen verantwortlich fühlen und akzeptieren, für die Konsequenzen unserer Handlung zur Verantwortung gezogen zu werden.

Menschen mit religiösem Hintergrund sind bei diesem Thema zwar einerseits fein raus, denn für sie ist letzten Endes alles, was passiert, Gottes Wille. Wer sonst, wenn nicht Gott, kann einen freien Willen haben. Andererseits glauben auch religiöse Menschen trotz der Überzeugung, dass Gott ihr Schicksal bestimmt, sie hätten einen freien Willen, nämlich den Glauben an Gott zu *wollen* und nach den Geboten Gottes (der jeweiligen Religion) zu leben oder nicht. Das ist ein Irrtum. Ohne Informationen über Gott und die Religion könnten und würden Menschen nicht an Gott glauben, was letztlich bedeutet, dass auch ihr Glaube nicht einem „freien" Willen entspringt, sondern den Informationen über einen Gott, die sie von Kindheit an erhalten haben.

Der Wille kommt von Wollen und der frühe Zellhaufen Mensch will in erster Linie überleben und sich gegebenenfalls fortpflanzen. Um das zu realisieren will er atmen können, will er essen und trinken und einen sicheren warmen Ort zum Ausruhen und zum Schlafen will er auch noch. Will er das nur oder muss er das wollen? Ja, er muss es wollen, sonst kann er nicht überleben. Also bis hierhin können wir ebenfalls nicht von einem freiem Willen sprechen. Die Grundbedürfnisse haben nichts mit wollen zu tun, sie sind für das Leben des Menschen ein Muss!

Fakt 1: *Informationen erzeugen in unserem Gehirn das, was wir den freien Willen nennen.* Ein Wille kommt nicht aus dem Nichts und auch nicht von ungefähr. Eine gesunde Neugier ist uns angeboren und deshalb ein Instinkt. Es ist wichtig, die Informationen zu bekommen, die für das Leben wichtig sind. Manche Menschen kultivieren diesen Instinkt zu einem Persönlichkeitsmerkmal (Neugierde) und wollen alles wissen, auch wenn es für ihr Leben gar nicht wichtig ist. Wer alles wissen will, überlastet sein Bewusstsein und strapaziert das Unterbewusstsein. Zusätzlich füllt er sein Gedächtnis mit überflüssigen Informationen. Die Folgen haben wir beim Thema Wahrnehmung kurz behandelt.

Fakt 2: Innerhalb der unterschiedlichen Lebensabschnitte bekommen wir nicht nur unterschiedliche Informationen. Wir sind auch den unterschiedlichsten äußeren Zwängen ausgeliefert, die unser Fühlen, Denken und Handeln bestimmen. Von freiem Willen will da unsere Umgebung nichts wissen.

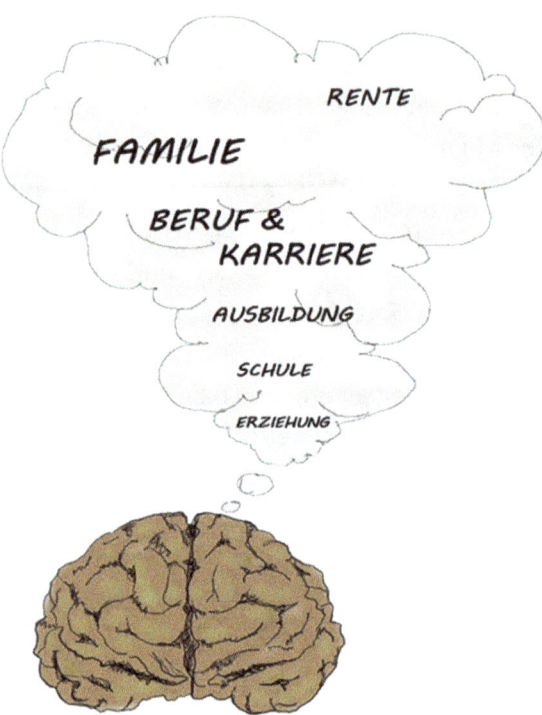

Erster Denkschwerpunkt: Mit unserem Eintritt ins Leben bekommen wir als erstes in der Regel den Willen unserer Eltern zu spüren, die uns erziehen sollen.

> „Unter Erziehung versteht man die pädagogische Einflussnahme auf die Entwicklung und das Verhalten Heranwachsender. Dabei beinhaltet der Begriff sowohl den Prozess als auch das Resultat dieser Einflussnahme."
>
> (Quelle: Wikipedia)

Auf jeden Fall sind wir in großem Maße abhängig von den Eltern bzw. Erziehungsberechtigten. Unser Denken bezieht sich größtenteils auf diese Situation der Erziehung, die Informationen von den Eltern. Mit einem freien Willen kann das nichts zu tun haben.

Zweiter Denkschwerpunkt: Mit der Einschulung kommen zusätzliche Informationen durch die Lehrer hinzu. Das sind zum einen die Unterrichtsinhalte und zum anderen die Lehrer mit ihren unterschiedlichen Persönlichkeiten. Unser Denken muss sich zwangsläufig auch auf die Persönlichkeitsmerkmale unserer Lehrer und deren konkrete Forderungen an uns ausrichten. Auch ist ein freier Willen nicht zu erkennen.

Haben wir die Schule hinter uns gelassen, geht es weiter mit dem **dritten Denkschwerpunkt** Lehre oder Studium. Natürlich **wollen** wir einen Beruf erlernen oder ein Studium absolvieren. Aber dieses Wollen kommt auch nicht aus dem Nichts, sondern weil wir Informationen über das Leben angesammelt haben. Wir müssen uns entscheiden, wie und wovon wir als Erwachsene leben wollen. Unsere Entscheidung für einen bestimmten Beruf oder ein bestimmtes Studium haben wir einzig und allein auf der Basis von Informationen getroffen, und zwar der Gesamtsumme an Informationen, die wir bis zu diesem Lebensabschnitt erhalten haben. Und das sind ziemlich viele. Während eine Berufsausbildung relativ dogmatisch abläuft, weil der Ausbilder uns seine Informationen aufdrückt, ist das im Studium schon etwas freier, aber beileibe auch fern vom freien Willen. Die Vorlesungen müssen zwar nicht zwingend besucht werden, aber wer die Klausuren bestehen will, muss zumindest einen Teil besuchen. Vorlesungen nicht zu besuchen bedeutet gleichwohl auch keinen freien Willen, denn irgendeinen Grund müssen sie dafür haben, auch wenn es nur die totale Müdigkeit aufgrund einer durchgefeierten Nacht ist. Weiter geht's. Wenn sie glauben, mit einem Studienabschluss in der Tasche fängt die Willensfreiheit an – weit gefehlt. Wenn sie nicht sofort selbst eine Führungsposition einnehmen, was bei Gesellen und Studienabsolventen selten der Fall ist, werden sie mindestens auf einen, in der Regel sogar auf mehrere Vorgesetzte treffen, die auf ihren Willen pfeifen.

Vierter Denkschwerpunkt, kein freier Wille in Sicht, die totale Abhängigkeit vom Chef bestimmt ihr Fühlen, Denken und Handeln sowie die Höhe der nächsten Gehaltserhöhung. Und selbst wenn sie Karriere machen, unterliegen sie permanent irgendwelchen Zwängen. Dazu passen folgende Sprüche:

Wer erfolgreich und dauerhaft Karriere macht, kann kaum noch jeden Abend in den Spiegel schauen und stolz auf sich sein!
Wer abhängig ist, muss sich anpassen, um überleben, muss sich sehr anpassen, um aufsteigen zu können!

(Leider sind mir die Verfasser dieser Sprüche nicht bekannt.)

Selbst die CEOs großer Dax-Unternehmen sind nicht frei in ihren Entscheidungen. Ihr gesamtes Fühlen, Denken und Handeln wird von den Aktionären, von den Mitgliedern im Aufsichtsrat und vom Unternehmenserfolg determiniert.

In der nächsten Lebensphase, dem **5. Denkschwerpunkt**, kommt der oder die Lebenspartner(in) ins Spiel. Das war's dann endgültig mit der Hoffnung auf den freien Willen. Ab sofort gelten andere Regeln. Partnerschaft bedeutet immer

Kompromisse zu schließen, ob sie wollen oder nicht. Neben den Themen Beruf und Karriere kommen noch die Themen wie: *Was kann ich heute für meine(n) Partner(in) tun?* und später: *Wie krieg ich es hin, dass meine Kinder zu vernünftigen fleißigen Menschen werden?* und viele andere vermeintlich „gewollte" Themen dazu. Ihr Fühlen, Ihr Denken und Ihr Handeln werden mittlerweile von vielen, unter Umständen sehr vielen Zwängen bestimmt und ausgefüllt.

In der letzten Lebensphase Rente, dem **6. Denkschwerpunkt**, fallen einige Zwänge weg. Die Kinder sind mit etwas Glück selbstständig. Einen Chef gibt es nicht mehr, es sei denn der Partner/die Partnerin springt ein. In der Regel sind Rentner finanziell einigermaßen abgesichert und sie haben außer den vier monatlichen Pflichtterminen (Mülltonne, gelbe Tonne, braune Tonne, blaue Tonne) keinen Stress mehr. Dafür haben sie drei sehr wichtige Zugewinne: Zeit, Erfahrungen und keine von außen (der Gesellschaft) vorgegebenen, aufgezwungenen Denkthemen mehr. Auch wenn sie als Rentner den Gürtel enger schnallen müssen, Lebensqualität hängt definitiv nicht von der Höhe der monatlichen Rente ab. Zeit und Erfahrungen sind unbezahlbar und die gefühlt „freie" Wahl ihrer Denkthemen ist Luxus pur.

Das Problem: Kein Mensch hat Rentner auf diese Luxusprobleme vorbereitet. Niemand hat ihnen gesagt, dass es nach der aktiven Zeit eine geistig noch viel aktivere Zeit geben kann. Eine vergleichsweise große Zahl der Rentner ist nämlich unzufrieden. Zu wenig Rente, zu viele Ausländer, zu viel Kriminalität, zu viele Enkel-Trickbetrüger, früher war sowieso alles besser, früher war mehr Lametta (laut Opa Hoppenstedt; Loriot).

Liebe Mit-Rentner, die Mehrzahl von uns kann dankbar sein, keinen Krieg direkt miterlebt zu haben. Wir leben in einem wiedervereinigten Deutschland. Und ja, es gibt vieles, was so nicht in Ordnung ist und was besser gemacht werden könnte. Und es gibt noch viel mehr, was hätte besser gemacht werden können. Aber weder Angela Merkel noch Bill Gates haben das Coronavirus erfunden. Und die Welt ist schlecht und besser wird sie auch nicht, aber:

Nur sehr weisen Menschen dämmert gelegentlich die Erkenntnis, dass wir die Ursachen für unsere Probleme in erster Linie

- *bei uns selbst zu suchen haben! oder*
- *im Falschdenkersyndrom, und damit auch wieder bei uns selbst!*

Die Entwicklung von Luxusgütern schreitet permanent voran. Was vor Jahrzehnten noch absoluter Luxus war, ist heute Standard und jeder Mensch ist bestrebt, den Standard zu erreichen, den seine Mitmenschen schon haben.

So funktioniert Marktwirtschaft. Der Markt bietet Luxusartikel an, die eigentlich niemand wirklich braucht, aber alle kaufen diese Luxusartikel. Die Gründe für dieses Verhalten sind vielfältig und reichen von Gruppenzwang über Minderwertigkeitsgefühle bis zum persönlichen Geltungsbedürfnis und Habsucht. Ein Grund ist aber definitiv nicht dabei, der freie Wille.

Willensfreiheit wäre Entscheidungsfreiheit und/oder Handlungsfreiheit. Unsere Fühl- und Denkfabrik Gehirn mit ihren drei Abteilungen BWS, UBWS und GDS ist für unser Fühlen, Denken und Handeln zuständig. Wie und weshalb Gefühle entstehen, haben wir behandelt. Wie unser Denken funktioniert, glauben wir auch einigermaßen verstanden zu haben. Ohne Informationen würde keine Entwicklung des Gehirns stattfinden, es gäbe kein Lernen und keine Persönlichkeitsentwicklung. Ohne Informationen gibt es kein Überleben, keine Gefühle, keine Gedanken, kein Handeln. Ohne Informationen würden sich unsere Sinnesorgane zurückbilden wie die Augen eines Maulwurfs, der ja bekanntermaßen blind ist, weil er ohne optische Informationen gut zurecht kommt. Wenn Denken die Verarbeitung von wahrgenommenen Informationen sowohl von extern als auch von intern (vom Gedächtnis) ist, dann sind Wahrnehmungen von Informationen die Ursachen unseres Denkens und die Informationen Objekte unserer Gedanken.

Etwas zu wollen ist ein Gedanke, der aufgrund von Informationen von oder über dieses Etwas entstanden ist. Also sind diese Informationen von diesem Etwas die Ursache für das Wollen. Der Wille wird damit von einer Ursache erzeugt und kann deshalb nicht frei sein.

Wer jetzt denkt, toll, es gibt keinen freien Willen, also kann ich machen, was ich will. Ich kann ja nichts für diesen meinen Willen. Meine Straftat kann eigentlich auch nicht bestraft werden, weil es ja nicht mein freier Wille war, sie zu begehen. Wer so denkt, denkt natürlich wieder falsch, das Falschdenkersyndrom lässt grüßen.

Feststellung: Wenn es keinen „freien" Willen gibt, kann ich auch nicht für von mir begangene Straftaten verantwortlich gemacht werden, weil es ja dann nicht mein „freier" Wille gewesen sein kann, diese Straftaten zu begehen.

Erwiderung: Einen freien Willen gibt es nicht, weil ein Wille nicht irgendwo frei herumschwirren kann. Ein Wille ist immer an ein Subjekt (z. B. Mensch oder Tier) gebunden, das diesen Willen hat, also etwas will. Der Wille eines Subjektes ist zwingend subjektiv, individuell und einzigartig. Selbst wenn zwei oder mehrere Subjekte das Gleiche wollen, sind die Gründe bzw. Ursachen ganz sicher nicht dieselben, sondern individuell verschieden.

Wie wir mittlerweile wissen, ist ein Mensch (Subjekt) für sein Fühlen und Denken nicht vollumfänglich verantwortlich, weil seine Persönlichkeit nicht allein von ihm selbst, sondern von vielen anderen Faktoren bestimmt wird (siehe „Persönlichkeit", Seite 133). Deshalb werden schlechte Gefühle und falsches Denken auch nicht von anderen Menschen bestraft, sondern nur vom eigenen Körper des Menschen selbst. Für sein falsches Handeln dagegen wird ein Mensch in der Regel schon bestraft bzw. zur Rechenschaft gezogen (Ausnahmen bestätigen die Regel).

Unterschiedliche Kategorien von falschem Handeln werden auch unterschiedlich bestraft:

- Handeln aus Unvernunft oder Dummheit (falsches Denken),
- Handeln aus Unwissenheit (falsches Denken),
- Handeln aus dem Affekt,
- Handeln aus Leichtsinn (falsches Denken),
- Handeln mit Vorsatz (sehr falsches Denken).

Fassen Sie eine heiße Herdplatte an, besteht die Strafe in Schmerz und gegebenenfalls einer oder mehrerer Brandblasen.

Fahren Sie innerhalb einer Sekunde nach dem Umschalten bei Rot über eine Ampel und werden dabei erwischt, kommt die Strafe per Post: 90 € und 1 Punkt in Flensburg.

Fahren Sie nach Ablauf dieser Sekunde bei Rot über eine Ampel, sind es schon zwei Punkte und 200,– € und sie dürfen einen Monat nicht mehr fahren (Bußgeldkatalog 2020).

Fahren Sie mit 200 km/h gegen eine Mauer, verlieren Sie Ihr Auto und Ihr Leben dazu. Das wäre dann die Todesstrafe.

In diesen Beispielen für falsches Handeln bestraft Sie das Leben direkt und unmittelbar.

Begehen Sie eine Straftat, dann werden Sie je nach Schwere eventuell verhaftet, angeklagt, ein Richter legt nach Strafgesetz eine Freiheitsstrafe fest und Sie wandern ins Gefängnis.

Da interessiert niemanden, ob Sie Ihre Straftat aus freiem oder nichtfreiem Willen begangen haben. Die Bestrafung erfolgt eben nur nicht direkt, sondern indirekt, durch die Strafverfolgungsorgane eines Staates. Aber das Prinzip ist identisch – Fehler (falsches Handeln) werden im Leben bestraft, und basta.

Fazit 1: Die Illusion des freien Willens ist eine Folge der Ich-Illusion. Indem wir uns als Persönlichkeit verstehen, die die Welt direkt wahrnimmt und selbst fühlt, denkt und handelt, sind wir auch davon überzeugt, dass wir frei entscheiden (denken und handeln) können. Für die Bewältigung von Alltagsproblemen sind diese Illusionen durchaus von Nutzen. Allerdings führen sie in vielen Situationen zu falschem Denken. Das Wissen und die Akzeptanz der Tatsache, dass wir Menschen emergente oder auch „dummergente" Zellhaufen sind, kann uns helfen, unser Fühlen, Denken und Handeln aus einer anderen Perspektive zu betrachten und falsches Denken zu erkennen und zu vermeiden.

Fazit 2: Es sind wahrgenommene Informationen in Form von Erfahrungen, Wissen und Erkenntnissen (EWE), die unsere Persönlichkeit bereits als Embryo im Mutterleib, als Baby, als Kleinkind bis ins Erwachsenenalter, praktisch lebenslang, zu einem großen Teil prägen und formen. Pragmatisch betrachtet bestimmen wahrgenommene Informationen ganz wesentlich unser Leben, unser gesamtes Fühlen, Denken und Handeln. Jeder Wille (Gedanke etwas zu wollen) hat seine Ursachen in wahrgenommenen Informationen. Weder unsere Gedanken noch unser Wille und auch nicht unsere Meinungen sind frei!

Fazit 3: Informationen können wir nicht beeinflussen und vielfach können wir selbst der Wahrnehmung nicht entkommen, weil wir unsere Sinnesorgane nicht abschalten und nicht verschließen können (Augen ausgenommen, aber blind durch die Welt laufen ist keine Alternative). Falsche Informationen führen zu falschem Denken inklusive falschen Entscheidungen hinsichtlich unseres Handelns. Umso wichtiger sind die Steuerung und Fokussierung unserer Wahrnehmung bzw. eine erhöhte Aufmerksamkeit bei der Auswahl von Informationen aus soliden zuverlässigen Quellen und eine strenge Reduzierung der Informationsflut.

Fazit 4: Unser Unterbewusstsein verarbeitet und/oder speichert alle Informationen ab, die es von den Sinnesorganen und/oder aus dem Gedächtnis bekommt, egal ob wahr oder falsch, ob für den Menschen nützlich oder nutzlos. Was in unserem Bewusstsein ankommt und vor allem, wie es verarbeitet wird, ist eine Frage der Zeit und der Aufmerksamkeit. Je mehr Zeit und Energie zur Verfügung stehen und je besser und reichhaltiger das Gedächtnis gefüllt ist, umso geringer sind die Gefahren des falschen Denkens und falscher Entscheidungen.

Recht auf freie Meinungsäußerung

Ist das Recht auf freie Meinungsäußerung sinnvoll, wo es doch keinen freien Willen gibt?

Die Illusion vom „freien Willen" ist ein Produkt der „Ich-Illusion". So wie wir (unser Bewusstsein) davon überzeugt sind, wir würden mit unseren Sinnesorganen die reale Welt und ihre realen Informationen wahrnehmen, so glauben wir auch fest daran, uns in jeder Hinsicht frei entscheiden zu können. Wie wir bereits festgestellt haben, kann es keinen „freien" Willen geben, weil unser Fühlen, Denken und Handeln von den Informationen der Welt bestimmt wird, die unsere Sinnesorgane wahrnehmen bzw. wahrgenommen haben, die im Gehirn verarbeitet werden bzw. wurden und deren Repräsentationen und Kopien mitsamt der Verarbeitungsergebnisse in unserem Gedächtnis gespeichert sind. Aktuelle Informationen werden von unserem Unterbewusstsein unter Berücksichtigung der Gedächtnisinhalte permanent verarbeitet, dem Bewusstsein mitgeteilt und/oder wieder abgespeichert. Fühlen, Denken und Handeln kommen weder aus einem luftleeren Raum noch aus dem Weltraum, also auch nicht vom Himmel, sondern sind das Resultat der Verarbeitung von Informationen in unserem Gehirn (Denkprozess). Zu diesen Verarbeitungsresultaten zählen selbstverständlich auch die Überzeugungen, Gedanken und Meinungen im Gedächtnis, die in jedem Mensch im Laufe seines Lebens von seiner Fühl- und Denkfabrik erarbeitet wurden.

Wenn also ein Mensch vermeintlich seine „freie" Meinung äußert, dann äußert er in Wirklichkeit „nur" das Ergebnis der Verarbeitung von wahrgenommenen Informationen durch seine Fühl- und Denkfabrik Gehirn.

Informationen können, wie wir wissen, rundweg falsch sein. Informationen können unvollständig sein, aus dem Zusammenhang gerissen oder manipuliert worden sein. Fühlen, Denken und Handeln eines Menschen wären dann infolge der Verarbeitung dieser falschen Informationen auch falsch bzw. fehlerhaft. Demnach werden im Gedächtnis natürlich auch falsche Erkenntnisse, falsche Überzeugungen und falsche Meinungen als Ergebnisse falschen Denkens gespeichert.

Wenn nun ein Mensch diese seine falschen Meinungen äußert, dann ist das nach unserem Verständnis zwar eine freie Meinungsäußerung, aber die Meinung selbst ist definitiv nicht frei entstanden. Die Meinung ist das Resultat von Informationen und, wenn sie aufgrund falscher Informationen selbst falsch ist, dann ist ihre Äußerung schlichtweg eine Verbreitung von falschen Informationen (fake News). Das Recht auf Meinungsfreiheit oder freie Meinungsäußerung öffnet demzufolge der Verbreitung von Falschmeinungen, Falschmeldungen, fake News und „alternativen Fakten" Tür und Tor, wodurch wiederum falsches Denken anderer Menschen verursacht wird.

Wer das Falschdenken vermindern will, muss zuerst die Verbreitung falscher Informationen vermindern. Insofern ist die „Meinungsfreiheit" kontraproduktiv.

Eine Einschränkung des Rechtes auf freie Meinungsäußerung ist selbstverständlich überhaupt nicht anzustreben, denn wie wir wissen, ist die Beurteilung von Meinungen mit „richtig" oder „falsch" eine relative und subjektive Angelegenheit. In vielen Fällen ist sie schlicht unmöglich und es kann tatsächlich ein „sowohl als auch" geben.

Fazit: *Wenn wir falsche Informationen aufgrund der Meinungsfreiheit nicht verhindern können, dann können wir auch das Falschdenken nicht verhindern. Wenn wir das Falschdenken nicht wenigstens einschränken, kommen immer mehr Falschinformationen in die Welt, womit sich das Falschdenken auch immer weiterverbreitet. Es kommt sozusagen zu einem unbegrenzten Wachstum des Falschdenkens oder einer Pandemie der Dummheit.*

Frage: Wie können wir diesem Dilemma in einer Informationsgesellschaft begegnen, in der sich falsche Informationen schneller verbreiten als das gefährlichste Virus? Wie können wir die Menschheit vor einer Pandemie der Dummheit bewahren?

Antwort: Durch eine umfassende humane Bildung, die ich nach wie vor mit „Herzensbildung" bezeichnen möchte, auch wenn sie mit dem genannten Körperorgan Herz nichts zu tun hat. Diese „Herzensbildung" hat mit dem aktuellen Bildungssystem wenig gemein und unter den gegenwärtigen gesellschaftlichen Verhältnissen ist und bleibt sie wohl eine Illusion, aber eine durchaus verlockende. Die Lehrpläne könnten z. B. folgende Themen beinhalten:

- Humanismus und Altruismus,
- Zellhaufentheorie,
- Denkprozess und Denktraining,
- Denkfabrik Gehirn,
- Welt der Gefühle,
- Informationstheorie (Welt der Informationen),

- Evolutionstheorie,
- Systematik und Logik (Analyse und Lösung von Aufgaben),
- Geschichte als Resultat des falschen Denkens,
- individuelle Förderung (Herausfinden von Stärken und Schwächen und Fähigkeiten durch Ausprobieren und gezieltes individuelles Fördern),
- Wahrnehmung,
- Kommunikation,
- Kultur,
- Lebensentwürfe.

Es gäbe da sicher noch jede Menge sinnvolle und interessante Themen.

Ein großer Teil davon könnte mit den Grundlagenfächern wie Deutsch, Mathematik, Physik, Chemie, Biologie und anderen Fächern sozusagen fachgebietsübergreifend gelehrt werden. Warum muss z. B. Deutsch als Fach für sich gelehrt werden, es könnte doch verknüpft mit Humanismus und Altruismus gleichzeitig vermittelt werden. Im Fach Zeichnen können z. B. der Aufbau einer Zelle und andere biologische Strukturen gezeichnet werden usw.

Eine Verknüpfung bzw. Durchmischung von verschiedenen Fächern und Themen könnte das Lernen interessanter und gleichzeitig effektiver machen.

Fazit: Oberstes Bildungsziel sollte es ein, möglichst viele Menschen in die Lage zu versetzen, besser zu Denken und die Pandemie der Dummheit erfolgreich einzudämmen.

Falsches Denken

Es gibt Köpfe von dreierlei Arten: der eine versteht von selbst etwas; der zweite versteht etwas, wenn es ihm von anderen klar gemacht wird, und der dritte versteht weder von selbst etwas noch wenn es ihm von anderen verdeutlicht wird.

(Quelle: Niccolò Machiavelli (1469 – 1527),
italienischer Staatsmann und Schriftsteller)

Da haben wir den Salat. Was unsere Fühl- und Denkfabrik angeht, sind wir (unsere Abteilung Bewusstsein) überwiegend außen vor oder anders ausgedrückt: wir merken vielfach nichts und einen freien Willen haben wir auch nicht!

Gefühle überfallen uns regelrecht und meistens wissen wir nicht, wieso, weshalb, warum. Gefühle werden von Informationen erzeugt und von der Erzeugung bzw. den Ursachen merken wir wieder nichts. Wir (unser Bewusstsein) fühlen nur das Ergebnis, also die ganze Bandbreite der Gefühle, von Kohärenz bis Inkohärenz bzw. von gut bis bescheiden.

Informationen werden parallel zur Gefühlserzeugung von unserer Abteilung Unterbewusstsein nach Rücksprache mit der Abteilung Gedächtnis verarbeitet. Werden von Informationen direkt keine Gefühle erzeugt, kommt es trotzdem zu Gefühlen. Nämlich dann, wenn unsere Abteilung UBWS in der Abteilung GDS bereits früher gespeicherte Informationen und deren ebenfalls gespeicherten Begleitgefühle, findet und abruft. Also allein irgendeine zufällig gefundene Erinnerung kann dazu führen, dass wir uns total mies oder super gut fühlen. Deshalb sollten wir uns, wann immer möglich, ganz bewusst an Situationen erinnern, die mit guten Gefühlen verbunden sind. Das können Urlaubserinnerungen oder einfach nur schöne Erlebnisse sein, Konzertbesuche oder Filme, die uns besonders gut gefallen haben. Alles, was uns in guter Erinnerung geblieben ist, wird uns beim Erinnern auch gute Gefühle bescheren.

Ähnlich wie mit den Gefühlen läuft es auch mit dem Denken. Wenn Denken die Verarbeitung von Informationen ist, dann beinhaltet dies die Verarbeitung sowohl von aktuellen als auch von früher bereits im Gedächtnis gespeicherten Informationen. Unsere Abteilungen UBWS und GDS sind hyperaktiv und rund um die Uhr in Aktion, auch wenn wir schlafen. Kommen von den Sinnesorganen gerade keine oder nur belanglose Informationen, wuselt unsere Abteilung Unterbewusstsein in der Abteilung Gedächtnis herum und wird garantiert fündig. Die Wahrscheinlichkeit, dass unser UBWS beim Wuseln im GDS auf Müllinformationen trifft, diese aufgreift und ans BWS liefert, steigt mit der Anzahl der im GDS gespeicherten Müllinformationen (das GIGO-Prinzip lässt grüßen). Mit Müllinformationen meinen wir auch „Giftmüllinformationen", also Lügen und falsche oder unvollständige Informationen, die ganz gezielt zur Manipulation erzeugt und verbreitet werden. Und da unser UBWS nicht in der Lage ist, diesen Informationsmüll zu trennen, schickt es alles direkt an unser BWS.

Wenn unser BWS nicht gerade anderweitig beschäftigt ist, könnte es jetzt versuchen, diesen Informationsmüll zu trennen. Allerdings ist es dabei wieder auf die Zuarbeit unseres UBWS angewiesen, welches ja die gesamte Erinnerung im GDS organisiert und verwaltet. Ohne Erinnerung kann unser BWS nicht arbeiten. In dieser entscheidenden Situation passieren uns (unserem Bewusstsein) die meisten Fehler und dieses Vorgehen hat System.

Wir senden unserem UBWS nämlich, ohne es zu wollen, die falschen Signale. Daraufhin liefert das UBWS unserem BWS müllverstärkende Informationen und das Falschdenken nimmt seinen Lauf. Konkret besteht der Fehler darin, dass unser BWS den Informationsmüll zwar durchaus als negative Information erkennt und bewertet, dabei aber häufig die Verneinung verwendet. Verneinung ist für unser UBWS völlig „gaga". „Nein, nicht, oder kein" sind Worte, die unser UBWS nicht versteht und auch nicht verstehen will.

Beispiel: Unser UBWS sendet unserem BWS die Information: „Donald Trump ist der beste und intelligenteste Präsident der USA seit Abraham Lincoln." Unser BWS zweifelt an dieser Aussage und kommt zu der Meinung: „Nee, nee, Donald Trump ist nicht so intelligent und schon gar nicht der beste Präsident." Falsch, ganz falsch! Unser UBWS kann eine „Verneinung" nicht verstehen. Mit den Worten „nee" und „nicht" kann unser UBWS rein gar nichts anfangen. Es versteht nur „Donald Trump, intelligent, bester Präsident". Unser UBWS sucht daraufhin sofort nach diesen Begriffen im Gedächtnis und liefert alle Informationen (auch Falschaussagen), die zufällig zu Donald Trump im Gedächtnis abgespeichert sind. Das heißt, je öfter wir (unser BWS) einen Begriff verneinen, desto häufiger verarbeitet unser UBWS diesen Begriff erneut und speichert ihn (natürlich ohne Verneinung) im Gedächtnis ab. In unserem Beispiel würden dann „Donald Trump, intelligent, bester Präsident" erneut gespeichert und damit konsolidiert, also verfestigt. Beim nächsten Anlass greift unser UBWS zuerst auf diese Information im Gedächtnis zu und überschüttet unser BWS mit den Informationen „Donald Trump, intelligent, bester Präsident". Irgendwann glauben (denken) wir dann tatsächlich, dass Donald Trump intelligent und der beste Präsident der USA seit Abraham Lincoln sei, und das ist falsches Denken.

Natürlich werden Sie jetzt denken, dass Sie niemals auch nur ansatzweise denken würden, Donald Trump sei intelligent und der beste Präsident. Glückwunsch! Dann haben Sie (Ihr UBWS) ausreichend alternative Informationen bereits in ihrem Gedächtnis gespeichert.

Anstelle einer Verneinung reicht nämlich eine einfache Feststellung wie: „Donald Trump ist ein schlechter Präsident" oder „Donald Trump ist ein arroganter Lügner" oder „Donald Trump ist dreist, unverschämt und der schlechteste Präsident der USA seit Abraham Lincoln". Diese Meinungsäußerungen kann unser UBWS zum Glück sehr wohl verarbeiten und speichern, weil sie keine Verneinung enthalten.

Wichtig: Verneinungen mit den Worten „nicht" und „nein" sollten wir vermeiden.

Zu meiner Schulzeit hatten einige Lehrer eine, ihrer Meinung nach, geniale Idee. Disziplinverstöße (z. B. Schwatzen mit dem Nachbarn) wurden mit der Strafarbeit geahndet, einhundertmal den Satz zu schreiben: „Ich soll im Unterricht nicht mit meinem Banknachbarn schwatzen." Nach unseren Erkenntnissen ein erfolgloses Unterfangen. Das UBWS merkt sich nur „im Unterricht mit meinem Banknachbarn schwatzen" und nach einhundertmal geschriebener Verneinung wird fest im Gedächtnis konsolidiert „Im Unterricht mit meinem Banknachbarn schwatzen ..."

Fazit 1: Wir sind schon der (falschen) Überzeugung, dass wir viele Entscheidungen in unserem Leben selbst und völlig frei treffen können. Das hilft uns, viele Situationen im Leben zu meistern. Im Rückblick erscheinen uns unsere Entscheidungen noch „viel freier" getroffen, weil wir glauben, wir hätten uns auch anders entscheiden können. Stimmt aber nicht.

Fazit 2: All unsere Entscheidungen wurden aufgrund von Informationen getroffen, die unser UBWS entweder aus unserem GDS (Speicher) abgerufen und/oder die es von unseren Sinnesorganen bekommen, verarbeitet und unserem BWS geliefert hat. Im Gegensatz zum UBWS können wir bzw. unser BWS analysieren, bewerten, Meinungen bilden, Erkenntnisse gewinnen, Probleme lösen usw. Allerdings muss unser BWS bei dieser Verarbeitung natürlich auf die Gedächtnisinhalte zurückgreifen. Es lässt sich also permanent vom UBWS benötigte Informationen aus unserem GDS liefern. Ohne Rücksprache mit unserem Gedächtnis über bzw. durch unser UBWS kann unser BWS kein Problem lösen, keine Erkenntnis gewinnen und keine Entscheidungen treffen.

Fazit 3: Unser UBWS ist wahnsinnig schnell bei seiner Arbeit und die Organisation und Verwaltung der Abteilung Gedächtnis sind eine logistische Meisterleistung. Aber Verneinungen kann das UBWS nicht erkennen bzw. nicht verarbeiten.

Fazit 4: Setzt unser BWS beim Erkennen von falschen Informationen/Meinungen auf Verneinung, bewirkt dies eine Verfestigung (Konsolidierung) der falschen Informationen/Meinungen. Unser UBWS ignoriert die Worte „nicht, nein und kein" und speichert so die falsche Information/Meinung erneut im GDS ab.

Fazit 5: Feststellungen ohne Verneinung sind unsere (die unseres BWS) einzige Chance, aus der geistigen Müllhalde herauszukommen und das Falschdenken zu verringern.

Alternative zum Dreiabteilungsgehirn

Natürlich gibt es viele Alternativen zu unserer Hypothese von einer Fühl – und Denkfabrik Gehirn mit drei Abteilungen. Eine davon ist die Hypothese der zwei Systeme: Schnelles Denken – langsames Denken.

In seinem Buch „Schnelles Denken, langsames Denken" hat Daniel Kahneman anhand einer jahrelanger Forschungsarbeit und diversen Tests die Arbeitsweise unseres Gehirns anhand von zwei Systemen auf reichlich 500 Seiten ausführlich beschrieben. Ohne Zweifel eines der bedeutendsten Bücher, die je geschrieben wurden. Daniel Kahneman hat für seine Forschungen den Nobelpreis bekommen. Sein Buch zu lesen lohnt sich also in jedem Fall.

Anstelle der beiden Abteilungen Bewusstsein und Unterbewusstsein verwendet er die Begriffe System 1 (schnelles Denken) und System 2 (langsames Denken) für die Erläuterung des Denkprozesses. Hier ein Auszug:

„System 1 arbeitet automatisch und schnell, weitgehend mühelos und ohne willentliche Steuerung" (entspricht in unserer Sichtweise der Abteilung Unterbewusstsein – hier „schnelles Denken").

Beispiel: Sehen Sie sich folgende Bilder an:

 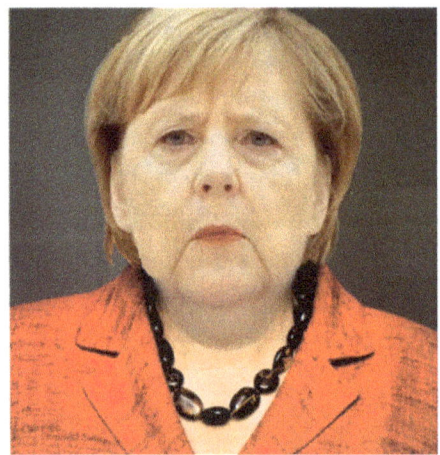

Sie müssen nicht überlegen, wer das ist. Trotz unterschiedlichem Gesichtsausdruck und vergleichsweise großen Unterschieden in Größe, Form und Farbe von Mund, Nase und Augenpartie erkennen Sie auf beiden Bildern Dr. Angela Merkel, unsere Bundeskanzlerin. Sie sehen sofort den freundlichen Gesichtsausdruck im Bild links und den etwas konsternierten Gesichtsausdruck im Bild rechts. Sie sind natürlich felsenfest davon überzeugt, dass Sie die Bilder gesehen und Angela Merkel sofort erkannt haben. Falsch gedacht, es war System 1! Ihre Sehzellen haben beide Bilder in elektrische Signale umgewandelt und an Ihr Gehirn gesendet. Dort hat System 1 (bei uns das Unterbewusstsein) die Einzelinformationen wieder zusammengefügt, anhand der im Gedächtnis vorhandenen gespeicherten Daten sofort Angela Merkel identifiziert und Ihrem System 2 (Bewusstsein) beide Bilder übermittelt. System 2 war hier nicht aktiv. Es denkt aber, es hätte Dr. Angela Merkel erkannt (Ich-Illusion).

Was macht nun System 2?

„System 2 lenkt die Aufmerksamkeit auf die anstrengenden mentalen Aktivitäten, die auf sie angewiesen sind, darunter auch komplexe Berechnungen."

System 2 entspricht unserer Abteilung Bewusstsein, also unserem Ich-Gefühl, hier „langsames Denken".

Beispiel: $15 \cdot 365 = ?$

System 1 (unser Unterbewusstsein) wird von unseren Sehzellen mit den Zahlen und dem Multiplikationszeichen (Größe, Form und Farbe) in Form vieler elektrischer Impulse beliefert. Mit den im Gedächtnis gespeicherten Informationen (Bedeutung der Zahlen und des Multiplikationszeichens, Mathematik) aus unserer Schulzeit konnte System 1 unserem System 2 die Aufgabe präsentieren. Von diesen Vorgängen haben wir (System 2) nichts bemerkt. System 2 beginnt nun, die Aufgabe zu lösen: entweder im Kopf, oder mit Stift und Papier oder mit dem Taschenrechner – in jedem Fall brauchen wir dafür etwas Zeit und müssen uns konzentrieren. System 1 ist mit dem Lösen dieser Aufgabe definitiv überfordert, es hat keine Chance. Obwohl es in Sekundenbruchteilen zwei detailreiche unterschiedliche Farbbilder wahrgenommen und uns die relativ komplizierte Gesamtinformation Dr. Angela Merkel, links freundlich, rechts leicht konsterniert übermittelt hat, können wir die relativ einfache Multiplikationsaufgabe nur mit System 2 bewältigen.

Zusammenfassung:

Fazit 1: Das System 1 verarbeitet alle von unseren Sinnesorganen erhaltenen Teilinformationen in irrsinniger Geschwindigkeit (schnelles Denken). Dabei vergleicht es seine Verarbeitungsergebnisse mit den Speicherinhalten im Gedächtnis und wir erhalten wie im Beispiel sofort folgende Informationen: links Angela

Merkel in jungen Jahren, lächelnd, und rechts Angela Merkel etwas älter und etwas konsterniert. Wir erhalten gleichzeitig Zugang zu allen Informationen, die wir von Angela Merkel gespeichert haben (CDU, Bundeskanzlerin, „Wir schaffen das" usw.).

Hätten unsere Augen Bilder einer uns völlig fremden Person wahrgenommen, hätte unser System 1 uns eben das fremde Gesicht mit der entsprechenden Mimik und deren Bedeutung „lächelnd" und „konsterniert" und gegebenenfalls links jünger als rechts geliefert, mehr nicht. Mehr ist aus unserem Erfahrungsspeicher (Gedächtnis) auch nicht zu bekommen, wenn nicht mehr da ist. Aber alles passiert extrem schnell – deshalb „schnelles Denken".

Fazit 2: Das System 2 bekommt die Informationen von System 1, das eine mehr oder weniger komplizierte Aufgabe vorliegt, inklusive der Mathematikkenntnisse aus unserem Gedächtnis. System 1 selbst kann diese Aufgabe nicht lösen. System 2 kann durch Logik, Kreativität und Systematik diese Aufgaben lösen, braucht aber dazu jede Menge Zeit (langsames Denken). Daniel Kahneman schreibt:

„Die Operationen von System 2 gehen oftmals mit dem subjektiven Erleben von Handlungsmacht, Entscheidungsfreiheit und Konzentration einher."

Dieses subjektive Erleben stimmt eben nur zum Teil (Ich-Illusion).

Fazit 3: Ohne die Vorarbeit von System 1, welches uns (unserem Bewusstsein) die Aufgabe 15 × 365 und den Lösungsweg aus dem Gedächtnis in Bruchteilen von Sekunden „geliefert" hat, könnte System 2 diese Aufgabe auch nicht lösen. Hätten unsere Augen anstelle der Multiplikationsaufgabe chinesische Schriftzeichen wahrgenommen, hätte System 1 zwar Größe, Form und Farbe geliefert, aber keine passenden Informationen in unserem Gedächtnis zu diesen Zeichen gefunden. Unser Bewusstsein bzw. System 2 könnten definitiv nichts mit diesen Informationen anfangen.

Fazit 4: Für das bessere Verständnis der Hypothese von Kahneman würde sich das Gedächtnis als System 3 anbieten, denn ohne gespeicherte Erfahrungen, Wissen und Erkenntnisse (EWE) läuft nichts.

Persönlichkeit

Menschen zeigen in dem, was sie tun, in ihren Gewohnheiten, ihrem Wesen bzw. durch ihr Verhalten ein Muster, das wir als Persönlichkeit bezeichnen.

(Quelle: nach Gerhard Roth)

Jeder Mensch ist also eine Persönlichkeit, aber was ist eine Persönlichkeit? Jeder Mensch möchte von seinem Gegenüber wissen, mit welcher Persönlichkeit er es wohl zu tun hat. Aber wie, wodurch und woher kann er das erfahren? Gibt es Menschen, die keine Persönlichkeit haben? Es ist nur folgerichtig, dass es auch für den Begriff Persönlichkeit viele unterschiedliche Definitionen gibt. Hier sind einige zur Auswahl:

- „Die Persönlichkeit ist die Summe der aktuellen oder potenziellen **Verhaltensmuster** eines Organismus, bestimmt durch die **Vererbung**, und die Summe der aktuellen und potenziellen **Verhaltensmuster** eines Organismus, bestimmt durch die **Erbschaft und die Umwelt**."

(Quelle: Eysenck, 1947)

- „Persönlichkeit ist das typische **Verhaltensmuster**, einschließlich **Gedanken** und **Emotionen**, dass die Anpassung des Individuums an Lebenssituationen kennzeichnet."

(Quelle: Michel, 1976)

- Laut Wörterbuch umfasst die Persönlichkeit eines Menschen *„die Gesamtheit der persönlichen (charakteristischen und individuellen) Eigenschaften"*. Der Charakter eines Menschen wird beschrieben als *„das individuelle Gepräge durch ererbte und erworbene Eigenschaften"* – (Definition ebenfalls nach Wörterbuch) oder
- der Charakter ist eine *Eigenschaft*, die geprägt ist von unseren *Genen*, unserer *Umwelt* und den gesammelten *Erfahrungen*
- nach Gerhard Roth versteht man unter Persönlichkeit *„eine Kombination von Merkmalen des Temperaments, des Gefühlslebens, des Intellekts und der Art, sich zu artikulieren, zu kommunizieren und sich zu bewegen, hinsichtlich derer sich eine Person von einer anderen unterscheidet"*.

Ersetzten Sie in den jeweiligen Definitionen **Verhaltensmuster** durch **Eigenschaften** oder umgekehrt und ersetzen Sie beide Begriffe durch **individuelles**

Fühlen, Denken und Handeln sowie **Umwelt** durch **Informationen**, dann werden Sie eine prinzipielle inhaltliche Übereinstimmung der einzelnen Definitionen feststellen.

Gemäß unserer etwas einfacheren Terminologie umfasst der Begriff Persönlichkeit schlicht und einfach das individuelle *Fühlen, Denken und Handeln* eines Menschen. Warum?

Weil wir von folgenden Hypothesen ausgehen:

1. Unser *Handeln* ist das Ergebnis unseres *Fühlens und Denkens* (ausgenommen der Handlungen im Affekt).

2. Unser *Fühlen* wird durch *Informationen* erzeugt und unser *Denken* ist die Verarbeitung der von unserem Körper und seinen Sinnesorganen wahrgenommenen *Informationen* im Gehirn.

3. Neben den Sinnesorganen ist das Gedächtnis der wichtigste „Lieferant" von *Informationen*.

4. Ein nicht unwesentlicher Teil der Struktur und Arbeitsweise unseres Gehirns (Verhaltensmuster – Fühlen, Denken, Handeln) wird durch **vererbte Gene** bestimmt.

5. Das bedeutet, neben den *ererbten Verhaltensmustern* bestimmen sowohl aktuelle als auch früher im Gedächtnis gespeicherte *Informationen* unser *Fühlen und Denken* und damit natürlich auch unser *Handeln*, also unsere *Persönlichkeit.*

Frage: Was bestimmt unsere Persönlichkeit mehr, die ererbten Verhaltensmuster oder die Informationen?

Antwort: Unser Verhalten wird vom Zeitpunkt der Geburt an überwiegend von einem gigantischen *individuellen und vielfältigen Informationskomplex (Umwelt)* bestimmt!

Genetische Erbanlagen hin oder her – viele Gene müssen in vielen Fällen und oft auch in einem bestimmten Zeitfenster durch bestimmte Informationen überhaupt erst aktiviert werden (Genexpression). Allein der Besitz bestimmter Gene bedeutet nicht, dass sie auch wirksam werden.

Die frühkindliche Prägung (ein Teil vom *Informationskomplex*) bis zur Pubertät und noch darüber hinaus ist ein ganz entscheidender Faktor für Persönlichkeitsmerkmale. In dieser Phase wird der Grundstock an Informationen im Gedächtnis (Erfahrungen, Meinungen, Wissen, Erkenntnisse) angelegt.

Die **Informationen** treffen in diesem Zeitfenster bezüglich der vorhandenen Netzwerke praktisch auf ein nahezu leeres Gehirn (ererbte Netzwerke) und können *„ihre"* prägenden Netzwerke ohne Platzprobleme aufbauen und konsolidieren, bis das Gehirn bezüglich seiner Netzwerke voll ist" (Pubertät). In vielen Fällen erfolgt eine Verfestigung dieser „frühkindlichen Netzwerke" bis zur wirtschaftlichen oder mentalen Selbstständigkeit.

Danach können in Einzelfällen Brüche oder eine Abspaltung von der überwiegend familiären Prägung erfolgen. In den meisten Fällen wird die Prägung jedoch beibehalten oder sogar verstärkt.

Natürlich ist die individuelle Prägung nicht mit der gesamten Persönlichkeit eines Individuums gleichzusetzen. Sie ist aber ein wesentlicher Teil davon. Kommt es zu einer Veränderung bzw. einer Überwindung der frühkindlichen Prägung, ändert sich auch die Persönlichkeit.

Das sieht die Persönlichkeitspsychologie naturgemäß etwas anders. Gerhard Roth erläutert den Ansatz „Big Five" nach Hans Eysenck *(Hans Jürgen Eysenck war ein deutschstämmiger britischer Psychologe, der besonders mit seinen Forschungen zu Unterschieden in der menschlichen Intelligenz und Persönlichkeit bekannt wurde).*

Die BIG FIVE (die fünf Grundfaktoren der Persönlichkeit eines Menschen)

Im folgenden erfahren Sie, welche Eigenschaften zu welcher der fünf Persönlichkeitskategorien gehören:

1. **Offenheit**
   positiv: breit interessiert, einfallsreich, phantasievoll, intelligent, originell, wissbegierig, intellektuell, künstlerisch, gescheit, erfinderisch, geistreich, weise
   negativ: gewöhnlich, einseitig interessiert, einfach, ohne Tiefgang, unintelligent.

2. **Extraversion**
   positiv (extrovertiert): gesprächig, bestimmt, aktiv, energisch, offen, dominant, enthusiastisch, sozial, abenteuerlustig
   negativ (introvertiert): still, reserviert, scheu, zurückgezogen.

3. **Gewissenhaftigkeit**
   positiv: organisiert, sorgfältig, planend, effektiv, verantwortlich, zuverlässig, genau, praktisch, vorsichtig, überlegt, gewissenhaft
   negativ: sorglos, unordentlich, leichtsinnig, unverantwortlich, unzuverlässig, vergesslich.

4. **Verträglichkeit**
   positiv: mitfühlend, nett, bewundernd, herzlich, weichherzig, warm, großzügig, vertrauensvoll, hilfsbereit, nachsichtig, freundlich, kooperativ, feinfühlig
   negativ: kalt, unfreundlich, streitsüchtig, hartherzig, grausam, undankbar, mickrig.

5. **Neurotizismus** (labiler, krankhafter Gemütszustand)
   krankhaft: gespannt, ängstlich, nervös, launisch, besorgt, empfindlich, reizbar, furchtsam, selbst bemitleidend, unstabil, mutlos, verzagt, emotional
   gesund: stabil, ruhig, zufrieden.

Gerhard Roth weist in seinem Buch ausdrücklich auf die *„biologischen Einflüsse auf die Persönlichkeitsmerkmale"* eines Menschen hin und fasst drei wesentliche Faktoren zusammen:

- *Ererbte Gene*, die er als weitgehend umweltunabhängig ansieht, ihnen jedoch gleichzeitig komplizierte Wechselwirkungen untereinander bescheinigt.

- **Umwelteinflüsse**, die mehr oder weniger zufällig über die bereits ausgebildeten Sinnesorgane im Mutterleib wahrgenommen werden. Dazu kommen Nähr-, Boten- und Schadstoffe, die über den gemeinsamen Blutkreislauf mit der Mutter aufgenommen werden sowie physiologische und mechanische Einflüsse während des Geburtsvorganges.
- **Die Erlebnisse eines Neugeborenen** nach der Geburt in den ersten Stunden, Tagen, Wochen und Monaten.

Die Bedeutung dieser drei Faktoren ist nach Gerhard Roth **qualitativ unbezweifelbar, aber quantitativ schwer abzuschätzen.**

„**Qualitativ unbezweifelbar**" bedeutet, dass diese drei Faktoren auf jeden Fall Einfluss auf die Entwicklung von Persönlichkeitsmerkmalen eines Individuums haben.

„**Quantitativ schwer abzuschätzen**" bedeutet, welcher dieser genannten drei Faktoren bei welchem Individuum welchen Einfluss hat, ist nicht nachvollziehbar.

Wenn Sie wissen möchten, welche Persönlichkeitsmerkmale auf Sie zutreffen, finden Sie im Internet unter dem Begriff „Big-Five-Persönlichkeitstest" jede Menge Online-Testangebote.

Welches Ergebnis Sie auch immer von einem „Big Five Test" bekommen, wenn die Theorie der drei Faktoren nach Gerhard Roth zutrifft, die Ihre Persönlichkeit bestimmen, wissen Sie nun auch, dass Sie keinen dieser drei Faktoren jemals beeinflussen noch kennenlernen konnten. Selbst wenn Sie genau wüssten, welche Gene Sie ererbt, welchen Umwelteinflüssen Sie im Mutterleib ausgesetzt waren und was Sie in den ersten Tagen, Wochen, Monaten nach Ihrer Geburt so erlebt haben, könnten Sie mit diesem Wissen nichts anfangen. Kurz und schmerzlos: Sie haben weder Einfluss auf noch Schuld an Ihren Persönlichkeitsmerkmalen und das würde bedeuten, dass nur der Zufall bestimmt, welche Persönlichkeit Sie sind bzw. zu welcher Persönlichkeit Sie sich zwangsläufig entwickelt haben.

Theoretisch könnten Sie sich zurücklehnen und sich Ihrem Testergebnis bzw. Ihrer Persönlichkeit ergeben, Sie sind ja völlig unschuldig, aber Pustekuchen!

Was ist mit der Plastizität des Gehirns? Was mit der frühkindlichen Prägung, was ist mit den Informationen aus der Umwelt, mit Erfahrungen, Wissen und Erkenntnissen?

Ich persönlich bin davon überzeugt, dass die Plastizität unseres Gehirns ein sehr großes Potential für Veränderungen der Persönlichkeit auch nach der Pubertät bietet.

Ich bin ebenso davon überzeugt, dass Informationen die Persönlichkeit im Verlauf eines Lebens bis zu einem gewissen Grad verändern können. Die Betonung liegt auf „bis zu einem gewissen Grad" und einschränkend müssen wir akzeptieren, dass der Aufwand für eine extrinsisch (von außen) gewünschte Persönlichkeitsveränderung auch nur einer einzigen Person ab einem bestimmten Lebensalter die personellen, finanziellen und zeitlichen Möglichkeiten einer Gesellschaft sprengen kann und es noch dazu keinerlei Erfolgsgarantie gibt. Heerscharen von Psychiatern weltweit scheitern an solchen Veränderungsversuchen, weil selbst mit täglichen „Sitzungen" kein durchschlagender Erfolg erzielt werden kann. Wenn überhaupt, dann müssten radikal alle Lebensumstände auf den Prüfstand. Ein auf die jeweilige individuelle Persönlichkeitsprägung zugeschnittenes Informationskonzept müsste erarbeitet werden und es bedarf neben einem Ortswechsel sehr vieler Menschen, die über einen langen Zeitraum intensive Beziehungen aufbauen, pflegen und durch ihr Verhalten und ihren Einfluss die Persönlichkeit des Probanden behutsam und Schritt für Schritt verändern.

Anders sieht es mit einer intrinsischen (vom Probanden selbst gewollten) Persönlichkeitsveränderung aus. Hier genügen in den meisten Fällen wenige Bezugspersonen, die Orientierung und Wissen vermitteln und ein entsprechendes Umfeld, das die schrittweisen Veränderungen registriert und im Erfolgsfall belohnt. Wobei die Formulierung „selbst gewollt" natürlich nicht ganz logisch ist, weil es nach unserer Überzeugung keinen freien Willen gibt.

Es sind wieder entsprechende Informationen, die diesen Wunsch nach einer Persönlichkeitsveränderung erzeugen, und die Ich-Illusion sorgt dafür, dass wir glauben, wir hätten es selbst gewollt.

Der von Gerhard Roth und anderen Wissenschaftlern favorisierte Reifeprozess einer Persönlichkeit soll sowohl im positiven wie auch im negativen Sinn ein Leben lang anhalten.

Frage 1: Entwickelt sich eine Persönlichkeit, zu deren Eigenschaften das Falschdenken gehört und die es sich in ihrer Intelligenzfalle gemütlich gemacht hat, im Laufe ihres Lebens zu einem perfekten Falschdenker?

Antwort: Nicht unbedingt! Das Beispiel des Journalisten, der seine Artikel mit dem Zweifingersystem auf der Computertastatur tippt, besagt, dass er nach 20 Jahren Berufstätigkeit ein perfekter Zweifingerschreiber geworden ist. Hätte er allerdings in jungen Jahren das Schreiben mit jeweils fünf Fingern erlernt, wäre er mittlerweile auch damit perfekt, aber deutlich schneller beim Schreiben.

Frage 2: Wird eine Persönlichkeit, die vertrauensvoll und hilfsbereit ist, gegebenenfalls trotz mehrfacher Enttäuschungserlebnisse, mit zunehmendem Alter immer noch vertrauensvoller und hilfsbereiter?

Antwort: Nicht unbedingt! Ein Reifeprozess schließt Veränderungen nicht automatisch aus. Im Gegenteil, während eines Reifeprozesses können negative oder positive Persönlichkeitsmerkmale verstärkt werden. Es können aber auch nur in Anlagen vorhandene Merkmale durchaus noch entwickelt werden.

Grundsätzlich kann die frühkindliche Prägung bis zur Pubertät am wirksamsten genetisch angeborene und als Embryo erfahrene Persönlichkeitsmerkmale verändern. Das Problem ist, dass mögliche Persönlichkeitsmerkmale, die aufgrund der drei biologischen Einflussfaktoren entstanden sein könnten, bei einem wenige Monate alten Kleinkind nicht wirklich erkennbar sind. Damit kann natürlich auch eine spätere Veränderung durch frühkindliche Prägung nicht eindeutig nachgewiesen werden.

Zudem ist die Frage berechtigt, ob eine Einteilung eines Menschen in ein Persönlichkeitsschema analog „Big Five" oder ähnlichen Schemen überhaupt sinnvoll ist und inwieweit diese Einteilung dann realistisch sein kann. Vielleicht ist der eine oder andere Zeitgenosse ja auch eine zwiespältige oder eine mehrspaltige Persönlichkeit, um mit Richard David Precht zu sprechen: „Wer bin ich, und wenn ja, wie viele?"

Wird unser Verhalten nicht zunehmend situationsabhängig von äußeren Einflüssen bestimmt? Wenn unsere bisherigen Gedanken und Betrachtungen vom Denken inklusive der Hypothese von der Fühl- und Denkfabrik Gehirn auch nur annähernd zutreffen, dann wird unser Handeln überwiegend vom Fühlen und Denken bestimmt. Unser Fühlen und Denken wiederum werden zum einen von Millionen wahrgenommener Informationen und zum anderen von den Trilliarden bis Sextilliarden im Gedächtnis gespeicherten Informationen bestimmt. Letzteres ist ein unüberschaubares Sammelsurium von Wissen, Erlebnissen, Erkenntnissen, Erfahrungen, Lügen, Fake News, Müllnachrichten usw. Informationen aus diesem Sammelsurium werden von unserem „doofen" Unterbewusstsein bei Bedarf und/oder nach dem Zufallsprinzip abgerufen und unserem Bewusstsein zur Verarbeitung übergeben. Damit bestimmt dieses Sammelsurium von Gedächtnisinhalten unser Fühlen, Denken und Handeln und damit unsere Persönlichkeit für jede erlebte Situation, die wiederum mit bestimmten Gefühlen unterlegt ist. In jeder Situation können sich, abhängig von der Intensität des jeweiligen Erlebnisses, unsere Persönlichkeitsmerkmale verändern. Je ungewohnter, bedrohlicher oder extremer die Situation, umso stärker die phasenweise Persönlichkeitsveränderung, die sich im schlimmsten Fall auch zu einer posttraumatischen Belastungsstörung entwickeln kann.

Die typischen Symptome bei einer Posttraumatischen Belastungsstörung sind:

- *Symptome des Wiedererlebens: sich aufdrängende, belastende Erinnerungen an das Trauma, Flashbacks, Alpträume*
- *Vermeidungssymptome: emotionale Stumpfheit, Gleichgültigkeit und Teilnahmslosigkeit der Umgebung und anderen Menschen gegenüber, aktive Vermeidung von Aktivitäten und Situationen, die Erinnerungen an das Trauma wachrufen könnten. Manchmal können wichtige Aspekte des traumatischen Erlebnisses nicht mehr (vollständig) erinnert werden*
- *Vegetative Übererregtheit: Schlafstörungen, Reizbarkeit, Konzentrationsschwierigkeiten, erhöhte Wachsamkeit, übermäßige Schreckhaftigkeit*

Bei vielen Betroffenen ist das Selbst- und Weltbild erschüttert und das Vertrauen in andere Menschen nachhaltig gestört. Viele Betroffene leiden zudem unter schweren Schuld- oder Schamgefühlen oder unter Selbsthass. Die Leistungsfähigkeit in wichtigen Lebensbereichen ist eingeschränkt, die Bewältigung des Alltags wird für viele zur Qual.

(Quelle: Neurologen und Psychiater im Netz)

Hier ein Zitat aus Niels Birbaumers lesenswerten Buch „Dein Gehirn weiß mehr, als Du denkst" (ein Buch, das die Neuroplastizität als schier unbegrenzte Formbarkeit des Gehirns, also seine prinzipielle Veränderbarkeit und Beeinflussbarkeit in jede Richtung zum Inhalt hat). Prof. Birbaumer schreibt in seinem Vorwort:

„Aus Kindern werden Erwachsene, aus redegewandten Professoren demente Pflegefälle und aus liberalen Demokraten ultrakonservative Dogmatiker, die angepasste Ehefrau verwandelt sich in einen wollüstigen Vamp, der liebevolle Ehemann in einen brutalen Vergewaltiger, der Studienabbrecher

wird zum Dotcom-Milliardär und das Mauerblümchen zum Showstar, der schließlich als Alkoholiker endet. Was den Lebenslauf (die Persönlichkeitsentwicklung – d. A.) *eines Menschen angeht, gibt es nichts, was es nicht gibt."*

Es gibt nichts, was es nicht gibt, und nach Prof. Birbaumer ist ein Gehirn schier unbegrenzt formbar und das bedeutet, jede Persönlichkeit ist veränderbar. Demnach wäre es also theoretisch möglich, einem gefühllosen Psychopaten in einen empathischen Menschen umzuwandeln. Die Frage ist nur, wer kann diese Veränderung mit welchen Mitteln bewirken? Ein Birbaumer reicht da leider nicht. Zumal diese von Prof. Birbaumer entwickelten Therapien vermutlich nur von entsprechend ausgebildetem Personal, also von Neurologen bzw. Neurobiologen durchgeführt werden können, es gibt keine Erfolgsgarantie.

Selbst wenn jeder normale Psychiater diese Therapie durchführen könnte, hätten wir wenigstens ein Kapazitätsproblem.

Nach Schätzungen beläuft sich die Anzahl der in unserer Bevölkerung aktiven Psychopaten auf ca. 2 bis 4 %, das wären also minimal ca. 1,72 Millionen. In Deutschland gibt es ca. 13.500 Psychiater, d. h., auf einen Psychiater kämen dann ungefähr 127 Psychopaten, die neben jeder Menge anderer und weniger persönlichkeitsgestörten Patienten (z. B. Depression) behandelt werden müssten. Der AOK Bundesverband schätzt allein die Zahl der an Depression erkrankten Menschen auf ca. 5,3 Millionen. Insgesamt wird davon ausgegangen, dass ca. 10 % der Bevölkerung an einer Persönlichkeitsstörung leiden. Theoretisch kämen also noch ca. 630 Patienten pro Psychiater hinzu und schon sind wir bei theoretisch über 700 Patienten pro Psychiater, was ungefähr eine einstündige Behandlung pro Patienten aller vier Monate ermöglichen würde. Mit einer solchen „Behandlungsdichte" kann weder eine leichte Depression erfolgreich behandelt werden, geschweige denn aus einem Psychopaten ein mitfühlender Mensch geformt werden. Aus die Maus!

Frage: Warum gibt es eigentlich so viele unterschiedliche Persönlichkeitsmerkmale?

Antwort: Weil es so viele unterschiedliche Menschen gibt.

Frage: Warum gibt es so viele unterschiedliche Menschen?

Antwort: Weil die Menschen Zellhaufen sind, die aus jeweils ca. 100 Billionen Zellen in ca. 250 unterschiedlichen Zellarten bestehen. Diese unterschiedlichen Zellen sind ihrerseits wieder Molekülhaufen, die aus Tausenden unterschiedlicher Moleküle bestehen usw.

Das sogenannte Erbgut eines Menschen (DNA) wird in Form von ca. 46.000 sogenannten Genen repräsentiert. Gene sind Abschnitte der DNA, also „Kettenglieder" der Molekülkette DNA und damit selbst Moleküle usw. – mehr müssen wir an dieser Stelle gar nicht wissen.

Es reicht schon die vage dämmernde Erkenntnis, dass allein die Anzahl der Varianten von Zellen zu einer nahezu unendlichen Vielfalt unterschiedlicher Menschen führen muss. Dazu kommen noch die unendlich vielen Möglichkeiten der Kombination von 23.000 Genen von der Mutter und 23.000 vom Vater, also von jeweils 46.000 die Hälfte, nur welche?

Somit unterscheiden sich die Menschen nicht nur in Äußerlichkeiten wie Form, Farbe, Gestalt, Größe usw., sondern auch hinsichtlich ihrer Organe und damit hinsichtlich ihrer Fühl- und Denkfabriken, der Gehirne, also in ihrem gesamten Fühlen, Denken und Handeln und nach Big Five in insgesamt 83 Persönlichkeitsmerkmalen.

Fakt ist, dass abhängig vom Gesellschaftssystem nicht jedes Individuum seine Persönlichkeitsmerkmale einfach so ausleben kann. Kinder sind in ihrer Persönlichkeitsentfaltung abhängig von den Persönlichkeiten der Eltern, Schüler von denen der Lehrer, Lehrlinge von denen der Ausbilder, Studenten von denen der Professoren und Arbeiter und Angestellte von denen ihrer Vorgesetzten. Geschäftsinhaber, Verkäufer, Handwerker, Hotel – und Gaststättenbetreiber u. Ä. sind abhängig von den Persönlichkeiten ihrer Kunden. Künstler, Musiker, Schauspieler und Sänger sind abhängig vom Publikum. Nur sehr wenigen Menschen ist es möglich, ihre Persönlichkeit frei auszuleben. Die meisten müssen bis zum Ruhestand damit warten.

„Wer abhängig ist, muss sich anpassen, um überleben zu können, und muss sich sehr anpassen, um aufsteigen zu können."

(Autor unbekannt)

Nach meiner Erfahrung wird die wahre Persönlichkeit eines Menschen (sein wahrer Charakter) überwiegend in zwei Szenarien sichtbar:

1. *in Extremsituationen:* wie z. B. Krieg, Armeedienst, Gefängnis, Existenzbedrohung, Streit und Krisensituationen usw.

2. *in Machtpositionen:* Erlangt ein Mensch große Macht, dann wird er seine Persönlichkeitsmerkmale hemmungslos ausleben. Aktuelle Beispiele: Trump, Bolsonaro, Kim Yong Un, Erdogan u. v. a.

Unter normalen Umständen hingegen verbringen die meisten Menschen den größten Teil ihres Lebens mit Anpassung bzw. mit Änderung oder Unterdrückung der eigenen Persönlichkeitseigenschaften.

Jede Form von Abhängigkeit, sei es auch nur in der Ehe oder in der Familie, führt dazu, dass die eigene Persönlichkeit zumindest teilweise zurückgestellt oder unterdrückt werden muss. Das bedeutet, dass wir je nach Situation auch gegen unser Fühlen und Denken bzw. gegen unsere Überzeugung handeln müssen, was den Mitarbeitern (Nervenzellen) unserer Fühl- und Denkfabrik nicht gefallen dürfte. Das Arbeitsklima verschlechtert sich, das Denken wird fehleranfällig und es entstehen negative Gefühle. Je nach Größe der Diskrepanz zwischen Denken und „erzwungenem" Handeln wachsen diese negativen Gefühle (Überproduktion bestimmter Botenstoffe) und verschlechtern die Arbeitsatmosphäre weiter. Wir haben bereits im Abschnitt „Gefühle" darauf hingewiesen, dass eine schlechte Arbeitsatmosphäre über eine längere Zeit nicht nur dem Denkprozess schadet und falsches Denken befördert. Auch die Organisation bzw. Steuerung der Körperfunktionen kann stark beeinträchtigt werden, was gegebenenfalls psychische oder körperliche Erkrankungen zur Folge haben kann. Hierbei sind die Grenzen zwischen bereits vorhandenen leichten Krankheitssymptomen, die lediglich verstärkt werden und Neuerkrankungen fließend.

Das Zusammenleben mehrerer Menschen auf begrenzten Raum erfordert Anpassung, gegenseitigen Respekt und Rücksichtnahme, sowie Einschränkungen und Verzicht. Es erfordert von einem Individuum zweifellos auch, seine Persönlichkeit in bestimmten Situationen etwas zurückzunehmen und die Persönlichkeit anderer Menschen zuzulassen und zu akzeptieren.

Wir fassen zusammen:

Fazit 1: Nach Meinung vieler Wissenschaftler bestimmen vorwiegend biologische Einflüsse die Persönlichkeitsmerkmale eines Menschen. Des Weiteren soll ein Mensch in seiner Persönlichkeit ein Leben lang festgelegt sein und lediglich einem Reifeprozess unterliegen.

Nach Meinung von Prof. Niels Birbaumer sind Persönlichkeitsmerkmale aufgrund der Plastizität des Gehirns grundsätzlich veränderbar. Durch Erfahrungen, Wissen und Erkenntnisse kann ein Mensch seine Persönlichkeit verändern!

Das Verändern der Persönlichkeit eines Menschen durch andere Menschen ist jedoch, wenn überhaupt, nur mit einem sehr hohen Aufwand und ohne Erfolgsgarantie möglich.

Fazit 2:

„Jeder Mensch ist anders als die anderen und teilt gleichzeitig ähnliche Eigenschaften mit ihnen."

(Quelle: Gerhard Roth)

Mein persönliches Fazit fällt noch etwas krasser aus: „Jeder Mensch ist nicht nur anders als jeder andere Mensch. Er kann auch situationsbedingt in seinem eigenen Verhalten variieren, also plötzlich Eigenschaften aufweisen, die in seinem bisherigen Persönlichkeitsprofil gar nicht so enthalten sind. Warum? Weil sein Fühlen, Denken und Handeln von Informationen bestimmt werden, die in Zusammenhang mit bestimmten Informationsphasen so dominant sein können, dass das übliche Verhalten förmlich „über den Haufen geworfen" wird und der Mensch sozusagen über sich und seine bisherige „Persönlichkeit" hinauswächst.

Aber auch das Gegenteil kann eintreten, nämlich dass sein Verhalten in bestimmten Situationen unter seinen Möglichkeiten bleibt und er zumindest im Vergleich zu seinem gewohnten Verhaltensmuster jämmerlich versagt.

„Panta rhei – alles ist im Fluss." Persönlichkeit ist also kein fester unveränderlicher Bestandteil eines Menschen und auch keine erworbene Fähigkeit wie Radfahren oder Lesen.

Fazit 3: Das Durchsetzen der eigenen Persönlichkeit kann unter Umständen im Widerspruch zum Grundbedürfnis des Gehirns nach Kohärenz bzw. Energieeinsparung stehen. Vielleicht ist das auch ein Grund für die Charakterschwäche vieler Menschen, denn Charakter zeigen bedeutet auch das Festhalten an Persönlichkeitsmerkmalen in Situationen, in denen dies nicht von Vorteil ist oder gar Ärger einbringt und somit sehr viel Energie kostet.

Was ist Glauben?

Wir müssen zwischen mindestens zwei unterschiedlichen Verwendungen des Begriffes Glauben unterscheiden:

- etwas glauben im alltäglichen Sinn,
- glauben im religiösen Sinn.

Der Unterschied zwischen beiden Verwendungen könnte nicht größer sein. Im Alltag bedeutet etwas zu glauben, es handelt sich um eine Vermutung, die nicht zwangsläufig richtig sein muss, wie z. B. „Ich glaube, morgen könnte es regnen" oder „Ich glaube nicht, dass morgen die Sonne scheint". Das heißt, wir implizieren mit dem Wort „glauben", dass etwas auch anders kommen kann, dass etwas nicht zwangsläufig eintreten muss, dass es sich also nur um eine Vermutung und keine Behauptung oder Feststellung handelt.

Anders im religiösen Sprachgebrauch, wo der Glaube die Religion selbst ist. Ohne den Glauben existiert eine Religion nicht. Im Gegensatz zu einer Vermutung ist hier der Glaube an die Existenz eines (oder mehrerer) höheren Wesens für einen Nichtgläubigen zwar nur eine Behauptung, für einen Gläubigen aber eine Tatsache oder ein unumstößlicher Fakt. Eine Existenz kann zwar nicht bewiesen werden, aber das muss auch nicht sein, denn Glaube braucht keine Beweise. Religionen bieten eine Universalerklärung für alles, was die Menschen nicht wissen, was sie sich nicht erklären, sich nicht vorstellen oder nicht verstehen können. An und für sich eine gute Sache für die Menschen, denn mit einem Gott oder mehreren Göttern an ihrer Seite haben sie plötzlich eine Ursache bzw. einen Verantwortlichen für alles, was ihnen auf der Welt passiert oder nicht passiert. Da der Glaube beinhaltet, dass Gott allmächtig ist, darf an seinen Entscheidungen auch nicht gezweifelt werden. Ein gläubiger Mensch akzeptiert den Willen seiner Gottheit. Deshalb muss er sich selbst eigentlich keine Gedanken mehr machen. Gott der Allmächtige weiß alles, sieht alles, hört alles, kann alles, wenn er will. Der einzige Nachteil besteht darin, dass Gottes Wille ganz und gar nicht immer auch der Menschen Wille ist, zumindest nicht jedes Menschen Wille. Da können wir stundenlang beten, wenn Gott unser Gebet nicht erhört, wird er schon seine Gründe oder eben einen anderen Plan haben. Ich selbst bin christlich erzogen, mittlerweile jedoch eine überzeugter Atheist. Warum? In der Bibel im 4. Buch Mose steht unter anderem:

> *„Der HERR ist geduldig und von großer Barmherzigkeit und vergibt Missetat und Übertretung und lässt niemand ungestraft, sondern sucht heim die Missetat der Väter über die Kinder ins dritte und vierte Glied."*

Als uns der Vikar mit drohender Geste und bedeutungsschwerer Stimme in der Konfirmationsstunde diesen Spruch aus der Bibel erläuterte, war es bei mir vorbei. Ich fand es eine schreiende Ungerechtigkeit von Gott. Was kann ich für die Sünden meiner Väter, Großväter, Urgroßväter? Von diesem Tag an wuchsen meine Zweifel und ich begann Fragen zu stellen, die mir weder unser Pfarrer noch unser Vikar beantworten konnte. Der Tenor der Antworten lautete sinngemäß: Gott hat seinen eigenen Willen und der ist für uns Menschen unergründlich. Für mich blieb also die Erkenntnis: Wenn ich ganz artig bin, im Konfirmationsunterricht gut aufpasse, täglich bete und natürlich die zehn Gebote achte, also alles tue, um ein guter Christ zu sein, kann ich trotzdem von Gott bestraft werden. Und zwar deshalb, weil mein Urgroßvater, den ich überhaupt nicht gekannt habe, vielleicht ein schlechter Mensch war! Dieses Erlebnis leitete das Ende meiner kindlichen Frömmigkeit und den Anfang meiner atheistischen Überzeugung ein.

Daniel Kahneman hat zum Thema Glauben in seinem Buch „Schnelles Denken, langsames Denken" absolut treffend formuliert:

„Wir wissen, dass Menschen von einem unerschütterlichen Glauben an eine Überzeugung und, sei sie noch so absurd, erfüllt sein können, wenn sie darin von einer Gruppe gleichgesinnter bestärkt werden."

Dem ist eigentlich nichts hinzuzufügen, aber Glauben ist auch eine spezielle Form des Denkens.

Über etwas nachzudenken bedeutet, sich Gedanken zu diesem etwas zu machen. Sich Gedanken machen heißt, das Bewusstsein bearbeitet ein Thema gründlich und ausführlich. Dazu bekommt es vom Unterbewusstsein automatisch alles aus dem Gedächtnis geliefert, was vorhanden ist und irgendwie zum Thema passt. Fehlen dem Bewusstsein für ein Arbeitsergebnis zum Thema noch weitere Informationen, dann schauen wir in Büchern nach, suchen im Internet oder fragen jemanden, der uns die fehlenden Informationen geben kann. Diese zusätzlichen bzw. neu wahrgenommenen Informationen werden vom Unterbewusstsein vorverarbeitet und sowohl an das Bewusstsein geliefert, als auch wieder im Gedächtnis abgespeichert. Unser Bewusstsein kann jetzt fertig bearbeiten und es entstehen Meinungen, Erkenntnisse, Wissen und Überzeugungen, die wiederum sofort vom Unterbewusstsein im Gedächtnis abgespeichert werden. Je reichhaltiger und vielfältiger die Inhalte des Gedächtnisses, umso besser werden normalerweise die Arbeitsergebnisse unseres Bewusstseins. Einschränkung: „normalerweise", denn ein reichhaltiges Gedächtnis allein bringt gar nichts. Alles hängt vom Bewusstsein und seiner Fähigkeit, dieses reichhaltige Informationsangebot auch zu nutzen ab. Dafür muss das Bewusstsein trainiert werden, was Zeit und Energie kostet. Wir wissen mittlerweile, dass Energie im menschlichen Zellhaufen kostbar ist und dass unsere Fühl- und Denkfabrik Gehirn, wenn möglich, lieber Energie einsparen will. Und wir wissen, dass Zeit auch knapp ist, weil unser Unterbewusstsein unser Bewusstsein permanent mit allen möglichen Informationen zutextet, die nicht aufwendig bearbeitet werden müssen (GIGO-Prinzip). Kurz und gut, wenn unser Bewusstsein nicht von Anfang an darauf trainiert ist, wichtige von unwichtigen Informationen zu unterscheiden, wenn es nicht lernt, die wichtigen Informationen sorgfältig und gründlich zu verarbeiten, dann fängt das Bewusstsein an, Informationen einfach hinzunehmen. Das Bewusstsein spart Energie, denn darauf ist unsere Fühl- und Denkfabrik Gehirn programmiert. Anstelle des Denkens im Sinne von sorgfältiger, kritischer Verarbeitung von Informationen durch das Bewusstsein tritt einfach das Denken im Sinne von „Glauben". Das Bewusstsein akzeptiert einfach die Informationen ohne kritische Prüfung. Wenn einem Kind von seinen Eltern, zu denen es normalerweise großes Vertrauen besitzt, die Glaubensinhalte und Regeln einer Religion vermittelt werden, dann werden diese Inhalte im Gedächtnis nicht einfach nur gespeichert. Über den Zeitraum der Kindheit werden diese Religionsinhalte von den Eltern und dem ebenfalls religiösen Umfeld bewusst und unbewusst als permanente Informationen ausgesendet und im vergleichsweise nur „halbvollen" Gedächtnis des Kindes fest verankert. Diese frühkindliche oder auch kindliche Prägung bestimmt in sehr vielen Fällen das spätere Fühlen, Denken und Handeln dieser Menschen und damit ihr ganzes Leben. Religionen sind aber nur ein Beispiel für eine Prägung, denn im Prinzip kann alles Mögliche „geprägt" werden.

Vom Sozialverhalten im Umgang mit Menschen und Tieren über politische Überzeugungen bis hin zum Interesse für Kunst, Literatur, Musik, Sport usw., aber auch asoziales Verhalten, Misstrauen, Neid und vieles mehr.

Die Physiognomie des menschlichen Zellhaufens

Unter Physiognomie verstehen wir die äußere Erscheinung eines Menschen, angefangen von der Körpergröße, der Körperform, der Frisur, der Hautfarbe, der Haarfarbe, der Gesichtszüge usw. Bei eineiigen Zwillingen bestehen auf den ersten Blick verblüffende Ähnlichkeiten bezüglich der Physiognomie, im Detailvergleich sind es lediglich rund 50 % Übereinstimmung (Konkordanz), aber diese 50% reichen für Verwechslungen völlig aus. Ansonsten gibt es zwischen menschlichen Zellhaufen kaum eine Übereinstimmung, d. h., jeder der rund 7,8 Milliarden Menschen unterscheidet sich in seiner Physiognomie von allen anderen Menschen.

Das es hinsichtlich seiner Persönlichkeitsmerkmale und seines Fühlens, Denkens und Handelns keine Übereinstimmung gibt, haben wir bereits festgestellt. Die Physiognomie ist jedoch ein extrem wichtiger, weil offensichtlicher Bestandteil des Informationspaketes, das jeder Mensch unbewusst aussendet. Bei einer Begegnung zweier Menschen fällt praktisch zuerst die Physiognomie förmlich ins Auge, d. h., unsere optischen Sensorzellen senden die wahrgenommenen Äußerlichkeiten eines anderen Menschen an unser Unterbewusstsein. Mit Hilfe unseres Gedächtnisses, in dem unendlich viele Körpermerkmale abgespeichert sind, bastelt unser Unterbewusstsein in atemberaubender Geschwindigkeit ein Abbild (Repräsentation) des von den Sinnesorganen wahrgenommenen Menschen und sendet dieses Abbild an unser Bewusstsein. Jetzt wirkt wieder die Ich-Illusion und wir denken, wir hätten den fremden Menschen selbst gesehen. Der Clou dabei ist, dass nicht nur die Gesichtszüge wahrgenommen wurden, sondern dass mit Hilfe der Gedächtnisinhalte auch gleich ein erheblicher Teil des Informationspaketes erfasst wurde. Zum Beispiel verrät der Gesichtsausdruck die Stimmungslage des wahrgenommenen Menschen, die Art der Kleidung verrät etwas über Geschmack und gegebenenfalls auch die finanzielle Situation usw.

Sie erinnern sich an System 1 von Daniel Kahneman. Im Gegensatz zu tierischen Zellhaufen (TZH) „verstecken" wir Menschen unsere Physiognomie entweder mehr oder weniger in diverser Bekleidung, oder wir betonen unsere Physiognomie mit Hilfe der Bekleidung. Damit beeinflussen wir natürlich unser individuelles Informationspaket enorm. Nicht umsonst gilt der Spruch auch in unserer Informationsgesellschaft: Kleider machen Leute! Unsere Art, uns zu kleiden, verrät sehr viel von unserer Persönlichkeit. Dabei werden wir definitiv von inszenierten, manipulierten, auf alle Fälle menschengemachten Trends bzw. Modeerscheinungen beeinflusst. Allerdings gibt es in der islamischen Welt Religionen, die gegen diesen ganzen Modezirkus seit Jahrhunderten „Geheimwaffen" einsetzen: die Burka, den Niqab oder den Hijab. Sie können jederzeit im Internet erfahren, worin der Unterschied dieser Kleidungsstücke besteht. Auf jeden Fall verhindert z. B. der Niqab nahezu das komplette Informationspaket, das normalerweise gesendet wird. Sie erfahren definitiv erstmal nicht, ob in Ihrem „Gegenüberstoffsack" ein männlicher, weiblicher, alter oder junger Mensch steckt. Ursprünglich kommen Verschleierungen wohl von den Beduinenstämmen, die sich in der Wüste damit vor Sandstürmen schützten. Eine Geschichte zur Ursache der Verschleierung ist zwar nicht verbürgt, aber originell:

Die Physiognomie des menschlichen Zellhaufens

Zu Lebzeiten des Propheten Mohammed rund 570 Jahre nach der Geburt von Christus, waren die Sitten ziemlich rau. Frauen waren wohl für manche Männer Freiwild, egal ob verheiratet oder nicht. So soll es auch vorgekommen sein, dass Frauen des Propheten zumindest sexuell belästigt wurden, was weder der Prophet noch dessen Frauen amüsant fanden. Kurzerhand befahl Mohammed seinen Frauen einen Vollschleier (Niqab) zu tragen und lies verkünden, dass diese seine verschleierten Frauen ab sofort als unberührbar anzusehen sind und Zuwiderhandlungen vom Gesandten Gottes dem Propheten und damit von Gott selbst hart bestraft werden.

Diese Idee des Propheten erwies sich als ideale Lösung für alle belästigten Frauen und deren Männer, sodass innerhalb kürzester Zeit sehr viele muslimische Frauen vollverschleiert in der Öffentlichkeit erschienen und größtenteils unbehelligt blieben. Die Idee war sogar so erfolgreich, dass sie bis heute Bestandteil der islamischen Tradition geblieben ist und manche religiösen Fanatiker es als Pflicht einer Frau ansehen, sich zumindest teilweise zu verhüllen. Eine Pflicht für eine Verschleierung gibt es im Islam entgegen anders lautender Informationen nicht. Der Niqab ist eine Tradition, die Gewohnheitsrecht wurde und die dem Brauchtum mancher Länder entstammt. In der Scharia, den Grundlagen des islamischen Rechtes, steht davon nichts. Der Prophet Mohammed äußerte sich zur Bekleidung der Frauen wie folgt: *„Ein Kleidungsstück darf nicht körperbetont, nicht enthüllend und nicht enganliegend sein. Das sind die drei Kriterien. Dazu kommt jedoch, dass die Kleidung die Hände und das Gesicht nicht bedecken darf."*

Es sind also größtenteils Falschdenkerinnen, die sich freiwillig in einen Sack stecken bzw. Falschdenker, die das ihren Frauen befehlen.

In meiner Kindheit waren es vor allem Seeleute, Soldaten und Strafgefangene, die sich mit irgendwelchen einfachen Motiven, meist Anker, Kreuze oder Herzen, tätowieren ließen. Nasenringe sowie andere metallene Fremdkörper in diversen Körperregionen kannten wir nur von bildlichen Darstellungen afrikanischer Stammesangehöriger. Heute sieht das ganz anders aus. Ohne Piercing und ohne Tätowierung ist man in bestimmten Altersgruppen schon fast eine Ausnahmeerscheinung.

Die aktuellen Trendsetter wie Fußballer, Musiker(innen) und Filmschauspieler(innen), Influenzer(innen) und andere Exoten zeigen nicht mehr nur Haut. Nein, sie zeigen Haut mit Bildern, mit Blumen, mit Porträts, mit Namenszügen,

Ornamenten oder eben asiatischen Schriftzeichen. Neuerdings natürlich auch in Farbe, je greller der Arm und je bunter der Rücken, umso größer der Charm und des Betrachters Entzücken. Leider ignorieren diese wandelnden Bildergalerien die Gefahren, die von den nicht ganz ungiftigen Farbpigmenten ausgehen können, Stichwort Schadmoleküle (Beispiel von Lord Kelvin zur Größe von Molekülen). Fakt ist, dass auch wenige Schadmoleküle (z. B. bestimmte Bestandteile von Tätowierfarben) irgendwann irgendeine Zelle eines tätowierten Menschen erreichen und deren Funktionen so beeinflussen können, dass sie anfängt sich unkontrolliert zu teilen. Da es aber niemanden gibt, der im Nachhinein feststellen kann, ob diese Zelle wegen des Nikotins (Raucher), wegen Schadmolekülen aus Tätowierfarbstoffen oder anderen Schadmolekülen an Krebs erkrankt sind, ist es praktisch auch egal. Auf ein Schadmolekül mehr oder weniger kommt es nicht an. Gefahren der unsichtbaren Art machen den Falschdenkern keine Angst. Tätowieren ist bestimmt viel gesünder als Rauchen und nicht jede(r) Raucher(in) erkrankt an Krebs und schon gar nicht jede(r) Tätowierte. Und Glyphosat steht lediglich unter Verdacht, krebserregend zu sein. „Geiz ist geil", Hauptsache alles ist billig und man hat Spaß. Zum Spaß lassen sich manche Zeitgenossen partiell oder auch von unten bis oben tätowieren. Aus Spaß schmücken sie sich mit Edelmetall an und in bestimmten Körperpartien. Ohne Zweifel sind derartige zum Teil kaum ohne Spuren wieder entfernbaren Körperverzierungen entweder Bestandteil der Persönlichkeit eines Menschen oder sie werden einfach dazu benutzt, das Informationspaket zu gestalten oder auch bewusst zu fälschen.

Nicht nur Kleider machen Leute, es ist das Gesamtpaket Persönlichkeit, das jeder Mensch unbewusst ausstrahlt oder auch bewusst ausstrahlen will, wenn er nicht zufällig in einem Stoffsack stecken muss. Kleidung, Accessoires, Frisur, Makeup und Körperschmuck sind optische Informationen, die persönliche Eigenschaften eines Menschen unterstreichen bzw. hervorheben sollen. Ob man nun gleich als wandelndes Bilderbuch durch die Welt wuseln muss, mag ich nicht beurteilen. Das ist Geschmackssache und über Geschmack lässt sich nicht streiten. Auf jeden Fall sind Piercings und Tätowierungen durchaus sogenannte „Eyecatcher", also Blickfänger, die über die üblichen Selbstdarstellungsneurosen von Menschen hinausgehen und deshalb eine bestimmte Wirkung erzielen. Eine Mensch mit dezenter Tätowierung kann aber auch durchaus solider rüberkommen, als der Träger eines Faschingskostüms auf einem Begräbnis.

Ich wiederhole an dieser Stelle gerne den Lieblingsspruch meines alten Herren: „Keiner weiß, wie er wirkt" und ergänze „Deshalb ist es zu empfehlen, ab und an in den Spiegel zu schauen und die wahrgenommenen Informationen im Gehirn, vorwiegend in der Abteilung Bewusstsein, zu verarbeiten (fühlen und denken) und gegebenenfalls zu handeln, also Hand an seiner äußeren Erscheinung anzulegen".

Fazit: Menschen sind für die ererbten Formen, Farben und Größen, also für die natürliche Optik ihres Körpers nicht verantwortlich. Wohl aber sind sie für den nicht ganz unbedeutenden Rest an optischen Hilfsmitteln verantwortlich, mit denen sie sich dank ihrer Intelligenz, ihres Erfindergeistes und ihrer Kreativität das Leben zumindest optisch bereichern.

Denken und Kommunikation

Kommunikation ist ein Austausch von Informationen. Dieser Austausch kann mit Gesten, Gebärden, Geräuschen, Sprache und Zeichen akustisch oder optisch, schriftlich oder mündlich erfolgen. Es gibt sehr viele Kommunikationsmöglichkeiten. Voraussetzungen einer jeden Kommunikationsform sind die Möglichkeiten der Wahrnehmung, der Verarbeitung und das Aussenden von Informationen. Ein menschlicher Zellhaufen kann mit einem oder mehreren menschlichen Zellhaufen, mit sich selbst oder auch mit einem imaginären Zellhaufen kommunizieren. Jede Kommunikation besteht prinzipiell aus Fragen und Antworten. Selbst wenn in einem Gespräch gar keine Fragen gestellt, sondern nur Antworten gegeben werden, so könnte man zu jeder Aussage (Information, Feststellung) wenigstens eine passende Frage formulieren. Menschliche Zellhaufen haben die Fähigkeit, mit einigen tierischen Zellhaufen zu kommunizieren und sogar freundschaftliche Beziehungen aufzubauen. Das trifft jedoch nur auf wenige tierische Zellhaufen zu. Die Kommunikation mit den meisten tierischen oder pflanzlichen Zellhaufen, mit Pilzen oder mit dem Kühlschrank, mit dem Auto oder mit dem Computer sind Selbstgespräche und natürlich Monologe, weil man keine Antwort erwartet. Beim Dialog erwartet man Antworten, im Notfall kann man sich aber auch selbst eine Antwort geben. Es gibt also Gespräche, die einfach aus ungefragten Antworten bestehen. Jede Feststellung und jede Meinungsäußerung ist im Prinzip eine Antwort auf eine oder mehrere mögliche, aber explizit nicht gestellte Fragen. Die Möglichkeit, sich anonym über soziale Medien ungefragt zu äußern bzw. Meinungen zu veröffentlichen, hat zu einem völlig neuen Verhalten vieler Menschen geführt. Obwohl uns niemand fragt, geben wir völlig enthemmt, aber natürlich anonym, unsere Meinung zu jedem und allem ab. Lügen, Gewaltandrohungen und andere Perversitäten können mehrheitlich ungestraft geäußert und veröffentlicht werden. Jeder beratungsresistente Falschdenker, jeder Intelligenzallergiker und jeder fanatische Dummbeutel kann seinen geistigen Müll auf diesen Kanälen in die Welt setzen. Dieser Art des Handelns gehen Fühlen und Denken voraus, was zu der Frage berechtigt, wie falsch bzw. wie krank fühlen und denken solche Menschen?

Übrigens sind Selbstgespräche Dialoge mit sich selbst und eine sehr wertvolle Art des Austauschs von Informationen mit sich selbst. Sie werden zu Unrecht von vielen Menschen belächelt. Beim Denken kommuniziert das Bewusstsein mit dem Unterbewusstsein, indem Gedanken in Worte gefasst werden. Wir menschlichen Zellhaufen können deshalb so komplizierte Themen denken, weil wir eine Sprache haben, um Objekte, Eigenschaften, Vorgänge, Tätigkeiten und Erkenntnisse zu beschreiben bzw. zu benennen. Selbstgespräche sind lautes Denken der Abteilung Bewusstsein, bei dem die Gedanken durch ihre akustische Äußerung und deren Wahrnehmung erneut vom Unterbewusstsein verarbeitet und gespeichert werden. Noch besser ist aber das sich selbst Schreiben. Ein „Selbstbrief" ist besser als ein „Selbstgespräch", weil die Gedanken auf Papier oder anderen Medien „materialisiert" werden und beliebig oft wahrgenommen und „überdacht" werden können.

Streit – eine Form der Kommunikation

Streit ist das *offene Austragen von Meinungsverschiedenheiten* zwischen zwei oder mehreren Menschen, zwischen Organisationen von Menschen oder gar zwischen Regierungen von Ländern, besser zwischen den Regierungsvertretern von Regierungen von Ländern.

Eine Meinung ist ein Denkergebnis (eine Einstellung bzw. eine Überzeugung) eines Menschen zu etwas, oder zum Fühlen, Denken und Handeln eines oder mehrerer anderer Menschen bzw. deren Organisationen.

Die Veröffentlichung bzw. Äußerung eines Denkergebnisses ist praktisch eine ungefragte, subjektive Meinungsäußerung eines Menschen.

Wenn also ein Mensch sein Denkergebnis (Meinung) ungefragt einem anderen Menschen mitteilt, ist das eine Information, die der andere Mensch wahrnehmen muss. Es handelt sich sozusagen um die Kommunikationsform Monolog.

Im Gegensatz dazu steht die Mitteilung eines Denkergebnisses auf Anfrage, denn dann handelt es sich um eine Antwort, also eine Information, die der Fragesteller anfordert und wahrnehmen und beurteilen will – die Kommunikationsform Dialog.

Beide Informationen, ob gefragt oder ungefragt, werden in der Fühl- und Denkfabrik Gehirn verarbeitet. Es entstehen, wie bei jeder Informationswahrnehmung, Gefühle und andere Verarbeitungsergebnisse, die wiederum das Fühlen, Denken und Handeln des Empfängers der Information beeinflussen.

Nicht vergessen dürfen wir die persönlichen Informationspakete, welche bei jeder Informationsübertragung zwischen menschlichen Zellhaufen automatisch mit übertragen werden und als „Hintergrundinformationen" ebenfalls von den Sinnesorganen beider menschlichen Zellhaufen wahrgenommen und vom Unterbewusstsein verarbeitet werden. Diese Informationspakete sind deshalb so wichtig, weil sie ausschließlich vom jeweiligen Unterbewusstsein geschnürt werden, ohne den Verstand bzw. ohne das Einfühlungsvermögen unseres Bewusstseins und ohne jegliche Bewertung. Das Unterbewusstsein liefert stur die jeweilige Stimmungslage. Und das Schlimmste daran ist die Tatsache, dass es in bestimmten Situationen zu unbedachten, also ausnahmslos vom UBWS veranlassten Handlungen (Gesten bzw. Äußerungen bis hin zu Taten etc.) kommen kann, die natürlich zusätzlich eskalierend wirken.

Tja, und da eine Aktion sehr häufig auch eine Reaktion verursacht und eine Information das Fühlen, Denken und Handeln beeinflusst, wird aus einer einfachen Meinungsäußerung (Informationsübertragung = Monolog) ratzfatz ein Meinungsaustausch (Informationsaustausch = Dialog), der durchaus eskalieren und ganz schnell zu einem Streit werden kann.

Eine unbedachte Geste, ein unbedachtes Wort, ja schon ein bestimmter Gesichtsausdruck können einen handfesten Streit zwischen zwei Menschen hervorrufen.

Warum? Weil unser Unterbewusstsein vorzugsweise und vorrangig alle für uns negativen bzw. bedrohlichen Informationen verarbeitet. Evolutionär gesehen war es für einen Menschen in der Steinzeit viel wichtiger wahrzunehmen, welcher andere Mensch seine Existenz oder sein Wohlergehen gefährdet, als zu registrieren, dass neben dem potentiell gefährlichen Menschen ein oder zwei harmlose Zeitgenossen herumstehen. Also hat unser Unterbewusstsein einen „siebten" Sinn entwickelt, der die Wahrnehmung der Sinnesorgane auf bedrohliche oder vermeintlich bedrohliche Informationen fokussiert oder aus den wahrgenommenen Informationen die bedrohlichen oder vermeintlich bedrohlichen Informationen vorrangig herausfiltert und bearbeitet.

Unsere Aufmerksamkeit gilt allem, was irgendwie direkt oder auch indirekt mit Gefahr zu tun hat. Bei Verkehrsunfällen behindern Gaffer die Rettungskräfte und filmen die Opfer. Ein Selbstmordkandidat auf dem Dach eines Hauses bekommt die ungeteilte Aufmerksamkeit völlig unbeteiligter Passanten und wird von wildfremden Menschen noch zum Sprung ermuntert. Diese Faszination oder dieser Voyeurismus am Unglück anderer Menschen ist schwer zu erklären. Offensichtlich sind an diesem Verhalten überwiegend die Gefühle und das Unterbewusstsein beteiligt. Grausame Bilder und/oder schockierende Informationen führen offensichtlich zu einer Überproduktion bestimmter Botenstoffe, die derart starke Gefühle erzeugen, dass unser Unterbewusstsein sie als Lust bzw. Lustschmerz interpretiert und die dazugehörigen Informationen als Lustquelle abspeichert.

Diverse Ergebnisse wissenschaftlicher Studien bestätigen bereits vermutete Zusammenhänge zwischen den Gehirnarealen, die für Belohnungsaktivitäten (Glücksgefühle) und den Arealen, die für Schmerzempfindungen (Schmerzgefühle) zuständig sind. Die dabei entstehenden Gefühle werden als **Lustschmerz** bezeichnet. Anders sind auch bestimmte Praktiken wie Sadismus und Masochismus oder auch sexuelle Praktiken wie BDSM (Bondage & Disziplinierung, Dominanz & Unterwerfung, Sadismus & Masochismus) nicht zu erklären.

In die Kategorie Lustschmerz könnte man auch *die Streitsucht* verorten, weil Streit in der Regel mit Leid und zumindest psychischem Schmerz einher geht. Manche Menschen verbringen ihr halbes oder ganzes Leben lang damit, sich um Nichtigkeiten mit anderen Menschen zu streiten, und füllen dabei etliche Prozessordner.

Sie haben zwar kein erfülltes Leben im herkömmlichen Sinn, aber offensichtlich kann „Lustschmerz" als Belohnung erstaunliche Kräfte mobilisieren und im Extremfall auch zum Inhalt des Fühlens, Denkens und Handelns werden.

Die Ich-Illusion versperrt uns hier den kritischen Blick auf unser Denken, speziell auf die Unfähigkeit unseres Unterbewusstseins, Informationen zu bewerten und die Gefühle, die aufgrund dieser Informationen entstehen, richtig einzuordnen, zu hinterfragen und zu unterdrücken. Wissen wir um die Wahrnehmungs- und Verarbeitungsfehler unseres UBWS, können wir (unser BWS) aktiv werden und die Situation durch Umsicht, Analyse der Streitinhalte und Lösungsvorschläge (Kompromissvorschläge) entschärfen. Wir (unser BWS) können die Perspektive wechseln und uns in die Situation des Gegners versetzen, wir können Argumente austauschen und somit deeskalierend wirken.

Leider gewinnt die Ich-Illusion in der Mehrheit der Streitfälle und verhindert einen Perspektivwechsel bzw. eine Analyse der Ergebnisse, die unser UBWS geliefert hat. Je länger ein Streit bzw. ein Konflikt anhält, umso mehr verfestigen sich die Meinungen durch Konsolidierung der Gedächtnisinhalte. Unser UBWS findet und liefert ausschließlich Informationen, die unseren jeweiligen (gegebenenfalls falschen) Standpunkt bestätigen.

Kommt jetzt noch die Schwarmdummheit dazu, werden wir in unseren falschen Meinungen von einer Menge gleich falsch denkender Menschen bestärkt. Streitkultur könnte jedenfalls ein gutes Mittel sein, Konflikte und deren Eskalation zu verhindern. Unseren Politikern scheint diese Fähigkeit leider abhandengekommen zu sein. Zumindest was die Diskussionskultur betrifft, ist von gegenseitiger Achtung, Respekt und Kompromissbereitschaft wenig zu spüren. Anstatt aufeinander zuzugehen und Gemeinsamkeiten bei der Lösung von Problemen hervorzuheben, wird verunglimpft, verurteilt und verleumdet was das Zeug hält. Es geht überwiegend um Macht und Einfluss, nicht um die Sache. Ein respektvoller Umgang wird als Schwäche ausgelegt und jeder kleine Fehler wird zur Katastrophe hochstilisiert.

Das funktioniert nicht nur in der Politik bzw. in den Parteien so, das funktioniert so in jeder Firma, in der Verwaltung und sogar in jedem noch so kleinen Verein. Neuerdings funktioniert das schon in der gesamten Gesellschaft. Jeder weiß alles besser und nichts ist einfacher, als über Social-Media-Kanäle Unrat zu verbreiten. *Falschdenker aller Kanäle, einfach mal Klappe zu und nachdenken!*

Gefahren der Ich-Illusion

Mit der *Ich-Illusion* leben wir täglich von morgens bis abends und das ist für unseren Alltag auch gut so. Es wäre etwas befremdlich, wenn ich morgens meiner Frau mitteilen würde, dass mein Unterbewusstsein soeben von einigen der 20 Millionen Ganglienzellen meiner Augen Informationen in Form optischer

Impulse zu ihrem Aussehen erhalten und, eben dieses Unterbewusstsein nach Rücksprache mit dem Gedächtnis, diese Informationen als Abbild von ihr (mit zunehmend unverständlichem Gesichtsausdruck) identifiziert und an mein Bewusstsein gesendet hat. Sie würde vermutlich an meiner geistigen Gesundheit oder an meiner geistigen Verfassung zweifeln. Da ist es schon ratsamer, einfach „guten Morgen mein Schatz" auszusprechen und die Wahrnehmungsvorgänge nicht näher zu erläutern. Das heißt, wir sollten besser mit dieser Illusion auch künftig zumindest im Alltag weiterleben! Allerdings sollten wir achtsam sein. Die Ich-Illusion ist für uns einerseits überlebensnotwendig, andererseits ist es aber auch eine der Quellen für falsches Denken. Warum?

Unabhängig davon, ob wir mit drei Abteilungen im Gehirn oder mit zwei Denksystemen nach Kahneman arbeiten, indem wir glauben, wir hätten die Ergebnisse von System 1 (Unterbewusstsein und dem Gedächtnis) selbst erarbeitet, halten wir sie für richtig und hinterfragen sie nicht. In diesem Fall haben die Abteilungen Unterbewusstsein und Gedächtnis die Macht über unser Fühlen, Denken und Handeln. Gerade in Zeiten der Überinformation, Falschinformationen und Manipulation sollten wir weder den Informationen von unserem Unterbewusstsein, noch von unserem Gedächtnis voll vertrauen. Beide schrecken nicht vor irregulären Handlungen zurück.

Das beweist ein Beispiel aus einer Fernsehsendung WISO mit Marcus Niehaves im Jahr 2016 (aus meiner subjektiven Erinnerung geschildert):

Geschmackstest Kaffee

Fünf Testpersonen sollten mehrere Kaffeesorten hinsichtlich ihres Geschmacks bewerten und eine Rangliste erstellen, welche Kaffeesorte ihnen wie gut geschmeckt hat. Jede Kaffeeprobe wurde den Testpersonen in einer mit dem Logo des Kaffeeproduzenten versehenen Tasse zum Geschmackstest gereicht. Anschließend bewerteten die Testpersonen ihr Geschmackserlebnis und erstellten ihre persönliche Rangliste. Das Ergebnis war deutlich und die ersten Plätze auf den verschiedenen Ranglisten der Teilnehmer waren sogar weitgehend identisch. Unterschiedliche Bewertungen gab es, soweit ich mich erinnern kann, erst auf den hinteren Rängen. So weit, so gut. Was die Testpersonen nicht wussten: in allen Tassen wurde der gleiche Kaffee zur Verkostung gereicht. Der Unterschied bestand einzig und allein im Logo diverser Kaffeehersteller auf den Tassen.

Ergebnis: *Ausnahmslos alle fünf Testpersonen waren felsenfest davon überzeugt, unterschiedliche Geschmacksrichtungen wahrgenommen zu haben!*

Wie können wir das erklären? Hier ein mögliches Szenario:

Das Unterbewusstsein der Testpersonen hat neben den identischen Geschmacksinformationen zeitgleich für jede Probe die Information zum Logo des Kaffeeherstellers von den Sinnesorganen erhalten. Da keine Geschmacksunterschiede „wahrgenommen" werden konnten, wurde im Gedächtnis nach dem Logo bzw. den Informationen zu den einzelnen Herstellern gesucht und gespeicherte Informationen ausfindig gemacht. Vermutlich erstellte das Unterbewusstsein lediglich aufgrund der im Gedächtnis gespeicherten Informationen zum Bekanntheitsgrad der Hersteller bzw. zu diversen abgespeicherten Werbeinformationen eine fiktive Rangliste. Es ist kaum anzunehmen, dass bei jeder Testperson die Geschmacksnuancen von mehreren Sorten Kaffee im Gedächtnis gespeichert vorlagen und das Ergebnis beeinflusst haben könnten. Damit hat das Unterbewusstsein aber kein Problem. Unverzüglich meldet es den Sinnesorganen über das Nervensystem, dass die im Gedächtnis am häufigsten gefundenen Herstellerinformationen und die dazu passende Kaffeeprobe mit dem Herstellerlogo auf der Tasse am besten zu schmecken hat. Die Sinnesorgane tun so, als hätten sie die angeforderte Geschmacksinformation wahrgenommen (sie simulieren), und senden sie an das Unterbewusstsein. Jetzt passt plötzlich alles zusammen und eine ausschließlich aufgrund des Vorkommens von Herstellerinformationen im Gedächtnis ermittelte Rangliste wird an das Bewusstsein gesendet. Das Bewusstsein der Testperson bekommt die Information Kaffeegeschmack/Hersteller und glaubt, sie hätte tatsächlich den zum Hersteller passenden Kaffeegeschmack wahrgenommen (Ich-Illusion). Unglaublich, aber wahr.

Das Beispiel Kaffeeverkostung zeigt eindeutig: Unser Gehirn, speziell unser Unterbewusstsein manipuliert unsere Sinnesorgane und belügt unser Bewusstsein. Nicht immer, aber immer öfter, und nicht immer geht es nur um Geschmacksunterschiede von Kaffeesorten. Grundsätzlich belügt es uns immer dann, wenn es mit den eintreffenden Informationen keine Gesamtinformation erarbeiten kann und/oder im Gedächtnis nichts Passendes findet.

Doch unser Gehirn leistet noch viel mehr Unglaubliches. Es verhält sich zum Teil extrem irreal. Unterbewusstsein und Gedächtnis wollen grundsätzlich in sich stimmige Informationen/Geschichten bereitstellen. Sie wollen komplette Informationen, wie wir ein komplettes Bild beim Puzzle anstreben. Und sie sind genau wie wir unzufrieden, wenn am Ende ein oder zwei Teile fehlen. Wir suchen dann den Fußboden nach den fehlenden Teilen ab.

Das Unterbewusstsein sucht im Gedächtnis nach den fehlenden Teilinformationen, was auch nicht einfach ist, und findet erstmal – nichts! Jetzt wird unser Unterbewusstsein kreativ. Es bastelt sich aus irgendwelchen zufälligen „Bruchstückinformationen" aus dem Fundus des Gedächtnisses eine mehr oder weniger passende Teilinformation zusammen und komplettiert damit die bisher unvollständige Information. Nun wissen wir bereits, dass unser UBWS nicht in der Lage ist, komplizierte Aufgaben zu lösen. Das heißt, die zusammengebastelte Teilinformation wurde nicht nach logischen Gesichtspunkten „gefunden", sondern frei „erfunden". Deshalb sollte der Wahrheitsgehalt der Gesamtinformation, die wir (unser Bewusstsein) von unserem Unterbewusstsein bekommen, auf jeden Fall von uns überprüft bzw. überdacht werden. Andernfalls winkt wieder mal das Falschdenkersyndrom frech aus den Kulissen.

Liebe Leser, so banal sich dieser Kaffeegeschmackstest von Marcus Niehaves auch anhören mag, er zeigt eindrucksvoll, wie unser Fühlen, Denken und Handeln von den Informationen beeinflusst werden, die uns unser UBWS im Verlauf unseres Lebens ins Gedächtnis packt bzw. gepackt hat. Die Testpersonen bzw. ihr Bewusstsein haben weder bemerkt, dass diese Informationen irgendwann wahrgenommen wurden, noch dass sie im Gedächtnis gespeichert wurden. Und natürlich wussten sie auch nicht, dass sie bzw. ihre Sinnesorgane vom Unterbewusstsein mit Hilfe dieser ominösen Informationen manipuliert bzw. belogen und betrogen wurden. Sie waren fest davon überzeugt, selbst unterschiedliche Kaffeesorten geschmeckt zu haben und deshalb eine Rangliste erstellen zu können. Pustekuchen – es war eine teuflische Zusammenarbeit zwischen Unterbewusstsein und Gedächtnis. Die Gedächtnisinhalte wurden vom UBWS benutzt, um die Sinnesorgane entsprechend zu manipulieren und fehlende Wahrnehmungen zu kreieren. Das BWS war gar nicht involviert, denn es musste nix tun, außer die Information des UBWS in die Rangliste einzutragen. Die Ich-Illusion meldete, die Geschmacksunterschiede wären erfolgreich wahrgenommen und verarbeitet worden. Die entscheidende Rolle bei dieser „Betrugsmasche" spielen die Gedächtnisinhalte, also die gespeicherten Informationen, die dem Bewusstsein ja größtenteils völlig unbekannt sind. Ohne Gedächtnisinhalte könnte das UBWS nichts finden und die Sinnesorgane nicht manipulieren. Aber ein Gedächtnis ohne Inhalte gibt es nicht und ein arbeitswütiges

Unterbewusstsein „erfindet" die absurdesten Zusammenhänge, nur um dem Bewusstsein Informationen zu liefern.

Die Tragweite dieses Beispiels für die zum Teil irreguläre Arbeitsweise unserer Denkfabrik Gehirn ist gar nicht hoch genug einzuschätzen. Wir laufen ständig Gefahr, Opfer von derartigen Täuschungs- oder Betrugsmanövern unsers UBWS und GDS zu werden.

Frage: Wenn wir (unser BWS) von diesen Vorgängen nichts mitbekommen, sind wir dann diesen und ähnlichen Betrügereien unseres Gehirns hoffnungslos ausgeliefert?

Antwort: Kommt darauf an, ob wir die Ich-Illusion durchschaut haben und um die Arbeitsweise unserer Denkfabrik wissen. Wenn nein, dann sind wir ausgeliefert, wenn ja, sind wir es nicht. Das Erkennen einer Täuschung erfordert die ganze Aufmerksamkeit unseres Bewusstseins. Es braucht Zeit, Energie und eine kluge Vorgehensweise und natürlich sind Erfahrungen aus ähnlichen Betrügereien oder Täuschungen, die bereits verarbeitet und als Erkenntnisse im Gedächtnis gespeichert sind, von großem Nutzen. Im konkreten Beispiel des Kaffeegeschmackstests hätte ein gesundes Misstrauen verbunden mit einer Analyse der Situation und der Aufgabe, eventuell die Täuschung verhindern können. Um ein unabhängiges Geschmackserlebnis zu bekommen hätte es gereicht, die Augen zu schließen und danach womöglich die Standorte der gekennzeichneten Tassen vor dem Verkosten zu verändern. Damit wären die Informationen zur Kaffeesorte (Tassenlogo) ausgeblendet worden und das Unterbewusstsein hätte keinerlei Orientierungspunkte gehabt, um irgendwelche Informationen aus dem Gedächtnis zu zaubern und die Sinnesorgane entsprechend zu manipulieren.

Sind die Sinnesorgane auf sich allein gestellt, könnten sie höchstens aufgrund der Reihenfolge beim Verkosten und dem Gewöhnungseffekt einen minimalen Geschmacksunterschied simulieren. Dieser wäre dann aber bei jeder Testperson unterschiedlich, so dass wahrscheinlich kein einheitliches Testergebnis zustande käme. Fakt ist, der Zufall spielt bei der Arbeit unserer Fühl- und Denkfabrik Gehirn eine nicht ganz unbedeutende Rolle.

Das geistige Auge

Im Kapitel Wahrnehmung haben wir uns erarbeitet, dass Informationen aus der Umwelt von unseren Sinnesorganen in Millionen von elektrischen Impulsen umgewandelt werden. Diese elektrischen Impulse werden über das Nervensystem in unsere Fühl- und Denkfabrik Gehirn übertragen und dort von den Mitarbeitern (Gehirnzellen) innerhalb diverser Netzwerke zu Kopien oder Repräsentationen der ursprünglichen Informationen verarbeitet und gespeichert. Das geschieht alles innerhalb der Abteilungen Unterbewusstsein (UBWS) und Gedächtnis (GDS). Im Falle bestimmter Informationen werden mit dem im Gedächtnis vorhandenem Vorwissen (Erfahrungen, Erlebnisse, Erkenntnisse) die dazugehörigen Gefühle gleich mit erzeugt. Gefühle sind also eine Art „Begleit- oder Hintergrundinformationen", die unser Bewusstsein auf jeden Fall spürt, auch wenn es die für diese Gefühle verantwortlichen Informationen nicht bemerkt. Gefühle bestimmen die Arbeitsatmosphäre in unsere Fühl – und Denkfabrik Gehirn, wirken also in allen Abteilungen, so auch in unserem Bewusstsein. Das ist deshalb wichtig, weil unser Bewusstsein viel zu langsam und zu faul ist und deshalb von vielen Informationen nichts mitbekommt. Die Gefühle signalisieren dem BWS, dass irgendetwas besonders ist (positiv oder negativ). Es soll dadurch gefälligst seine Aufmerksamkeit verstärken und die Ergebnisse der Arbeit von UBWS und GDS begutachten, bewerten und gegebenenfalls eine Handlung veranlassen.

Aber der Transport von Informationen (Wahrnehmung der Sinnesorgane aus der Umwelt) funktioniert auch in die andere Richtung, sozusagen „Wahrnehmung aus dem Gehirn selbst". Wenn das Bewusstsein eine Aufgabe erledigen muss, für deren Lösung zusätzliche Informationen von den Sinnesorganen benötigt werden, die diese nicht liefern können, dann hilft das Unterbewusstsein aus. Weil die Sinnesorgane nichts wahrnehmen, sucht das Unterbewusstsein mehr oder weniger passende Informationen im Gedächtnis aus und schickt sie an die Sinnesorgane, von wo aus sie wieder zur Verarbeitung im Gehirn landen. Dort werden sie vom Unterbewusstsein verarbeitet und an das Bewusstsein als „aktuelle Wahrnehmung" geschickt.

Nach diesem Schema „arbeitet" unser UBWS auch dann, wenn wir (unser BWS) uns etwas vorstellen oder wenn wir uns an etwas erinnern. Die Information (z. B. ein Bild) erscheint dann in unserem „geistigen" Auge, obwohl unsere Sinnesorgane es in diesem Moment nicht gesehen haben.

Wir wissen mittlerweile, dass unser Unterbewusstsein extrem schnell aber ein bisschen „doof" ist. Gleichzeitig ist es aber auch kreativ und irregulär. Nämlich dann, wenn es dem Bewusstsein Informationen liefert, die zwar nicht frei erfunden, dafür aber frei aus dem Gedächtnis herbei gefunden wurden. Wie wir beim Kaffeegeschmackstest gesehen haben, passen diese Informationen zum Teil wie die Faust aufs Auge, sind aber im Sinne der Aufgabe erstunken und erlogen, also falsch. Nun entsteht beim Kaffeegeschmackstest kein direkter Schaden. Anders verhält es sich, wenn z. B. Zeugen einen Tatverdächtigen fälschlicherweise identifizieren, nur weil ihnen ihr Unterbewusstsein suggeriert, sie hätten genau diesen Menschen zum Tatzeitpunkt gesehen. In Wirklichkeit können sie sich nicht an das tatsächlich gesehene Gesicht erinnern, aber ihr UBWS löst das Problem auf seine (irreguläre) Weise, oft mit schwerwiegenden Folgen.

Unser Unterbewusstsein ist also ein sehr wichtiger Part beim falschen Denken. Aber wir sollten nachsichtig mit ihm sein. Schließlich könnten wir ohne seine Geschwindigkeit und seinem ungeheuren Arbeitspensum nicht überleben. Außerdem erfindet das Unterbewusstsein die falschen Informationen nicht. Es holt sie nur mangels wahrnehmbarer Informationen aus dem Gedächtnis ab. Das Korrektiv für das Erkennen falscher Informationen, egal ob direkt von den Sinnesorganen oder indirekt aus dem Gedächtnis, ist und bleibt unser Bewusstsein. Sie können es sicher schon auswendig, weil ich es in diesem Buch ständig wiederhole. Unser Bewusstsein braucht für seine Tätigkeit drei Dinge: Energie, Zeit und ein möglichst mit reichhaltigen Informationen gefülltes Gedächtnis. Das bedeutet solide Erkenntnisse, solides Wissen und möglichst viele Erfahrungen, wenig Müll und wenig falsche Erkenntnisse.

Da sowohl die Wahrnehmung als auch die Verarbeitung und Speicherung subjektabhängig, also für jeden Menschen subjektiv verlaufen, müssen Erinnerungsprozesse natürlich ebenso subjektiv erfolgen. Und da unser Unterbewusstsein jederzeit in der Lage ist, unsere Wahrnehmung mit Gedächtnisinhalten zu manipulieren, und dies auch häufig tut, ist unser gesamtes Fühlen, Denken und Handeln subjektiv. Unsere Wahrnehmung liefert uns kein objektives Bild von der Welt, sondern lediglich eine Kopie, die mit großer Wahrscheinlichkeit den einen oder anderen Fehler enthält. Diese Fehler führen zwangsläufig zum falschen Denken. Fehler gehören zu unserem Leben, jeder macht irgendwann mal Fehler. Wichtig ist, aus den Fehlern zu lernen, um sie nicht zu wiederholen.

Falsches Denken gehört zu unserem Leben, jeder denkt irgendwann mal falsch. Wichtig ist, das Denken zu trainieren, um falsches Denken möglichst oft verhindern zu können.

Wir haben nun zwei der wichtigsten Verbündeten für die irregulären Machenschaften unseres Unterbewusstseins kennengelernt. Neben den charakterlosen Sinnesorganen ist das unser Gedächtnis, auch wenn es selbst unschuldig ist. Sein Speicherinhalt bildet den Nährboden für die sinnfreie Auswahl von Bruchstückinformationen durch das Unterbewusstsein.

Was nicht irgendwie im Gedächtnis gespeichert ist, kann das Unterbewusstsein nicht finden und verarbeiten. Unsere Sinnesorgane liefern alle Informationen an das Unterbewusstsein, die sie wahrnehmen bzw. deren sie habhaft werden können. Das Unterbewusstsein kann nicht jede dieser extrem vielen Informationseinheiten, die es permanent „verarbeiten" muss, an das Bewusstsein weitergeben. Also liefert es den größten Teil an das Gedächtnis, und zwar alles, egal was es ist. So gelangt neben sinnvollen Informationen auch jede Menge Informationsmüll in unser Gedächtnis, ohne dass wir (unser Bewusstsein) auch nur die leiseste Ahnung davon haben. Und streng nach dem *GIGO-Prinzip* muss das Unterbewusstsein bei seiner Suche nach fehlenden Informationsbruchstücken auch auf Informationsmüll stoßen. Im Ergebnis erhalten wir (unser Bewusstsein) falsche oder zumindest verfälschte Informationen.

Fazit: Ziel muss es sein, die Wahrnehmung unserer Sinnesorgane und damit unser Gedächtnis vor Informationsmüll zu schützen. Da uns das nicht vollständig gelingen kann, müssen wir zweifelhafte Informationen auf ihre Richtigkeit prüfen. Wir (unser Bewusstsein) haben die Möglichkeit, Informationen zu hinterfragen und Strategien zu entwickeln, die uns vor den irregulären Machenschaften unseres Unterbewusstseins und damit vor falschem Denken bewahren können. Es gilt, die bewussten Anteile am Denkprozess (unser Bewusstsein) zu trainieren. Wir trainieren unsere Muskeln für bestimmte Sportarten oder einfach nur, um körperlich fit und gesund zu bleiben. Indem wir unser bewusstes Denken trainieren, bleiben wir geistig fit. Auch wenn ich mich ständig wiederhole: Wir können uns viel mehr Zeit zum bewussten Denken nehmen. Wir können Energie für das Denken bereit stellen (Nahrung), wir können Erfahrungen, Wissen und Erkenntnisse (EWE) in unserem Gedächtnis sammeln. Je mehr EWE wir für unser Denken verwenden können, umso besser sind unser Fühlen, Denken und Handeln.

Die Objektivitätsillusion

Mittlerweile sind wir es gewohnt, dass es für nahezu jeden Begriff mehrere Definitionen gibt. Wir wissen auch, dass jede Definition subjektiv ist. Subjektiv bedeutet in diesem Fall, dass die Akzeptanz einer Definition vom „Betrachter" bzw. der „Persönlichkeit des Betrachters", dem Subjekt, abhängig ist. Persönliche Einschätzungen oder Meinungen sind deshalb immer subjektiv. Auch von Menschen erarbeitete Definitionen sind subjektiv. Selbst wenn sie von einer großen Anzahl von Fachleuten für zutreffend gehalten werden, bleibt die Subjektivität.

Subjektiv ist das Gegenteil von objektiv, denn objektiv können nur Tatsachen sein, die vom Betrachter unabhängig und allgemein gültig sind.

Eine objektive Meinung kann es also nicht geben, denn eine Meinung ist das Denkergebnis eines Menschen, eines Individuums mit individuellen Persönlichkeitsmerkmalen, individueller Wahrnehmung und individuellem Gedächtnisinhalt.

Die Vorstellung, eine objektive Meinung zu haben, ist schlicht und einfach falsches Denken und damit eine von mehreren Illusionen, denen wir im Alltag unterliegen, wenn auch eine äußerst gefährliche.

Das Problem besteht darin, dass ein Mensch, der sich eine Meinung gebildet hat und diese auch vertritt, natürlich davon überzeugt ist, dass diese seine Meinung die richtige bzw. eine „objektive" Meinung sein muss. Ein anderer Mensch hat eine (seine) andere Meinung, die er ebenso für „objektiv" hält. Das Ergebnis ist unschwer zu erraten, es kommt zu einer Meinungsverschiedenheit.

Fazit: Nahezu alle Menschen unterliegen folgenden Illusionen:
1. *der Ich-Illusion*
2. *der Illusion des freien Willens (Willensfreiheitsillusion)*
3. *der Illusion der Objektivität (Objektivitätsillusion)*

Alle drei Illusionen sind Bestandteile des falschen Denkens und bilden gleichzeitig einen idealen Nährboden für weiteres falsches Denken wie z. B. falsche Erkenntnisse, falsche Überzeugungen, falsche Meinungen usw.

Für Meinungsverschiedenheiten gelten drei Lösungsansätze:

- *die unterschiedlichen Meinungen existieren in friedlicher Koexistenz weiter, jeder beharrt auf seiner Meinung, aber toleriert gleichzeitig die Meinung des Anderen.*

- *die unterschiedlichen Meinungen werden nicht toleriert, sondern jeweils verfestigt. Es kommt gegebenenfalls früher oder später zum Streit, der durchaus auch eskalieren und zu einem handfesten Konflikt führen kann.*
- *Es erfolgt ein Meinungsaustausch mittels Kommunikation mit einer beiderseitigen Annäherung nach folgenden Richtlinien:*
  - *beide Menschen hinterfragen ihre jeweils als subjektiv erkannten Meinungen, tauschen Argumente aus und suchen nach gemeinsamen Schnittmengen und/oder nach einer als weitgehend objektiv empfundenen Meinung.*
  - *beide Menschen versetzen sich in die Lage des jeweils Anderen und versuchen, die Ursachen für die andere Meinung zu verstehen.*
  - *beide Menschen einigen sich auf einen Kompromiss, jeder Mensch macht Zugeständnisse und man einigt sich auf eine gemeinsame Meinung (Schnittmenge).*

In jedem Fall ist die Objektivitätsillusion in Verbindung mit der Unfähigkeit zum Kompromiss eine wesentliche Ursache für kleine und große Konflikte zwischen den Menschen. Leider wird die Strategie der Annäherung auf Grund des Falschdenkersyndroms in den wenigsten Fällen von Meinungsverschiedenheiten praktiziert.

Zwischenfazit Zellhaufen Mensch

Wir sprechen in diesem Buch sehr häufig vom Zellhaufen Mensch mit seinen vielen Unterzellhaufen. Dieser Zellhaufen ist allerdings ein emergentes und dabei höchst komplexes und fragiles (zerbrechliches) System. Vor allem der Unterzellhaufen Gehirn, unsere Fühl- und Denkfabrik, ist wohl das komplizierteste und gleichzeitig „emergenteste" System im gesamten Universum mit einem Arbeitspensum, das seinesgleichen sucht. Zum Verständnis der Arbeitsweise gehen wir von drei Abteilungen aus, der Abteilung Bewusstsein, der Abteilung Unterbewusstsein und der Abteilung Gedächtnis. Wir unterstellen, dass es neben den festen Mitarbeitern (Nervenzellen) der drei Abteilungen eine große Anzahl „freier" universell arbeitender Mitarbeiter (Nervenzellen) gibt, die je nach Bedarf für jede Abteilung tätig werden. Es ist logisch, dass ein solches kompliziertes System zwangsläufig fehler- bzw. störungsanfällig sein muss. Allein aufgrund der mit 172 Millionen ungeheuer großen Zahl der Mitarbeiter

(Neuronen und Gliazellen), und der noch größeren Zahl von möglichen Arbeitskontakten (Netzwerkverbindungen), ist jeder Unterzellhaufen Gehirn ein Unikat, und damit jeder Mensch ein Individuum. Kein menschlicher Zellhaufen gleicht einem anderen menschlichen Zellhaufen, deshalb wird auch nie ein Unterzellhaufen Gehirn „seinesgleichen" finden.

Fazit: Das Hauptproblem der Menschheit besteht im Falschdenkersyndrom. Dieses Syndrom äußert sich unter anderem in den folgenden Symptomen:

- *der Ich-Illusion*
  Obwohl wir Menschen die einzigen Zellhaufen sind, die wissen und begreifen können, dass sie ein Zellhaufen sind, ignorieren wir diese wichtige Tatsache permanent.
- *der Illusion vom freien Willen*
  Informationen organisieren unser Gehirn und bestimmen unser Fühlen, Denken und Handeln. Informationen bestimmen was wir „wollen sollen" – es gibt keinen „freien" Willen.
- *der Objektivitätsillusion*
  Die Meinung eines Menschen kann niemals objektiv sein, weil eine Meinung immer das Denkergebnis eines Subjektes (Individuums) ist und demzufolge nur subjektiv sein kann.
- *der Unterschätzung der Macht der Informationen*
  Informationen bestimmen unser Denken, falsche Informationen unser Falschdenken.
- *der Unterschätzung der Macht der Gefühle*
  Informationen erzeugen letztlich all unsere Gefühle, die wiederum unser Denken und Handeln beeinflussen.
- *der irregulären Energie unseres Unterbewusstseins*
  Unser Unterbewusstsein manipuliert unsere Wahrnehmung und betrügt damit unser Bewusstsein.
- *der Faulheit unseres Bewusstseins*
  Unser Bewusstsein ist im Vergleich zum Unterbewusstsein extrem langsam. Es ist energiesparend und zeitsparend für unsere Fühl- und Denkfabrik Gehirn, wenn das Bewusstsein auf das Hinterfragen, Analysieren und Bewerten der vom Unterbewusstsein erarbeiteten Informationen verzichtet. Dennoch müssen wir zwischen passiver und aktiver Faulheit des Bewusstseins unterscheiden. Während die passive Faulheit zur Fremdbestimmung unseres Füh-

lens, Denkens und Handelns führen kann, erzeugt die aktive Faulheit mehr Kreativität und im Endeffekt besseres Denken.

- *der unendlichen Dummheit der Menschen*
Falsches Denken erzeugt falsches Handeln, falsches Handeln ist Dummheit und erzeugt falsche Informationen, falsche Informationen erzeugen falsches Denken, falsches Denken erzeugt falsches Handeln – so entsteht die Pandemie der Dummheit.

Weitere Symptome:

- *Menschen brauchen einen Anführer (Führersyndrom)*
In der Evolution überlebt nicht der Stärkste, sondern der „Anpassungsfähigste". Das hat sich bereits bis zu den meisten Menschen herumgesprochen. Die Menschen „wählen" in einer Gemeinschaft nicht den Stärksten oder den Besten oder den Geeignetsten zum Anführer, sondern den, der sich am besten an die Bedürfnisse, Vorstellungen und Wünsche der Menschen „anpassen" kann bzw. den, der ihnen suggeriert, dass er für sie der beste Anführer ist. Psychopaten sind wahre Meister in der Manipulation und auch in der Anpassung. Leider lässt sich die Mehrheit der Menschen von Psychopaten, Narzissten und Machiavellisten (dunkle Triade) oder geistig anderweitig gestörten Zellhaufen manipulieren, determinieren und regieren.

- *Menschen wollen Glauben*
Sie ist offensichtlich ein weitverbreitetes Persönlichkeitsmerkmal sehr vieler Menschen – die Leichtgläubigkeit. Warum das so ist, weiß ich nicht. Vielleicht, weil es für unser Bewusstsein bequemer und ökonomischer ist, an eine wahrgenommene Information zu glauben, als diese zu hinterfragen und darüber nachzudenken, ob sie richtig oder falsch bzw. gut oder schlecht sein könnte. Wir wissen ja, das kostet Zeit und Energie.
Die Grundfrage der Menschheit ist die Frage nach dem Sinn des Lebens mit all seinen Höhe und Tiefen. Diese Frage muss jeder Mensch für sich selbst beantworten, weil es keine Universalantwort für alle Menschen gibt. Es erfordert sehr viel Wissen, Erfahrungen, Erkenntnisse und vor allem sehr viel Zeit, hierauf eine akzeptable Antwort zu finden. Just in diese Lücke springen die Religionen. Sie geben vor, mit einem oder auch mehreren Göttern, inklusive der jeweiligen Vertreter auf der Erde, auf jede Frage eine Antwort geben zu können, so auch auf die Frage nach dem Sinn des Lebens. Diese göttliche

„Universalinformation" erzeugt ein gutes Gefühl, wenn man daran glaubt. Es ist einfacher zu glauben und sich gut zu fühlen, als zu zweifeln und mühsam nach Antworten zu suchen.

Das Gleiche gilt für Falsch- oder Müllinformation – sie zu glauben ist einfacher, als sie aufwendig zu überprüfen und sie gegebenenfalls zu widerlegen.

- *Menschen denken gerne das, was alle anderen auch denken*

  So viele Leute können sich nicht irren, also haben sie Recht. Wenn ich mich dem Denken (Gedankengut) der Mehrheit anschließe, bin ich nicht allein, gemeinsam sind wir stark. Es ist natürlich sehr bequem (energiesparend), wenn wir nicht selbst denken müssen, sondern uns der Meinung der Masse oder einer Partei anschließen. Ein bisschen Gruppendynamik hier, ein bisschen Gruppenzwang da, und schon fühlen, denken und handeln wir wie alle und das bestätigt unser Vorgehen. Gemeinsam sind wir stark. Das ist ein bisschen Schwarmverhalten, hat aber definitiv nichts mit Schwarmintelligenz oder Emergenz zu tun – eher mit Dummergenz, also mit **Schwarmdummheit**.

An dieser Stelle wiederhole ich gerne nochmal Daniel Kahneman:

„Wir wissen, dass Menschen von einem unerschütterlichen Glauben an eine Überzeugung und, sei sie noch so absurd, erfüllt sein können, wenn sie darin von einer Gruppe Gleichgesinnter bestärkt werden."

Falsches Denken kommt bei allen Menschen vor, ob dumm oder intelligent, ob gebildet oder ungebildet, ob krank oder gesund. Wir alle leiden unter dem Falschdenkersyndrom. Und da unser Denken zumindest des Öfteren zu Handlungen führt, kommt es durch *falsches Denken* auch zwangsläufig zu *falschen Handlungen*. Die Geschichte der Menschheit strotzt förmlich von falschen Handlungen und eine Tendenz zur Besserung ist nicht zu erkennen.

Trotz der Tatsache, dass das Wissen der Menschheit über die Welt nahezu unendlich groß ist und täglich noch zunimmt, trotz der rasanten Zunahme von Erfahrungen und Erkenntnissen, nimmt erstaunlicherweise die Zahl der Falschdenker gleichermaßen zu und die Zahl der falschen Handlungen steigt.

Fazit 1: Wir Menschen sind zum Teil erblich durch bestimmte Gene determiniert, wofür wir nichts können.

Fazit 2: Wir werden in unserer Kindheit von unseren Eltern, Kontaktpersonen und den gesellschaftlichen Verhältnissen „geprägt", wofür wir auch nichts können.

Fazit 3: Unser Dasein (Fühlen, Denken und Handeln) wird unser ganzes Leben lang mit Informationen mehr oder weniger manipuliert, wogegen wir in der Regel nichts oder zu wenig tun. Wir werden uns dieser totalen Fremdbestimmtheit nicht bewusst und denken deshalb falsch.

Fazit 4: Wir leben in der „Ich-Illusion", mit der Illusion des „freien Willens" und mit der „Objektivitätsillusion".

Jetzt müssen wir nur noch die richtigen Schlüsse ziehen.

Wir sind stark vereinfacht ausgedrückt *„das Produkt unserer Umgebung bzw. der Informationen, die diese Umgebung uns liefert"*. Informationen formen und bestimmen unser Fühlen, Denken und Handeln und falsche Informationen tun das auch. Da wir falsche Informationen nicht verhindern können, können wir falsches Denken definitiv auch nicht vermeiden – es passiert einfach. Aber, jetzt wo wir wissen wie das Denken, also das Wahrnehmen und Verarbeiten von Informationen, so abläuft, können wir etwas dagegen tun.

Maßnahmenkatalog gegen das Falschdenken

- *Herzensbildung*
  Bildung ist eine wichtige Grundlage für unser Fühlen, Denken und Handeln. Aber nicht die Schulbildung und nicht die Fachausbildung, sondern die sogenannte Herzensbildung, auch wenn die mit dem Herzen nichts zu tun hat. Es geht um soziales Verhalten in einer Welt mit vielen anderen Zellhaufen und es geht darum, dem Leben einen Sinn zu geben, der über den evolutionären Sinn hinaus geht. Der evolutionäre Zellhaufen will nur überleben und sich vermehren. Der emergente Zellhaufen Mensch ist in der Lage, seinem Leben einen Sinn zu geben, eine Orientierung für die Art und Weise, wie er sein Leben gestalten will. Der emergente Unterzellhaufen kann Denken lernen und trainieren! Dazu benötigt er Erfahrungen, Wissen und Erkenntnisse in seinem Gedächtnis.

- *Sinngebung*
  Der Weg ist das Ziel. Es gibt nicht den einen universellen Sinn des Lebens, den man irgendwo, irgendwann finden kann. Es gibt auch keinen überirdischen Zellhaufen, der Sinn an Sinnsuchende vergibt. Es gibt nur Erfahrungen die man „sammeln" und Erkenntnisse, die man „gewinnen" kann. Da sich unsere Umwelt ständig verändert, müssen wir uns ebenfalls ständig verändern.

Die Kohärenz eines emergenten Zellhaufens tritt ein, wenn er seinen ganz persönlichen Weg im Leben, sein Fühlen, Denken und Handeln gefunden hat und dadurch in der Lage ist, seinem Leben selbst einen Sinn zu geben.

- *Informationsmülltrennung*
Informationen sind überaus mächtig, deshalb müssen wir sie so gut wie möglich sortieren, analysieren und die Wahrnehmung von Müllinformationen verhindern. Das Gleiche gilt auch für Informationsquellen. Es gilt die seriösen von den unseriösen zu unterscheiden. Wichtige Informationen sollten wir immer bewusst hinterfragen und uns gegebenenfalls Hintergrundinformationen beschaffen, bevor wir uns eine Meinung bilden oder eine Entscheidung treffen. Lesen ist Denken mit einem fremden Gehirn – Sie müssen deshalb aber nicht alles lesen, was irgendein Zellhaufen geschrieben hat. Manchmal sind nur wenige Passagen eines Buches lesenswert. Ignorieren Sie einfach den Rest. Verzichten Sie vor allem auf die permanent wirkenden Hintergrundinformationen (Radio, Fernsehen etc.). Sie „vermüllen" nur Ihr Gedächtnis.

- *Erfahrungsmanagement*
Ganz gleich, ob selbst gemachte Erfahrungen oder wertvolle Erfahrungen fremder Zellhaufen, Ihr Gedächtnis ist der Quell für Ihr Fühlen, Denken und Handeln. Was nicht da ist, kann Ihr Unterbewusstsein nicht abrufen und Ihrem Bewusstsein zur Verfügung stellen. Je mehr wertvolle Erfahrungen Sie ins Gedächtnis abspeichern (Lesen!), umso besser arbeitet Ihre Fühl- und Denkfabrik bzw. funktioniert Ihr Denken.

- *Zeitmanagement*
Zeit zum Nachdenken nehmen (geht ganz einfach – Radio, Fernseher, Computer aus). Unnütze Gesprächskreise und sinnlose Diskussionsrunden verlassen bzw. Diskussionspartner sorgfältig auswählen.

- *Energiemanagement*
Energiebedarf der Fühl- und Denkfabrik Gehirn absichern (unser Gehirn benötigt 20 % der Gesamtenergie des Köpers) – gesunde, schadstoffarme und ausreichend Nahrung aufnehmen.

- *Milieuoptimierung*

  Angenehme, störungsfreie Umgebungen zum Denken aufsuchen (z. B. WWW: Wald, Wiese, Wasser). Selbstgespräche sind verbal geäußerte Gedanken und diese werden wahrgenommen und wiederholt verarbeitet, was den Denkprozess verbessern kann. Aber Vorsicht! Auch hier gilt das GIGO-Prinzip, wenn Sie im Selbstgespräch Müllgedanken äußern, bewirkt das wahrscheinlich keine Verbesserung Ihres Denkprozesses.

- *Aufmerksamkeit*

  Unsere Wahrnehmung wird von unserem Unterbewusstsein im Nachhinein beeinflusst. Es ist wichtig, die Aufmerksamkeit zu erhöhen und Wahrnehmungsergebnisse genau wie Informationen zu hinterfragen. Dazu ab und zu kreative Wahrnehmungs- und Denkpausen einlegen (Sport treiben, zumindest den Körper bewegen und/oder auch Musik hören) und danach das Denken neu starten.

- *Illusionen*

  Denken Sie ab und an daran, dass Sie ein emergenter Zellhaufen sind, der keinen Entscheider (kein Ich) besitzt (Ich-Illusion). Das hilft Ihnen, Ihr Fühlen, Denken und Handeln besser zu verstehen. Wenn überhaupt, dann kommt Ihr Bewusstsein dem „Ich" am nächsten.

  Denken Sie auch daran, dass Ihr Wollen immer eine Ursache hat und Sie niemals „frei" entscheiden können (es gibt keinen freien Willen). Trotzdem können Sie (Ihr BWS) Ihr Fühlen und Denken zumindest kontrollieren und damit sind Sie für Ihr Handeln verantwortlich

  Und denken Sie auch daran, dass Ihre Erkenntnisse, Meinungen und Überzeugungen subjektiv sein müssen, weil Sie ein Subjekt sind. Objektivität existiert nur außerhalb Ihrer Denkfabrik Gehirn und damit nur in Ihrer Illusion.

  Seien Sie freundlich und nett zu Ihrem Zellhaufen, er hat es verdient und es tut ihm gut.

  Überzeugungen, Meinungen und Erkenntnisse sind nur subjektive Teilzeitprodukte. Sie sind durch die Wahrnehmung neuer Informationen jederzeit veränderbar.

- *Plastizität*
  Die Plastizität Ihres Unterzellhaufens Gehirn ermöglicht es Ihnen, ein Leben lang zu lernen und Ihr Fühlen, Denken und Handeln (Ihre Persönlichkeit) zu verändern. Es gibt zwar keinen freien Willen, weil jeder Wille (Gedanke zum etwas Wollen) eine Ursache (Information) hat. Sie können aber Informationen gezielt als Ursache nutzen, um Ihr Fühlen, Denken und Handeln verbessern *zu wollen*.
  Aber Vorsicht: Unkontrolliert wahrgenommene, negative und falsche Informationen können Ihre Persönlichkeit ebenso negativ beeinflussen!

Glückwunsch! Wenn Sie bis hierhin durchgehalten haben, sollte Ihnen das Lesen des 2. Teils dieses Buches auch noch gelingen. Sie lernen das Fauldenkersyndrom und das Führersyndrom kennen. Wir wollen unsere Hypothesen von der Fühl- und Denkfabrik Gehirn und vom Denken der menschlichen Zellhaufen anhand von Geschichten und realen Vorkommnissen auf unserem Planeten untermauern, viele Begebenheiten als Symptom des Falschdenkersyndroms entlarven und damit die Pandemie der Dummheit aufhalten.

Teil 2 – Folgesyndrome und konkrete Symptome des falschen Denkens

Haben Sie heute schon falsch gedacht? Nein? Doch, doch, doch. Sie wissen es bloß nicht. Nicht nur Sie, ausnahmslos wir alle leiden unter dem Falschdenkersyndrom. Die ganze Menschheit leidet darunter. Und zwar schon immer, also seitdem die Menschen denken. Falsches Denken liegt in der Natur des Menschen und ist definitiv nicht zu verhindern. Anders ist das Verhalten der menschlichen Spezies auch nicht zu erklären. Es gibt neben Naturkatastrophen und diversen Krankheiten definitiv nur diese eine Ursache für die Probleme der Menschen: *falsches Denken*! Denn die meisten Krankheiten entstehen auch noch durch falsches Denken und Handeln. Falsches Denken hat globale Auswirkungen auf unser Fühlen und Handeln. Es ist längst nachgewiesen, dass schlechte Gefühle (Stress, Angst, Wut, Trauer etc.) unseren Körper krank machen können. Und es ist auch kein Geheimnis, dass „ungesundes" Handeln (Rauchen, Alkohol, Drogen, übermäßige und falsche Ernährung, Bewegungsarmut usw.) als Folge falschen Denkens unserer Gesundheit schadet. Wir alle wissen das und trotzdem wird es in Größenordnungen gelebt und die Gefahren werden ignoriert.

Weltweites Unwissen, Ignoranz und Dummheit verbunden mit Größenwahn, Habgier, Besserwisserei und Denkfaulheit – all das sind krasse Formen bzw. Symptome des Falschdenkens.

Natürlich gibt es jede Menge psychischer Erkrankungen, von denen wir definitiv nicht wissen, ob sie durch falsches Denken, durch Netzwerkfehler unserer Fühl- und Denkfabrik Gehirn oder andere Ursachen (z. B. Schadmoleküle) entstanden sind. Es wäre für uns sehr nützlich, falsches Denken von kranken Denken unterscheiden zu können. Aber die Grenzen sind fließend und es ist bei der Komplexität und Plastizität eines Gehirns in vielen Fällen unmöglich, zwischen krankhaften Funktionsstörungen und falschen Informationen als Ursache für falsches Denken zu unterscheiden. Die Zahl der gelegentlichen Falschdenker liegt bei ganz knapp unter 100 % weltweit, egal ob in Amerika, Deutschland oder sonst irgendwo. Warum?

Erinnern Sie sich an die Punkte, die wir uns bisher in Teil 1 erarbeitet haben:

„Denken ist die Verarbeitung der vom Körper und seinen Sinnesorganen wahrgenommenen Informationen im Gehirn."

1. *Informationen* bestimmen unser Fühlen, Denken und Handeln.

2. Unsere *Persönlichkeit* wird geprägt durch
   - *Informationen*, die wir mit den Genen geerbt haben.
   - *Informationen*, die wir im Mutterleib und kurz nach der Geburt wahrgenommen haben.
   - *Informationen*, die wir in der Kindheit wahrgenommen haben (frühkindliche Prägung).
   - *Informationen*, die wir in unserer Ausbildung (Schule, Lehre, Studium etc.) wahrgenommen haben.
   - *Informationen*, die wir im Alltag (Freunde, Verwandte usw.) wahrgenommen haben.
   - *Informationen*, die wir tagein tagaus ständig wahrnehmen (Medien).

   Informationen sind die Ursachen von Allem und das bestimmende Instrument für Alles.

3. Wir leben im Informationszeitalter und im Zeitalter der künstlichen Intelligenz, mit deren Hilfe ungeheure Informationsmengen verarbeitet und in Umlauf gebracht werden können.
   Noch nie in der Geschichte der Menschheit
   - waren so viele *Informationen* über die Welt für jeden Menschen zugänglich.
   - wurden so viele *Informationen* über die Persönlichkeit und das Verhalten jedes menschlichen Individuums gesammelt, gespeichert und verarbeitet.
   - wurden Menschen durch *Informationen* in diesem Umfang manipuliert.
   - war die Macht von *Informationen* und *Informanten* so groß.

Nichts ist in der heutigen Zeit einfacher, als Unmengen *Falschinformationen* zeitnah in die Gehirne von Menschen einzuschleusen. Und nichts ist schwieriger, als diese Unmengen Falschinformationen und die damit erarbeiteten, zwangsläufig „falschen" Denkergebnisse (Ansichten, Meinungen, Überzeugungen) in den „infizierten" Gehirnen durch „richtige" Informationen zu verändern bzw. zu korrigieren. Selbstverständlich ist diese Tatsache bei den Urhebern und Verteilern (Informanten) dieser Falschinformationen bekannt. Aufgrund des Rechtes auf freie Meinungsäußerung kann jeder psychisch kranke, gestörte oder falsch denkende Mensch seinen falschen Ansichten (Informationsmüll) in die Welt hinaus posten, twittern oder „facebooken" und damit die Zahl der falsch fühlenden, falsch denkenden und falsch handelnden Menschen vervielfachen. Es ist das GIGO-Prinzip, das falsches Denken und Dummheit ermöglicht, und es sind die sozialen Medien, die eine inflationäre Entwicklung – die Pandemie der Dummheit – ermöglichen.

Was tun?

Erinnern wir uns: Nach unserer Hypothese sind sowohl das **Denken** als auch das **falsch Denken „die Verarbeitung der vom Körper und seinen Sinnesorganen wahrgenommenen Informationen im Gehirn".**

- Wir können **die Sinnesorgane** und **das Gehirn nicht verändern**.
- Wir können aber sehr wohl **die Informationen ändern**.
- wir können unsere Aufmerksamkeit verbessern und damit unsere **Wahrnehmung verändern.**
- Wir können das **Denken trainieren** und damit **verbessern**.

Kurz, wir können das falsche Denken verringern, indem wir das richtige Denken verbessern.

Frage: Und wie verbessert man das richtige Denken?
Antwort: Indem man die Dummheit (das falsche Denken) bekämpft!
Frage: Und wie bekämpft man die Dummheit?
Antwort: Durch bessere Informationen, durch das Training unserer Wahrnehmung und unseres Denkens, durch eine Verbesserung unserer Erziehungs- und Bildungssysteme!
Frage: Aber Erziehung und Bildung werden doch schon seit Generationen praktiziert, permanent reformiert und modernisiert. Warum kommt es trotzdem zur Pandemie der Dummheit?
Antwort: Weil mit der bisherigen Erziehung und Bildung etwas nicht stimmt!

Natürlich ist es einfacher, ein bestehendes Erziehungs- und Bildungssystem zu kritisieren, als ein neues und besseres System zu erfinden.

Es sind auch nicht allein Erziehung und Bildung, die einer Veränderung bedürfen.

Die Globalisierung (weltweite Verflechtung in Wirtschaft, Politik und Kultur) findet über Ländergrenzen hinweg und trotz unterschiedlicher Gesellschaftssysteme, Staatsformen und Religionen statt und verändert die Welt.

Die Dummheit war lange vor der Globalisierung weltweit aktiv. Aber infolge der Globalisierung kommt es eben weltweit zur Pandemie der Dummheit.

Genau deshalb ist der *Informationskomplex „Erziehung und Bildung"* so ungeheuer wichtig. Menschen, die eine umfassende und human orientierte, liebevolle Erziehung und eine „Herzensbildung" nebst einem Wahrnehmungs- und Denktraining erfahren haben, sind mehrheitlich widerstandsfähiger gegen Falschinformationen, diversen Manipulationen und anderen negativen Einflüssen.

Natürlich wird niemand die Globalisierung aufhalten. Natürlich ist es eine Utopie zu glauben, man könnte Bildung und Erziehung weltweit reformieren. Aber es spricht definitiv nichts dagegen, es zu versuchen. Zumindest darf man darüber nachdenken und die Gedanken auch aufschreiben.

Alles nach dem Motto: **„Sei du selbst die Veränderung, die du dir wünschst, von dieser Welt"** (Mahatma Gandhi).

Kinder sind unschuldig

Laut Bundesgesetzblatt Jahrgang 2005 Teil I Nr. 30 dauert die Ausbildung zum „Tierwirt" in der Fachrichtung Schweinehaltung drei Jahre. Das Gleiche gilt für die Fachrichtungen Rinderhaltung, Geflügelhaltung, Schäferei und Imkerei.

Lehrer benötigen in der Regel ein Hochschulstudium. Die Studienzeit beträgt fünf bis sechs Jahre: drei Jahre das Bachelor-Studium und zwei bis drei Jahre Master. Danach folgen 18 bis 24 Monate Referendariat (je nach Bundesland). Somit ist die Ausbildung in sieben bis acht Jahren abgeschlossen.

Und Eltern? Für die frühkindliche Prägung, den wichtigsten und für die Persönlichkeitsausbildung entscheidenden Erziehungsabschnitt im Leben eines Kindes gibt es keine Anleitung, keine Ausbildung, keine Lehrgänge, nichts!

Erinnern wir uns an dieser Stelle an den Abschnitt „Persönlichkeit" (Seite 133), an die „Big-five"-Persönlichkeitsmerkmale?

Bei der Vielfalt der vorhandenen Persönlichkeitsmerkmale bei den Eltern muss die Erziehung der Kinder zwangsläufig von diesen Merkmalen geprägte sein. Es bleibt nicht aus, dass die Erziehung der Kinder nach dem gleichen oder zumindest ähnlichen Muster der Erziehung erfolgt, welches die Eltern selbst erfahren haben (Prägung). Damit ist eine vertikale Verbreitung auch von falschen Erziehungsmethoden unausweichlich. Ich bin mir sicher, dass der überwiegenden Teil der Eltern davon überzeugt ist, dass ihre Erziehungsmethode die richtige und für das Wohl des Kindes die beste Methode ist. Da es auch unter Wissenschaftlern und solchen, die es gerne sein möchten, recht große Unterschiede bei den empfohlenen Erziehungsmethoden gibt, ist es den Eltern nicht vorzuwerfen, wenn sie zufällig falsche Methoden anwenden.

Gleichzeitig unterlaufen Eltern mehr oder weniger Fehler bei der Erziehung ihrer Kinder, aus reiner Unwissenheit (Falschdenken) und völlig ohne Absicht. Weder staatliche noch private Einrichtungen wie z. B. Kindergärten und Schulen können Eltern ersetzen. Kindergärten und Schulen können auch Erziehungsfehler nicht korrigieren und schon gar nicht fehlende Zuwendung kompensieren.

Was ist mit Kindern, die in prekäre Verhältnisse hinein geboren werden und in solchen Verhältnissen aufwachsen? Haben diese Kinder eine Chance auf eine passable Erziehung und Bildung? Wie wird wohl ihre frühkindliche Prägung ihre spätere Persönlichkeit formen?

Fazit: Um Schweine zu **halten**, muss man eine dreijährige Ausbildung absolvieren. Kinder **halten** (eigentlich erziehen) darf jeder!

Sollten wir nicht allen Kindern ein Recht auf die bestmöglichste „Haltung" einräumen?

Sollten werdende Eltern nicht vielleicht einen Elternlehrgang besuchen müssen, eine Erziehungsschule besuchen, eine Erziehungsprüfung bestehen oder einen Erziehungsberechtigungsschein ablegen müssen? Anstelle von Wehrdienst, Zivildienst oder Freiwilligenjahr wäre z. B. ein Elternausbildungsjahr vielleicht eine sinnvolle Maßnahme, für die künftigen Eltern, für Eltern an sich, für die Kinder und letztlich für die ganze Gesellschaft. Dabei geht es nicht um Gleichschaltung oder um religiöse oder politische Inhalte. Es geht um die Grundbedürfnisse der Kinder, die nur die Eltern zur Erziehung beisteuern können. Auch eine Art Gemeinschaftsunterricht für Eltern und Kinder wäre denkbar. Die Schulen würden ja von gut erzogenen Kindern ebenso profitieren. Allerdings ist das Bildungssystem ebenso hoffnungslos veraltet wie die Erziehungsmethoden mancher Eltern.

Der bekannte Professor für Kinderheilkunde Remo H. Largo schreibt auf der ersten Seite seines Buches „Lernen geht anders" folgenden Satz:

> „Seit Jahrhunderten umkreisen wir das Kind mit unterschiedlichen Vorstellungen, beim Kind selbst sind wir immer noch nicht angekommen!"

Gerald Hüther zählt zu den führenden Hirn- und Lernforschern Deutschlands. In seinem neuen Buch „#Education for Future: Bildung für ein gelingendes Leben" warnt er mit drastischen Worten:

> „Reformieren wir unser Bildungssystem nicht, produzieren wir eine Generation perspektivloser und unzufriedener Individuen."

Der Philosoph Richard David Precht fordert:

> „Wir brauchen eine Bildungsrevolution! Kinder werden in Deutschland immer noch nach den gleichen Methoden unterrichtet wie vor 50 Jahren. Unsere Schulen zerstören die angeborene Neugier. Eine Revolution muss her, auf die Barrikaden!"

Ich behaupte also mit meiner Aussage, dass **„mit der Erziehung und Bildung etwas nicht stimmt"**, definitiv nichts Neues und fordere ganz harmlos eine Reform unseres Erziehungs- und Bildungswesens nach neuesten wissenschaftlichen Erkenntnissen. Auf die Barrikaden von Richard David Precht würde ich schon mitkommen.

Kinder kommen nicht als Extremisten oder kriminell auf die Welt. In der Regel werden Kinder auch nicht absichtlich von ihren Eltern kriminell oder extremistisch geprägt oder erzogen. Auch die Bildungseinrichtungen bilden keine Extremisten oder kriminelle Straftäter aus.

Frage: Wie und wodurch werden also aus harmlosen, unschuldigen Kindern gewaltbereite Extremisten und Kriminelle?

Gehen wir pragmatisch vor: Kinder werden maßgeblich von drei Beteiligten „geformt":

1. **Eltern, Erziehungsberechtigte (Familie)**
2. **Kindergarten, Schule (Bildungseinrichtungen)**
3. **Umwelt (gesellschaftliche Situation, Freunde, Religion, Milieu etc.)**

Antwort: Mindestens einer dieser drei Beteiligten trägt die Schuld, in vielen Fällen auch alle drei gleichzeitig. Die Umwelt können wir so schnell nicht verändern, aber wenn wir es schaffen, dass die Familien und die Bildungseinrichtungen die Entwicklung von geistig gesunden und humanistisch denkenden jungen Menschen mit starken Persönlichkeitseigenschaften begünstigen, könnten diese jungen Menschen zum größten Teil

- die negativen Umweltinformationen erkennen und entlarven,
- eine Resistenz bzw. Resilienz gegenüber negativen Einflüssen (Informationen) entwickeln,
- das Falschdenken verringern und
- die Pandemie der Dummheit in Grenzen halten.

Folgende Zahlen gab das Bundesinnenministerium für das Jahr 2019 bekannt:

Anzahl der Rechtsextremen in Deutschland:	32.000
davon gewaltbereit:	13.000
Anzahl rechtsextremistisch motivierter Straftaten:	22.337
Anzahl der Linksextremen in Deutschland:	33.500
davon gewaltbereit:	9.200
Anzahl linksextremistisch motivierter Straftaten:	9.849
Anzahl religiös motivierter Straftaten:	427

Angesichts dieser Zahlen brauchen wir (unser Staat) eine starke Polizei mit LKA und BKA. Wir brauchen einen Staatsschutz, wir brauchen Staatssekretäre, Staatsminister, Richter und Strafvollzugsbeamte usw. Dieser Apparat ist definitiv notwendig, kostet aber die Steuerzahler auch eine Menge Geld.

Laut dem Bundesministerium für Statistik betrug die Anzahl der Strafgefangenen in Deutschland in 2018 ziemlich genau 50.957.

Bei einem Kostensatz von 130,– € pro Tag und pro Strafgefangenem ergibt sich eine Summe von rund 2,5 Milliarden (2.417.909.650 €) pro Jahr (Schwerverbrecher kosten bedeutend mehr am Tag).

Neben den bedauernswerten Opfern von Kriminalität, Gewalt, Missbrauch und Extremismus, die oftmals allein gelassen werden und nur vergleichsweise wenig oder gar keine Entschädigung erhalten, die Verfolgung und Aufklärung von Straftaten, die Verurteilung von Straftätern, all das verursacht zusätzliche enorme Kosten. Gehen wir von ca. 260.000 Polizeibeamten in Deutschland aus, dann kommen noch einmal geschätzte 15 Milliarden € pro Jahr allein an Kosten für die Gehälter hinzu, von den Kosten für die Ausrüstung und Fahrzeuge ganz zu schweigen. Könnten wir nur einen Teil dieses Geldes zusätzlich in die Erziehung und Bildung investieren, wie würde sich das wohl auf die Statistik des Bundesinnenministeriums auswirken?

Mainstream

Mainstream, wörtlich übersetzt Hauptstrom, bedeutet umgangssprachlich, etwas so zu machen, wie es alle machen (im Strom der Massen mitschwimmen). Mainstream ist ungeheuer wichtig für eine Konsumgesellschaft und wirtschaftliches Wachstum.

Zwar heißt es im Sprichwort: *Auch wer gegen den Strom schwimmt, schwimmt im Strom.* Aber der Mainstream und seine Informationen wirken besonders auf junge Gehirne sehr prägend.

Junge Menschen wollen dazu gehören, wollen in ihrer Gruppe akzeptiert werden und sind in dieser Situation sehr leicht zu beeinflussen. Ich bin davon überzeugt, dass diese Phase für die Ausbildung bestimmter Persönlichkeitsmerkmale sehr entscheidend sein kann. Deshalb ist es nicht unwichtig, wo der Mainstream hinfließt oder wer die Richtung bestimmt.

- Fakt ist, dass das Konsumverhalten der Generationen unserer Gesellschaft von der Konsumgüterindustrie längst permanent analysiert wird und dass Werbestrategien ausschließlich auf bestimmte Gruppen zugeschnitten sind. Dies gilt ebenso für das Freizeitverhalten.
  Jugendliche sind dabei eine wichtige Zielgruppe, weil sie gegenüber älteren Generationen verhältnismäßig einfach manipulierbar sind.

- Fakt ist auch, dass extremistische Gruppierungen die zeitweise Orientierungslosigkeit bzw. Sinnsuche vieler Jugendlicher hemmungslos ausnutzen. Die Phase der Abnabelung vom Elternhaus und das dadurch bei vielen Jugendlichen bestehende, kurzzeitige Zugehörigkeitsvakuum wird sofort gezielt mit den unterschiedlichsten Angeboten ausgefüllt bzw. auszufüllen versucht. Für viele orientierungslose Jugendliche ist die jeweilige Gruppe dann eine willkommene Alternative, ein Ersatz für die Familie. Wer Jugendliche in ihrer Sinn- und Orientierungssuche auffängt, ihnen Orientierung gibt und neben einem Sinn auch noch die Geborgenheit einer Gruppe oder Organisation anbietet, hat leichtes Spiel.

- Der Rest wird vom Zufall geleitet. Besteht der Freundeskreis/die Clique oder Gruppe mehrheitlich aus vernünftigen jungen Leuten, wird es sich allgemein positiv auf die Entwicklung der Persönlichkeit eines Individuums auswirken. Ist die Clique kriminell, religiös oder politisch extremistisch, wird das in den meisten Fällen negative Folgen für die Persönlichkeitsentwicklung haben.

Der „Sprung" vom Jugendlichen zum Erwachsenen beinhaltet also viele Gefahren und eine falsche Weichenstellung kann schlimme Folgen haben. Deshalb kommt den Eltern, ihren Erziehungsmethoden- und Maßnahmen sowie dem Bildungssystem in dieser Phase eine besondere Bedeutung zu. Die Kinder müssen auf diese Situation vorbereitet werden und benötigen in dieser Orientierungsphase besonderen Halt und Geborgenheit. Es sollte während des „Sprunges" kein „Abgrund" im Wege sein!

Wachstum

Menschen fühlen, denken und handeln überwiegend so, wie es die auf Wachstum ausgerichtete Gesellschaft von ihnen verlangt. Die Medien suggerieren im vermeintlichen Auftrag der Gesellschaft den Menschen als Lebensinhalt bzw. Sinn des Lebens Wachstum, Wohlstand und Konsum. Erfolg wird mit Wohlstand gleichgesetzt. Deshalb ist für viele Menschen Erfolg das A und O in ihrem Leben. Voraussetzung für Erfolg im Beruf ist Bildung. Gute Noten sind unabdinglich und deshalb wird dem beruflichen Erfolg alles untergeordnet, denn er bedeutet Wohlstand und Wohlstand bedeutet Glück (das Falschdenkersyndrom lässt grüßen):

Einige Menschen haben mehr Wohlstand als andere Menschen.
„Mehr" Wohlstand bedeutet „mehr" Konsum und das bedeutet „mehr" Glück.
Jeder Mensch will „mehr" Glück, wenigstens so viel, wie die anderen.
„Mehr" Konsum bedeutet „mehr" Glück.
„Mehr" Konsum bedeutet „mehr" Produktion.
„Mehr" Produktion bedeutet „mehr" Wirtschaftswachstum.
„Mehr" Wirtschaftswachstum bedeutet „mehr" Wohlstand.
„Mehr" Wohlstand bedeutet „mehr" Konsum.
„Mehr" Konsum bedeutet „mehr" Glück usw.

Wachstum, Wachstum, Wachstum, Wohin?

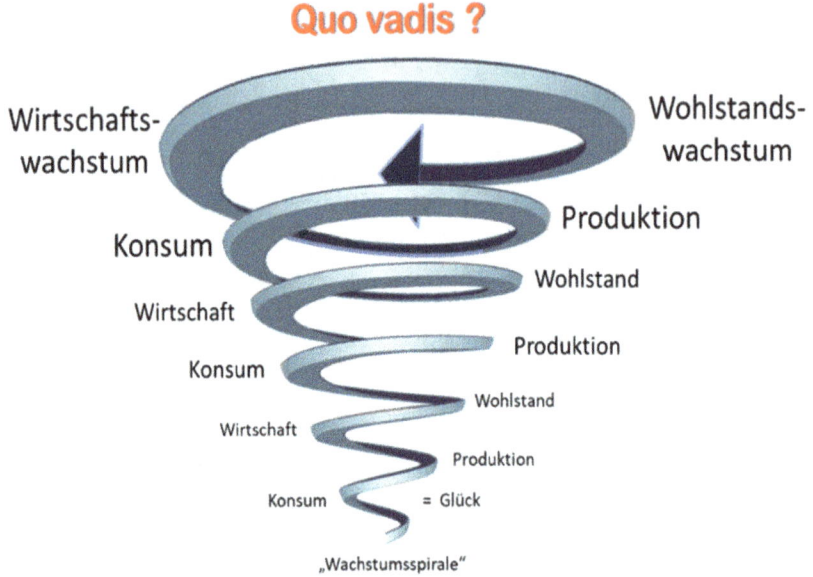

Die Wachstumsspirale: Keiner weiß, wohin sie führt, keiner weiß, wie lange sie anhält, aber alle machen mit!

China ist mit 1,393 Milliarden Menschen das bevölkerungsreichste Land der Erde, dicht gefolgt von Indien mit 1.353 Milliarden (Stand 2018). Deshalb sind diese beiden Länder auch „die Märkte der Zukunft" für jeden einigermaßen wirtschaftlich orientierten Unternehmer. Nehmen wir nur einmal an, dass „lediglich" 50 % der Bevölkerung entsprechend konsumorientiert manipulierbar sind. Im Vergleich zu Deutschland betrüge das Verhältnis 675 Millionen zu 43 Millionen, also rund 15 zu 1. Das Umsatzpotential ist also in China 15-mal größer als in Deutschland. China und Indien zusammen haben im Vergleich zu Deutschland rund das 30-fache Marktvolumen.

Längst hat die Globalisierung diese Denkweise vom Wachstum weltweit verbreitet.

Die Wachstumsspirale setzt im Leben aller Menschen die Prioritäten und bestimmt durch ihre „Informationen" das Fühlen, Denken und Handeln. Wohlstand hat in jedem Fall seinen Preis. Die meisten Menschen müssen Wohlstand hart erarbeiten. Wenige bekommen ihn geschenkt. Aber selbst geschenkter Wohlstand fordert früher oder später seinen Tribut. Mit Glück hat Wohlstand nur in wenigen Fällen zu tun, auch wenn das für die meisten Menschen so scheint. Der Schein trügt öfter als wir Falschdenker denken:

Über die zwei glücklichsten Momenten im Leben eines Yachtbesitzers heißt es: *Der erste Glücksmoment war an dem Tag, an dem er seine Yacht gekauft hatte. Der zweite Glücksmoment war der Tag, an dem er seine Yacht verkauft hatte.*

Natürlich gibt es einige superreiche Mitbürger, die sich entsprechendes Personal und alle „Nebenkosten" einer Yacht locker leisten können, weil Geld keine Rolle spielt. Berufstätige, die nur am Wochenende und im Urlaub übers Wasser schippern können, sollten sich den Kauf einer eigenen Yacht zumindest gut überlegen und eventuell die unzähligen Angebote für das Chartern einer Yacht als Alternative in Betracht ziehen.

Im Übrigen gilt die alte Weisheit vom Kreuzfahrtschiff:

Alle wollen zum Dinner möglichst einmal am Kapitänstisch sitzen. Wenn aber alle am Kapitänstisch sitzen würden, wäre es kein Kapitänstisch mehr. Dann wäre es ein Massentisch, wo alle sitzen, aber sicher nicht der Kapitän.

Die für mich schönste „Wachstumswohlstandsanekdote" stammt von 1963! aus der Feder von Heinrich Böll. Sie trifft den Nagel auf den Kopf und ist aktueller denn je. Deshalb möchte ich sie hier ungekürzt wiedergeben:

In einem Hafen an einer westlichen Küste Europas liegt ein ärmlich gekleideter Mann in seinem Fischerboot und döst. Ein schick angezogener Tourist legt eben einen neuen Farbfilm in seinen Fotoapparat, um das idyllische Bild zu fotografieren: blauer Himmel, grüne See mit friedlichen, schneeweißen Wellenkämmen, schwarzes Boot, rote Fischermütze. Klick. Noch einmal: klick, und da aller guten Dinge drei sind und sicher ist, ein drittes Mal: klick. Das spröde, fast feindselige Geräusch weckt den dösenden Fischer, der sich schläfrig aufrichtet, schläfrig nach seiner Zigarettenschachtel angelt. Aber bevor er das Gesuchte gefunden, hat ihm der eifrige Tourist schon eine Schachtel vor die Nase gehalten, ihm die Zigarette nicht gerade in den Mund gesteckt, aber in die Hand gelegt, und ein viertes „Klick", dass des Feuerzeuges, schließt die eilfertige Höflichkeit ab. Durch jenes kaum messbare, nie nachweisbare Zuviel an flinker Höflichkeit ist eine gereizte Verlegenheit entstanden, die der Tourist – der Landessprache mächtig – durch ein Gespräch zu überbrücken versucht. „Sie werden heute einen guten Fang machen." Kopfschütteln des Fischers. „Aber man hat mir gesagt, dass das Wetter güns-

tig ist." Kopfnicken des Fischers. „Sie werden also nicht ausfahren?" Kopfschütteln des Fischers, steigende Nervosität des Touristen. Gewiss liegt ihm das Wohl des ärmlich gekleideten Menschen am Herzen, nagt an ihm die Trauer über die verpasste Gelegenheit. „Oh? Sie fühlen sich nicht wohl?"
Endlich geht der Fischer von der Zeichensprache zum wahrhaft gesprochenen Wort über. „Ich fühle mich großartig", sagt er. „Ich habe mich nie besser gefühlt." Er steht auf, reckt sich, als wollte er demonstrieren, wie athletisch er gebaut ist. „Ich fühle mich phantastisch." Der Gesichtsausdruck des Touristen wird immer unglücklicher, er kann die Frage nicht mehr unterdrücken, die ihm sozusagen das Herz zu sprengen droht: „Aber warum fahren Sie dann nicht aus?" Die Antwort kommt prompt und knapp. „Weil ich heute Morgen schon ausgefahren bin." „War der Fang gut?" „Er war so gut, dass ich nicht noch einmal ausfahren brauche, ich habe vier Hummer in meinen Körben gehabt, fast zwei Dutzend Makrelen gefangen."
Der Fischer, endlich erwacht, taut jetzt auf und klopft dem Touristen auf die Schulter. Dessen besorgter Gesichtsausdruck erscheint ihm als ein Ausdruck zwar unangebrachter, doch rührender Kümmernis. „Ich habe sogar für Morgen und Übermorgen genug!" sagte er, um des Fremden Seele zu erleichtern. „Rauchen Sie eine von meinen?" „Ja, danke." Zigaretten werden in Münder gesteckt, ein fünftes „Klick", der Fremde setzt sich kopfschüttelnd auf den Bootsrand, legt die Kamera aus der Hand, denn er braucht jetzt beide Hände, um seiner Rede Nachdruck zu verleihen. „Ich will mich ja nicht in Ihre persönlichen Angelegenheiten mischen", sagt er, „aber stellen Sie sich mal vor, Sie führen heute ein zweites, ein drittes, vielleicht sogar ein viertes Mal aus und Sie würden drei, vier, fünf, vielleicht sogar zehn Dutzend Makrelen fangen. Stellen Sie sich das mal vor!" Der Fischer nickt. „Sie würden", fährt der Tourist fort, „nicht nur heute, sondern morgen, übermorgen, ja, an jedem günstigen Tag zwei-, dreimal, vielleicht viermal ausfahren – wissen Sie, was geschehen würde?" Der Fischer schüttelt den Kopf. „Sie würden sich in spätestens einem Jahr einen Motor kaufen können, in zwei Jahren ein zweites Boot, in drei oder vier Jahren könnten Sie vielleicht einen kleinen Kutter haben, mit zwei Booten oder dem Kutter würden Sie natürlich viel mehr fangen – eines Tages würden Sie zwei Kutter haben, Sie würden ...", die Begeisterung verschlägt ihm für ein paar Augenblicke die Stimme. „Sie würden ein kleines Kühlhaus bauen, vielleicht eine Räucherei, später eine Marinaden-Fabrik, mit einem eigenen Hubschrauber rundfliegen, die Fischschwärme ausmachen und Ihren Kuttern per

Funk Anweisung geben, sie könnten die Lachsrechte erwerben, ein Fischrestaurant eröffnen, den Hummer ohne Zwischenhändler direkt nach Paris exportieren – und dann …" – wieder verschlägt die Begeisterung dem Fremden die Sprache. Kopfschüttelnd, im tiefsten Herzen betrübt, seiner Urlaubsfreude schon fast verlustig, blickt er auf die friedlich hereinrollende Flut, in der die ungefangenen Fische munter springen. „Und dann", sagt er, aber wieder verschlägt ihm die Erregung die Sprache. Der Fischer klopft ihm auf den Rücken wie einem Kind, das sich verschluckt hat. „Was dann?" fragt er leise. „Dann", sagt der Fremde mit stiller Begeisterung, „dann könnten Sie beruhigt hier im Hafen sitzen, in der Sonne dösen – und auf das herrliche Meer blicken." „Aber das tu ich ja schon jetzt", sagte der Fischer, „ich sitze beruhigt am Hafen und döse, nur Ihr Klicken hat mich dabei gestört." Tatsächlich zog der solcherlei belehrte Tourist nachdenklich von dannen, denn früher hatte er auch einmal geglaubt, er arbeite, um eines Tages einmal nicht mehr arbeiten zu müssen, aber es blieb keine Spur von Mitleid mit dem ärmlich gekleideten Fischer in ihm zurück, nur ein wenig Neid.

(Quelle: Heinrich Böll, 1963)

Fazit: Das Wesen unserer Informationsgesellschaft besteht nicht darin, dass wir Menschen möglichst viele für uns nützliche Informationen erhalten. Es besteht darin, dass wir so informiert werden, dass unser Fühlen, Denken und Handeln den Anforderungen der Konsumgesellschaft entsprechen. Oder besser, wie es der globalen Wirtschaft am besten in den Kram passt.

Die Kehrseite des Wachstums

Aktuell verbrauchen wir Menschen weltweit pro Jahr die Ressourcen von 1,75 Erden. Das bedeutet, wir entnehmen der Erde mehr Ressourcen als nachwachsen können. Folgende Statistik zeigt, wie viele „Erden" mit ihren Ressourcen benötigt würden, wenn weltweit der Verbrauch genauso hoch wäre wie in dem jeweiligen Land.

Würden beispielsweise alle Länder dieser Erde den gleichen Ressourcenverbrauch haben wie Deutschland, würden pro Jahr die Ressourcen von drei Erden verbraucht.

Im Falle eines weltweiten Ressourcenverbrauchs wie in den USA wären es pro Jahr die Ressourcen von fünf Erden.

Benötigte Erden, wären die Lebensgewohnheiten weltweit so wie in

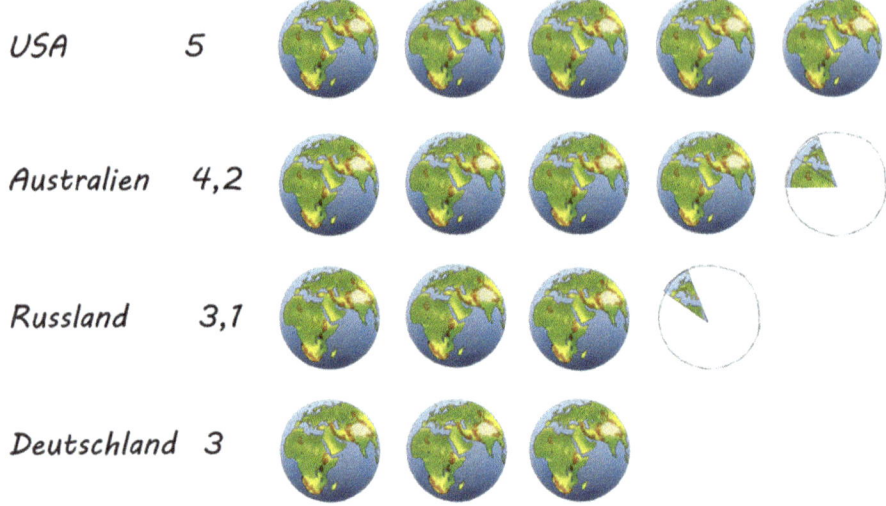

USA 5

Australien 4,2

Russland 3,1

Deutschland 3

Und trotzdem ist die oberste Priorität in unserer Gesellschaft:

Wachstum, Wachstum, Wachstum

Quo vadis Menschheit? Eine durchaus berechtigte Frage, die sich normalerweise jeder Mensch stellen sollte. Das würden viele Menschen vielleicht auch tun, wenn, ja wenn nicht die Mehrheit von ihnen am Falschdenkersyndrom leiden würde und wenn es keine Pandemie der Dummheit gäbe.

Der Preis des Wachstums

Der Preis des Mantras vom Wachstum ist eine hektische Welt, in der immer mehr Menschen chronisch überlastet bzw. überarbeitet sind. Dabei ist chronische Überlastung gar nicht immer physisch, sondern vielfach psychischer Natur. Der permanente Leistungsdruck in allen Bereichen der Gesellschaft fordert seinen Tribut.

In den USA wird die Anzahl der psychisch Kranken auf ca. 20 % der Gesamtbevölkerung geschätzt. Bei einer Bevölkerungszahl von ca. 330 Millionen sind das immerhin 66 Millionen Menschen. Wohlgemerkt, das ist eine Schätzung des

Gesundheitssystems der USA und das ist definitiv nicht mit dem Gesundheitssystem in Deutschland zu vergleichen.

In Deutschland sind in jedem Jahr etwa 27,8 % der erwachsenen Bevölkerung von einer psychischen Erkrankung betroffen. Das sind ca. 17,8 Millionen Menschen.

(Quelle: Deutsche Gesellschaft für Psychiatrie und Psychotherapie, Psychosomatik und Nervenheilkunde e. V. 2019).

Bei rund 13.500 zugelassenen Psychiatern in Deutschland wäre theoretisch ein Psychiater im Durchschnitt für die Betreuung von rund 1.300 Patienten zuständig. Ohne Zweifel ein Beruf mit Zukunft!

Laut einer Studie zur Gesundheit Erwachsener in Deutschland (veröffentlicht im **Springer** Link 2014) entwickeln hierzulande jährlich etwa 11,3 % der Frauen und 5,1 % der Männer jeweils eine behandlungsbedürftige Depression. Insgesamt sind das mehr als 5 Millionen Menschen pro Jahr allein in Deutschland.

Falschdenker

Das alles ist schlimm genug, aber nur die Spitze des Eisberges. Denn die Menschen, die nicht psychisch erkranken, leiden dafür verstärkt unter dem Falschdenkersyndrom. Warum?

Nun, wer permanent überarbeitet ist oder überfordert wird, der ist nach der Arbeit einfach kaputt, der ist ausgelaugt, ohne Energie. Der Großteil davon hat nicht mal mehr Lust zum Lesen (Denken mit einem fremden Gehirn), geschweige denn zum eigenen Denken. Mit Müh und Not werden die Alltagsaufgaben oft mehr schlecht als recht erledigt. Danach ist Feierabend und das bedeutet für die meisten Menschen eben nichts aktiv tun, sondern lieber passiv konsumieren, was fälschlicherweise als Erholung verstanden wird. In dieser Phase der vermeintlichen Erholung dürfen die Medien ran und das GIGO-Prinzip am Menschen umsetzen.

Die Abteilungen Unterbewusstsein und Gedächtnis arbeiten trotz Energiemangel mehr oder weniger zuverlässig und verarbeiten und speichern alle wahrgenommenen Informationen. Unser Bewusstsein bekommt weder die Zeit noch hat es ausreichend Energie zur Verfügung, um mitzuarbeiten und falsche Informationen zu erkennen und diese von richtigen Informationen zu trennen. Das sind Top-Voraussetzungen für Manipulation und geistige Degeneration

(Dummergenz) und damit für das Falschdenken. Während der Mensch falsch denkt, er würde sich bei Bier und Fernsehen erholen, verarbeiten Unterbewusstsein und Gedächtnis überwiegend Informationen, die normalerweise keiner braucht, außer die wachstumsabhängige Konsumgesellschaft. Wertvolle Lebenszeit wird sinnlos vertan.

Ist trotz der Überarbeitung am Feierabend noch etwas Energie vorhanden, dann will der Mensch trotzdem nicht über komplizierte Themen nachdenken, denn Denken wird als Arbeit empfunden. Bewusstes Denken ist tatsächlich mitunter anstrengend und benötigt auf jeden Fall ausreichend Energie. Nein, der Mensch will lieber Spaß und Unterhaltung mit anderen Menschen. Unsere gewinnorientierte Informationsgesellschaft hat das Problem längst erkannt und liefert unzählige Angebote für Spaß, weshalb wir unsere Gesellschaft auch als Spaßgesellschaft bezeichnen können. Mit Spaß lässt sich nämlich auch Geld verdienen. Leider ist dieser „industrielle Spaß" nicht besonders nachhaltig und er trägt natürlich kaum zum besseren Denken bei, was natürlich nur in den seltensten Fällen beabsichtigt ist.

Bilder statt Worte

Das Phänomen: „Ein Bild sagt mehr als tausend Worte" ist längst bei den Medien zur Passion geworden. Ein Bild wird vom Menschen sofort begriffen, weil die Wahrnehmung optischer Reize ein absoluter Überlebensvorteil unserer Vorfahren war. Sie erinnern sich an Kahnemans „Schnelles Denken – langsames Denken" (Seite 130). Die Wahrnehmung eines Bildes erfolgt automatisch und ohne Anstrengung durch das schnelle Unterbewusstsein. Etwas zu lesen hingegen kostet Zeit, und das Verstehen des Gelesenen erfordert Energie (langsames Bewusstsein). Informationen werden also definitiv besser durch Bilder vermittelt als durch Texte. Bestimmte Medien wissen dies durchaus zu nutzen.

Trotzdem hat diese Form der Information ihre Grenzen. Wie soll man z. B. das Denken oder das Falschdenken bzw. Gefühle bildlich darstellen? Das Thema Analphabeten und deren begrenztes Denkvermögen haben wir bereits behandelt. Aber auch die Menge der Informationen ist entscheidend. Wenn Sie z. B. eine Galerie oder ein Museum mit Hunderten von Bildern besuchen, werden Sie merken, dass nach dem intensiven Betrachten der ersten sieben bis zehn Bilder ein gewisser Wahrnehmungsverlust eintritt. Ihre Konzentration und damit auch Ihre Aufmerksamkeit lassen spürbar nach. Der gleiche Effekt tritt übrigens auch beim reinen Zuhören auf. Hier spielen sowohl die Anzahl der Informationen als auch die Vortragsweise eine große Rolle. Monoton vorgetragen können die tollsten Informationen wirkungslos bleiben, während das Variieren in Tonlage und Lautstärke bzw. das Betonen diverser Textpassagen das Zuhören erleichtern und die Konzentration verbessern. In jedem Fall ist unsere Aufnahmefähigkeit (Wahrnehmung) von Informationen durch unser langsames Bewusstsein begrenzt, während unser superschnelles Unterbewusstsein eigentlich keine Begrenzung kennt, denn im schlimmsten Fall werden Informationen ohne viel Verarbeitung einfach ins Gedächtnis abgeschoben.

Informationen

1. Wenige oder fehlende Informationen

Wenige oder fehlende Informationen machen neugierig. Schon Kinder wollen alles wissen und nerven ihre Eltern mit fortwährenden „wieso, weshalb, warum?". Neugier ist uns Menschen angeboren, denn sie war für unsere Vorfahren überlebensnotwendig. Es war durchaus von großem Vorteil für das Überleben, wenn man wusste, wo die Lieblingsaufenthaltsorte der Säbelzahntiger sind und wenn man die Sträucher mit giftigen Beeren kannte.

Wenn es aber zu wenig Informationen (Antworten) auf Fragen gibt, beginnt das Unterbewusstsein seine Pseudokreativität und spekulativ seine irreguläre Energie darauf zu verwenden, unter allen Umständen eine kohärente Gesamtinformation zusammenzustellen, egal ob diese richtig oder gar sinnvoll ist.

In unserer Fühl- und Denkfabrik Gehirn herrscht eine Kohärenzsucht, d. h., ein Denkergebnis soll möglichst in sich stimmig sein, ohne offensichtliche Widersprüche, damit keine „unguten Gefühle" entstehen. Dafür wird von unserem Unterbewusstsein gelogen, betrogen und getäuscht bis das Ergebnis kohärent ist, auch auf die Gefahr hin, dass es nur eine Pseudokohärenz ist.

Sowohl die Pseudokreativität als auch die spekulative irreale Energie unseres Unterbewusstseins haben jedoch auch einen positiven Effekt, nämlich trotz fehlender Informationen dem Bewusstsein irgendwie zu helfen, Annahmen zu treffen, Hypothesen aufzustellen oder einfach über einen Sachverhalt zu spekulieren und etwas zu vermuten. Diese Vorgehensweise ist unerlässlich für die Forschung auf nahezu allen Wissenschaftsgebieten. Unsere Hypothese von der Fühl- und Denkfabrik Gehirn ist ein Beispiel für den Versuch, einen Sachverhalt bzw. den Denkprozess ohne wissenschaftlich fundierte Informationen zu erläutern.

2. Viele Informationen

Viele Informationen in zu kurzer Zeit können von unserem langsamen Bewusstsein nicht verarbeitet werden. Das heißt, unser extrem schnelles Unterbewusstsein verarbeitet völlig emotionslos alle Informationen, ob gut oder böse, ob richtig oder falsch, ob sinnvoll oder sinnlos. Unser schnelles Unterbewusstsein füllt unser Gedächtnis erbarmungslos mit allen wahrgenommenen Informationen. Wird unser langsames Bewusstsein von Zeit zu Zeit doch aktiv und versucht mit zu verarbeiten, liefert das Unterbewusstsein dafür zwangsläufig mehr falsche Informationen (Müll) aus dem Gedächtnis, als solide Informationen. Mit diesen mehrheitlich falschen Informationen kann unser Bewusstsein natürlich keine objektive Bewertung vornehmen. Es kommt zu fehlerhafte Denkergebnissen, die ihrerseits wieder im Gedächtnis gespeichert werden. Das Falschdenken hat begonnen und nimmt seinen Lauf.

3. Zu viele „neue" Informationen

… in zu kurzer Zeit machen nicht neugierig, sondern sorgen im Gegenteil gegebenenfalls für eine Art **Denkinfarkt**. Das heißt, selbst unser superschnelles Unterbewusstsein kommt mit dem Verarbeiten und vor allem mit dem Speichern nicht richtig hinterher. Unser langsames Bewusstsein resigniert sowieso, weil es keine Chance hat, die vielen verschiedenen und in zu kurzer Zeit wahrgenommenen Informationen zu beurteilen oder gar zu analysieren. Unsere Wahrnehmungsorgane liefern pro Zeiteinheit einfach viel zu viele Informationen, wodurch in unserer Fühl- und Denkfabrik Gehirn das blanke Verarbeitungschaos entsteht. In den meisten Fällen kommt es zum automatischen Lock down des Bewusstseins. Es hört einfach auf zu arbeiten („Burnout") und ignoriert alle Informationen vom Unterbewusstsein. In Einzelfällen kann es auch zum „Nervenzusammenbruch" kommen. Beide Vorfälle bezeichnen wir als Denkinfarkt, weil der komplette Denkprozess empfindlich gestört wird. Mit viel Glück und mit der Unterstützung von Gefühlen können vielleicht einige dieser neuen Informationen leidlich verarbeitet und gespeichert werden. Die Mehrzahl der neuen Informationen geht allerdings selbst vom Unterbewusstsein nur oberflächlich verarbeitet und ohne Bezug bzw. ohne Gefühle direkt in das Gedächtnis, was das Auffinden und Abrufen durch das UBWS zu einem späteren Zeitpunkt erschwert. Diese neuen Informationen sind in den „Weiten" unseres Gedächtnisses verloren und werden, wenn überhaupt, nur zufällig irgendwann gefunden und an das Bewusstsein geliefert. Wie bereits erwähnt, geht es hier um zu viele vollkommen neue Informationen in einer zu kurzen Zeitspanne. Wenn das Unterbewusstsein bei der Verarbeitung auf bereits im Gedächtnis gespeicherte Vorinformationen zurückgreifen kann, wird zumindest ein Teil der Informationen geordnet abgespeichert. Aber auch, wenn es nicht immer gleich zum Denkinfarkt kommt, Wahrnehmungs- bzw. Verarbeitungsfehler werden während dieser Phasen in jedem Fall gehäuft auftreten und die vielen Informationen verursachen in jedem Fall Stress in der Fühl- und Denkfabrik Gehirn.

Frage: Was passiert nun, wenn über einen längeren Zeitraum, also über Jahre hinweg, permanent zu viele Informationen wahrgenommen werden müssen?

Antwort: Das hängt zum einen von den Informationen und zum anderen vom Wissens- und Erfahrungsstand des Individuums ab. Wir haben bereits festgestellt, dass bedrohliche Informationen bevorzugt wahrgenommen, verarbeitet und gespeichert werden. Diese Fähigkeit ist angeboren und evolutionär bedingt. Des Weiteren wissen wir um die frühkindliche oder kindliche Prägung. Neugier und Wissensdurst sind uns Menschen ebenfalls angeboren. In der Lernphase bis zur Pubertät und teilweise darüber hinaus werden Informationen besonders intensiv im vergleichsweise „fast leeren" Gedächtnis verankert. Menschen aus bildungsfernen Milieus haben prinzipiell das Problem, dass viele Informationen aus Mangel an Vorwissen nicht verarbeitet werden können. Deshalb prägen drei große Gefahren eine Phase der Überinformation:

1. Es werden Informationen gespeichert, die aufgrund des zwangsläufig mangelhaften Vorwissens bzw. mangelnder Erfahrungen und Erkenntnisse nicht bewusst verarbeitet werden konnten. Diese Informationen werden nicht „verstanden".
2. Das Gedächtnis wird überwiegend mit falschen und/oder unverstandenen Informationen gefüllt. Falsche Informationen verhindern eine fehlerfreie Arbeit des Bewusstseins und unverstandene Informationen sind für das Bewusstsein nutzlos.
3. Bewusstes Denken wird nicht „erlernt" geschweige denn trainiert. Es wird in einem prekären Umfeld sogar überwiegend verhindert. Das Ergebnis ist das Fauldenken, das Denken ohne Beteiligung des Bewusstseins (passive Faulheit).

4. Permanent zu viele komplizierte Informationen ...

... oder zu viele nicht verarbeitbare Informationen über längere Zeiträume führen dazu, dass unser Bewusstsein immer öfter wegen Überlastung „streikt" und nicht mehr mitarbeitet – es wird faul und träge. Die Fühl- und Denkfabrik Gehirn gewöhnt sich an diesen Zustand. Es „denkt" eben nur noch das Unterbewusstsein und das ist Fauldenken. Ohne Mitwirkung unseres Bewusstseins findet kein kritisches und problemorientiertes Denken mehr statt. Unser schnelles, aber „doofes" Unterbewusstsein findet ohne Zuarbeit des Bewusstseins vielfach keine kohärente Lösung bei der Informationsverarbeitung. Es ist also wieder dazu gezwungen, eine in sich „kohärente" Geschichte zu erfinden, die mit der Realität in der Regel sehr wenig oder gar nichts zu tun hat.

Symptom Religion

Eine Hypothese zur Entstehung der Religionen

Für unsere frühen Vorfahren kam fast alles, was ihr Leben dramatisch beeinflusste, von *„oben"*, also von „über dem Menschen", wir sagen heute vom Himmel. Sonne, Regen, Blitz (also Feuer) und Donner, Schnee, Kälte, Wärme, Wind und Wolken. Keiner unserer Vorfahren konnte auch nur eine annähernd plausible Ursache (Information) dazu liefern. Wen wundert es, dass irgendein kreativer Zeitgenosse auf die Idee kam, dass da *oben* ein oder mehrere „übermenschliche" Wesen sein müssen, die das alles bewerkstelligen?

Die Idee leuchtete ein, sie war logisch. Menschen oder Tiere auf der Erde konnten es nicht sein.

Aber Himmelswesen in Menschen- oder Tiergestalt oder zur Not auch Mischwesen aus halb Mensch und halb Tier, eben ominöse höhere Wesen (Götter) als Urheber dieser unerklärbaren Erscheinungen und Vorkommnisse boten eine naheliegende und nachvollziehbare Lösung. Ein überaus erfolgreicher, wenn nicht der erfolgreichste Zufallstreffer eines Individuums in der Geschichte der Menschen! Einmal in der Erklärungswelt unserer Vorfahren angekommen, war diese Idee bzw. Erklärung auch mangels alternativer Ideen für die Menschen und deren Fühl- und Denkfabrik Gehirn einschließlich Bewusstsein derart einleuchtend, dass sie bis heute, wenn auch in unterschiedlichen Varianten von Religionen Bestand hat.

Fazit: Gott hat also nicht die Menschen geschaffen. Die Menschen haben sich Gott erschaffen.

Susan Blackmore hat ein sehr interessantes Buch über die Theorie der Meme geschrieben. Mem ist eine von Richard Dawkins in seinem Buch „Das egoistische Gen" kreierte Bezeichnung für ein Pendant zu den Genen, sozusagen ein „geistiges Gen", also im weitesten Sinn für eine Information, die sich sehr erfolgreich unter den Gedächtnisabteilungen der Fühl- und Denkfabriken Gehirn der Menschen verbreitet.

Während Gene Abschnitte von Molekülketten mit wichtigen Erbinformationen sind, die sich überwiegend vertikal (durch Vererbung) vermehren und verbreiten, sind Meme Informationen, die sich überwiegend horizontal ausbreiten. Eine horizontale Verbreitung von Genen, sozusagen von einem Menschen zum anderen, kann nur künstlich z. B. durch eine Gentherapie zur Behebung eines angeborenen Gendefektes erfolgen. In der Natur findet eine horizontale Verbreitung von Genen lediglich auf bakterieller Ebene bzw. durch Viren statt.

Bei den Memen überwiegt die horizontale Verbreitung von einem Menschen zum anderen durch Wahrnehmung und Verarbeitung (Denken), aber auch eine vertikale Verbreitung (Stichwort Epigenetik) ist möglich.

Meme können in verschiedensten Erscheinungsformen auftreten, z. B. in Form von Geschichten, Meinungen, Musik, Verhalten, Gebräuchen usw. Letztlich können theoretisch alle „Ergebnisse" unseres Fühlens, Denkens und Handelns (Gefühle, Gedanken, Handlungen) als Meme bezeichnet werden, sobald sie eine gewisse Verbreitung erfahren.

Ich bezeichne die Idee von höheren Wesen, also von einem oder von mehreren Göttern, als „Gottes-Mem" und als erfolgreichstes Mem aller Zeiten. Pech nur, dass sich ganz unterschiedliche „Gottes-Meme", ausgehend von verschiedenen Völkern, verbreitet und als Religionen etabliert haben. Nun sind religiös orientierte bzw. gläubige Menschen nicht übermäßig tolerant. Das heißt, andere Religionen werden nur gezwungenermaßen akzeptiert. Wer wirklich an seinen Gott glaubt, der kann natürlich nicht verstehen, dass es Menschen gibt, die an ihren eigenen (einen vermeintlich anderen) Gott glauben, auch wenn es im

Prinzip der gleiche Gott ist. Es geht einer Religion eben nicht allein um den Glauben an sich, es geht darum, dass möglichst alle Menschen auf die gleiche Art und Weise nach der gleichen Religion an den gleichen Gott glauben. Ein bisschen kann man das mit dem Parteiensystem der meisten demokratischen Länder vergleichen. Alle Parteien haben offiziell das gleiche Ziel: das Land zum Wohl des Volkes zu regieren. Doch was ist das Wohl des Volkes und wie erreicht man es? Darin scheiden sich die Geister. Jede Partei scheint es genau zu wissen und deshalb können aus Sicht der wissenden Partei alle anderen Parteien nur falsch liegen. Der Clou des Ganzen, das Volk weiß selbst nicht, was sein Wohl ist. Deshalb wählt das Volk mal die eine, mal die andere und mal gleich mehrere Parteien, immer in der Hoffnung, zu seinem Wohl regiert zu werden. Letzteres (mehrere Parteien) ist dann ganz hart für die Parteien – sie müssen miteinander koalieren und mit Kompromissen regieren.

Da haben es die Religionen neuerdings leichter. Sie müssen nicht koalieren (das haben sie sowieso nie in Erwägung gezogen), weil sie seit der Trennung von Staat und Kirche nicht mehr selbst regieren dürfen. Nichts desto trotz beansprucht jede Religion für sich, genau zu wissen, wie und an welchen Gott ein Mensch zu glauben hat. Das Dilemma besteht darin, dass aus der Sicht einer „wissenden" Religion alle anderen Religionen nur falsch liegen können. Wenn sich alle Religionen als wissende Religionen sehen, dann müssen demzufolge alle Religionen gleichzeitig falsch liegen. Das Falschdenkersyndrom lässt wieder einmal freundlich grüßen.

Spätestens jetzt könnte ein allmächtiger Gott das Dilemma auflösen, indem er den Angehörigen aller Religionen irgendwie die Information zukommen lässt, dass ihm die unterschiedlichen Religionen egal sind und er zufrieden ist, wenn seine Gebote befolgt werden und an ihn als Gott von allen Menschen geglaubt wird. Aber selbst das tut er nicht. Warum nicht? Weil ihn sich die Menschen selbst erschaffen haben, und die einen haben ihn so und die anderen haben ihn anders erschaffen und, anstatt sich auf einen Kompromissgott und eine Kompromissreligion zu einigen, machen alle Religionen weiter wie bisher. Die einen segnen Soldaten vor dem Kampf (also vor dem Töten!) und andere schicken Gotteskrieger aus, die jeden Menschen umbringen, der nicht genau nach der Religion lebt, die sie für die einzig Wahre halten. Das verstößt zwar im Prinzip gegen die Gebote Gottes, aber da es ja gewissermaßen für ihn bzw. in seinem Namen passiert, kann es nicht so falsch sein.

Ein Bild sagt mehr als 1.000 Worte. Die bildlichen Darstellungen eines Gottes bzw. vieler Götter stärkten die Vorstellungskraft von Gott bzw. von den Göttern und förderten damit den Glauben. Die Bewohner ganzer Länder wurden so Anhänger bestimmter Religionen. Seit über 2.000 Jahren sind die Menschen bis heute über Generationen hinweg felsenfest davon überzeugt, dass die Götter oder eben ein Gott den Lauf der Welt, die Naturereignisse und ihr Leben bestimmen.

Allein die Griechen verehrten in der Antike 18 Hauptgötter von Zeus bis Herakles und das waren nur die Götter, die auf dem Olymp herrschten. Vorher gab es noch mehr als 20 „vorolympische Götter", von Chaos bis zu den Hekatoncheiren: drei Giganten, die jeweils 50 Köpfe und 100 Hände haben. Aber auch die reichten den Griechen nicht aus und so mussten noch um die 100 weitere Götter geschaffen werden, von Acheloos über Morpheus bis zu Zelos, den Gott des Eifers. Eifrig waren aber nicht nur die Griechen. Im Hinduismus gibt es noch heute unzählige Götter bzw. Gottheiten, weil nahezu für jedes Tier und jede Pflanze eine Gottheit existiert. Ihre Zahl wird von den Hinduisten selbst mit 330 Millionen angegeben – Donnerwetter! Die Menschen haben sich also in ihren jeweiligen Religionen sehr viele Lösungen für das Unerklärliche (Göttliche) einfallen lassen. Sowohl „einen Gott für Alles" als auch „jeweils einen Gott für Jedes". Die „Schöpfer" dieser Phantasiewelten der Götter waren die Fühl- und Denkfabriken unserer Ahnen. Diese emergenten Systeme aus jeweils ca. 172 Milliarden Gehirnzellen haben damit eine sehr große Kreativität bewiesen.

Und das ist gleichzeitig Stärke und Schwäche unserer Gehirne: eine nahezu grenzenlose Kreativität gepaart mit viel Fantasie. Daraus entstehen wichtige wissenschaftliche Erkenntnisse, aber auch die „alternativen Fakten" bzw. das Falschdenkersyndrom.

Der Erfolg der „Götter- oder eines Gottes" beruht unter anderem auf folgenden Faktoren:

1. *Religionen bieten eine leicht verständliche Erklärung der Welt, auch und vor allem für Kinder. Unser Gehirn liebt einfache Erklärungen. Quantenphysik ist und bleibt für die meisten Menschen ein Buch mit sieben Siegeln.*

2. *Glauben ist nicht verhandelbar. Glaube braucht keine Argumente oder Beweise. Glaube hilft in jeder Lebenssituation. Glaube kann „Berge versetzen". Glaube ist für unser Gehirn die beste und einfachste Lösung.*

3. *Eine Glaubensgemeinschaft bietet Liebe, Geborgenheit, Schutz und Zugehörigkeit. Die Gruppendynamik wirkt. Was alle glauben, kann nicht falsch sein.*

4. *Religionen geben den Menschen Orientierung und Regeln für das Zusammenleben.*
   Hier zum x-ten Mal Daniel Kahnemann:
   „Wir wissen, dass Menschen von einem unerschütterlichen Glauben an eine Überzeugung und, sei sie noch so absurd, erfüllt sein können, wenn sie darin von einer Gruppe gleichgesinnter bestärkt werden."

Mittlerweile haben sich viele Religionen modernisiert bzw. reformiert und mit dem Stand der wissenschaftlichen Erkenntnisse arrangiert.

Trotz aller bahnbrechenden Erkenntnisse von Wissenschaftlern über das gesamte Universum und über die Einzigartigkeit unserer Erde, haben die Religionen bzw. der Glaube an ein höheres Wesen nach wie vor sehr viele Anhänger.

Warum? Nun, es gibt immer noch mehr Fragen als Antworten auf dieser Welt oder anders ausgedrückt, die Welt hält noch genug Rätsel für uns menschliche Zellhaufen bereit und das größte Rätsel sind wir Menschen bzw. unser Fühlen, Denken und Handeln selbst.

Die Religionen und der Glaube haben immer und auf alles eine Antwort und die lautet sinngemäß: *Bei allem, was auf dieser Welt dir oder anderen oder überhaupt passiert, auch wenn du nicht weißt warum, Gott wird es wissen.*

Das ist natürlich eine unschlagbare Strategie. Gott weiß alles, Gott regelt alles und Gott hat einen Plan. Diesen Plan können und müssen wir nicht verstehen, weil es eben ein göttlicher Plan ist. Würden wir Menschen diesen Plan verstehen, wäre es ja kein göttlicher Plan. Mit dieser Interpretation des Glaubens braucht sich kein Mensch mehr sein Denkfabrik Gehirn zu zermartern und über den Sinn des Lebens und im speziellen über sein eigenes Fühlen, Denken und Handeln nachzudenken. Es ist viel leichter, an einen übermächtigen Gott zu glauben, der alles für einen regelt, als sich von früh bis spät mit den Unwägbarkeiten dieser Welt und all den vielen Falschdenkern und ihren Dummheiten herumzuärgern. Worin soll der Sinn in diesem Leben bestehen, wenn nicht in der Geborgenheit und der Liebe eines allmächtigen Gottes, der alle Gläubigen behütet und beschützt? Ein schöner, verlockender Gedanke, aber auch hier lässt das Falschdenkersyndrom grüßen. Gott ist es nämlich ziemlich egal, wenn anstelle von Geborgenheit und Liebe Mord und Totschlag über die Christenmenschen herfallen.

Das hat er im Laufe der Jahrhunderte eindrücklich demonstriert. Die Anhänger der katholischen Religion haben in zahllosen Religionskriegen die Protestanten im Namen Gottes massakriert und umgekehrt. Die Kreuzritter brachten die Muslime um und umgekehrt. Sunniten und Schiiten töten sich noch heute gegenseitig, obwohl eigentlich beide Gruppen Anhänger des Propheten Mohammed sind, aber jede Gruppe beansprucht für sich, die alleinigen, rechtmäßigen Erben Mohammeds zu sein.

Ein Kompromiss geschweige denn eine Annäherung ist nicht in Sicht. Besonders fanatische Gläubige töten alle anderen, in ihren Augen Ungläubigen. Fanatische Attentäter flogen mit gekaperten Passagiermaschinen in das „World Trade Center", fuhren mit gestohlenen LKW in unschuldige Menschenansammlungen oder töten wahllos Menschen völlig unabhängig von ihrer Religion. Muslimische Terrorgruppen töten mit Vorliebe Juden, aber wenn keine vorrätig sind, bringen sie auch gerne andere Muslime oder einfach Menschen um, die ihnen zufällig über den Weg laufen. Während der Judenverfolgung durch die Nazis im dritten Reich schwiegen weltweit viele Christen und manche beteiligten sich sogar an diesem Völkermord, am Töten von Männern, Frauen und Kindern. Nicht nur rechtsextreme Falschdenker, nein, selbst einzelne muslimische Falschdenker in Deutschland hetzen gegen Juden. Das alles umfasst nur einen Bruchteil der Grausamkeiten, die im Namen Gottes geschehen sind und noch heute geschehen.

Frage: Wenn Gott allmächtig wäre, hätte er diese Grausamkeiten verhindern können. Hätte vielleicht, er hat aber definitiv nichts verhindert. Also ist er entweder gar nicht allmächtig oder, was die Menschen so treiben, ist ihm egal und er schaut amüsiert zu, oder das alles entsprach sowieso der göttlichen Planwirtschaft? Dann war und ist also alles von Gott so gewollt, alles läuft nach seinem Plan. Göttliche Kohärenz, auch wenn's sowohl den gläubigen als auch den ungläubigen Menschen weh tut.

Die Erschaffung der Hölle

Trotz strengen Glaubensregeln und Geboten lief natürlich in den Ursprüngen der Religionen nicht alles rund in den menschlichen Gemeinschaften und manch schlimme Ereignisse suchten trotz intensiver Gebete und Opfergaben die Menschen heim. Das ließ Zweifel am Gottesmem unter den Gläubigen aufkommen. Außerdem brauchte es eine möglichst abschreckende Alternative zum ewigen Leben im Himmelsparadies nach dem Tod. Böse Menschen sollten ja nicht in diesen Genuss des ewigen Lebens kommen. Es musste also etwas Schlimmes sein, ein Gegenpol zum Reich Gottes oder der Götter im überirdischen Himmel. Es lag nahe, diesen Gegenpol unter der Erde anzusiedeln und die Hölle nach dem Muster der feuerspeienden Vulkane einzurichten. Der Herrscher dieses unterirdischen Reiches war der Teufel. Die Interpretation war denkbar einfach. Wer nicht gottgläubig und fromm war, musste zwangsläufig vom Teufel besessen sein oder er war selbst des Teufels Geselle. Wer gegen die Gebote Gottes verstieß, kam nicht in den Himmel, sondern in die Hölle. Diese „ewige Verdammnis" bedeutete, nach dem Tod für immer im Höllenfeuer zu schmoren.

Die Idee von einem Teufel als Gegenspieler Gottes war die Lösung schlechthin für alle negativen Ereignisse, die eventuell am Gottesmem hätten rütteln können. Wenn etwas schief ging, war der Teufel schuld. Wenn sich ein Mensch nicht gottesfürchtig verhielt oder gar an Gott zweifelte, musste er zwangsläufig vom Teufel besessen sein. Ein ideales Mem für jeden religiösen Herrscher. Jeder Mensch, egal ob männlich oder weiblich, der sich nicht so verhielt, wie es dem Herrscher gefiel, war bei Bedarf des Teufels. Sicher haben Sie schon von der Inquisition gelesen, von Ketzern und Hexen, die erst gefoltert und dann auf Scheiterhaufen verbrannt wurden.

Die Zahl der als Hexen verbrannten Frauen und Männer wird selbst von Vertretern der Kirche mit ca. 50. bis 60.000 angegeben. Es wäre aber völlig falsch, allein den Kirchenvertretern diverser Religionen die Schuld an diesen Grausamkeiten zu geben. Die Ursachen lagen auch im Fauldenker- und Falschdenkersyndrom. Die Menschen brauchten für Krankheiten, Missernten oder Unwetter eine Erklärung, eine Ursache, einen Schuldigen, einen Sündenbock. Da kamen dem Volk die Hexen gerade recht. Wir „modernen" Menschen können uns in das Denken der Menschen im Mittelalter definitiv nicht hineinversetzen. Deshalb können wir auch nicht nachvollziehen, warum harmlose Frauen oder Männer von irgendeinem missliebigen Nachbarn für die schlechte Ernte verantwortlich gemacht und als Hexe gebrandmarkt wurden. Eine lautstark geäußerte Verdächtigung reichte in vielen Fällen aus, um hinreichend viele Menschen zu mobilisieren, die eine Hexe brennen sehen wollten.

Hier ein Text aus dem katholischen Onlinemagazin vom 18. März 2018:

Tatsache ist: Frauen und Männer sind als Hexen verbrannt worden. Nicht Millionen, sondern nach Angaben seriöser Wissenschaftler in ganz Europa etwa 50.000 in drei Jahrhunderten, etwa zwischen 1450 und 1750. Tatsache ist auch: Nicht die Kirche hat angebliche Hexen hingerichtet, sondern die weltliche Obrigkeit; ohne deren Justiz waren keine Prozesse möglich. Diese weltlichen Prozesse zielten immer auf die Todesstrafe, erzwungen durch Geständnisse unter der Folter.

Tatsache ist: Die Kirche hat dafür eine theologische Grundlage geliefert. Die Lehre vom Teufel ist uralt. Die Kirche hat lange gelehrt, ein frommer Christ könne wegen der Allmacht Gottes nicht von ihm als Person befallen werden. Bedeutende Theologen haben im Mittelalter dann die Vorstellung entworfen, es gäbe ein Reich des Bösen, mit dem Menschen auf der Erde aktiv in Kontakt treten könnten. Aber auch da wurde der Vorwurf der Hexerei im Alltag noch als Aberglaube verworfen, wurden Hexenjäger aus manchen Bistümern ausgewiesen.

Tatsache ist: Zu Beginn der Neuzeit im 15. Jahrhundert wurde die Menschen in Nordeuropa durch einen Klimawandel mit Missernten und Hungersnöten erschüttert. Hexen waren willkommene Sündenböcke – sie hatten zum Beispiel die Ernte angeblich verhext. Der Wahn begann und breitete sich aus, weil schon eine anonyme Anzeige reichte. Unter der Folter gaben die Angeklagten weitere angebliche Hexen an.

Tatsache ist: Papst Innozenz VIII. hat 1484 durch ein Empfehlungsschreiben Hexenjägern ihr Treiben erlaubt. Sein Interesse galt aber vor allem Menschen, die ihm vom rechtmäßigen Glauben abgefallen schienen. Die verfolgte er mit der Inquisition. In seinem Herrschaftsbereich in Italien gab es deshalb keine Hexenprozesse. Auch nicht in Spanien: Dort sahen König und Kirche in konvertierten Muslimen eine große Gefahr. Dort war die Hexenjagd streng verboten.

Symptom Krieg – wohl die schlimmste Folge des Falschdenkens

Tiere töten und fressen andere Tiere. Pflanzen werden „lebendig" oder „tot" gefressen. Tiere töten sich gegenseitig im Kampf um Nahrung und Fortpflanzung. Tiere töten auch Tierkinder, entweder um sie zu fressen oder weil es künftige Konkurrenten sind.

Der Mensch als intelligentestes Tier hat den Absprung vom „tierischen Verhalten" leider nie geschafft.

Der Mensch tötet sich auch gegenseitig und er tötet auch Kinder. Nicht weil es Nahrungskonkurrenten sind und erst recht nicht, um sie zu essen. Warum dann?

Der Mensch als hochintelligentes Wesen tötet ausschließlich deshalb, weil er *falsch denkt*. Und er tut es bis heute, obwohl die Menschheit genügend Zeit hatte, dieses tierische Verhalten zu überwinden oder abzulegen.

Seit es überlieferte Dokumente bzw. eine Geschichtsschreibung gibt, wurden bis heute rund **4.500 Kriege** dokumentiert. Eine durchaus stattliche Zahl. Nehmen wir an, dass die ersten Kriegsberichte vor ca. 5.000 Jahren entstanden sind und es vorher ganz sicher auch schon viele Kriege gab, dann können wir rein hypothetisch mit ungefähr einem Krieg pro Jahr innerhalb der letzte 5.000 Jahre rechnen. Im Krieg tritt die ganze Perversität des menschlichen Falschdenkens zutage. George Bernhard Shaw meinte für seine Zeit treffend:

> **„Krieg ist ein Zustand, bei dem Menschen aufeinander schießen, die sich nicht kennen, auf Befehl von Menschen, die sich wohl kennen, aber nicht aufeinander schießen."**

Wir Menschen sind das Resultat der Evolution – einer Entwicklung, an deren Ende wir niemals ankommen, es sei denn, wir machen unsere Erde total kaputt. Damit wir das im Zweifelsfall können, haben wir den Krieg auch einer „Evolution" unterzogen, deren bisheriger Höhepunkt ohne Zweifel der Zweite Weltkrieg war. Ein Glanzlicht unter den Kriegen, mit unbeschreiblich vielen Opfern (ca. 55 Millionen) und mit bis dahin unvorstellbaren Schäden und Verlusten an Gebäuden, Infrastruktur sowie Kunst und Kulturschätzen. Und weil dieser Zweite Weltkrieg so erfolgreich war, haben einige Menschen die Kriegswaffen auch evolutionär weiterentwickelt, sodass wir ab sofort in der Lage sind, mit den vorhandenen Waffen die Erde komplett kaputt zu machen. Die 8,7 Milliarden Menschen nebst Billiarden von Tieren und Pflanzen sind für diese Waffen auch kein Problem, die werden gleichzeitig mit der Erde kaputt gemacht. Wer denkt, dass dieses vorhandene Arsenal an Waffen nun ausreicht, der denkt falsch. Einige Menschen arbeiten mit Hochdruck an noch besseren und noch effektiveren Waffensystemen.

Symptom Krieg – wohl die schlimmste Folge des Falschdenkens

Einige „absurde" Bemerkungen zum Thema Krieg:

Damit die schießenden Menschen wissen, wen sie erschießen müssen, bekommen sie entsprechende Uniformen und man nennt sie Soldaten. Also Kleider machen Leute und Uniformen machen Soldaten. Damit sind Menschen in der Lage, die feindlichen Menschen anderer Länder, die sie ja nicht kennen, an der Uniform zu *erkennen,* um sie *erschießen zu können.* Man verhindert damit auch, dass sich versehentlich die eigenen Menschen, die sich untereinander ja auch nicht alle kennen können, erschießen. Die eigenen Menschen werden nur in manchen Armeen erschossen, wenn sie sich weigern, die feindlichen Menschen, die sie nicht kennen, aber an der Uniform erkennen könnten, zu erschießen. Das Kuriosum dabei ist, dass die Menschen ganzer Völker, ob mit oder ohne Uniform in Bezug auf Krieg falsch denken. Sie wurden entsprechend „informiert", dass bestimmte Menschen anderer Völker, die sie nicht kennen, „feindliche Menschen" sind. Und feindliche Menschen muss man immer erschießen „wollen", für Volk, Vaterland, Freiheit, für Gott, den Propheten oder für wen auch immer. Bei „richtiger Information" (Manipulation) braucht man nicht einmal eine reguläre Armee. Die entsprechend „informierten" und deshalb falsch denkenden Menschen finden sich und bilden selbst eine Armee. Natürlich bekommen sie Geld und Waffen von anderen Falschdenkern, die genügend Geld, aber keine Armee haben. Welche, die selbst nicht schießen und nicht erschossen werden wollen. In der heutigen Zeit, mit modernen, hocheffizienten Waffen, ist das Erschießen sowieso viel einfacher. Man kann mit modernen Waffen gleichzeitig sehr viele der unbekannten „feindlichen Menschen" um die Ecke bringen. Nebenbei sterben zwangsläufig noch jede Menge anderer unbekannter feindlicher Menschen (Menschen ohne Uniform, Frauen, Kinder, Tiere), die sogenannten Kollateralschäden. Wobei der erfahrene Falschdenker schon unterscheidet zwischen Soldaten, Soldatinnen und Zivilisten. Soldaten und Soldatinnen sind Menschen, die zum Töten und getötet werden da sind, das ist ihr Job. Zivilisten haben diesen Job normalerweise nicht, kommen aber im Kampf schon mal mit um.

Aktuell finden weltweit noch ungefähr 18 Kriege oder kriegerische Konflikte statt. Ein Ende ist nicht abzusehen und die Tendenz ist eher steigend. Das Falschdenkersyndrom grüßt aus den Kommandozentralen dieser Welt!

Kleiner Themenwechsel: Wen nehmen Sie mit?

Die Geschichte ist nicht neu, aber vielleicht kennen Sie sie noch nicht. Stellen Sie sich folgende Situation vor: Sie fahren bei strömendem Regen mit Ihrem Zweisitzer Cabrio eine einsame Straße entlang. Das Verdeck ist natürlich geschlossen, weil es, wie schon erwähnt, wolkenbruchmäßig schüttet.

Sie nähern sich einer kleinen Bushaltestelle mit einem Schutzdach ohne Seitenwände. Ihre optischen Sensorzellen nehmen durch den dichten Schleier aus Regentropfen drei menschliche Gestalten wahr. Sie stoppen den Wagen direkt vor der Haltestelle und ein Blick genügt. Ihr Unterbewusstsein arbeitet zuverlässig und nach Sekundenbruchteilen liefert es Ihrem Bewusstsein mit Hilfe der Gedächtnisinhalte folgende Informationen zu den Menschen unter dem Schutzdach:

1. *eine ältere Dame, es geht ihr offensichtlich sehr schlecht, sie muss dringend zum Arzt*
2. *Ihr bester Freund/Ihre beste Freundin*
3. *die Frau/der Mann Ihrer Träume, die/den Sie schon lange kennenlernen wollten*

Alle warten bisher vergebens auf einen Bus.

Die Frage, die sich Ihrem Bewusstsein sofort stellt ist klar: Was kann ich tun? Ich habe nur einen Platz im Wagen. Wen von den Dreien nehme ich mit?

Szenario 1: Sie fahren natürlich die alte Dame zum Arzt und ernten ein freundliches Dankeschön. Sie wissen nicht, was Ihr bester Freund/Ihre beste Freundin und die Frau/der Mann Ihres Lebens mit oder ohne einander währenddessen veranstalten. Die Chance auf die Frau/den Mann Ihres Lebens ist erstmal vertan. Sie haben sicher richtig, edel und gut gehandelt, dabei aber doch verloren.

Szenario 2: Sie bitten die Frau/den Mann Ihrer Träume ins Auto und ignorieren die hilfsbedürftige ältere Dame und Ihren besten Freund/beste Freundin. Steigt sie/er ein, ist das zumindest rücksichtslos gegenüber der älteren hilfebedürftigen Dame. Sie haben längere Zeit ein schlechtes Gewissen, keinen Freund/Freundin mehr und die Frau/der Mann Ihrer Träume entpuppt sich auch noch als ziemlich egoistischer und gefühlsarmer Zeitgenosse, aus der Traum.

Steigt sie/er nicht ein und fordert Sie stattdessen auf, doch gefälligst zuerst der hilfsbedürftigen älteren Dame zu helfen, dann ist das nicht nur peinlich, sondern Ihre Chancen bei der Frau bzw. dem Mann Ihres Lebens sind soeben auf unter 1 % gesunken.

Szenario 3: Sie bitten Ihren besten Freund/Ihre beste Freundin ins Auto. Steigt er/sie ein, wissen Sie von nun an, dass Sie einen Egoisten/eine Egoistin zum Freund/zur Freundin haben. Sie haben ein schlechtes Gewissen wegen der unterlassenen Hilfeleistung für die ältere Dame und die Chance auf die Frau/den Mann Ihrer Träume ist auch vertan.

Steigt sie/er nicht ein und fordert Sie ebenfalls auf, zuerst gefälligst der hilfsbedürftigen älteren Dame zu helfen, ist es mindestens genau so peinlich. Nur sind die Chancen bei der Frau/dem Mann Ihres Lebens gerade unter 0 % gesunken.

Das heißt, egal für welche Lösung Sie sich entscheiden, Sie haben keine Chance. Sie können irgendwie immer nur verlieren. Das ist Ihr erster Gedanke und der ist natürlich falsch. Es gibt eine Win-win-win-Situation und die ist gar nicht so kompliziert:

Szenario 4: Sie bitten Ihren besten Freund/Ihre beste Freundin, die hilfsbedürftige ältere Dame mit Ihrem Auto zum Arzt zu fahren und warten mit der Frau/dem Mann Ihrer Träume auf den nächsten Bus. Dieses fast heroische Verhalten sollte bei der Frau/dem Mann Ihrer Träume die Wirkung nicht verfehlen (die Chance liegt bei über 90 %) und allen ist geholfen.

Das Führersyndrom

Die Menschen der Völker dieser Welt leben (fühlen, denken und handeln) seit Jahrtausenden nach dem **Führerprinzip (F-Prinzip)**. Jeder kleine, große oder auch riesengroße Haufen von Menschen hat einen oder mehrere Führer. Je größer der Haufen, umso schwieriger sind Führung und Organisation der Mitglieder des Haufens. Das Führerprinzip besteht darin, dass bei mehr als zwei Personen immer ein Anführer (Führer) bestimmt wird oder sich selbst dazu bestimmt. Bei drei Personen funktioniert das Prinzip nicht immer bzw. nur, wenn zwei dafür sind, dass ein Dritter der Anführer wird. Andernfalls gibt es gegebenenfalls keine Einigung und keinen Anführer.

Ein Führer ist also ein Mensch, der einen Haufen von Menschen anführt und dem die Mehrheit der Menschen des Haufens folgt. Da das Führerprinzip durchgehend bis in die kleinsten Haufen von Menschen angewandt wird, sprechen wir vom **Führersyndrom (F-Syndrom)**. Jeder große und jeder noch so kleine Haufen von Menschen hat einen Führer. Das Gegenteil vom Führerprinzip wäre das **Ohne-Führer-Prinzip (OF-Prinzip)**, das sich aber bei den Menschen in der Praxis nicht bewährt hat und nur sporadisch z. B. in Wohngemeinschaften funktioniert.

Das Ohne-Führer-Prinzip funktioniert vielfach im Tierreich. Die Schwarmintelligenz ist ein gutes Beispiel dafür, dass auch das OF-Prinzip funktionieren kann. Leider gibt es bei Menschen keine Schwarmintelligenz. Die Intelligenz einer großen Ansammlung von Menschen ist in der Regel eher negativ und deshalb sprechen wir von Schwarmdummheit oder Schwarmdummergenz.

Die Bezeichnung „Führersyndrom" habe ich gewählt, obwohl das Wort „Führer" in Deutschland historisch negativ besetzt ist.

Aber es gibt jede Menge Wortkombinationen wie Bergführer, Stadtführer, Reiseführer, Museumsführer, Einkaufsführer usw. und bei diesen Bezeichnungen denkt auch kein Mensch an den „Führer" im dritten Reich. Auf diesen kommen wir später zu sprechen und dabei geht es auch um die Schwarmdummheit.

Die Verhaltensforscherin Deborah Tannen führte sehr interessante Untersuchungen zu Unterschieden zwischen Geschlechtern bezüglich ihrer Sprachfähigkeit durch. Unter anderem fand sie heraus, dass Jungen bereits in der Grundschule anfangen, ihre Sprachfähigkeiten zu nutzen. Hochrangige Jungen geben der Gruppe bereits Anweisungen und üben verbal oder auch handgreiflich

Macht auf niederrangige Mitschüler aus. *„Die Anführer halten ihre Macht nicht nur dadurch aufrecht, dass sie Anweisungen erteilen, sie sorgen auch dafür, dass Befehle ausgeführt werden"* (aus Gehirn und Erfolg von John Medina).

Hypothese: Dieses Verhalten könnte also auch genetisch „vererbt" worden sein, denn gelernt werden es Kinder in der Grundschule noch nicht haben. Also findet dieses Führerverhalten instinktiv statt? Wir wissen es nicht! Was wir ganz sicher wissen: Das Führerprinzip setzt sich in ganz unterschiedlichen Varianten auf nahezu allen gesellschaftlichen Ebenen fort.

Vom Vorsitzenden eines Kaninchenzüchtervereins über den Schuldirektor bis zum Vorstandsvorsitzenden eines Konzerns. Vom Landespolizeipräsidenten über den Staatssekretär bis zum Minister. Vom Ministerpräsidenten eines Landes bis zur Bundeskanzlerin.

Kennzeichen des F-Syndroms ist die Tatsache, dass es in jeder größeren geführten Gruppe in Abhängigkeit von der Anzahl der Mitglieder jede Menge Unterführer und Unterunterführer etc. gibt bzw. geben muss. Rein organisatorisch ist eine größerer Gruppe nicht von einem Anführer allein zu führen. Deshalb ist ein sehr wichtiges Symptom des F-Syndroms, dass es in Abhängigkeit von der Größe des Gruppe eine bestimmte Anzahl von Unterführern gibt, die die Anweisungen und Befehle des Führers umsetzen. Nennen wir es Machtapparat, auch wenn das in demokratischen Systemen vielleicht nicht gern gehört wird, es bleibt ein Machtapparat.

In demokratischen Gesellschaftssystemen soll zwar die Macht vom Volk ausgehen, aber letztlich zieht sich auch hier das Führerprinzip durch alle Ebenen. Jede Partei (Haufen von Menschen mit ähnlichen Interessen) hat ihren Führer (Generalsekretär und/oder Parteivorsitzenden) und je nach Größe und Struktur gibt es noch diverse Unterführer, Regionalleiter, Ortsgruppenleiter usw. So manche Partei hat auch zwei Führer (Doppelspitze), aber das Führerprinzip gilt für alle Institutionen und Firmen. Selbst in den meisten Familien gibt es so etwas wie ein Familienoberhaupt und in vielen Partnerschaften gibt es eine(n), der bestimmt, und eine(n), die/der über sich bestimmen lässt.

Woher kommt das Führersyndrom?

Haben wir das Führersyndrom vielleicht von den Tieren abgeschaut? Vielleicht vom Leithammel einer Schafherde oder vom Leitwolf eines Rudels? Das ist eher unwahrscheinlich, denn Fakt ist, dass es im Tierreich bzw. unter den verschiedenen Tierarten ganz unterschiedliche Organisationsformen für das Zusammenleben auch ohne Führer gibt. Insekten haben ganz unterschiedliche „Organisationsformen". Bei den Bienen gibt es eine Königin und ein Bienenvolk. Die Königin legt die Eier, die Ammen füttern den Nachwuchs und es gibt Arbeiter, die den Rest erledigen. Fliegen und Mücken brauchen offensichtlich keine Königin (Führer), die sind mit einem Misthaufen oder Aas oder einem Tümpel zufrieden. Unter den Tieren gibt es absolute Einzelgänger, die sich ausschließlich zur Paarung treffen und sich danach nie wiedersehen. Es gibt Paare, die sich ein Leben lang treu sind. Und es gibt Tiergruppen, die aus einem männlichen Leittier (Führer) und mehreren weiblichen Tieren (Harem) bestehen. Der männliche Anführer muss seinen Harem durchaus auch an einen stärkeren Artgenossen abtreten, wenn er den entsprechenden Kampf gegen den Herausforderer verliert. Es gibt auch Gruppen, die von einem weiblichen Tier angeführt werden. Wir merken schon, die Evolution hat keine einheitliche Richtlinie für das Zusammenleben innerhalb der verschiedenen Tierarten hervorgebracht. Es gibt nichts, was es nicht gibt. Von Monarchien (Bienen), treusorgenden Familienverbänden oder Paaren, Zufallsbekanntschaften ohne weitere Verpflichtungen für den männlichen Part, Schwärme von Insekten oder Vögeln ohne Anführer und Herden mit und ohne Leittiere. Die schwarze Witwe, die nach dem Geschlechtsakt ihren Partner auffrisst, sozusagen aus Liebe, ist ebenfalls ein Resultat der Evolution. Die Rangkämpfe um weibliche Tiere und um den Chefposten einer Herde könnten schon für das Führersyndrom der Menschen Pate gestanden haben. Die meisten Konflikte zwischen den Menschen haben ihren Ursprung im Kampf der Männer um Frauen oder um Führungspositionen. Aber aus dem Tierreich sollten wir das Führersyndrom nicht übernommen haben, da gab und gibt es einfach zu viele Alternativen.

Eine wahrscheinlichere Ursache für das Führersyndrom sehe ich im Ursprung der Religionen, also in der Idee eines oder mehrerer Götter. Ein Mensch, der anderen Menschen von einem oder mehreren göttlichen Wesen im Himmel erzählt und ihnen erklärt, woher Blitz und Donner sowie Sonne und Regen und all die anderen ungeklärten Erscheinungen kommen, weiß offensichtlich mehr als die vielen „unwissenden" Zuhörer. Dieses Wissen ist Macht und deutet auf eine Verbindung zu dem oder den Göttern hin. Der Schritt vom Mehr- oder Besserwissenden bis hin zum Vertreter des oder der Götter auf Erden, ist ein relativ kleiner Schritt für den Besserwisser, war aber ein großer Schritt für die Menschheit. Mit der Erschaffung eines Gottes bzw. mehrerer Götter durch die

Menschen wurde der mächtigste bzw. wurden die mächtigsten imaginären Führer erfunden. Mit dieser Idee, dem sogenannten Gottesmem, bekamen die Menschen endlich eine plausible, universelle Erklärung für alle bis dato unverstandenen Erscheinungen dieser Welt.

Die Erfinder der Gottes-Meme haben sich schlauerweise als die „Vertreter" des oder der Götter auf der Erde vermarktet und waren praktisch die mächtigen Unterführer des großen und allmächtigen Führers Gott bzw. der Götter. Zu den Erfindern gesellten sich ganz schnell jede Menge Trittbrettfahrer, die sich mit Hilfe der Religionen oder zumindest von den Religionsvertretern unterstützt, einfach mal selbst zum Führer gekürt haben. Zur geistigen (göttlichen) Obrigkeit kam recht schnell auch eine weltliche Obrigkeit, die vielfach in einer Person vereint auftrat (Obrigkeit: Menschen, die über den normalen Menschen, also oben stehen, weil sie mehr wissen und damit die Macht haben). Aber egal ob geistliche oder weltliche Obrigkeit – alle behaupteten, von Gott eingesetzt worden zu sein, und das hatten die „dummen" Untertanen gefälligst zu akzeptieren.

Der preußische Staatsminister Gustav von Rochow formulierte 1883 wie folgt:

„Es ziemt dem Untertanen, seinem Könige und Landesherrn schuldigen Gehorsam zu leisten und sich bei Befolgung der an ihn ergehenden Befehle mit der Verantwortlichkeit zu beruhigen, welche die von Gott eingesetzte Obrigkeit dafür übernimmt; aber es ziemt ihm nicht, die Handlungen des Staatsoberhauptes an den Maßstab seiner beschränkten Einsicht anzulegen und sich in dünkelhaftem Übermute ein öffentliches Urteil über die Rechtmäßigkeit derselben anzumaßen."

Die damaligen Machtverhältnisse werden mit dieser Aussage schon treffend formuliert. Was die Obrigkeit sicher schon viel früher erkannt hatte: *Wer sein Wissen für sich behält, behält damit auch die Macht für sich, zumindest so lange, wie andere Menschen keinen Zugang zum Wissen (Informationen über die Welt) haben.* Ohne Informationen über die Welt bleibt das Denken eines Menschen auf ein Minimum begrenzt. Indem die Obrigkeit, egal ob weltlich oder geistlich, ihre Untertanen von Informationen abschottet und nur Informationen verbreitet, die dem Machterhalt dienen, bleiben die Untertanen dumm. Sie werden zum Fauldenker erzogen und können danach leicht zum Falschdenker manipuliert werden. Erstens haben sie sehr wenig Wissen im Gedächtnis speichern können, und zweitens ist die Abteilungen BWS außer Form, sozusagen aus Untätigkeit und permanenter Unterforderung faul und träge geworden (passive Faulheit). Es herrscht die Schwarmdummheit anstelle der möglichen Schwarmintelligenz.

Das Unterbewusstsein verarbeitet jede Information von der Obrigkeit, sei sie auch noch so absurd, zu ebenso absurden Ergebnissen. Das passive Bewusstsein ist wegen nicht vorhandenem Vorwissen im Gedächtnis und mangels Training nicht in der Lage, die absurden Verarbeitungsergebnisse des Unterbewusstseins auch nur annähernd zu analysieren, zu beurteilen oder gar zu korrigieren. Also werden diese absurden Informationen abgespeichert. So funktionierte über Jahrhunderte die Manipulation der großen Mehrheit der Menschen. Das Führerprinzip war also ganz einfach umzusetzen: Die Untertanen von Informationen fern halten und sie so zu Fauldenkern erziehen, um sie bei Gelegenheit mit gezielten Informationen und Falschinformationen oder Befehlen zum gewünschten Verhalten bzw. zum gewünschten Handeln zu bringen.

Frage: Was ist ein Befehl?
Antwort: Ein Befehl ist eine konkrete Handlungsanweisung eines „Führers" an einen oder mehrere Untertanen.

Frage: *Und was ist ein Befehl für unsere Fühl- und Denkfabrik Gehirn?*
Antwort: Für unsere Fühl- und Denkfabrik ist ein Befehl eine wichtige Information, nicht mehr und nicht weniger. Entscheidend für die Verarbeitung dieser „wichtigen" Information ist der Kontext bzw. das Vorwissen, welches rund um diese Information in unserem Gedächtnis gespeichert ist.

Im militärischen Sektor sind Befehle besonders wichtige Informationen, denn wie wir schon beim Thema Krieg festgestellt haben, geht es hier um Leben oder Tod. Im Kriegs- oder Konfliktfall lastet sehr viel Verantwortung auf dem Befehlshaber. Er muss für die Soldaten denken. Soldaten dürfen nicht denken. Sie müssen Handeln, weil keine Zeit zum Denken da ist. Wer zuerst schießt, bleibt am Leben. Wer erst nachdenkt, bevor er schießt, wird gegebenenfalls beim Denken erschossen.

Bei einem „Soldaten" ist im Gedächtnis gespeichert, dass Befehle eines „Vorgesetzten" auszuführen sind und das Befehlsverweigerung bestraft wird.

Ein „Brainstorming" im Kampfeinsatz wäre fehl am Platze.

Im zivilen Sektor und in der Wirtschaft nennt man Befehle Anweisungen oder Weisungen, aber das „Führerprinzip" gilt auch hier. Nur sind die Strafen bei Nichtbefolgen einer Weisung vergleichsweise harmlos. Außerdem dürfen die

Weisungsempfänger unter Umständen auch mal mitdenken und gegebenenfalls problematische Anweisungen diskutieren. Gleichwohl hat das Führerprinzip einige allgemeingültige, gravierende Nachteile, die natürlich zwischen den verschiedenen Gesellschaftssystemen variieren:

1. Das Fühlen, Denken und Handeln einzelner Menschen in Führungspositionen entscheidet über das Fühlen, Denken und Handeln von vielen oder auch sehr vielen Menschen. Das Risiko besteht darin, dass der Führer z. B. ein Psychopath ist, dass sein Gehirn Funktionsstörungen aufweist oder er einfach zu häufig dem Falschdenkersyndrom unterliegt.

2. Je größer die Anzahl der zu führenden Menschen (z. B. die Bevölkerung eines Landes), umso größer die Zahl der erforderlichen Unter-, Unterunter- und Unterunterunterführer. Je größer die Zahl der Zwischenebenen, umso größer ist die Distanz zwischen der Bevölkerung und den oberen Führungsebenen. Unter „Distanz" sind folgende Phänomene zusammengefasst: Machtmissbrauch, Wahrnehmungsfehler, Missverständnisse, Informationsverluste in allen Richtungen etc.

3. *„… Denn wer viel hat, hat auch die Macht, und wer die Macht hat, hat das Recht, und wer das Recht hat, beugt es auch, denn über allem herrscht Gewalt."* Treffender, als es Carl Orff in seiner populärsten Oper „Die Kluge" (am 20. Februar 1943 in Frankfurt am Main uraufgeführt) formuliert hat, kann man das Verhalten vieler Führer und Unterführer nicht beschreiben.

4. Alle Menschen leiden unter dem Falschdenkersyndrom, auch und vor allem Führer selbst. Informationsverluste und Falschinformationen führen zwangsläufig zu falschem Fühlen, Denken und Handeln der Führer, der Unterführer und natürlich auch der gesamten Bevölkerung.

Die zwei Seiten des Führersyndroms

Jedes Ding hat zwei Seiten, so auch das Führersyndrom.

Die eine Seite betrifft die Menschen, die sich ohne Führer nicht vernünftig organisieren könnten und in Anarchie und Chaos versinken würden, was allerdings auch jederzeit mit einem schlechten Führer passieren kann.

Die andere Seite betrifft die Führermenschen selbst, weil es den idealen fehlerlosen Führer nicht gibt. Deshalb können nur höhere Wesen bzw. ein allmächtiger Gott die idealen Führer sein. Die gläubigen Menschen unterschiedlicher Religionen haben dafür drei Theorien aufgestellt: den *Monotheismus*, den *Dualismus* und den *Polytheismus*.

Im Monotheismus gibt es nur einen allmächtigen Gott, der alles bestimmt, der die Welt, die Menschen und alle Tiere und Pflanzen erschaffen hat.

Im Polytheismus gibt es je nach Religion mehrere oder auch ganz viele Götter, von denen jeder für bestimmte Erscheinungen und Bereiche des Lebens verantwortlich ist und die alle gleichzeitig verehrt werden.

Beim Dualismus geht man davon aus, dass es neben Gott auch einen Teufel gibt. Das Gute (das Reich Gottes) und Böse (das Reich des Teufels) sind gleich stark und führen einen ewigen Kampf gegeneinander.

Für das Gehirn, die Fühl- und Denkfabrik eine Menschen sind theoretisch alle drei Theorien akzeptabel, denn sie alle beinhalten eine positive Kerninformation. Im Monotheismus lautet sie: „Es gibt einen allmächtigen Gott, der dich beschützt, der dich liebt, der immer für dich da ist und der dir in jeder Lebenssituation hilft, wenn du nur an ihn glaubst und nach seinen Geboten lebst." Wenn ich diese Gottes-Information in einer für mich eher negativen Situation wahrnehmen und verarbeiten kann, bekomme ich wenigstens gute Gefühle. Aus diesen guten Gefühlen entstehen gute Gedanken (Hoffnung) und mit etwas Glück treffe ich eine gute Entscheidung (Handeln). Die Gottes-Information hat mir geholfen, also Gott hat mir geholfen.

Im Dualismus gilt im Prinzip die gleiche Kernbotschaft, nur mit der Erklärung für alles Böse, die ja im Monotheismus fehlt. So gesehen ist der Dualismus etwas weniger widersprüchlich.

Im Polytheismus ist die Kernbotschaft ebenfalls positiv. Es gibt eben statt einen viele Götter, die mir helfen können.

Die große Macht von Informationen in Bezug auf unser Fühlen, Denken und Handeln ist unbestritten, egal ob sie nun richtig oder falsch sind. Das haben wir bereits in Teil 1 ausgiebig behandelt.

Gläubige Menschen können mit Hilfe von Gottes-Informationen schwierige Lebensphase überstehen, wenn sie nur ausreichend daran glauben. Dabei ist es natürlich entscheidend, wie präsent diese Gottes-Informationen seit der frühen Kindheit sind und ob sie über lange Zeit permanent wahrgenommen werden müssen. Sind die Gottes-Informationen im Gedächtnis gespeichert und hinreichend konsolidiert, können Unterbewusstsein und Bewusstsein jederzeit darauf zugreifen. In vielen Situationen helfen sie sozusagen in Form einer seelischen Universalmedizin.

Helfen sie einmal nicht, war Gottes Plan (Monotheismus) oder der Plan der Götter (Polytheismus) in diesem Fall ein anderer oder das Böse hat gerade in dieser Situation gewonnen (Dualismus).

Fazit: Das Führerprinzip Gott (Götter) verspricht immer Hoffnung, verlangt dafür bedingungslosen Glauben und verbietet jedes Nachdenken oder Verstehen wollen des Gottesplanes.

- Hoffnung ist immer hilfreich und macht gute Gefühle.
- Glauben ist einfach und viel bequemer als zweifeln (denken).
- Nichts verstehen zu müssen, erspart uns das Denken und damit wertvolle Energie. Wir müssen uns keine Gedanken machen, warum trotz Gebet und Glauben etwas schiefgelaufen ist, der Plan Gottes (der Götter) war eben ein anderer.
- Während im Monotheismus in bestimmten Situationen Zweifel an der Allmacht Gottes aufkommen können, erklärt der Dualismus die Ursachen durch das Reich des Bösen (Teufel, Satan etc.).

Der Glaube an einen Gott oder an mehrere Götter fungiert im Prinzip als „Rundum-sorglos-Paket" und ersetzt im Prinzip das bewusste Nachdenken über das eigene Fühlen, Denken und Handeln.

Damit sind wir beim Fauldenkersyndrom angelangt, dass auch von den Religionen mit verursacht wird.

Das Fauldenkersyndrom

Über Jahrtausende wurden die Menschen auf dieser Welt von ihren jeweiligen Anführern (Herrschern) systematisch von Informationen in Form von Bildung jeglicher Art mit Kalkül ferngehalten. Die Mehrzahl der Bevölkerung waren Analphabeten. Selbstständiges Denken der Untertanen war nicht erwünscht und logisches Denken ist Analphabeten nur begrenzt möglich. Dumme Menschen sind für Anführer die besten Untertanen. Nach unserer Hypothese von der Fühl- und Denkfabrik Gehirn ist ein Gedächtnis mit wenig Wissen die ideale Voraussetzung dafür, dass das Bewusstsein kaum vernünftige Informationen vom Unterbewusstsein bekommt und sich deshalb nur mit belanglosen Beiträgen am Denkprozess beteiligt. Das Bewusstsein wird sozusagen zur Faulheit erzogen. Selbst das schnelle Unterbewusstsein bekommt wenig bzw. nur einseitig die Informationen, welche die Anführer für ihre Untertanen für sinnvoll erachten. Diese ausgewählten „Nachrichten" haben in der Regel nichts mit umfassender Information oder gar Bildung zu tun. Eher wird das Gottes-Mem als die einzige und wichtigste Information verbreitet. Der Glaube an einen oder auch mehrere Götter führt automatisch zum Führersyndrom. Andererseits ist „glauben" nicht gerade förderlich für das Denken. Wer glaubt, dass ein Gott oder mehrere Götter alles in seinem Leben bestimmen, der wird jeweils nur bis zu einem bestimmten Punkt denken, danach kommt die Universalantwort bzw. das Totschlagargument: Gott wird es schon wissen oder eben die Götter werden es schon wissen. Psalm 23: *Der Herr ist mein Hirte, mir wird nichts mangeln. Er weidet mich auf einer grünen Aue ...* – was für ein schöner und zugleich beruhigender Vergleich. Wir sind die Schafe und Gott ist der gute Hirte, der uns gut behütet.

Pustekuchen. Warum gibt es dann jede Menge Kriege, Mord und Totschlag, Vergewaltigung, Folter, Kindesmisshandlung und sogar Kindesmissbrauch durch Priester und, und, und?

Wer von den 7,8 Milliarden Menschen dieser Erde darf eigentlich zur Herde Gottes gehören, wo es ihm an nichts mangeln wird, und wer nicht? Und ist die Herde Gottes evangelisch, katholisch, muslimisch oder jüdisch? Hat Gott eventuell mehrere Herden und wenn ja, warum vertragen die sich nicht? Denken eigentlich die Angehörigen der unterschiedlichen Glaubensrichtungen manchmal darüber nach, warum gerade ihr Glaube der einzig richtige sein sollte? Vor 500 Jahren startete Martin Luther seine Reformation. Wie lange wird es wohl noch dauern, bis wieder eine längst fällige Reformation der Religionen stattfindet?

Die Syndrom-Triade

Das *Führersyndrom* führt also automatisch zum *Fauldenkersyndrom*, während das *Falschdenkersyndrom* sowieso das *„Ursyndrom"* schlechthin ist.

Die Syndrom-Triade **FFF** aus **Faul**denkersyndrom, **Führer**syndrom und **Falschdenker**syndrom bestimmt die Geschicke der gesamten Menschheit über alle Entwicklungsphasen, Religionen und Zeitalter hinweg. Das Paradoxon dabei ist, dass alle drei Syndrome jeglichen Fortschritt sowohl in technischen als auch in gesellschaftlichen Belangen nahezu unverändert „überlebt" haben. Selbst unsere „moderne" Informationsgesellschaft wird von der Syndrom-Triade **FFF** geprägt. Nur die Symptome haben sich den neuen Machtverhältnissen angepasst.

- *In den USA sind (nach einer repräsentativen Umfrage des Pew Research Center in 2010) sage und schreibe ca. 84 % der Bevölkerung religiös, 13 % sind ohne Religion und nur ca. 3 % bezeichnen sich als Atheisten!*
- *In Deutschland lag der Anteil der religiösen Bevölkerung 2019 immerhin noch bei ca. 75 % und der Anteil der Atheisten bei ca. 15 %; 10 % sind zwar nicht religiös aber auch keine Atheisten.*
- *Ca. 84 % der Weltbevölkerung waren in 2010 religiös und demzufolge ca. 16 % ohne Religion, was ja nicht zwangsläufig Atheismus bedeutet.*

Die Alternative zum Anführer-Prinzip wäre das Ohne-Führer-Prinzip, das in der Realität meines Wissens nach aber nirgendwo in Reinkultur praktiziert wird – einen oder mehrere Bestimmer gibt's immer! Wie sollte sich eine größere Gruppe aus vielen Menschen organisieren, wenn kein Anführer sagt, was wann wie zu tun ist? Jeder macht was er will, keiner macht, was er soll, und einige machen gar nicht mit?

Frage: Könnten sich Menschen auch ohne Anführer-Prinzip friedlich und sinnvoll selbst organisieren? Schließlich werden ja das Fühlen, Denken und Handeln eines jeden Menschen außer von Informationen maßgeblich vom jeweiligen individuellen Gehirn mitbestimmt. Das Gehirn, ein emergentes System aus Milliarden von Nervenzellen funktioniert völlig ohne eine einzige „Führernervenzelle", also ohne jegliche Führungsstruktur. Und dabei hat die Fühl- und Denkfabrik Gehirn mit 172 Milliarden Nervenzellen die meisten Mitglieder unter den uns bekannten emergenten Systemen.

Antwort: Ohne Anführer geht es gar nicht. Aus Erfahrungen wissen wir, dass ein friedliches Miteinander ohne Anführer oder Führungsgremium nicht möglich ist.

Unsere emergente Fühl- und Denkfabrik hat zwar keine Führerzellen, aber die Nervenzellen können trotzdem nicht machen, was sie wollen. Sie sind straff in Netzwerken organisiert und werden von ihrer genetischen Grundausstattung und den Informationen bestimmt. Unsere Nervenzellen sind gewissermaßen „Zwangsarbeiter", die je nach Umgebungssituation und Informationslage gut oder weniger gut arbeiten können und sowohl zum Teil gute Denkergebnisse erzielen als auch das Falschdenken auf breiter Front praktizieren. Für letzteres wäre eine moralische Führungsinstanz im Gehirn gar nicht so schlecht, aber die Evolution hat's vermasselt, und deshalb ist unsere Welt leider so, wie sie ist.

Frage: Und wie ist diese unsere Welt?

Antwort: Die Ich-Illusion, die Illusion des freien Willens und die Objektivitätsillusion sind feste Bestandteile des Fühlens, Denkens und Handelns der Menschen. Weil die Gene und die Informationen letztlich ALLES von uns bestimmen, leiden durchweg alle Menschen mehr oder weniger stark am Falschdenkersyndrom, am Fauldenkersyndrom und am Führersyndrom. Alle unsere Illusionen und Syndrome werden von den Informationen erzeugt und durch unsere individuell unterschiedlich ausgeprägte Unwissenheit bezüglich der Arbeitsweise unserer Fühl- und Denkfabrik Gehirn auch unterschiedlich begünstigt.

Fassen wir zusammen: Die Menschheit leidet unter dem Führersyndrom und in der Folge unter dem Fauldenkersyndrom. Ursächlich für beide Syndrome ist das Falschdenkersyndrom. Keines der Syndrome ist zu verhindern, weil weder unsere Wahrnehmung noch unsere Fühl- und Denkfabrik Gehirn perfekte Systeme sind und unser Fühlen, Denken und Handeln maßgeblich von wahrgenommenen Informationen bestimmt werden. Unglücklicherweise treten alle drei Syndrome **FFF** (Falschdenker, Fauldenker- und Führersyndrom) meist gleichzeitig auf und führen zur Schwarmdummheit.

Die Schwarmdummheit

Schwarmintelligenz ist eine der wichtigsten emergenten Eigenschaften eines Systems. In seinem gleichnamigen Buch erläutert Len Fisher dieses Phänomen anhand vieler Beispiele aus der Natur und zeigt auf, welche Bedeutung die Schwarmintelligenz für unser Leben hat. Leider hat er das Pendant zur Schwarmintelligenz, nämlich die Schwarmdummheit in seinem Buch nicht behandelt. Nicht jedes System ist positiv emergent. Es gibt durchaus Fälle, bei denen durch das Zusammenwirken von Einzelbestandteilen mit bestimmten Eigenschaften eine Systemeigenschaft zu Tage tritt, die zu einem Verlust der ursprünglichen Eigenschaften der Einzelbestandteile führt. Es wird also kein höheres Level der Systemeigenschaften gegenüber den Eigenschaften der Einzelbestandteile erreicht (Emergenz), sondern eine Verschlechterung. In diesen Fällen ist es legitim, von einem „dummergenten" System zu sprechen.

Volker Pispers hat die Schwarmdummheit anhand folgenden Beispiels treffend geschildert:

„Wir sitzen in einem Zug, der auf den Abgrund zurast.
Schauen Sie sich die USA an. Das ist gelebter Kapitalismus im Endstadium.
Die Reichen haben sich komplett zurückgezogen. Eigene Wohnviertel mit Zäunen und Sicherheitspersonal, mit eigenen Kindergärten, Schulen, Unis, Krankenhäusern.
Die Mittelschicht braucht zwei Jobs parallel, um überhaupt halbwegs klar zu kommen.
Das letzte Drittel sitzt komplett im Dreck, obdachlos oder in Vierteln, in die sich nicht mal mehr die Polizei traut. Privatisierte Gefängnisse. Damit lässt sich viel Geld verdienen.
In den USA sitzen pro 1.000 Einwohner mehr Menschen im Gefängnis als irgendwo sonst, inklusive China und Nordkorea.
95 % aller amerikanischen Medien befinden sich in der Hand reicher Familien. Und auf diesen Abgrund rasen wir hier auch zu. Aber keiner traut sich, mal die Notbremse zu ziehen. Alles was wir tun ist, aller vier Jahre den Lokführer zu tauschen und sagen: Halt Kurs und gib Gas."

Zugegeben, das ist krass formuliert, trifft aber voll ins Mark. Schwarmdummheit ist nichts anderes als Schwarmfalschdenken inklusive aller Illusionen (Ich-Illusion, Illusion vom freien Willen, Objektivitäts-Illusion) und den Symptomen der Syndrome, die wir bisher beschrieben haben.

Gott, Mose, Mord und Totschlag

Die Jahrhunderte während Unterdrückung der Frauen ist in den weniger entwickelten Gesellschaftssystemen noch an der Tagesordnung und wirkt in den hoch entwickelten Industrienationen bis heute nach. Daran haben leider die Religionen einen beträchtlichen Anteil. Obwohl es z. B. in der griechischen Mythologie auch jede Menge Göttinnen gab, im Christentum gibt es nur Gott und seinen Sohn Jesus und den heiligen Geist (alle männlich), während die Mutter von Jesus, Maria und ein paar andere Frauen eher eine untergeordnete Rolle spielen. Noch heute dürfen in der katholischen Kirche Frauen nicht Priester werden und sowohl in muslimischen Gebetshäusern noch in jüdischen Synagogen dürfen Frauen direkt an den Gebeten und rituellen Handlungen teilnehmen. Ganz krass sind einige Aussagen des Alten Testaments in Bezug auf Frauen. So steht im 4. Buch Mose, 31,7–18 Folgendes geschrieben:

So zogen sie gegen Midian, wie Jahwe Mose geboten hatte, und machten alle männlichen Personen nieder. (…) Dann führten die Israeliten die Frauen und Kinder Midians gefangen fort, schleppten all ihr Vieh, ihre sämtlichen Herden und ihre ganze Beute mit (…) Mose fuhr sie an: **„Habt ihr wirklich alle Weiber am Leben gelassen? (…) Tötet sofort alle männlichen Kinder, ebenso tötet jedes Weib, das bereits mit einem Manne geschlechtlich verkehrt hat! Alle jungen Mädchen aber, die mit einem Manne noch nicht geschlechtlich zu tun hatten, lasst für Euch am Leben!"**

(Quelle: zitiert aus Steven Pinkerts Buch „Wie das Denken im Kopf entsteht"; steht aber auch so im Alten Testament)

Zur Erläuterung: Die Midianiter waren ursprünglich ein Brudervolk der Israeliten, denn der Urvater der Midianiter war Midian, ein Sohn Abrahams. Dieses Volk betete jedoch dummerweise später anstelle Gottes irgendwelche Götzen an und führte, wie übrigens alle Nomadenvölker damals, Raubzüge auch an verschiedenen Stämmen der Israeliten durch. Die Raubzüge waren damals durchaus an der Tagesordnung, jeder beraubte jeden und sicherlich ging es dabei nicht zimperlich zu. Aber anstelle Gottes irgendwelche Götzen anbeten, das ging gar nicht, das war die Übersünde ersten Ranges. **Nur deshalb** befahl Jahwe (Gott) seinem Mose, die Midianiter zu bestrafen, und wie das im Einzelnen zu erfolgen hatte und wie die Beute aufgeteilt wurde usw., all das können Sie im 4. Buch Mose nachlesen. Übrigens waren die Midianiter vor ihrer Vernichtung gut genug, Mose aufzunehmen, nachdem er einen Ägypter umgebracht hatte. Der Priester der Midianiter gab Mose sogar seine Tochter zur Frau. Das zählte aber offensichtlich für Gott nicht und Mose musste gehorchen.

Nach meinem jetzigen Verständnis und nach vielen anderen Abschnitten im Alten Testament gilt das 5. Gebot: „Du sollst nicht töten" also gar nicht so absolut. Wenn z. B. ein Mensch vom Vertreter des Vertreters Gottes einen Befehl zum Töten bekommt, gilt es offensichtlich nicht. Das verschafft den Vertretern Gottes schon eine gewisse Macht.

Wenn Gott es für richtig hielt, Mose zum Führer der Israeliten zu machen, ihm befahl, tausende Männer im Kampf zu töten und anschließend Frauen und männliche Kinder umbringen zu lassen, nur weil sie Angehörige eines anderen (feindlichen) Stammes waren, wen wundert es dann, dass sich jeder Kriegstreiber und Kriegsorganisator auf Gott beruft und seinem Kriegsvolk erzählt, dass der Krieg und alles Töten gottgewollt wäre?

Zudem bleiben Fragen, wie z. B.:

War Mose etwa ein Mörder?

Nach heutigen Maßstäben müssten wir die Frage eindeutig mit „ja" beantworten, denn er hat ja den Ägypter umgebracht und musste deshalb aus Ägypten fliehen. Aber damals gab es noch keine Maßstäbe. Mose hatte die zehn Gebote von Gott noch nicht erhalten.

War Mose ein Kriegsverbrecher?

Nach heutigen Maßstäben: Ja! Aber Mose hat damals „nur" den Befehl Jahwes (seines Gottes) ausgeführt, ist er damit unschuldig? Für Menschen, die an Gott glauben und Gott und seine Entscheidungen nicht in Frage stellen, ist Mose unschuldig. Für alle anderen ist er ein Kriegsverbrecher. Das Alte Testament strotzt nur so von Mord und Totschlag, Vergewaltigungen und anderen Grausamkeiten, und alles im Namen oder auf Befehl Gottes. Warum haben Gläubige damit eigentlich überhaupt kein Problem?

Frage: Können sich dann nicht alle Kriegsverbrecher darauf berufen, dass sie „nur" die Befehle von ihrem Anführer ausgeführt haben, und damit unschuldig sein müssten. Bei den Kriegsverbrecherprozessen in Nürnberg nach dem Zweiten Weltkrieg beriefen sich die Angeklagten darauf, *nur* die Befehle von Hitler ausgeführt zu haben ….

Antwort: Nein, das dürfen natürlich nur Kriegsverbrecher, die auf Befehl Gottes gehandelt haben.

Oder war Mose ein Psychopath unter vielen anderen, der nur behauptet hat, Gott hätte diese ganzen Grausamkeiten befohlen? Haben sich die psychopatischen Führer der Menschen den Gott oder die Götter nur erschaffen, damit sie in seinem/ihrem Namen jede Menge Grausamkeiten begehen bzw. begehen lassen konnten?

Schon der Ausdruck „Männer im Kampf **niedermachen**" ist für jeden Humanisten und Kriegsgegner unmenschlich.

Wehrlose Frauen und „Kinder männlichen Geschlechts" der Midianiter oder welcher Stammeszugehörigkeit auch immer umzubringen, ist für meine Begriffe keinen Deut weniger unmenschlich, wobei Letzteres mit „unmenschlich" noch harmlos ausgedrückt ist.

Unmenschlich ist das Gegenteil von menschlich. Wenn Gott den Menschen unmenschliches Verhalten befiehlt, ist dann das unmenschliche Verhalten der Menschen nicht gleichzeitig göttliches Verhalten? Ist das Töten von gefangenen Frauen und Kindern etwa göttliches Verhalten? Oder steht das nur so in der Bibel und Gott denkt ganz anders?

„Die Geschichten der Bibel erzählen von Erlebnissen und davon, wie Menschen Gott begegnet sind. Die meisten dieser Geschichten handeln von historischen Personen, die vor langer Zeit gelebt haben. In anderen Texten geht es um ganz persönliche Fragen, die Menschen heute genauso betreffen wie damals.

Diese Erlebnisse wurden weitererzählt, denn die wenigsten Menschen konnten damals lesen und schreiben. So spiegelt sich in den Erzählungen der Väter und Mütter Israels auch deren Welt wider. Noch zur Zeit der Könige und sogar zu Zeiten Jesu wurden viele Geschichten zunächst erzählt, bevor sie aufgeschrieben wurden.

Mit der Verschriftlichung wollten die Menschen die Erlebnisse und Erzählungen bewahren. Die aufgeschriebenen Geschichten wurden in Büchern gesammelt und die Bücher zu den Teilen der Bibel zusammengestellt. Nicht alle Schriften über biblische Themen, die es damals gab, wurden als „Heilige Schriften" anerkannt und in die Bibel aufgenommen. Die Auswahl und Zusammenstellung der biblischen Bücher nennt man „Kanon". Bereits vor der Zeit Jesu wurden Schriften des Alten Testaments von jüdischen Gelehrten zu einem Buch zusammengefügt und etwa 400 Jahre nach Jesu Geburt lag die Bibel schließlich so vor, wie wir sie heute kennen."

(Quelle: Deutsche Bibelgesellschaft)

Die Bibel ist ein Sammelsurium von Geschichten, die über Jahrhunderte von Generation zu Generation weitererzählt wurden, weil nur sehr wenige Menschen Lesen und Schreiben konnten. In einer Zeit, wo von „Zivilisation" noch keine Rede war und das Fühlen, Denken und Handeln der Menschen definitiv nicht nach unserer heutigen Maßstäben beurteilt werden kann. Selbst wer schon einmal „Stille Post" gespielt hat, kann nur sehr vage eine ungefähre Vorstellung davon entwickeln, wie viele Informationsverluste und wie viele Übermittlungsfehler im Laufe der Jahrhunderte diese Geschichten verändert haben müssen. Umso erstaunlicher ist die Tatsache, dass die erfolgreichsten Religionen dieser Welt die Heilige Schrift (Bibel, Koran, Thora etc.) zur absoluten Glaubensgrundlage machten und bis heute auf Basis dieser Geschichten ihre Religionen praktizieren. Auch wenn wir davon ausgehen können, dass das Falschdenker- und das Fauldenkersyndrom gute Multiplikatoren für das Führersyndrom sind, so ist es doch erstaunlich, welch großen Erfolg die Urmutter des Führersyndroms, das Gottes-Mem, noch heute weltweit verzeichnet. Was sich über Jahrhunderte bewährt hat, lässt sich eben trotz aller Widersprüche nicht so einfach aus den Fühl- und Denkfabriken, den Gehirnen der Menschen entfernen. So gesehen ist Gott (sind Götter) die mit Abstand „erfolgreichste" und „langlebigste" Erfindung der Menschheit. Nur leider hat diese Erfindung sehr vielen Menschen alles andere als Segen gebracht und da haben wir z. B. die Tolerierung der Judenverfolgung durch einen Papst und den Missbrauch von Minderjährigen durch katholische Priester bisher mit keiner Silbe erwähnt.

Zum versöhnlichen Ende für alle Religionsanhänger an dieser Stelle einige positive Seiten des Gottesmemes:

Einen starken Typen, der sich um mich kümmert, der alles weiß, der mir in schwierigen Zeiten und Situationen hilft, mir immer zuhört, Trost spendet und Schutz bietet und mir immer auch den rechten Weg weist und dem ich bedingungslos vertrauen kann, den möchte ich gern zum Freund haben. Wer möchte das nicht?

Pustekuchen. Solche übermächtigen „Freunde" sind eine Utopie und auf der ganzen Welt nicht zu finden, weil es sie definitiv nicht geben kann. Das ist schade, aber es gibt wenigstens eine *glaubhafte* Variante dieser Utopie: Gott bzw. das Gottes-Mem. Ein allmächtiger Gott ist für alle Menschen, die daran glauben, der oben beschriebene Freund. Gott ist die „Universalantwort", die „Universalinformationen" bzw. die „Wohlfühlinformation" für unsere Fühl- und Denkfabrik Gehirn. So wie die Ich-Illusion unser Leben vereinfacht und die Illusion eines freien Willens unser Handeln rechtfertigt, hilft uns die Illusion eines allmächtigen Gottes in unserem Leben, in unserem Fühlen, Denken und Handeln einen höheren Sinn zu sehen.

Die Illusion „Gott" stellt sozusagen die universelle, makellose Wohlfühlvariante des Führersyndroms dar.

Die dunkle Triade

Mit dem Begriff „dunkle Triade" werden drei Kategorien von Persönlichkeitseigenschaften bezeichnet, die grundsätzlich auch als Persönlichkeitsstörungen gelten und mit den Begriffen Narzissmus, Machiavellismus und Psychopathie bezeichnet werden. Konkret bedeutet das:

- Ein *Narzisst* will um jeden Preis bewundert werden. Er ist davon überzeugt, besser als alle anderen zu sein, wodurch ihm Ruhm und Bewunderung bzw. eine Führungsrolle zustehen.
- Ein *Machiavellist* hat die Fähigkeit, andere Menschen so zu manipulieren, dass er seine Ziele erreicht. Dabei ist ihm jedes Mittel recht. Es fehlt ihm grundsätzlich an Mitgefühl. Er geht strategisch klug vor, spielt bei Bedarf den Ehrenmann, ist dabei aber rücksichtslos, egoistisch, kühl und berechnend. Andere Menschen werden ausschließlich benutzt.
- Ein *Psychopath* hat keinerlei Unrechtsbewusstsein, besitzt keine Empathie und ist noch rücksichtsloser als ein Machiavellist. Angst kennt er nicht, er ist kaltblütig und durchtrieben. Dabei weiß er sich in der Öffentlichkeit durchaus charmant zu benehmen, innerhalb der Familie und in seiner beruflichen Tätigkeit ist er skrupellos, herrschsüchtig und brutal. Ein Psychopath hat Spaß daran, anderen Menschen zu schaden oder auch sie zu quälen.

Machiavellisten und Psychopathen sind sich im Prinzip sehr ähnlich, wobei den Psychopathen das strategische Talent der Machiavellisten fehlt.

Die Gemeinsamkeit besteht bei Beiden darin, nur den eigenen Vorteil zu suchen (Selbstsucht) und dabei auch über Leichen zu gehen.

Die Persönlichkeitsmerkmale der dunklen Triade bestimmen das Fühlen, Denken und Handeln der betroffenen Personen und ihrer Umgebung. Sie können einzeln oder auch gemeinsam und in jeweils unterschiedlich starker Ausprägung vorkommen.

Frage: Sind diese Persönlichkeitsmerkmale aber auch Bestandteile des falschen Denkens?

Antwort: Falsches Denken wird von falschen Informationen verursacht, egal ob die Fühl- und Denkfabrik Gehirn weitgehend intakt ist oder nicht.

Die Persönlichkeitseigenschaften der dunklen Triade Narzissmus, Machiavellismus und Psychopathie sind auf Erkrankungen bzw. Störungen der Fühl- und Denkfabrik Gehirn zurückzuführen. Falsche Informationen und ein erkranktes Gehirn führen demzufolge zum krankhaften falschen Denken. Die Antwort erscheint auf den ersten Blick logisch, sie ist es aber nicht!

Was spricht dagegen?

Bei der Geburt besitzt unsere Fühl- und Denkfabrik Gehirn lediglich die Grundstrukturen, die für die Steuerung der Körperfunktionen erforderlich sind. Dazu kommen noch ein paar Netzwerke, die infolge der wahrgenommenen Informationen im Mutterleib gebildet wurden. Diese sind zweifellos sehr wichtig und bilden die ersten Fundamente für spätere Persönlichkeitsmerkmale.

Aber daneben werden genetische „Informationen" weitervererbt (Epigenetik). Diese Gene haben ebenfalls Einfluss auf die Herausbildung bestimmter Persönlichkeitsmerkmale. Zumindest werden gegebenenfalls also die Veranlagungen für die Persönlichkeitsmerkmale der dunklen Triade vererbt.

Aber: Das Gros der Netzwerke entsteht nach der Geburt, durch die Wahrnehmung von Informationen und deren Verarbeitung (Lernen)! Mit der Pubertät erreicht die Netzwerkbildung im Gehirn ihren vorläufigen Höhepunkt und die Ausbildung und Konsolidierung wichtiger Persönlichkeitseigenschaften ist damit erfolgt.

Das beinhaltet natürlich auch die Möglichkeit, dass durch die Verarbeitung bestimmter Informationscluster Persönlichkeitsmerkmale der dunklen Triade entstehen konnten.

Frage: Ist mit der Pubertät die Persönlichkeitsentwicklung wirklich abgeschlossen?

Antwort: Natürlich nicht! Wir haben da noch die Plastizität unseres Gehirns, die lebenslange Fähigkeit zu lernen und damit die Netzwerke unserer Fühl- und Denkfabrik Gehirn zu verändern. Diese Veränderungen erfolgen wiederum ausschließlich durch die Wahrnehmung von Informationen und ihre Verarbeitung!

Ganz wichtig: Die verarbeiteten Informationen werden im Gedächtnis gespeichert und beeinflussen jeweils unsere künftige Wahrnehmung!

Das Ganze gleicht einem Teufelskreis: Falsche Informationen werden zu falschen Erkenntnissen verarbeitet, die im Gedächtnis gespeichert werden (falsche Gedanken). Diese „falschen" Gedächtnisinhalte haben großen Einfluss auf unsere Wahrnehmung. Falsche Gedanken/Erkenntnisse können auch wahre Informationen bei der Wahrnehmung verfälschen. Die weitere Verarbeitung der verfälschten Informationen findet ebenfalls wieder unter Mitwirkung der falschen Gedächtnisinhalte statt, wodurch automatisch eine Konsolidierung des falschen Denkens und der falschen Gedanken (Meinungen, Überzeugungen) erfolgt. So entsteht praktisch eine Spirale des falschen Denkens.

Aber es kommt noch schlimmer.

Die ganze falsche „Denkerei" hat auch negative Auswirkungen auf die Produktion und Ausschüttung von Botenstoffen und diese Botenstoffe erzeugen unsere Gefühle. Negative Gefühle sind gleichbedeutend mit einem schlechten Arbeitsklima in unserer Fühl- und Denkfabrik Gehirn. Dies kann sowohl zu Störungen der Wahrnehmungs- und Verarbeitungsprozesse (Denken) als auch zu Störungen bei der Steuerung der Körperfunktionen führen. Beide „Störungen" sind krankhafte Veränderungen, sind also schlichtweg als Krankheiten zu betrachten. Die Gesamtheit der Ursachen für diese Störungen können wir unter dem Begriff „Falschdenken" verorten, auch wenn genetische Veranlagungen zusätzlich eine Rolle spielen können.

Trotzdem kommen wir weder depressiv noch zwingend als kleine Psychopaten, Narzissten oder Machiavellisten auf die Welt. Wir werden von Informationen dazu gemacht bzw. wir lassen uns dazu machen.

Wie bereits mehrmals festgestellt, sind Informationen für unser Denken und damit auch für unser falsches Denken verantwortlich.

Deshalb kommt an dieser Stelle für Sie wieder die geistige Gebetsmühle für besseres Denken:

- Aktivieren Sie Ihr Bewusstsein.
- Schärfen Sie Ihre Aufmerksamkeit.
- Vermeiden Sie Informationsmüll.
- Hinterfragen Sie Ihre Gedanken.
- Trainieren Sie Ihr Denken.
- Sammeln Sie Erfahrungen.
- Erdenken Sie sich Erkenntnisse.

Gönnen Sie sich etwas Zeit und Ruhe und schon beginnt Ihre Fühl- und Denkfabrik Gehirn von ganz allein zu denken.

Die Gedanken schießen Ihnen nur so durch den Kopf. Wirrwarr.

Jetzt nicht aufgeben. Geben Sie dem Denken eine sinnvolle Aufgabe, ein Thema.

Dazu passt folgende kleine Geschichte: In Indien finden mehrmals im Jahr Prozessionen mit Elefanten statt. Dabei trägt jeder Elefant einen kleinen Stock im Rüssel. Warum?

Prozessionen sind für Elefanten langweilig. Deshalb klauen sie mit ihren Rüsseln alles, was in Höhe erster Stock auf den Balkonen oder Fenstersimsen deponiert ist, von Lebensmitteln bis zum Blumenschmuck. Die Mahouts der Elefanten wissen das aus Erfahrung. Deshalb gibt jeder Mahout seinem Elefanten vor der Prozession eine Aufgabe, nämlich einen Stock zu tragen. Mit Stock im Rüssel kann der Rüssel nicht abschweifen und die Fenstersimse abräumen.

Machen Sie es wie die Mahouts und geben Sie Ihrem Gehirn einen „Stock", ein Thema, worüber es nachdenken kann.

Diese Methode hilft übrigens auch, wenn Sie vor lauter herumschweifender Gedanken nicht einschlafen können. Suchen Sie sich einen „Stock", ein Wohlfühlthema und zack, schon sind Sie eingeschlafen.

Alles, was Sie brauchen sind Zeit, Energie und Wissen.

Zeit kann man sich einfach nehmen (aktive Faulheit)! Energie auch! Wissen auch!

Genießen Sie bewusst die positiven Gefühle, die Sie mit den ersten Denkergebnissen (Erkenntnissen) spüren, und machen Sie daraus die Ursache für das weitere „Besser-denken-wollen".

Andernfalls können Sie ausschließlich das „Wollen", was Ihr Unterbewusstsein von den Sinnesorganen bekommt und ohne Sie (ohne Ihr Bewusstsein) verarbeitet. Sie werden „fremdgewollt", d. h., jeder Dödel kann Ihr Leben mit seinen Informationen gestalten, und es gibt viele Dödel auf dieser Welt.

Die Plastizität des Gehirns ist die große Chance für eine Veränderung Ihrer Persönlichkeit. Machen Sie Ihr Fühlen, Denken und Handeln zur Kognitionstherapie für sich selbst.

Schritt 1: Identifizieren Sie die Persönlichkeitseigenschaften an sich, die Ihnen selbst nicht gefallen bzw. die Ihnen im Umgang mit anderen Menschen Probleme bereiten.

Schritt 2: Identifizieren Sie die Informationen (Situationen, Aufgaben, Handlungen), die zum Ausbruch bzw. zur Äußerung dieser Persönlichkeitseigenschaften führen.

Schritt 3: Suchen Sie die jeweiligen alternativen Persönlichkeitseigenschaften, d. h. alternatives Verhalten oder alternative Reaktionen zu Ihrem bisherigen Verhalten.

Schreiben Sie die Ergebnisse der drei Schritte auf ein Blatt Papier. Lesen Sie den Schritt 3 immer dann durch, wenn Sie sich in Situationen, bei Aufgaben oder Handlungen wie unter Schritt 2 befinden.

Hitler, Dschughaschwili (Stalin) und Zedong

Die drei großen Diktatoren des 20. Jahrhunderts waren ohne Zweifel Adolf Hitler, Josef Stalin und Mao Zedong, wobei alle drei unterschiedlicher nicht hätten sein können. Gemeinsamkeiten bei dieser dunkelschwarzen Diktatorentriade? Fehlanzeige, außer vielleicht Größenwahn. Diese drei Herren hatten keine Gemeinsamkeiten. Selbst ihr falsches Denken war grundlegend verschieden. Aber hier geht es nicht darum, die Persönlichkeitsmerkmale dieser drei Menschen umfassend zu analysieren.

Uns interessiert die Frage, wie aus unscheinbar wirkenden Kindern bzw. Jugendlichen Diktatoren mit einer Machtfülle werden konnten, die das 20. Jahrhundert für Millionen Menschen weltweit zu einem Jahrhundert des Schreckens werden ließen.

Hitler

Dschughaschwili

Zedong

Der Wirtschaftsnobelpreisträger Kahneman schreibt zu diesem Thema:

„Die These, dass sich bedeutende historische Ereignisse rein dem Zufall verdanken, ist zutiefst erschütternd, aber sie ist nachweislich wahr. Es ist schwer, die Geschichte des 20. Jahrhunderts einschließlich seiner sozialen Massenbewegungen zu verstehen, ohne auf die Rolle von Hitler, Stalin und Mao Zedong einzugehen. Aber es gab einen bestimmten Zeitpunkt, unmittelbar vor der Befruchtung eines Eies, als eine 50-prozentige Chance bestand, dass der Embryo, der zu Hitler wurde, ein weibliches Geschlecht erhält. Nimmt man die drei Ereignisse zusammen, bestand eine Wahrscheinlichkeit von 1 : 8 eines 20. Jahrhunderts ohne einen der drei Erzschurken, und es lässt sich unmöglich behaupten, dass die Geschichte ohne sie annähernd den gleichen Verlauf genommen hätte."

Nun, da hat er sicher recht, der Herr Kahneman. Es fragt sich nur, wie die Geschichte verlaufen wäre, wenn mit der gleichen Wahrscheinlichkeit 1 : 8 anstelle von drei beliebigen weiblichen Embryonen drei weitere männliche Erzschurken geboren worden wären, die sicher andere Namen getragen hätten, aber vielleicht noch schlimmer gewesen wären als Hitler, Stalin und Zedong.

Aber, „wenn gewesen wäre", viel schlimmer geht nimmer – zumindest, wenn wir uns einigen Details zuwenden.

Deutschland hat mit dem Überfall auf Polen 1939 den Zweiten Weltkrieg begonnen. Japan hat bereits zwei Jahre früher China überfallen. Mit dem Angriff der Japaner auf Pearl Harbor 1941 ist Amerika in den Zweiten Weltkrieg eingetreten. Somit war China also auch „im" Zweiten Weltkrieg involviert.

Schauen wir uns zuerst die Folgen für die Länder Deutschland, Sowjetunion und China an.

Die Gesamtopferzahlen des Zweiten Weltkrieges belaufen sich nach soliden Schätzungen auf ca. 55 Millionen, davon 26 Millionen allein in der Sowjetunion.

1. Deutschland hatte 6,3 Millionen Kriegsopfer zu beklagen, davon 5,2 Millionen Soldaten.

2. Die Sowjetunion hatte 6,2 Millionen Gefallene zu beklagen, mehr als 15 Millionen Verwundete, 4,4 Millionen Gefangene oder Vermisste und drei bis 4 Millionen Ausfälle wegen Krankheit oder Erfrierungen. Das bedeutet, dass von den 34,5 Millionen mobilisierten Männern und Frauen 84 % getötet,

verwundet oder gefangen genommen wurden. Hinzu kommen rund 17 Millionen zivile Opfer. Das sind unvorstellbare Größenordnungen.

3. China hatte im Krieg gegen die japanischen Besatzungstruppen 13,5 Millionen Opfer zu beklagen, darunter 3,5 Millionen Soldaten.

Diese Zahlenangaben bitte mit Nachsicht betrachten. Es gibt verschiedene Schätzungen zu den Opferzahlen, die von den oben genannten abweichen. Aber vermutlich sind genaue Zahlen nicht mehr ermittelbar und auch nicht ganz so wichtig – jedes Opfer ist ein Opfer zu viel, ganz gleich ob im Nachhinein anstelle von 13,5 Millionen 15 Millionen geschätzt wurden. Die Zahlen der Todesopfer und das damit verbundene Leid der Angehörigen sind für uns unvorstellbar.

Natürlich ist es vollkommen unmöglich, eine detaillierte Analyse darüber zu erstellen, welche Faktoren im Einzelnen eine Persönlichkeitsentwicklung verursachten, in deren Ergebnis aus unschuldigen Kindern menschenverachtende Diktatoren wie Hitler, Stalin und Mao Zedong wurden. Darüber und über jeden einzelnen Werdegang sind schon eine Menge Bücher geschrieben worden. Noch diffiziler sind die jeweiligen gesellschaftlichen Verhältnisse, die eine Machtergreifung, eine Konsolidierung der Macht und eine mehrjährige Herrschaft dieser drei Massenmörder ermöglichten.

Selbst eine allgemeingültige Analyse zum Thema: „Wie entstehen Diktatoren und wodurch bleiben sie an der Macht" kann zwangsläufig nur subjektiv und oberflächlich geraten. Es sind einfach zu viele Zufälle und Kleinigkeiten, die in Summe einen bis dato erfolglosen „Niemand" plötzlich zu einem Diktator werden lassen. Das schafft der „Niemand" natürlich nicht allein. Dazu braucht er möglichst viele Unterstützer. Natürlich spielt das Führersyndrom eine wichtige Rolle. Die Unterstützer wünschen sich einen starken Anführer, der ihnen sagt, wo es lang geht. Das Fauldenkersyndrom sorgt dafür, dass die Unterstützer Informationen nicht selbst verarbeiten (durchdenken) wollen. Es werden einfach die „Denkergebnisse" vom Anführer kritiklos übernommen. Schlussendlich verursacht das Falschdenkersyndrom ein vollkommen naives, unkritisches Vertrauen in die Fähigkeiten des Anführers. Ein bisschen ähnelt das Vorgehen der Unterstützer eines Diktators dem Vorgehen von Anhängern einer Religion. Der Glaube an einen allmächtigen Gott ersetzt das eigene Denken bzw. die Information vom allmächtigen Gott wird durch das Fauldenkersyndrom ohne Bewertung durch das Bewusstsein vom Unterbewusstsein verarbeitet und gespeichert.

Die Diktatorenanwärter selbst müssen ihren Unterstützern nur eine Vision (Information) vermitteln, einen Plan schmackhaft machen und ihnen gewisse Vorteile bieten, dann geht die Diktatorenlaufbahn seinen Gang. Ab und an müssen Mitbewerber auf den Diktatorenposten ausgeschaltet oder mundtot gemacht werden. Aber wie wir bereits erwähnt haben, hat der Diktator erstmal die Macht, hat er auch Macht über das Recht, und dieses Recht beugt er auch.

Entscheidend für Diktatoren und Unterstützer sind neben dem Zufall und den genannten Syndromen auch individuelle Persönlichkeitseigenschaften. Deshalb wollen wir uns dem Thema „Persönlichkeit" noch einmal ausführlich widmen.

Persönlichkeit – was wir bisher wissen

Siehe auch Persönlichkeit Teil 1, Seite 133 ff.: Unser gesamtes Dasein (Fühlen, Denken und Handeln) wird von Informationen bestimmt!

Unsere Persönlichkeit zeigt sich in der Art und Weise, wie wir fühlen, denken und handeln.

Sich verändernde Informationen können demzufolge zu einer Änderung unserer Persönlichkeit führen.

Da wir nicht als „fertige" Persönlichkeiten geboren werden, müssen wir zumindest einen großen Teil unserer Persönlichkeitseigenschaften während unseres Daseins auf dieser Erde „verpasst bekommen". Unser Dasein wird von den vielfältigsten Informationen begleitet, die unsere Persönlichkeit mehr oder weniger stark formen. Dabei kann unser Gehirn nur die Informationen bewusst verarbeiten, die es aufgrund unserer im Gedächtnis gespeicherten Erfahrungen und Erkenntnisse auch verstehen kann. Lebenslanges Lernen ist die Voraussetzung dafür, dass wir wenigstens einen Teil der Flut von Informationen verstehen und somit verarbeiten können. Das bedeutet schlichtweg, dass sich unsere Persönlichkeit während unseres Lebens mit jeder Wahrnehmung einer Information und deren Verarbeitung und Speicherung im Gedächtnis ein bisschen verändern kann. Allein der Zufall bestimmt die Art der Informationen und damit die Richtung der Persönlichkeitsänderung.

Ganz wichtig: Indem Informationen unser Fühlen, Denken und Handeln bestimmen, üben sie zeitgleich auch enormen Einfluss auf unsere Wahrnehmung aus. Wir nehmen bevorzugt die Informationen wahr, die zu unseren aktuellen Persönlichkeitseigenschaften passen und entsprechende Tendenzen werden gestärkt. Unser Speicher (Gedächtnis) wird somit auch mit falschen Erkenntnissen und Meinungen gefüllt.

Sie erinnern sich an den Geschmackstest der Kaffeesorten von Marcus Niehaves (Teil 1, Seite 156)? Ein Lehrbeispiel für das enorm kreative und irreguläre Potential unseres Unterbewusstseins und unseres Gedächtnisses.

Um diese irregulären Machenschaften von Unterbewusstsein und Gedächtnis aufzudecken und zu neutralisieren, sind Wissen, Erkenntnisse, umfangreiche Erfahrungen sowie unsere volle Aufmerksamkeit und logische Mitarbeit beim Denken durch unser Bewusstsein erforderlich. Besonders jungen Menschen fehlt es häufig an Wissen, an Erkenntnissen und Erfahrungen. Zudem fehlt es vielfach an der Fähigkeit logisch zu denken. Logisches Denken ist uns nicht angeboren und fällt uns auch nicht einfach in den Schoß. Logisches Denken muss gelernt und trainiert werden. Unter logischem **Denken** versteht man ein folgerichtiges und schlüssiges **Denken**, das zum Verstehen von Zusammenhängen, Vorgängen und Prozessen und zu richtigen Aussagen und Schlussfolgerungen führt.

Deshalb ist die Wahrnehmung von schlechten und falschen Informationen in jungen Jahren besonders schädlich für die Persönlichkeitsentwicklung. Sind die Weichen erst einmal in eine negative Richtung gestellt, wird das Falschdenken durch verzerrte Wahrnehmungen infolge irregulärer Aktionen des Unterbewusstseins und einem mit falschen Informationen gefüllten Gedächtnis kultiviert und verstärkt.

Hinzu kommen eventuell noch genetisch bedingte Persönlichkeitsmerkmale, wie z. B. Gefühlskälte, die Tendenz zu Gefühlsschwankungen oder gar Veranlagungen zur dunklen Triade.

Leider werden logisches Denken bzw. das Denken überhaupt, nicht explizit gelehrt, und deshalb von vielen Zeitgenossen auch nicht erlernt. „Was Hänschen nicht lernt, lernt Hans nimmermehr" lautet ein altes deutsches Sprichwort. Sehr viele ältere Menschen scheinen die Fähigkeit zum logischen Denken definitiv nicht erlernt zu haben, denn ein Verlernen des logischen Denkvermögens ist unter normalen Umständen genauso schwer möglich wie das Verlernen des Sprechens oder des Lesens. Schauen Sie sich als Beispiel die aktuellen Demonstrationen gegen die Corona-Maßnahmen der Regierung in Deutschland an. Ohne belastbare Zahlen nennen zu können, nur nach dem optischen Eindruck, sind viele Demonstrationsteilnehmer nahe am bzw. bereits im wohlverdienten Ruhestand. Ähnliche Beobachtungen gelten für die Pegida-Spaziergänger, die Mehrheit bilden Teilnehmer im „reifen" Alter, wahrscheinlich mit untrainiertem Denkvermögen. Eine schlüssige Erklärung für dieses Phänomen liegt im Falschdenkersyndrom und im Fauldenkersyndrom.

Es ist durchaus möglich, den Prozess der Persönlichkeitsentwicklung eines Menschen sehr vereinfacht darzustellen.

Es ist weiterhin möglich, Gruppen von Menschen mit weitgehend übereinstimmenden Persönlichkeitsmerkmalen, trotz individueller Unterschiede, in Kategorien zusammenzufassen. Die folgenden fünf Kategorien haben allerdings nichts mit den „Big-five-Persönlichkeitsmerkmalen" aus Teil 1, Abschnitt „Persönlichkeit" (Seite 133) zu tun.

Aus dem Film „Don Mariano weiß von nichts", stammt folgendes Zitat:

„Man kann die ganze Menschheit in fünf Kategorien fassen: Die wirklichen Menschen, die Halbmenschen, die Menschlein, die, mit Verlaub gesagt, Schleimscheißer und zuletzt, kaum erwähnenswert, die Blablas.
Die wirklichen Menschen sind dünn gesät, die Halbmenschen auch nicht zahlreich, etwas häufiger sind schon die Menschlein. Sie gleichen Kindern, die Erwachsene spielen. Auf die Schleimscheißer stößt man bei jedem Schritt, den man geht. Und schließlich noch Scharen von Blablas – dumme Schwätzer."

Bei aller Ironie und maßlosen Arroganz dieses Zitates, es ist ein bisschen was Wahres dran, wenn wir uns auch klar von dieser Einteilung und den verwendeten Ausdrücken distanzieren wollen. Das Falschdenken haben sich die Menschen ja zu keiner Zeit ausgesucht. Menschen denken nicht mutwillig falsch und Menschen sind grundsätzlich auch nicht absichtlich dumm. Menschen sind nur bedingt für ihr Fühlen, Denken und Handeln verantwortlich. Warum?

Es sind in erster Linie die Informationen und in zweiter Linie die Art und Weise ihrer Verarbeitung, die das Fühlen, Denken und Handeln eines Menschen bestimmen.

Zur Erinnerung: Wir werden in Bezug auf unsere Denkfähigkeit mit einem fast „leeren" oder besser weitgehend „denkunfähigen" Gehirn geboren. Nur durch die Wahrnehmung von Informationen kann sich unsere Fühl- und Denkfabrik Gehirn zu einem emergenten System entwickeln. Vereinfacht ausgedrückt: Blieben die Informationen aus, würde keine Entwicklung des Gehirns stattfinden. Ohne ein Gehirn, das Informationen verarbeiten kann, wäre ein eigenständiges Leben eines Menschen nicht möglich.

- Informationen bestimmen die Organisation unserer Fühl- und Denkfabrik Gehirn.
- Informationen füllen das Gedächtnis.
- Informationen prägen unsere Persönlichkeitseigenschaften. Ein Mensch spiegelt durch sein Fühlen, Denken und Handeln letztlich die Gesamtheit der von seinem Körper und seinen Sinnesorganen wahrgenommenen Informationen wieder.

Trotz einer möglichen Einteilung der Menschen in diversen Kategorien nach Persönlichkeitseigenschaften (z. B. Big five), die ja in jedem Fall subjektiv sein müssen, sind diese Eigenschaften nicht in Stein gemeißelt. Im Gegenteil, die Macht der Informationen ist so groß, dass sich die Persönlichkeitseigenschaften eines Menschen in vielen Lebenssituationen verändern. Das bedeutet, ein Mensch kann zeitlich begrenzt bestimmte Eigenschaften zeigen, die er im Normalfall nicht hat. Er kann also durchaus beliebig oft zwischen den subjektiven Kategorien wechseln. Die Betonung liegt auf „kann", denn es sind allein Informationen, die diesen Wechsel erzeugen können. Informationen, die wahrgenommen und verarbeitet werden müssen. Womit wir wieder beim Denken angelangt wären. Die Information, dass unsere Fühl- und Denkfabrik aus den drei Abteilungen Bewusstsein, Unterbewusstsein und Gedächtnis besteht, und wie die Verarbeitung von Informationen durch diese drei Abteilungen erfolgt, kann das gesamte Fühlen, Denken und Handeln eines Menschen verändern.

Niemand ist durchgehend immer nur edel, hilfreich und gut. Es wäre schon von Vorteil, wenn jeder Mensch für sich diese Eigenschaften wenigstens anstreben würde. Aber wie sollen die Menschen das bewerkstelligen, wo es doch keinen freien Willen gibt? Wir wollen edel, hilfreich und gut sein, aber unser „unfreier" Wille will etwas anderes? Falsch. Allein schon die Information, dass es für das Zusammenleben der Menschen auf der Erde von Vorteil wäre, wenn denn alle Menschen edel, hilfreich und gut wären, kann das Wollen verursachen. Verhaltensfehler sind menschlich und sollten als wichtige Erfahrungen abgespeichert werden, um sie künftig vermeiden zu können.

Soziale Kontakte sind nur eine Möglichkeit, Informationen zwischen Menschen auszutauschen. Die Voraussetzungen dafür sind zum einen die Sprache und zum anderen die Schrift. Die Fähigkeiten Lesen und Schreiben sind wiederum unabdingbar für unser Denken. Wir erinnern uns: Lesen ist das Denken mit einem fremden Gehirn. Der gebildete Mensch denkt nicht nur in Bildern, sondern vorrangig in Worten! Das Problem: Mit Worten können sowohl Wahrheiten und Halbwahrheiten als auch Lügen und gezielte Falschinformationen formuliert und verbreitet werden, sowohl im direkten sozialen Kontakt, als auch über die sozialen Medien. Bilder können mit der heutigen Bildbearbeitung ebenso manipuliert und verfälscht werden. Sogar Filmszenen können aus dem Zusammenhang ausgeschnitten und vollkommen falsch interpretiert werden. Nichts ist unmöglich und für uns Normalbürger sind „alternative Fakten" immer häufiger nicht zu erkennen bzw. von den realen Fakten nicht zu unterscheiden.

Ein Informationsaustausch (Kommunikation) ist also immer subjektiv, denn jegliche Objektivität ist eine Illusion. Auch bei der Kommunikation kommt unserer Wahrnehmung samt ihrer Flexibilität und ihrer Anfälligkeit für Manipulation eine große Bedeutung zu. Wenn also jegliche Informationen, ihre Wahrnehmung und ihre Verarbeitung subjektiv sind, kann es theoretisch auch keine objektive Einteilung der Menschen hinsichtlich ihrer Persönlichkeitsmerkmale (Big-Five) geben.

Entgegen den wissenschaftlich anerkannten, subjektiven Big-Five-Kategorien oder der arroganten Einteilung von Don Mariano hier eine Alternativangebot, die Einteilung der Menschen in drei Kategorien:

1. *Gelegentliche Falschdenker* (Menschen, die wissen, dass sie gelegentlich falsch denken).

2. *Notorische Falschdenker* (Menschen die nicht wissen, dass sie sehr häufig falsch denken).

3. *Permanente Fauldenker* (Menschen, die nicht wissen, dass sie zu faul zum bewussten Denken sind. Ihr Denken wird überwiegend durch das Unterbewusstsein übernommen, das Bewusstsein bleibt passiv).

Diese Kategorien ermöglichen wenigstens eine pseudoobjektive Einordnung der Menschen. Wenn Albert Einstein von der unendlichen Dummheit der Menschen gesprochen hat, muss er seine Gründe gehabt haben. Auch wenn wir Dummheit durch falsches Denken ersetzen, müssen wir leider davon ausgehen, dass die Mehrheit der Menschen den Kategorien 2. und 3. zuzurechnen ist und nur eine vergleichsweise geringe Anzahl zur Kategorie 1. gehört. Die Folgen sind schwerwiegend.

Wenn wir uns die drei folgenden Steckbriefe betrachten, dann deutet in dieser Phase erstmal nichts darauf hin, dass auch nur aus einem dieser drei Menschlein etwas Besonderes werden könnte:

Drei Steckbriefe

1. Steckbrief Adolf Hitler

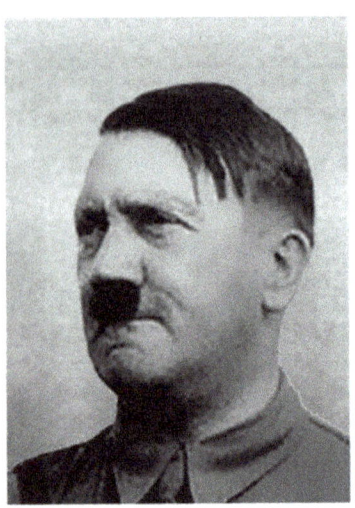

1889 in Braunau in Österreich als Sohn eines Zollbeamten geboren; Realschule ohne Abschluss verlassen; 1905 erste Beschäftigung mit völkischer Lektüre; zweimal Bewerbung an der Akademie der Künste in Wien, zweimal Ablehnung; 1909/1910 Obdachlosen- bzw. Männerwohnheim; 1913 Musterung der österreichischen Armee – als „waffenunfähig" eingestuft und ausgemustert. Danach Umzug nach München; freiwillig Kriegsdienst in der bayrischen Armee; Gefreiter im Ersten Weltkrieg; danach bis 1920 Reichswehrmitglied.

2. Steckbrief Jossif Wissaronowitsch Dschugaschwili (Stalin)

1878 in Gori (Georgien) als Kind eines Schuhmachers geboren; 1894 Eintritt in das orthodoxe Priesterseminar von Tiflis; 1898 Mitglied der Sozialdemokratischen Arbeiterpartei Russlands; erste revolutionäre Aktivitäten, deshalb 1899 Ausschluss aus dem Priesterseminar und Verbannung nach Sibirien; Flucht aus der Verbannung; Organisation von Raubüberfällen für die Bolschewiki; Annahme des „Revolutionsnamens" Stalin (der Stählerne) und erste Kontakte mit Lenin und Trotzki.

3. Steckbrief Mao Zedong

1893 in der südchinesischen Provinz in einer Bauernfamilie geboren; Volksschullehrer, später Hilfsbibliothekar an der Universität in Peking; Erste Begegnung mit den Werken von Marx und Lenin; Wäschereibote; KPCh-Mitglied; organisiert und leitet diverse Aufstände und Kämpfe gegen die japanische Besatzungsarmee und gegen die Kuomintang.

Fazit: Ein erfolgloser *Möchtegernkunstmaler,* ein krimineller *Priesterschüler* und ein kommunistischer *Hilfsbibliothekar* und *Wäschereibote,* keiner der Zeitgenossen dieser drei schillernden „Persönlichkeiten" wäre damals auf die Idee gekommen, dass aus diesen drei Durchschnittstypen nur wenige Jahre später die mächtigsten Diktatoren ihrer Zeit werden würden. Es ist auch höchst unwahrscheinlich, dass zu diesem Zeitpunkt (Steckbriefende) auch nur einer dieser drei selbst geglaubt haben könnte, derartig unbegrenzte Macht zu erlangen.

Frage: Wie wurden aus diesen Menschen drei mächtige Diktatoren?
Antwort: Durch

1. Informationen, die zur Ausprägung bestimmter Persönlichkeitsmerkmale führten.
2. Informationen, die bei ihrer Verarbeitung mit zufällig bereits vorhandenen Gedächtnisinhalten (Informationen) zu bestimmten Meinungen und Überzeugungen führten. Zu den „Informationen" zählen auch die jeweiligen privaten und gesellschaftlichen Verhältnisse, die Erziehungsmethoden der Eltern und die Bildungssysteme.
3. eine Unmenge von Zufällen
4. die Dummheit der Anhänger der künftigen Diktatoren, die im Wesentlichen durch das Falschdenkersyndrom, durch das Fauldenkersyndrom und durch das Führersyndrom gekennzeichnet ist.

Diktatoren im Allgemeinen

Diktatoren sind Menschen mit bestimmten Veranlagungen und sich extrem schnell verändernden Persönlichkeitsmerkmalen. Sie machen sich nicht selbst zum Diktator. Sie lassen sich entweder von den vielen Menschen der Kategorien 2. Und 3. zu ihrem Führer wählen oder sie übernehmen mit Hilfe dieser Menschen einfach gewaltsam die Macht.

Frage: Wie kann es passieren, dass die Mehrheit eines Volkes einen „Niemand" zu ihrem Anführer wählt?

Antwort: Dafür gibt es viele Gründe, hier nur eine kleine Auswahl:

- „Unter den Blinden ist der Einäugige König", lautet ein altes deutsches Sprichwort. Es bedeutet: „Verglichen mit etwas Schlechtem, erscheint das Mittelmäßige gut" oder in unserer Lesart: Selbst ein notorischer Falschdenker kann von der Mehrheit der anderen notorischen Falschdenker und den Fauldenkern respektiert und bewundert werden.
- Eine wichtige Rolle spielen dabei die weit verbreiteten „Erziehungsmethoden" während des 19. Jahrhunderts bis zur Mitte des 20. Jahrhunderts. Gängige Methoden waren unter anderem Stubenarrest und Prügelstrafen. Erziehungsziel war absoluter Gehorsam (wer sein Kind liebt, der züchtigt es …). Auch Kinderarbeit war in diesen Zeiten recht verbreitet. So gesehen war Erziehung in vielen Fällen eine Art Diktatur und der Vater war in der Regel der Diktator.
- Auch in den Schulen waren Prügelstrafen an der Tagesordnung (Lehrer waren auch Diktatoren). So verwundert es nicht, dass Duckmäusertum, Gehorsam und blinder Respekt gegenüber den jeweiligen „Vorgesetzten" bzw. „Anführern" weit verbreitete Persönlichkeitsmerkmale der Menschen waren.
- Menschen mit den *besonderen* Persönlichkeitseigenschaften der dunklen Triade (Narzissmus, Machiavellismus und Psychopathie) sind besonders für Führungspositionen prädestiniert.

Fakt ist, wenn ein Mensch auch nur eines der drei Persönlichkeitsmerkmale der dunklen Triade oder gar Merkmale von allen dreien gleichzeitig ausgebildet hat, hält er sich dafür prädestiniert, eine Führungskarriere zu absolvieren und er wird auch alles daran setzen, diesbezüglich Erfolg zu haben. Der Psychologe Kevin Dutton von der Universität Oxford hat ausgewertet, welche Karriere Menschen mit dieser Persönlichkeitsstörung am ehesten wählen:

Top 10 Berufe, in denen viele Psychopathen arbeiten
1. Geschäftsführer
2. Anwälte
3. TV & Radio
4. Sales
5. Chirurgen
6. Journalisten
7. Polizisten
8. Geistliche
9. Köche
10. Beamte

Top 10 Berufe, in denen wenige Psychopathen arbeiten
1. Pflegepersonal
2. Krankenschwestern und -pfleger
3. Therapeuten
4. Handwerker
5. Kosmetiker und Stylisten
6. Wohltätige Organisationen
7. Lehrer
8. Künstler und Kreative
9. Ärzte
10. Buchhalter

Zu dieser Statistik würde mich schon interessieren, wie diese jeweils Top-10-Berufe ermittelt wurden. Aber „viele" und „wenige" Psychopathen sind ja auch relative Aussagen.

(Quelle: Business Insider Deutschland; Studie von K. Dutton von der Oxford University)

Im Prinzip wirken also in einer Gesellschaft nur zwei Kräfte, die für Diktatoren verantwortlich zeichnen:

1. der Möchtegerndiktator selbst, inklusive seiner Veranlagung zu bestimmten Persönlichkeitseigenschaften (z. B. dunkle Triade).

2. die Menschen unserer 2. Kategorie, die notorischen Falschdenker zusammen mit den Menschen unserer 3. Kategorie, den permanenten Fauldenkern.

Allein kann ein Diktator seine einmal erlangte Macht auch nicht erhalten. Deshalb macht er aus einem nicht unbeträchtlichen Teil seiner Unterstützer einfach **Unterdiktatoren**.

Alle Unterdiktatoren haben das gleiche Dilemma: Sie haben „nur" eine Pseudomacht. Pseudomacht ist immer begrenzt und hat immer eine stärkere Macht (einen Mächtigeren) über sich. Aber das ist ja für die meisten Unterdiktatoren keine neue Situation. Sie sind ja praktisch damit aufgewachsen und Druck und Gehorsam gewöhnt. Neu für sie ist, dass sie auf Befehl „von Oben" selbst Macht ausüben dürfen. Diese völlig neue Erfahrung verändert die Persönlichkeitsmerkmale der Unterdiktatoren enorm. Geld verdirbt gemeinhin den Charakter, Macht verdirbt unter Umständen den ganzen Menschen.

Sie erinnern sich:

- ***Wer die Macht hat, hat das Recht. Und wer das Recht hat, beugt es auch!***
- ***Befehl ist Befehl, verantwortlich ist der, der befiehlt!***

Letzteres, die Befehlskette, öffnet der Grausamkeit und Brutalität Tür und Tor.

Auf jeder Stufe der Macht ist jeder „Unterdiktator" gleichzeitig Sklave und Herr. Vor seinen „Oberen" ist er Sklave, vor seinen Untergebenen ist er Herr. Der Wille des Diktators bzw. der die Intensität der Umsetzung des Willens nimmt nach unten zu. Das Prinzip ist vergleichbar mit einer Lawine. Am Anfang sind es wenige Schneekristalle, die in Bewegung geraten. Es entsteht kaum Schaden. Aber auf dem Weg nach unten wird alles mitgerissen oder überrollt, was im Wege steht.

Die unterste Ebene (die sogenannte Stimme des Volkes) wird förmlich von einer Machtlawine erstickt.

Allerdings ist die „Stimme des Volkes" auch nicht automatisch die „Stimme der Vernunft". Im Gegenteil, die Mehrheit des Volkes wird ja von den Kategorien der notorischen Falschdenker und der permanenten Fauldenker gebildet. Diese Kategorien sind zu einem großen Teil selbst Bestandteile dieser Machtlawine geworden. Entweder aus blindem Gehorsam, aus Angst vor Repressalien, aus Dummheit, infolge Manipulation (falsche Informationen) oder weil man sich Vorteile davon verspricht, mitzumachen und dabei zu sein.

Demzufolge ist es falsch, von der „Stimme des Volkes" zu sprechen. Diese existiert ausschließlich in der Theorie und natürlich im Wortschatz der Falschdenker. In Wirklichkeit sind es Stimmen der Macht und/oder der Dummheit – der Falschdenker! Die wirkliche Stimme der Vernunft kommt überwiegend von den Vertretern der Kategorie 1, den gelegentlichen Falschdenkern. Da Vertreter dieser Kategorie jedoch zahlenmäßig nur gering im Volk vertreten sind, ist die Stimme der Vernunft sehr schwach. Selbst wenn einige Menschen aus anderen Kategorien die Stimme der Vernunft verstärken, ist letztere der Machtlawine einer Diktatur nicht gewachsen.

Hier noch ein schöner Satz, dessen Schöpfer mir leider nicht bekannt ist:
„Wer in der Demokratie schläft, wacht in der Diktatur auf."

In unserer Lesart bedeutet dieser Satz: Achtung, die notorischen Falschdenker und die permanenten Fauldenker bedrohen die Demokratie. Wir müssen alles daran setzen, das Falschdenken zu reduzieren!

Vom Regen in die Traufe

Menschliche Zellhaufen aller Kategorien haben das Bestreben, unangenehme Lebensumstände zu verbessern und unangenehme Situationen zu verlassen. Dabei kann es passieren, dass sie aus einer unangenehmen Situation in eine noch unangenehmere geraten, eben vom Regen in die Traufe.

*Herkunft: An der Tropfkante des Daches (der **Traufe**) fließt das Wasser, das bei **Regen** auf die Dachfläche fällt, gesammelt ab. Wer sich aus dem **Regen in die Traufe** begibt, bekommt also noch mehr Wasser ab als vorher.*

(Quelle: Wiktionary)

Das Sprichwort beschreibt völlig harmlos ein Szenario, dass sich in unterschiedlichen Varianten in der gesamten Geschichte der Menschheit permanent wiederholt. Und die Ursachen liegen wieder einmal klar auf der Hand: das Falschdenkersyndrom und seine Begleitsyndrome, das Fauldenkersyndrom, das Führersyndrom sowie die Illusionssymptome (Ich-Illusion, Objektivitätsillusion und Illusion des freien Willens).

George Orwell hat das Prinzip in seinem Buch „Die Farm der Tiere" meisterhaft beschrieben. Die Tiere einer Farm werden von den „intelligenten" Schweinen mit allerlei Versprechungen aufgestachelt, den bösen Farmer, der die Tiere schlecht behandelt, zu verjagen. Danach übernehmen die Schweine erst die Organisation der Farm und dann die Macht. Schlussendlich geht es den Tieren unter der Herrschaft der Schweine schlechter als unter dem bösen Farmer:

„Nach anfänglichen Erfolgen und beginnendem Wohlstand übernehmen die Schweine immer mehr die Führung und errichten schließlich eine Gewaltherrschaft, die schlimmer ist als diejenige, welche die Tiere abschütteln wollten. Aufgrund seines Inhaltes wurde der Roman als Parabel auf die Geschichte der Sowjetunion interpretiert, bei der auf die vom Volk getragene Februarrevolution letztlich die diktatorische Herrschaft Stalins folgt.

(Quelle: Wikipedia)

Im Prinzip passt diese Satire auf jede Revolution bzw. jeden gesellschaftlichen Machtwechsel und zeigt deutlich die Mechanismen, die letztlich zum Scheitern an den ursprünglichen Zielen führen.

Die Tiere kamen durch ihre „Revolution" vom Regen in die Traufe oder, um mit dem Liedermacher Wolf Biermann zu sprechen, „vom Regen in die Jauche".

So, wie die Tiere den Schweinen glaubten, so glaubten die Russen an Lenin, später an Stalin. Die Deutschen rannten zum größten Teil Hitlers wahnwitzigen Ideen hinterher und die Chinesen verehrten ihren Mao Zedong wie einen Kaiser, alles mit verheerenden Folgen.

Die „Diktatorentriade" Hitler, Stalin und Zedong

Vermutlich könnte man nahezu unendlich viele Geschichten über Zufälle erzählen, die zur Diktatorentriade, also zu den Diktatoren Hitler, Stalin und Zedong, geführt haben könnten. Wir wollen uns aber auf drei dieser Zufälle beschränken.

- Der erste Zufall wurde von Daniel Kahneman (Seite 225) beschrieben – aus Zufall entstanden nach der Befruchtung aus drei weiblichen Eizellen drei männliche Embryonen anstatt dreier weiblicher Embryone. Ob eine Frau Hitler, eine Frau Dschughaschwili oder eine Frau Zedong auch nur annähernd so viel Einfluss auf die Geschichte der Menschheit genommen hätten, darf getrost ausgeschlossen werden.

- Ein zweiter Zufall besteht darin, dass der junge Hitler mit völkischen Ansichten „informiert" wurde, während der junge Stalin und der junge Zedong mit kommunistischen Ansichten „informiert" wurden. Es hätte theoretisch auch umgekehrt stattfinden oder gar nicht zu derartigen Informationen kommen können. Auf jeden Fall bestimmten diese „Informationen" das weitere Fühlen, Denken und Handeln der drei Probanden ganz entscheidend.

- Ein dritter Zufall besteht darin, dass alle drei Individuen mehrere Jahre an kriegerischen Handlungen teilgenommen haben, und im Gegensatz zu tausenden Mitkämpfern weder ernsthaft verletzt noch getötet wurden.

Übrigens: Von Zufall spricht man, wenn für ein einzelnes Ereignis oder das Zusammentreffen mehrerer Ereignisse keine kausale Erklärung gefunden werden kann. Als kausale Erklärungen für Ereignisse kommen je nach Kontext eher Absichten handelnder Personen oder auch naturwissenschaftlich deterministische Abläufe in Frage.

(Quelle: Wikipedia)

Für Millionen Menschen bedeuteten allein diese drei Zufälle unendliches Leid und Tod. Konkret:

- Hitler hat während seiner 12-jährigen Herrschaft ca. 6 Millionen Juden umbringen lassen! Zu seinen Opfern unter der deutschen Zivilbevölkerung habe ich keine Angaben finden können, da die unzähligen Morde nicht aktenkundig festgehalten oder Akten vor Kriegsende vernichtet wurden.

- Dem Terror Stalins zwischen 1930 und 1953 sollen nach soliden Angaben „nur" rund 800.000 Menschen direkt durch Exekutionen zum Opfer gefallen sein. Während in dieser Zeit ca. 3,8 Millionen inhaftiert waren, starben 1,7 Millionen Menschen an den Entbehrungen und Krankheiten in den Gulags in Sibirien. Insgesamt spricht man von mindestens 3 Millionen Todesopfern während der Stalin-Ära.

- Unter der verheerenden Politik Mao Zedongs verhungerten von 1959 bis 1962 sage und schreibe 36 Millionen Chinesen, das ist kein Druckfehler! Es ist auch vollkommen sinnfrei, die Opfer dahingehend zu unterscheiden, ob sie wegen Kritik an den Verhältnissen erschlagen oder in den Tod getrieben wurden oder direkt verhungerten. Fakt ist, zu dieser ungeheuren Zahl von Todesopfern kommen noch einmal mindestens 15 Millionen Opfer mit bleibenden körperlichen Schäden hinzu, von den Millionen Waisenkindern gar nicht zu sprechen.

Die Bezeichnung „Erzschurken" für die drei Diktatoren von Daniel Kahneman ist also noch stark untertrieben. Auch die Bezeichnung Falschdenker ist viel zu harmlos. Es waren allesamt kaltblütige Massenmörder, auch wenn sie selbst die Morde „lediglich" befohlen oder gebilligt haben. Die kruden Ideen dieser notorischen Falschdenker entstanden ausschließlich durch Informationen in Zusammenarbeit mit den individuellen Persönlichkeitseigenschaften und jeder Menge Zufällen.

Mao Zedong und der „Lange Marsch"

Auf der Flucht vor Chiang Kai-shek's Truppen mussten sich die Kommunisten unter schweren Verlusten aus dem Süden des Landes zurückziehen und nach Nordchina ausweichen. Es begann der sogenannte, legendär gewordene „Lange Marsch" (1934/35), der in Wirklichkeit eine lange Flucht war.

Der Fluchtweg der Kommunisten erstreckte sich über eine Länge von 12.000 Kilometern. Von ursprünglich 100.000 bis 120.000 Kommunisten, die sich auf den Weg machten, überlebten nur etwa 10.000 die Entbehrungen und Strapazen der Irrfahrt.

Mitten auf dem „Langen Marsch" gab es Flügelkämpfe zwischen den Moskautreuen Kommunisten und dem chinesischen Flügel, dem Mao vorstand. Durch Seilschaften, Intrigen und taktisches Geschick putschte sich Mao ganz nach oben. Mao machte sich zur Nummer Eins in der KPCh, der Kommunistischen Partei Chinas.

(Quelle: Planet Wissen.de)

Mao Zedong herrschte an der Spitze der Kommunistischen Partei von 1949 bis 1973 in China und versuchte nach der Revolution, aus dem ehemaligen Kaiserreich und bettelarmen Agrarland eine kommunistische Industrienation nach dem Vorbild von Stalins Sowjetunion zu schaffen. Beide Länder hatten ähnliche Ausgangsbedingungen, was die Lage der Arbeiter und den Zustand der mehrheitlich armen Landbevölkerung betraf. Fakt ist, dass nicht allein die Kluft zwischen Arm und Reich, sondern die teils menschenunwürdigen Lebensbedingungen der Bevölkerung den Nährboden *für die Revolution und den Wunsch nach einer gerechten, besseren Gesellschaft* bildeten. Fakt ist auch, dass die Mehrheit der Bevölkerung (überwiegend die Bauern) Analphabeten oder wenigstens nach heutigen Maßstäben ungebildet waren und keinerlei Zugang zu irgendwelchen Informationen hatten.

Ungebildet zu sein bedeutet, wenig Informationen über die Welt und damit wenig Denkpraxis zu haben. Analphabeten sind zusätzlich beim logischen Denken stark eingeschränkt, weil das Vorstellungsvermögen durch das Lesen trainiert wird. (Lesen ist das Denken mit einem fremden Gehirn – also pures Denktraining mit permanenter Informationswahrnehmung.) Ohne Vorstellungsvermögen können wir Menschen keine logischen Schlüsse ziehen.

Etwa 6,2 Millionen Menschen in Deutschland gelten nach Angaben des Bundesverbandes für Alphabetisierung und Grundbildung als Analphabeten.
In der Regel sind das funktionale Analphabeten: Sie haben rudimentäre Kenntnisse im Lesen und Schreiben, können meist einzelne Wörter, oft auch kurze Sätze lesen und verstehen.
Längere, zusammenhängende Texte bereiten ihnen jedoch Schwierigkeiten. Sie geraten ins Stocken und müssen Passagen mehrmals lesen. Und selbst dann verstehen sie oft nicht, was sie gerade gelesen haben. Die Kenntnisse reichen in den meisten Fällen nicht über das Grundschulniveau der ersten drei Klassen hinaus.

(Quelle: Planet Wissen.de)

Wir „Schriftgelehrten" können uns nicht oder nur ungenügend in das Denken von Analphabeten hineinversetzen. Was Schriftkundigen und Analphabeten gemeinsam ist, sind das Falschdenken und das Fauldenken. Während die Ursachen für das Falschdenken in den meisten Fällen falsche Informationen sind, sind für das Fauldenken zwei Extreme verantwortlich: zu wenig Information oder zu viele Informationen. Fauldenker sind nicht zu faul zum Denken und es bedeutet auch nicht, dass sie gar nicht denken. Aber das Denken findet ohne Mitwirkung des Bewusstseins statt und das Unterbewusstsein arbeitet zwar extrem schnell, aber ohne jegliche Logik.

Der größte Teil der chinesischen Landbevölkerung und ein Teil der Stadtbevölkerung litten also definitiv unter den drei Syndromen Falschdenker-, Fauldenker- und Führersyndrom. Durch andere Ursachen lassen sich die Vorgänge in China zwischen 1949 und 1973 kaum erklären.

Ich behaupte keinesfalls, die Verhältnisse und Zustände im China zu Zeiten Mao Zedongs beurteilen zu können. Aber es gibt solide Quellen, die durchaus glaubhaft das China und die Folgen der Herrschaft von Mao Zedong belegen.

Eine dieser Quellen ist das Buch „Grabstein – Mubei" von Yang Jisheng.

Yang Jisheng studierte an der Tsinghua-Universität in Peking. Er wurde 1964 Mitglied der Kommunistischen Partei Chinas. Nach Beendigung des Studiums wurde er 1966 Journalist und Propagandist des kommunistischen Regimes bei der staatlichen Nachrichtenagentur Xinhua, für die er bis 2001 arbeitete.

Danach war er bis 2008 Herausgeber eines chinesischen Geschichtsmagazin und veröffentlichte mehrere Bücher.

Das Buch über die Reformära und das Tian'anmen-Massaker enthält auch drei Interviews mit Zhao Ziyang, die er mit ihm in dessen Hausarrest führte. Eine Sammlung seiner Reportagen erschien 2010. Die Universität Hongkong gewann ihn 2007 als Visiting Fellow für ihre Journalistenausbildung und als Co-Autor einer Publikation.

Ende der 1980er Jahre begann er insgeheim mit Recherchen über die Hungersnot und das Massensterben in der Zeit des Großen Sprungs nach vorn in China zwischen 1958 und 1962. Als hochgestellter staatlicher Journalist hatte er in den Provinzen Chinas Zugang zu Fachleuten und Archiven, deren lokale Statistiken und Untersuchungen er zu einer Schätzzahl von 36 Millionen Verhungerten aggregierte. Für Yang Jisheng liegen die Ursachen in der seinerzeitigen chinesischen Politik, während die offizielle Politik auch heute noch von Naturkatastrophen als Ursache spricht. Yang Jishengs Monographie erschien 2008 in Hongkong und wurde 2012 ins Deutsche übersetzt. Der Titel „Grabstein" soll auch an seinen Vater erinnern, der 1959 eines der Opfer war.

(Quelle: Wikipedia)

Das Buch „Grabstein – Mubei" ist ein erschütterndes Zeugnis für das Falschdenken der Menschen inklusive Fauldenker- und Führersyndrom, was zu einer von Menschen gemachten Katastrophe mit 36 Millionen Toten zwischen 1959 und 1963 allein durch Verhungern führte.

Im Vergleich zu den 55 Millionen Toten während des gesamten Zweiten Weltkrieges ist dies eine unglaubliche große Zahl.

Während ich 1960 völlig ahnungslos und naiv in der dritten Klasse einen Propagandafilm über ein China mit glücklichen Kindern in blauen Hosen oder Röcken, weißen Blusen und roten Pionierhalstüchern sah, verhungerten zeitgleich Millionen von Menschen, wurden Millionen Männer, Frauen und Kinder ermordet, zu Krüppeln geschlagen oder in Umerziehungslager gesteckt. Und das alles, um eine kommunistische Gesellschaft aufzubauen.

Kommunismus verspricht normalerweise soziale Gleichheit und Freiheit sowie Kollektiveigentum. Eine Utopie, wie wir heute wissen. Denn was allen gehört, gehört niemand. Und was niemand gehört, darum kümmert sich auch niemand.

Wer sich ein Bild von den Ereignissen in China machen möchte, sollte dieses Buch lesen. Allerdings sind die zum Teil grausamen Schilderungen nichts für zartbesaitete Charaktere. Selbst wenn man einen Teil davon als unglaubhaft bezeichnen oder bezweifeln würde, es bliebe noch ausreichend Schrecken übrig.

Natürlich wäre ein ganzes Bündel von Ursachen für diese Katastrophe zu nennen. Aber der einfachste Nenner ist und bleibt das kollektive Falschdenken verbunden mit dem systematisch flächendeckend organisierten Fauldenken eines ganzen Volkes und einem Führersyndrom in Form des Personenkultes um Mao Zedong von unglaublicher Dimension.

Frage: Wie war es möglich, dass sich ein Volk derartig „informieren" ließ, dass es sich gegenseitig mit einer Grausamkeit folterte und umbrachte, die ihresgleichen sucht?

Antwort: Es ist ohne Zweifel das Werk der Unterdiktatoren – in China bezeichnete man sie als Kader, die aus Angst, selbst bestraft zu werden, die grausamsten Verbrechen begingen. Die Umsetzung der von Mao angeordneten Maßnahmen wie die Kampagne zur „Volkskommunisierung", die Einrichtung von Volksküchen sowie die Bildung von Produktionsteams wurden militärisch durchorganisiert. Männer und Frauen wurden getrennt in kasernenähnlichen Gebäudekomplexen untergebracht. Dörfer wurden zwangsweise zusammengelegt. Häuser wurden für den Bau von Hochöfen zur Stahlproduktion einfach abgerissen. Bauern wurden für die Stahlproduktion oder für Wasserbauprojekte zwangsverpflichtet, während die Ernte auf den Feldern verdarb. Wer auch nur ansatzweise eine dieser Maßnahmen oder Kampagnen kritisierte, wurde als rechtes Element oder Rechtsabweichler eingestuft und einer Kampfkritik unterzogen. Diese Kampfkritiken endeten vielfach mit dem Tod des kritisierten, zumindest waren bleibende körperliche Schäden an der Tagesordnung.

Von den Kadern wurden landesweit viel zu hohe Ernteerträge gemeldet, was zu hohen staatlichen Ankaufquoten führte. Die ermittelte Ankaufmenge musste auf Biegen und Brechen abgeliefert werden, sodass den Bauern weder Saatgut für das folgende Jahr noch Getreide oder Gemüse für den Eigenbedarf blieb. Dieser ganze Wahnsinn wurde zum Selbstläufer und führte in ganz China zur größten Hungerkatastrophe in der Geschichte der Menschheit.

Wohlgemerkt, das alles passierte nach dem Zweiten Weltkrieg, respektive nach dem zweiten japanisch – chinesischen Krieg, der von 1937 bis 1945 dauerte, und nach dem Bürgerkrieg zwischen der Kuomintang und den von Mao Zedong geführten Kommunisten.

Mao Zedong rief am 1. Oktober 1949 die Volksrepublik China aus. Über 2 Millionen Nationalchinesen flohen nach Taiwan.

Nach einem 15-jährigen grausam geführten Eroberungskrieg von Japan mit 15 Millionen Toten in China und einem im Prinzip über 22 Jahre andauernden Bürgerkrieg brach 1949 der Kommunismus mit Mao Zedong über China herein und verkündete den Volksmassen eine ideale Gesellschaftsutopie. Eine „Information", die endlich Frieden, Gerechtigkeit, die Überwindung der Klassengegensätze und eine Übertragung der Produktionsmittel und Erzeugnisse in das gemeinsame Eigentum aller Staatsbürger versprach. Das klingt ja nach 22 Jahren Krieg und Bürgerkrieg erstmal ziemlich verlockend und ich bin überzeugt, dass viele Chinesen und die „Kommunisten" um Mao Zedong selbst von dieser Idee vollständig überzeugt waren. Allerdings zeugen diverse Ausschnitte aus Reden von Mao Zedong schon davon, welch abstruse Gedanken er verfolgte. Das Falschdenkersyndrom muss bei ihm extrem ausgeprägt gewesen sein. Vermutlich unter anderem ein Ergebnis des jahrelangen Personenkultes in Verbindung mit narzisstischen und machiavellistischen Persönlichkeitsstörungen.

Als Beispiel hier Passagen aus einer Rede vom 22. März 1958:

„Im Sozialismus existiert das individuelle Privateigentum noch, es gibt kleine Gruppen und es gibt Familien. Die Familie ist ein Spätprodukt der kommunistischen Urgesellschaft, das in Zukunft ausgemerzt werden muss, alles hat einmal ein Ende … Die Familie war historisch eine Produktionseinheit, eine Konsumeinheit, eine Einheit zur Reproduktion der nächsten Arbeitskräftegeneration, eine Einheit zur Erziehung der Kinder … in Zukunft wird die Familie vielleicht zu etwas werden, das für die Entwicklung der Produktionskräfte nicht von Nutzen ist … viele unserer Genossen haben nicht den Mut, über diese vielen Fragen nachzudenken, ihr Denken ist sehr eng."

Dafür, dass Mao selbst viermal verheiratet war, ist sein Denken zum Thema Familie zumindest verwunderlich.

Als weiteres Beispiel hier noch eine weitere Maßnahme vom großen Zedong, wieder mit ungeahnten Folgen:

Eine seiner vielen Kampagnen richtete sich gegen die vier Plagen *Ratten, Fliegen, Stechmücken und* **Feldsperlinge**. In China nennt man diese Kampagne auch die „Kampagne zum Töten der Spatzen". Mao rief tatsächlich zum unerbittlichen Kampf gegen diese vier Plagen auf. Kein Witz, sondern real so passiert.

Die Spatzen fraßen nach Meinung von Mao Zedong die Getreideernte auf und mussten deshalb vernichtet werden. So unvorstellbar es uns heute erscheint, in ganz China gingen die Menschen lärmend auf die Straßen und Felder, um die Spatzen so lange in die Luft zu scheuchen, bis sie völlig ermattet waren und tot zu Boden fielen. Mit dieser Massenbewegung wurden die Spatzen sowohl in den Städten als auch auf dem Land in China nahezu ausgerottet. Der Auftrag vom großen Vorsitzenden Zedong war erfüllt, mit dramatischen Folgen.

Die Spatzen fressen nämlich, entgegen den falschen Gedanken von Mao Zedong, mehr Schädlinge und Schadinsekten als Körner. Nachdem sie fast ausgerottet waren, vermehrten sich die Schädlinge ungebremst und verursachten enorme Ernteschäden, die natürlich mit zur Hungersnot beitrugen.

Nach unbestätigten Meldungen soll China nach 1963 Tausende Spatzen aus der Sowjetunion importiert haben.

Von einer Utopie oder einer Idee überzeugt zu sein oder daran zu glauben, ist für die Fühl- und Denkfabrik Gehirn keine große Sache. Letztlich sind Utopien „nur" Gedanken bzw. Ideen oder Vorstellungen von etwas, das es noch nicht gibt bzw. noch nicht gegeben hat. Utopien sind Ergebnisse des kreativen Denkens einzelner Menschen, die zum Zeitpunkt ihres Entstehens noch nie praktisch umgesetzt bzw. ausprobiert worden sind. Die ersten Fluggeräte entstanden durch die Umsetzung kreativer Ideen einzelner Menschen. Leider fielen sie vom Himmel, als man sie ausprobierte. Aber die Flugpioniere glaubten an ihre Idee und heute sind Flugzeuge nach den Schiffen die sichersten Verkehrsmittel.

In China fiel nichts vom Himmel, schon gar nicht der Kommunismus von Mao Zedong. Aber mehr als 36 Millionen Menschen starben während des von Mao Zedong geprägten Kommunismus.

Interessant:

1. Die Idee vom Kommunismus lebt noch heute und Mao hängt überlebensgroß an der Großen Halle des Volkes auf dem Tian'anmen-Platz in Peking. Und obwohl die kommunistische Partei die Politik des Landes bestimmt, ist China vom Kommunismus Mao Zedongs meilenweit entfernt:

   „… das Vermögen der 153 reichsten Mitglieder des Volkskongresses und der Konsultativkonferenz bei rund 570 Milliarden Euro liegt – und damit beinahe der Wirtschaftsleistung eines Jahres der Schweiz entspricht".

   (Quelle: Wiener Zeitung vom 05. März 2019)

2. Trotz seiner Schreckensbilanz (mit ca. 3 Millionen Todesopfern) wird Stalin in Russland heute zunehmend verehrt: 51 % der Russen stehen Stalin positiv gegenüber. Das ergab eine Befragung des „Lewada-Instituts", eines unabhängigen russischen Meinungsforschungszentrums, vom März des Jahres 2019. Darin gaben 41 % der Russen an, Stalin zu verehren.

(Quelle: mdr-aktuell vom 21. Dezember 2019)

3. Die rechtsextreme Anhängerschaft in Deutschland belief sich im Jahr 2019 geschätzt auf insgesamt rund 32.080 Personen (nach Abzug von Mehrfachmitgliedschaften). (Quelle: Statista)

Neben Holocaust-Leugnern gibt es offenbar sehr viele notorische Falschdenker, die, wenn auch nicht alle rechtsextrem, so doch mehrheitlich zumindest nationalistisch orientiert sind.

Devolution

Individuelles Wissen ist die Summe von Informationen, die in unserer Abteilung „Gedächtnis" gespeichert ist. Dazu zählen natürlich die eigenen Erkenntnisse und Erfahrungen bzw. alle Denkergebnisse von unseren Vorfahren, sofern sie uns in mündlicher oder schriftlicher Form überliefert sind, sowie die Meinungen und Überzeugungen anderer Menschen, die wir wahrnehmen, indem wir sie hören oder lesen. Deshalb spricht neben Jorge Luis Borges auch Richard David Precht vom Lesen als dem Denken mit einem fremden Gehirn. Unser Denken kann auf die Denkergebnisse unserer Vorfahren und unserer Mitmenschen zugreifen, indem wir diese Denkergebnisse bewusst wahrnehmen. Wenn wir diese Informationen (Denkergebnisse) als Meme betrachten, dann findet ihre Verbreitung sowohl vertikal (Denkergebnisse unserer Vorfahren) als auch horizontal (Denkergebnisse unserer Mitmenschen) statt. Der Vorteil besteht nun darin, dass wir alles, was bereits gedacht wurde, nicht nochmal erdenken müssen. Wir müssen es lediglich überdenken, um es auch zu verstehen. Wir können die Gedanken nachvollziehen (nachdenken) und gegebenenfalls Fehler entdecken, oder wir denken weiter und entwickeln zusätzliche Gedanken. Wir übernehmen vielfach fremde Gedanken mit dem Risiko, dass diese auch falsch sein können und wir demzufolge falsch denken. Aber, wir müssen ein Fahrrad nicht neu erfinden, wenn wir ein neues Fahrrad bauen möchten. Wir nehmen einfach die Denkergebnisse der bisherigen Fahrradbauer, rüsten einen Elektromotor nach und haben ein E-Bike. Das nennen wir Weiterentwicklung und es ist nichts anderes als das Weiterdenken vorhandener Denkergebnisse. Im weitesten Sinn könnten wir von einer Evolution des Wissens sprechen, weil sich das Wissen auf eine höhere Stufe begibt. Wir könnten ebenso von einer Evolution des Denkens sprechen und beides wäre nicht ganz richtig. Das Problem besteht darin, dass Denkergebnisse schlicht und einfach falsch sein können und es häufig auch sind und dass wir deshalb falsch denken können und das häufig auch tun. Evolution und Devolution finden also gleichzeitig statt.

- Wir menschlichen Zellhaufen entwickeln und bauen Atombomben, womit wir uns im schlimmsten Fall in die Steinzeit zurück bomben können.
- Wir Menschen vergeuden die wertvollen Ressourcen dieser einzigartigen Erde, indem wir jede Menge Hightechprodukte mit immer größeren Anteilen künstlicher Intelligenz herstellen, deren Lebensdauer mit Vorsatz begrenzt wird.
- Wir Menschen schädigen nachhaltig unser Klima. Wir verunreinigen unser Trinkwasser, die Meere, unsere landwirtschaftlichen Flächen und vergiften uns damit schleichend selbst (siehe Schadmoleküle Seite 65).
- Unsere gesamte Wirtschaft basiert einzig und allein auf Konsum und Wachstum, wobei das Wachstum auf die Wirtschaft begrenzt bleibt.
- Geistiges Wachstum zur Verminderung des falschen Denkens ist nicht vorgesehen bzw. wird, wenn vorhanden, überwiegend für das Wirtschaftswachstum verwendet.

Selbstverständlich braucht die Wirtschaft jede Menge IT-Spezialisten, die die Digitalisierung und Automatisierung vorantreiben.

Die Digitalisierung muss die Manipulation der Menschen so vervollkommnen und perfektionieren, dass der Konsum immer wieder neu angeregt wird, wodurch die Wirtschaft angekurbelt wird. Mittels neuer, mit Hilfe der Digitalisierung von IT-Spezialisten weiterentwickelter „noch besserer" Produkte und entsprechender Werbung wird das Konsumverhalten der Menschen so manipuliert, dass sie permanent über die neuesten und vermeintlich besten und obendrein laut Werbeversprechen unverzichtbaren Produkte informiert werden, damit sie diese haben wollen und konsumieren müssen. Es ist also nicht der sowieso nur vermeintlich freie Wille der Konsumenten, sondern der Wille der Produzenten. Forciert wird diese Kaufsucht durch die Produkteigenschaften. Die Preise werden so kalkuliert, dass Reparieren teurer ist als Neukaufen und die Haltbarkeit bzw. Lebensdauer wird durch sogenannte Sollbruchstellen oder kurzlebige Verschleißteile entsprechend begrenzt. Aus einem Mobiltelefon zur sprachlichen Kommunikation zwischen Menschen entstand ein Hightech Kommunikations-, Informations- und Manipulationssystem mit allem Pipapo, dass zumindest so lange funktioniert, wie die Speicherkapazität für die ständigen Softwareupdates ausreicht. Speicher zu klein bedeutet IPhone entsorgen und neues(tes) IPhone kaufen. Die digitale (R)evolution führt also leider nicht zu einer Denk(r)evolution, sondern zur „digitalen Demenz" (gleichnamiges Buch von Manfred Spitzer, unbedingt zu empfehlen) bzw. zur Pandemie der Dummheit.

Was bleibt ist ein kleiner Funke Hoffnung, dass zunehmend mehr Menschen damit beginnen, den Computer und den Fernseher öfter mal ab-, und ihr Bewusstsein dafür so oft es geht einzuschalten.

Bis dahin sägt der Mensch kontinuierlich an dem Ast, auf dem er sitzt.

Dieses Verhalten sollten wir wahrlich nicht als Evolution des Denkens bezeichnen.

Wir sind Zwerge

Das große Mysterium der Menschen ist die Unfähigkeit, aus den Fehlern der Vorfahren zu lernen.

Die Feldzüge Napoleons forderten rund 3,5 Millionen tote Soldaten.

Waren es im Ersten Weltkrieg noch knapp 10 Millionen Todesopfer unter den Soldaten und wenige Millionen tote Zivilisten, stieg die Zahl der Todesopfer im Zweiten Weltkrieg auf 55 Millionen (Soldaten und Zivilisten). Zwischen den beiden Weltkriegen tobten aber noch Bürgerkriege und kleinere lokale Kriege. Auch dabei starben viele Menschen. Also haben die Menschen nichts gelernt, aber auch gar nichts!

Es sind weltweit mindestens 25 Millionen Menschen *nach Ende des Zweiten Weltkrieges* durch Kriege gestorben.

Allein im 20. Jahrhundert starben damit insgesamt ca. 100 Millionen Menschen durch Kriege. (Quelle: Wikipedia)

Ganz gleich, ob die oben genannten Zahlen zu 100 % der Realität entsprechen oder nicht – es geht um Millionen Todesopfer und hinter jedem Einzelnen steckt unsägliches Leid.

Die Bundesregierung hat in den ersten zehn Monaten des Jahres 2019 Rüstungsexporte im Wert von 7,42 Milliarden € genehmigt. Das ist schon fast so viel wie im Rekordjahr 2015, als die große Koalition Ausfuhren von Waffen und anderen Rüstungsgütern für 7,86 Milliarden € erlaubte.

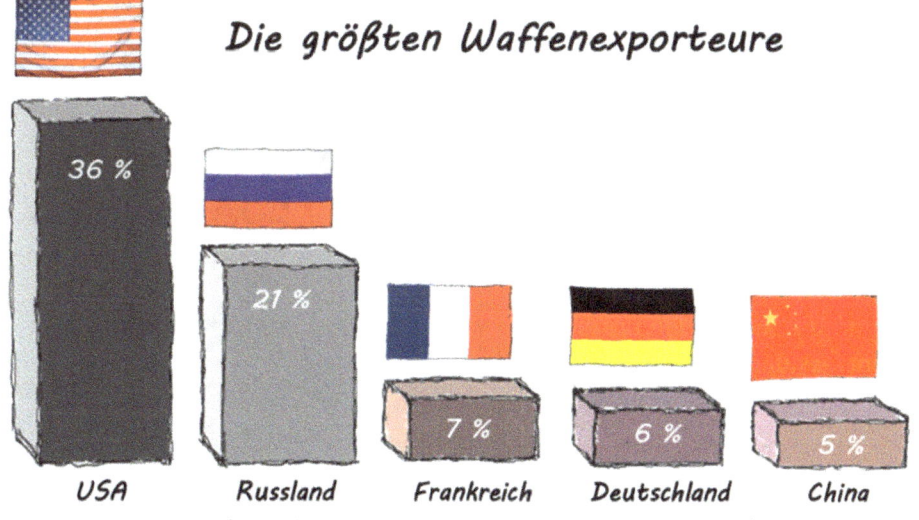

Anteil der Waffenexporte in 2019 (Quelle: SIPRI)

Die neuen Zahlen gehen aus einer Antwort des Wirtschaftsministeriums auf eine Anfrage der Linken-Bundestagsabgeordneten Sevim Dagdelen hervor.

(Quelle: www.dw.com)

Tja, auch wenn das so manchen Menschen nicht ganz klar ist:

- Waffen werden nicht zum „Krieg spielen" gekauft.
- Länder, die Waffen gekauft haben, können diese morgen schon einsetzen.
- Länder, die Waffen gekauft haben, können diese jederzeit an jeden Psychopathen verkaufen, verschenken oder verleihen.
- Verträge, die dies verhindern sollen, sind die Tinte nicht wert, mit der sie unterschrieben wurden.
- Viele Regierungschefs sind Vertreter der dunklen Triade …
- Frieden ist Glückssache!
- Die Arbeitsgemeinschaft Kriegsursachenforschung bringt einmal im Jahr eine Übersicht über die Kriege und bewaffneten Konflikte raus, die im vorangegangenen Jahr stattgefunden haben. Laut dieser Forschungseinrichtung fanden 2019 weltweit 23 Kriege und vier bewaffnete Konflikte statt.

Bernard Chartres (Gelehrter und Philosoph) formulierte im 12. Jahrhundert:

Wir sind wie Zwerge, die auf den Schultern von Riesen sitzen, sodass wir mehr als sie und weiter sehen können, nicht weil wir scharfsichtiger oder größer wären, sondern weil die Größe der Riesen uns hochhebt und über sie hinausschauen lässt.

Er wusste es damals schon – ohne das Wissen, ohne die Erkenntnisse und Erfahrungen unserer Vorfahren wären wir Menschen eben nur Zwerge ohne Durch- und Weitblick.

Die Erfahrungen unserer Vorfahren sind unsere Riesen, die uns eine Weiterentwicklung ermöglichen.

Ob er auch nur ansatzweise ahnen konnte, wie groß die Riesen im 21. Jahrhundert sein würden und wie viele Zwerge gar nicht auf den Gedanken kommen, dass man von oben viel „weiter sehen" kann? Oder noch trauriger, wie viele Zwerge es einfach ablehnen, auf die Schultern dieser Riesen zu klettern?

Abgesehen von der Ignoranz hilft es wenig, auf die Schultern von Riesen zu kraxeln, wenn man (geistig) stark kurzsichtig, also ein Falschdenker ist.

Da helfen die größten Riesen nicht weiter.

Wenn Zwerge auf die Schultern von Riesen klettern, um weiter und besser sehen zu können, dann bedeutet dies nicht, dass sie deshalb nur in die gleiche Richtung wie die Riesen sehen müssen. Von dort oben haben sie nicht nur einen besseren Weitblick, sondern auch einen besseren Rundum- bzw. Überblick als die Riesen. Die Zwerge zu Füßen der Riesen haben weder den Weitblick der Riesen noch den Rundumblick ihrer Kollegen auf den Schultern.

Die gesamte Entwicklung der Menschheit ist geprägt von der Tatsache, dass nur wenige Zwerge auf die Schultern der Riesen klettern und sehr viele Zwerge, aus welchen Gründen auch immer, einfach unten bleiben.

Die Chance, uns auf der Grundlage der Erfahrungen und Erkenntnisse unserer Vorfahren (Riesen) weiterzuentwickeln, nutzen wir Menschen nur unzureichend. Dabei sind diese Erkenntnisse und Erfahrungen ein ungeheuer wertvolles Gut. Sie haben in der Regel einen oder mehrere Praxistests durchlaufen, deren Ergebnisse wir eigentlich nur auswerten müssten. Normalerweise zeigen uns die Ergebnisse klar, was realistisch machbar ist, was ins Reich der Utopie gehört und was keinesfalls wiederholt werden sollte.

Aber das scheint „unser" großes Problem zu sein – zu viele Zwerge bleiben am Boden. Und während sich die Zwerge auf den Schultern der Riesen einen „Überblick" verschaffen, schaffen die Zwerge auf dem Boden Tatsachen, ohne jeglichen Weit- oder Überblick! Was dabei bisher herausgekommen ist, darf getrost als höchst unvollkommen bezeichnet werden.

Frage: Wie kann man Kriege verhindern?

Antwort: Indem man die Dummheit, respektive das falsche Denken, verhindert. Weil falsches Denken aber nicht zu verhindern ist, sind auch Kriege nicht zu vermeiden.

Frage: Wie kann man den Menschen klar machen, dass Wachstum endlich ist?

Antwort: Überhaupt nicht. Falschdenker begreifen den Ernst der Lage sowieso nicht und, solange Wachstum möglich ist, wird auf Teufel komm raus auf Wachstum orientiert, komme, was da wolle.

"Sei du selbst die Veränderung, die du dir wünschst, für diese Welt!" empfahl Mahatma Gandhi.

Er hat dabei leider drei Dinge außer Acht gelassen:

1. Es gibt keinen freien Willen. Wünsche werden durch Informationen und deren Verarbeitung (Denken) bestimmt. Wenn die Informationen falsch und die Verarbeitung mangelhaft sind, entstehen schlechte (falsche) Wünsche.
2. Falsch denkende Menschen erdenken sich in der Regel auch die falschen Wünsche für diese Welt und, wenn sie die umsetzen, dann läuft es nicht optimal.
3. Wenn sich falsch denkende Menschen an die Spitze von ganzen Völkern intrigieren, dann kommt es erstens zur Schwarmdummheit und zweitens zu einer Pandemie der Dummheit.

Um bei den Zwergen zu bleiben:

Wenn die Sonne des Denkens niedrig steht, werfen selbst (Denk-)Zwerge lange Schatten!

Dieser Satz ist übrigens ein Universalsatz. Wir können anstelle des „Denkens" auch „Wissen" oder „Können" usw. einsetzen. Er ist auf jedes Gebiet anwendbar, von der Politik über Industrie, Forschung und Lehre, er passt einfach immer und überall.

Ob Republik, Monarchie, Diktatur oder Demokratie, ob Feudalismus, Kapitalismus, Sozialismus oder Kommunismus, alle Staatsformen und jeder „...ismus" sind von Menschen erdachte Konstrukte, also Ergebnisse menschlichen Denkens und damit auch Ergebnisse des falschen Denkens, des Falschdenkersyndroms.

Demokratie

Nach menschlichem Ermessen ist die Demokratie die menschenfreundlichste Staatsform, auch wenn der Spruch: **„Demokratie ist, wenn alle unzufrieden sind"** eine gewisse Gültigkeit besitzt. Das System Demokratie ist zwar unvollkommen. Aber nachdem die Menschheit in vielen tausend Jahren nichts Besseres geschaffen hat, wird es wohl dabei bleiben. Zumindest so lange, wie das Falschdenkersyndrom das Denken der Menschen beherrscht und die Pandemie der Dummheit grassiert.

> *Demokratie bezeichnet heute Herrschaftsformen, politische Ordnungen oder politische Systeme, in denen Macht und Regierung vom Volk ausgehen. Dieses wird entweder unmittelbar oder durch Auswahl entscheidungstragender Repräsentanten an allen Entscheidungen, die die Allgemeinheit verbindlich betreffen, beteiligt.*
>
> (Quelle: Wikipedia)

Das klingt natürlich erstmal toll. Aber was, wenn das Volk gerade mehrheitlich unter dem Falschdenkersyndrom leidet oder unter der Pandemie der Dummheit?

Was, wenn das Volk mehrheitlich aus notorischen Falschdenkern und permanenten Fauldenkern besteht und die wenigen Menschen, die nur gelegentlich falsch denken, gerade falsch denken oder gerade anderweitig beschäftigt sind?

Was, wenn kein vernünftiger, gelegentlicher Falschdenker mehr Lust hat, in einer Regierung mitzuarbeiten oder den Chef der Regierung zu stellen?

Beispiel Deutschland

Wenn die deutsche Fußballnationalmannschaft früher schlecht spielte, bestand das Volk in Deutschland aus 86 Millionen Fußballexperten und einem, in den Augen der Experten, unfähigen Bundestrainer. Heute ist man da toleranter und der Trainer ist nicht aus Prinzip schuld daran, wenn die Mannschaft mal verliert. Dann werden maximal die verlierenden Jungmillionäre kritisiert.

In der Politik ist es etwas anders. Solange es der Mehrheit des Volkes einigermaßen gut geht und nur die Welt um uns herum aus den Fugen gerät, werden die Regierungsvertreter großzügig toleriert. Aber wehe, wenn sie Fehler machen. Wenn das Elend dieser Welt zu uns ins Land kommt oder zur Pandemie der Dummheit noch die Pandemie Corona grassiert. Dann schreien die notorischen Falschdenker und die permanenten Fauldenker Zetermordio.

Dann „muss Merkel weg" und am besten alle da oben in der Regierung gleich mit. Dann haben Bill und Melinda Gates das Coronavirus erschaffen, um die Welt zu regieren und die Menschheit durch Zwangsimpfungen zu kontrollieren.

Zetermordio oder Zeter und Mordio ist als Interjektion ein redensartlicher Ausruf, der ursprünglich der mittelalterlichen Gerichtspraxis entstammt. Er steht für den dringenden oder lauten Ruf nach Hilfe.

(Quelle: Wikipedia)

Seltsamerweise gibt es von den keifenden Falsch- und Fauldenkern keine konkreten Vorschläge, wer denn die Regierungsverantwortung übernehmen sollte, wenn Merkel und die da oben weg sein würden.

Seltsamerweise sind es mehrheitlich ältere Menschen, die da Zetermordio rufen, und vergleichsweise wenig junge. Bei jungen Menschen könnte man noch ein gewisses Verständnis haben oder zumindest etwas Toleranz aufbringen, weil ihnen die Erfahrungen und Erkenntnisse fehlen und sie deshalb nicht resilient gegen das Falschdenken (die Dummheit) sein können.

Bei den älteren Menschen müssen wir falsches Denken bzw. unendliche Dummheit (nach A. Einstein) konstatieren. Es ist das Scheitern der Eltern bei der Erziehung, das Scheitern der Lehrer und Erzieher und des gesamten Bildungssystems inklusive der gesamten Gesellschaft und der Gesellschaftssysteme, welches sich bei diesen Menschen Bahn bricht. Nur deshalb konnte es zu einer derart ausgeprägten Dummheit, einem derart ausgeprägten falschen Denken gekommen sein.

In der Gemengelage aus Demokratie, dem Recht auf freie Meinungsäußerung und den Meinungsverbreitungsmöglichkeiten der Informationsgesellschaft werden einige der notorischen Falsch- und Fauldenker ermuntert, ihre kruden Müllgedanken zu veröffentlichen und so die Gehirne vieler Menschen (GIGO-Prinzip) mit falschen Informationen zu infizieren. Damit verstärken sie die Pandemie der Dummheit.

Es bleibt die Hoffnung auf den Teil der Jugend, der immer mehr in Richtung der Gelegenheitsfalschdenker tendiert und sich kritisch mit den Unzulänglichkeiten unserer existierenden Gesellschaftsformen auseinandersetzt. Zum Glück wehrt sich eine Mehrheit der älteren Gelegenheitsfalschdenker gegen die Pandemie der Dummheit und verbreitet ihre Erfahrungen, ihr Wissen und ihre Erkenntnisse ebenso über die Social-Media-Kanäle, wie es die notorischen Falschdenker tun. Wenn Lügen wirklich kurze Beine haben, sollte es gelingen, die Pandemie der Dummheit (das Falschdenkersyndrom) erfolgreich einzudämmen.

Was ist Glück?

Auch für das Glück gibt es jede Menge unterschiedlicher Definitionen. Damit ja haben wir mittlerweile ausreichend Erfahrungen gesammelt und gehen ganz pragmatisch an die Sache heran:

Glück ist ein Gefühl, das durch die Wahrnehmung und Verarbeitung von besonderen Informationen in unserem Gehirn, also unserer Fühl- und Denkfabrik entsteht.

Die Botenstoffe, die dieses Glücksgefühl verursachen, werden deshalb auch als Glückshormone bezeichnet.

Da jede Fühl- und Denkfabrik individuell verschieden und damit einzigartig ist, muss das Glücksgefühl ebenso verschieden und für jedes Subjekt (Mensch) einzigartig sein, eben subjektiv. Wenn wir uns den menschlichen Zellhaufen als großes Mehrzweckgebäude vorstellen, dann ist in der obersten Etage die Fühl- und Denkfabrik Gehirn mit den drei Abteilungen Unterbewusstsein, Bewusstsein und Gedächtnis untergebracht. Die Abteilung Unterbewusstsein hat noch eine Unterabteilung oder Arbeitsgruppe „Gebäudemanagement", die praktisch die gesamte Steuerung (Organisation und Verwaltung) des Mehrzweckgebäudes „Körper" erledigt. Diese umfasst die Energieversorgung, Wartung, Instandsetzung, Reinigung usw.

Das übergeordnete große Ziel ist die Absicherung bzw. Aufrechterhaltung der Körperfunktionen bei sich ständig verändernden Umgebungsbedingungen. Dazu hat der Körper seine Sinnesorgane und das Nervensystem einschließlich Gehirn. Wenn alles gut läuft, d. h., die Umwelt friedlich, das Klima gut, der Körper gesund ist und ausreichend Energie zur Verfügung steht, kann das Gehirn in Ruhe „arbeiten". Werden keine negativen Informationen wahrgenommen, dann herrscht Harmonie bzw. Kohärenz in der Fühl- und Denkfabrik Gehirn.

Im Prinzip handelt es sich hierbei um einen Glückszustand. Aber dieser Zustand wird von der Fühl- und Denkfabrik als „normal" eingeordnet, die Botenstoffe sind ebenfalls in Harmonie, die Gefühle sind normal. Erst wenn besondere Informationen wahrgenommen werden, kommt es zu einer „Disharmonie" mit vermehrter Produktion und Ausschüttung von Botenstoffen. Besonders positive Informationen verursachen die Produktion und Ausschüttung der Glückshormone. Besonders negative Informationen verursachen die Produktion und Ausschüttung der Angst- oder Stresshormone (Unglückshormone). Es liegt in der Natur des Menschen, dass diese „besonderen" Zustände nicht auf Dauer ohne physiologische Nebenwirkungen (Schäden) aufrechterhalten werden können. Die Fähigkeit der Selbstregulation (Rückkehr zur Harmonie bzw. zum Gleichgewicht der Botenstoffe) nennt man Homöostase.

Homöostase ist ein von Cannon (amerikanischer Physiologe, 1871–1945) geprägter Begriff, der Regelkreise zur Aufrechterhaltung des inneren physiologischen Gleichgewichts im Organismus beschreibt. Ziel aller homöostatischen Mechanismen im Organismus ist folglich die Konstanthaltung des sogenannten Milieu intérieur (inneres Milieu), trotz sich ständig ändernder Umweltbedingungen.

(Quelle: Wikipedia)

Ohne diese „Rückkehr zur Normalität" würden wir auf längere Sicht krank werden und irgendwann sterben, denn eine permanente Steigerung von Angst- oder Glücksgefühlen kann kein menschlicher Organismus überstehen. So gesehen gewinnen die Redewendungen „ich bin vor Angst fast gestorben" oder „ich könnte vor Glück sterben" einen reellen Hintergrund.

Aus einem Angstzustand in einen Normalzustand zurückzukehren, könnte an sich schon ein Glücksgefühl sein, denn der Körper tendiert ja wegen der Homöostase sowieso zur Normalität. Aber leider passiert vielfach das Gegenteil, denn auch Glücksgefühle können süchtig machen. Wir Menschen geben uns nicht mit Glück (Harmonie) zufrieden. Wir wollen immer mehr Glück. Und wenn wir mehr Glück haben, wollen wir noch mehr Glück.

Yuval Noah Harari beschreibt diesen „festen Bestandteil der menschlichen Existenz" in seinem Buch „Eine kurze Geschichte der Menschheit" überaus treffend wie folgt:

Menschen jagen hinter Geld und Macht her, sie häufen Wissen und Reichtümer an, setzen Söhne und Töchter in die Welt und errichten Häuser und Paläste. Aber was sie auch erreichen, sie sind nie zufrieden. Wer in Armut lebt, träumt von Reichtum. Wer eine Million hat, träumt von zwei Millionen. Wer zwei Millionen hat, will zehn. Selbst die Reichen und Schönen sind selten zufrieden. Unablässig werden sie von Befürchtungen und Sorgen gequält, bis ihnen Krankheit, Alter und Tod ein bitteres Ende bereiten. Was sie angehäuft haben, löst sich in Luft auf. Das Leben ist ein sinnloses Hamsterrad. Aber wie kann man dem entkommen?"

Harari erläutert in seinem Buch die Lösung für dieses Dilemma anhand der Geschichte von Siddhartha Gautama, der Hauptfigur des Buddhismus.

Der Buddhismus hat weltweit je nach Quelle und Zählweise zwischen 230 und 500 Millionen Anhänger – und ist damit die viertgrößte „Religion" der Erde (nach Christentum, Islam und Hinduismus). Der Buddhismus stammt aus Indien und ist heute am meisten in Süd-, Südost- und Ostasien verbreitet. Etwa die Hälfte aller Buddhisten lebt in China. Er hat seit dem 19. Jahrhundert aber auch begonnen, in der westlichen Welt Fuß zu fassen.

(Quelle: Wikipedia)

Und das Credo von Gautama lautet nach Harari:

Die Ursache des Leids ist das Begehren; wir können uns nur vom Leid befreien, wenn wir uns vom Begehren befreien; und wir können uns nur vom Begehren befreien, wenn wir lernen, die Wirklichkeit so zu sehen, wie sie ist.

Wir können dieses Credo für unser Thema wie folgt formulieren:

Die Ursache für die vielen Probleme der Menschen ist falsches Denken; wir können die Probleme nur lösen, wenn wir unser falsches Denken vermeiden; und unser falsches Denken können wir nur vermeiden, wenn wir lernen, besser zu denken.

Gautama erkannte, dass die Ursachen allen Übels in den Denk- und Verhaltensmustern (im Falschdenken d. A.) *der Menschen zu finden sind, nämlich in ständiger Sorge zu leben, vor Leid und Trauer zu fliehen und immer größeren Freuden nachzujagen.*

Er entwickelte eine Reihe von Meditationstechniken, die uns helfen sollen, uns auf eine einzige Frage zu konzentrieren: „Was spüre ich in diesem Moment wirklich?" und nicht auf die Frage: „Was würde ich in diesem Moment lieber spüren?"

(Quelle: Harari – Eine kurze Geschichte der Menschheit)

Diverse Parallelen der Lehren des Buddhismus zu unserem Falschdenkersyndrom sind ohne Zweifel vorhanden. Aber auch wenn die Lehren des Buddhismus ohne Götter auskommen und den Menschen selbst für die Befreiung von seinen Leiden in die Verantwortung nehmen, so werden Gott oder Götter doch grundsätzlich akzeptiert.

Meinungen und Überzeugungen

Was ist eine Meinung? *Eine Meinung ist ein Ergebnis unseres Denkens.*

Nachdem unsere Sinnesorgane Informationen zu Etwas oder Jemand wahrgenommen haben, werden diese vom Unterbewusstsein nach Rücksprache mit dem Gedächtnis zu einer Meinung, einer Zusammenfassung der einzelnen Informationen in Form von subjektiven Gedanken verarbeitet.

Dabei ist zu beachten, dass Informationen bereits in Gestalt von Meinungen anderer Menschen wahrgenommen und/oder im Gedächtnis vorhanden sein können. Im Zuge einer angeborenen Vermeidung von Energieverschwendung, übernimmt unser Bewusstsein sowieso lieber eine vom Unterbewusstsein gelieferte „Fertigmeinung", als sich mühsam unter Einsatz von Zeit und Energie eine eigene Meinung zu erarbeiten.

Diese Fremd- oder Fertigmeinung wird nach der höchst bequemen Übernahme gespeichert und damit zur eigenen Meinung. Ab sofort nimmt diese „eigene" Meinung (die ursprüngliche Fremdmeinung) Einfluss auf unsere Wahrnehmung. Alle Informationen, die diese Meinung teilen oder bestätigen, werden bevorzugt wahrgenommen und verarbeitet.

Eine Meinung wird dadurch konsolidiert und wird zur Überzeugung.

Alle wahrgenommenen Informationen, die diese Überzeugung in Frage stellen oder als falsch oder unwahr darstellen, werden ignoriert.

Wer zuerst kommt, mahlt zuerst.

Diese Redewendung stammt aus dem Mittelalter. Die Bauern mussten mit ihren Kornsäcken beim Müller an der Mühle anstehen. Wer zuerst da war, dessen Korn wurde zuerst gemahlen.

Aber so ähnlich läuft das auch mit den Informationen und den daraus entstehenden Meinungen. Die Meinungen, die zuerst wahrgenommen und verarbeitet werden, werden zuerst gespeichert und begründen sozusagen die „Anfangsmeinung". Wird diese Anfangsmeinung durch weitere Informationen hinreichend konsolidiert, wird daraus eine Überzeugung.

Eine Überzeugung ist eine fest im Gedächtnis verankerte Information, die dem Unterbewusstsein bei der Wahrnehmung und Verarbeitung weiterer Informationen hilft. Diese Hilfe umfasst allerdings vorwiegend Beeinflussung bzw. Manipulation.

„Sind Menschen von einer Entscheidung in hohem Maße überzeugt, nehmen sie Informationen auf, die ihre Entscheidung bestätigen, verarbeiten aber keine Informationen, die ihr widersprechen."

Das berichten Wissenschaftler des Wellcome Centre for Human Neuroimaging am University College London.

Das Phänomen von Menschen, Informationen zu ignorieren, die ihren Überzeugungen widersprechen, ist unter dem Begriff **Bestätigungsverzerrung** *bekannt.*

Wir können dieses Phänomen auch schlicht und einfach als Falschdenken bezeichnen, denn es sind letztlich gespeicherte Falschinformationen im Gedächtnis, welche großen Einfluss auf die Wahrnehmung ausüben.

Dafür sorgt schon unser irreguläres Unterbewusstsein. Widersprüchliche, wahre Informationen werden ignoriert und passende, falsche Informationen werden verarbeitet. All das bezeichnen wir als falsches Denken. Hier zwei Beispiele:

- Seit Jahren erleben wir Klimaleugner. Entgegen allen wissenschaftlichen Erkenntnissen und Forschungsergebnissen werden von diesen Menschen alle Informationen, die einen menschengemachten Klimawandel belegen, kategorisch ignoriert und geleugnet. Donald Trump ist der wohl zurzeit bekannteste Klimaleugner!

- Tausende Menschen demonstrierten gegen die staatlich verordneten Einschränkungen aufgrund des Coronavirus. Während weltweit die Zahlen der an Corona erkrankten Menschen sowie der Todesfälle sprunghaft ansteigen, leugnet ein Großteil dieser Menschen die Existenz des Virus, glaubt an die absurdesten Verschwörungstheorien und fühlt sich durch die Maßnahmen der Regierung in ihren Freiheitsrechten eingeschränkt.

Faszination der Dummheit

Keine Angst! In diesem Abschnitt geht es nicht um den amerikanischen Präsidenten Donald Trump und seine Anhänger. Dummheit ist falsches Denken und begünstigt wird das Falschdenken zum einen durch das Fehlen von Erkenntnissen, Wissen und Erfahrungen (EWE) und/oder zum anderen durch das Vorhandensein überwiegend falscher EWE im Gedächtnis. Neugier hat sich bei uns

Menschen als Persönlichkeitsmerkmal im Rahmen der Evolution ausgebildet. Es gibt eine gesunde Neugier und es gibt eine krankhafte Neugier und innerhalb der Neugierde gibt es bei Menschen grundsätzlich eine Faszination für das Außergewöhnliche, für das Extreme oder auch für das Böse. (*Faszination: fesselnde, anziehende Wirkung, bezaubernde Ausstrahlung; Quelle: Online-Wörterbuch.*)

Entfernt hat diese Faszination etwas mit den Lustschmerzgefühlen (Seite 154) zu tun. Wir sind von der Evolution darauf getrimmt, bedrohliche oder gefährliche Situationen und Informationen besonders aufmerksam wahrzunehmen, um durch unser Fühlen, Denken und Handeln den Gefahren zu entkommen. Diese Fähigkeit hat sich im Laufe der Jahrhunderte mangels tatsächlich vorkommender Bedrohungssituationen verändert. Die starken Gefühle, die normalerweise durch die Wahrnehmung einer real, bedrohlichen Situation verursacht werden, können auch durch die Beobachtung von bedrohlichen Situationen für vollkommen fremde Menschen entstehen, ohne dass für den Beobachter eine reale Bedrohung existiert. Allein die Wahrnehmung der Situation sorgt dafür, dass wir ein bisschen „mitfühlen", also Gefühle erleben, als seien wir direkt beteiligt.

Auf jeden Fall werden unsere (miteinander verbundenen) Zentren für Lust und Schmerz (spezielle Netzwerke in unserer Fühl- und Denkfabrik Gehirn) angeregt, Botenstoffe zu produzieren und auszuschütten. Wir fühlen den Lustschmerz, als wären wir direkt dabei. Das ist jedoch nur ein Grund für unser Verhalten bzw. unsere Faszination für das Böse. Dank Handy können wir außergewöhnliche Situationen auch noch filmen und über das Internet verbreiten (z. B. Gaffer, die Unfallopfer und Rettungskräfte filmen). Eine Studie der Harvard Universität belegt, dass im Gehirn Glückshormone produziert werden, wenn man Informationen über sich selbst oder eigene Erlebnisse im Internet verbreitet.

(Quelle: Beitrag des NDR mit dem Titel *„Gaffer: Warum Schaulustige Unfälle filmen"* vom 12. März 2020)

Es ist nicht auszuschließen, dass absurde Gedanken mit kruden Inhalten, wie z. B. Verschwörungstheorien, in bestimmten Situationen und unter bestimmten Voraussetzungen eine ähnliche Faszination erzeugen: Lustschmerz bei der Wahrnehmung der kruden Gedanken und Glücksgefühle bei deren Weiterverbreitung über die sozialen Medien.

Die Prägung eines Menschen, absonderlichen, kuriosen, komischen und damit vor allem skurrilen Informationen besondere Aufmerksamkeit zu schenken und solide Informationen zu ignorieren, macht besonders anfällig für diese Faszination und führt unweigerlich zu falschem Denken. Kinder sind solchen Prägungen hilflos ausgeliefert, denn sie können definitiv noch nicht die Erfahrungen, das Wissen, die Erkenntnisse und damit die Denkfähigkeiten von Erwachsenen haben. Ein Kind braucht ein Umfeld, indem ihm jemand lehrreiche Erfahrungen ermöglicht, ihm solides Wissen beibringt und ihm wertvolle Erkenntnisse vermittelt. Dies sind die besten Voraussetzungen für ein richtiges Denken. Ein dummes Kind kann es nicht geben. Dumme Erwachsene, die das „Kind sein" und seine Erfordernisse hinsichtlich Erziehung und Bildung nicht begreifen, gibt es sehr wohl und leider nicht zu knapp.

Warum? Weil dumme Erwachsene leider ihre Kinder wieder zu dummen Erwachsenen machen und viele dumme Erwachsene machen viele Kinder zu vielen dummen Erwachsenen – eine Spirale ohne Ende.

Wenn die Regierenden oder die „Undummen" eines Landes nicht in der Lage sind, diese Spirale der Dummheit zu unterbrechen, dann muss es zur Pandemie der Dummheit kommen. Im schlimmsten Fall wird von gelegentlichen Falschdenkern, notorischen Falschdenkern und permanenten Fauldenkern ein Anführer gewählt, der selbst zu den notorischen Falschdenkern gehört und/oder im Sinne der dunklen Triade narzisstisch, machiavellistisch oder psychopathisch veranlagt ist.

Frage: Warum reicht Bildung (umfassende Informationen) zur Bekämpfung der Dummheit nicht aus?

Antwort: Dafür gibt es mehrere Gründe.

- *In unserer Wohlstands- und Informationsgesellschaft ist gutes bzw. kritisches Denken nicht zwingend erforderlich. Menschen können auch mit ihrer Dummheit gut leben. Siri beantwortet alle Fragen.*
- *Die Anzahl der dummen, sinnlosen und falschen Informationen ist schier unendlich. Beispiel: Fernsehprogramm. Die wirklich soliden und bildungsfördernden Sendungen kommen auf den meisten Kanälen zu Uhrzeiten, wo Kinder sowieso und die berufstätige Bevölkerung bereits schläft, während teilweise sinnfreie Kriminalfilme sowie Spiele- und Talkshows etc. fast täglich zur besten Sendezeit ausgestrahlt werden.*
- *Intelligenz schließt Dummheit (falsches Denken) nicht aus. Beides gleichzeitig führt direkt in die Intelligenzfalle (Seite 81).*

- *Sind falsche, dumme oder sinnlose Informationen erst einmal verarbeitet und im Gedächtnis gespeichert, greift das Unterbewusstsein bei ähnlichen Gelegenheiten immer wieder diese Informationen ab und manipuliert auch die künftige Wahrnehmung entsprechend.*
- *Der Hang zur bevorzugten Wahrnehmung skurriler Informationen führt unweigerlich zu falschem Denken. Solide Informationen werden ignoriert*
- *Die Homöostase (Selbstregulierungsprozess) sorgt dafür, dass die einmal im Gedächtnis gespeicherten Meinungen und Überzeugungen konsolidiert werden, egal ob sie richtig oder falsch sind. Indem das Unterbewusstsein die Wahrnehmung kompatibler Informationen bevorzugt, werden anderslautende bzw. konträre Informationen weitgehend ignoriert.*

Das Festhalten an Überzeugungen („Starrsinnstrategie") verhindert nicht nur die Veränderung von Meinungen und Überzeugungen vom Positiven ins Negative.

Leider erschwert es auch die Veränderung von negativen Überzeugungen zu positiven Meinungen und Überzeugungen, weil Argumente einfach nicht wahrgenommen werden. Ähnlich wie beim Thema Persönlichkeit (Seite 133) ist es zwar grundsätzlich möglich, Meinungen und Überzeugungen zu ändern, aber es ist unter Umständen mit einem größeren Aufwand verbunden.

Dieses Buch ist größtenteils während der Corona-Pandemie entstanden.

Im Oktober des Jahres 2020 wurden weltweit knapp 1 Million Todesfälle gemeldet, die auf das Coronavirus zurückzuführen sind. 38 Millionen Menschen haben sich mittlerweile nachweislich mit dem Virus infiziert. Die Dunkelziffer sollte deutlich darüber liegen, weil einige Infizierte nur wenig oder gar keine Symptome zeigen und weil es in vielen unterentwickelten Gegenden dieser Welt kein durchgängig funktionierendes Gesundheitswesen gibt und demzufolge Menschen nicht auf den Virus getestet werden.

Die zur Eindämmung der Pandemie von den Regierungen ergriffenen Maßnahmen (Lockdown) führten zur schwersten Wirtschaftskrise seit dem Zweiten Weltkrieg. Betroffen sind nahezu alle Branchen, am stärksten die Tourismusbranche, die Unterhaltungsindustrie, nahezu alle Unterhaltungskünstler und die gesamte Sportwelt. Die Gastronomie- und Hotelbranche sowie der Personenverkehr, vor allem das Flugwesen und natürlich das Erziehungs- und Bildungssystem. Die überwiegend privaten Gesundheitssysteme vieler Länder sind vollkommen überfordert.

Es gibt also kaum einen Menschen, der nicht mittelbar oder unmittelbar von der Pandemie und/oder den Auswirkungen betroffen ist, und es gibt viele, deren Existenz gefährdet oder bereits zerstört ist.

Frage: Und wie reagieren nun die Menschen dieser Welt auf bzw. in dieser Krise?

Antwort: Um es sarkastisch zu formulieren: Etwas Besseres hätte dem Falschdenkersyndrom und damit den Falschdenkeranwärtern gar nicht passieren können. Parallel zur Corona-Pandemie grassiert ungehindert die Pandemie der Dummheit.

Beispiel:

- 63 % der Weltbevölkerung bezeichnen sich selbst als religiös. Man kann also davon ausgehen, dass wenigstens zwei Drittel der Menschen dieser Welt an einen oder mehrere Götter oder wenigstens an ein höheres Wesen glauben, und das, obwohl es keinerlei Beweise für deren Existenz gibt. Fehlendes Wissen wird einfach durch Glauben ersetzt.
- Die Corona-Pandemie existiert nachweislich weltweit. Die Informationen zu den Zahlen der Infizierten und Todesfälle sind für jeden Menschen zugänglich und werden von den Medien täglich verbreitet. Und trotz alledem gibt es nicht wenige Menschen, die diese weltweit grassierende Pandemie leugnen, verharmlosen, ignorieren oder gar irgendwelchen Verschwörungstheorien folgen. Nennen wir sie einfach Corona-Ignoranten. Was die Gelegenheitsfalschdenker, Journalisten und Politiker sprachlos macht, ist die Tatsache, dass sich diese Corona-Ignoranten aus allen Schichten der Bevölkerung zusammensetzen, quer durch die politischen Lager und auch quer durch „unsere" Persönlichkeitskategorien.

Frage: Wundert uns das?

Antwort: Eigentlich schon, aber wie wir mittlerweile wissen, sind weder Intelligenz noch Bildung wirksame Mittel gegen falsches Denken. Im Gegenteil, die Intelligenzfalle (Seite 81) befördert bei intelligenten Menschen massiv falsches Denken. „Bildung" vermittelt Fachkompetenzen, die bei vielen Menschen zur Illusion von einer „allgemeinen Lebenskompetenz" führen.

Eine allgemeine Lebenskompetenz kann es aber praktisch nicht geben und selbst eine individuelle Lebenskompetenz ist in der Regel nicht oder nur unzureichend vorhanden. Kein Bildungssystem allein ist zur Vermittlung einer Lebenskompetenz in der Lage. Selbst eine solide Erziehung und eine gute umfassende Bildung reichen dafür nicht aus. Wir haben ja bereits festgestellt:

Ein Kind braucht ein Umfeld, indem ihm jemand lehrreiche Erfahrungen ermöglicht, ihm solides Wissen beibringt und ihm wertvolle Erkenntnisse vermittelt. Dies sind die besten Voraussetzungen für ein richtiges Denken, aber noch lange keine Garantie dafür.

Menschen werden permanent mit Informationen versorgt, die ihnen vermitteln, worin ihre Lebenskompetenz bestehen müsse: im **WWW**, im **W**ollen von **W**ohlstand und **W**achstum!

Nur auf Grund dieser Informationen „wollen" Menschen diesen Wohlstand, es ist kein freier Wille, sondern das Ergebnis umfassender Manipulation. Dank der intelligenten Falschdenker in der Intelligenzfalle wird dieses „Wollen" auch noch logisch begründet und der Eindruck erzeugt, dass dieses „Wollen" richtig ist und es keine Alternative zu ständigem Wachstum gibt.

Kommt jetzt ein Coronavirus daher und verursacht eine weltweite Pandemie, muss jede Regierung dieser Welt Maßnahmen ergreifen, zum Schutz seiner Bevölkerung und zur Eindämmung der Pandemie. Diese Maßnahmen bedrohen unweigerlich so manche Existenz, gefährden das geliebte Wachstum und damit den Wohlstand vieler Menschen gleich mit. Der gewohnte Alltag wird komplett auf den Kopf gestellt, Urlaub und Partys müssen verboten werden usw. Spätestens jetzt müssen die notorischen Falschdenker handeln und die Fauldenker machen mit. Auf die Barrikaden, Großdemo, Protest, Verschwörung, Diktatur, Revolution, Verteidigung der Menschenrechte um nur einige Schlagworte dieser notorischen Falschdenker zu erwähnen.

Das ist und bleibt falsches Denken auf breiter Front und unsere „freiheitliche, demokratische Grundordnung" ist nicht in der Lage, es zu verhindern. Unser Bildungssystem hingegen hat dieses falsche Denken mit verursacht, zumindest aber begünstigt. Ohne eine tiefgreifende Reform unseres Bildungssystems sowie einer grundsätzlichen Änderung bestimmter gesellschaftlicher Normen wird das falsche Denken immer wieder zu einer Pandemie der Dummheit beitragen.

Die Macht der unterschwelligen Informationen

Was sind unterschwellige Informationen? Das sind Informationen, die nur unser Unterbewusstsein wahrnehmen kann. Wir (unser Unterbewusstsein) nehmen sie „unter der Schwelle" unseres zu langsamen Bewusstseins wahr, was bedeutet, wir (unser Bewusstsein) merken davon nichts.

Wenn wir diese Informationen nicht bemerken, können wir diese Informationen auch nicht bewusst verarbeiten. Aber unser superschnelles Unterbewusstsein bearbeitet diese Informationen sehr wohl, nur kann es nicht bewerten, ob diese Informationen positiv oder negativ sind. Indem unser Unterbewusstsein diese Informationen verarbeitet und speichert, werden jedoch wie zu jeder Information, zeitgleich zur Verarbeitung, Gefühle erzeugt. Natürlich haben diese Gefühle auch Einfluss auf unsere gesamte Fühl- und Denkfabrik Gehirn. Je nach Art der unterschwellig wahrgenommenen Information werden also negative oder positive Gefühle erzeugt. Diese Gefühle beeinflussen das Arbeitsklima in allen drei Abteilungen unserer Fühl- und Denkfabrik, also unser gesamtes Fühlen, Denken und Handeln. Sie sind Katalysatoren für unser Denken und damit natürlich für unser falsches Denken. Wir sind diesen durch unterschwellige Informationen erzeugten Gefühlen leider hoffnungslos ausgeliefert. Wirklich hoffnungslos? Natürlich nicht, denn die Hoffnung stirbt bekanntlich zuletzt, wie die Resultate folgender Studie aus dem Jahr 2014 zeigen:

Forscher der Yale School of Public Health untersuchten zum ersten Mal die Auswirkungen einer neuartigen Interventionsmethode: Kann der Kontakt mit positiven Altersstereotypen die Auswirkungen negativer Altersstereotypen reduzieren und längerfristig zu gesünderen Resultaten führen?

In der in Psychological Science veröffentlichten Studie wurden 100 älteren Personen (im Schnitt 81 Jahre alt) aus den USA auf einem Computerbildschirm entweder positive Altersstereotypen (Wörter wie „rüstig" und „kreativ") oder neutrale Wörter (also den Kontrollteilnehmern) gezeigt. **Die Wörter blinkten aber nur so kurz auf, dass sie nicht bewusst wahrgenommen werden konnten.**

Personen, die diesen positiven Mitteilungen ausgesetzt waren, zeigten eine Reihe psychologischer und physischer Verbesserungen, die bei der Kontrollgruppe nicht vorgefunden wurden. Sie profitierten von einer verbesserten körperlichen Leistungsfähigkeit (wie physischer Balance), die noch drei Wochen nach dem Ende der Intervention anhielt. In derselben Zeit wurden auch die positiven Altersstereotypen und positiven Selbstwahrnehmungen des Alterns gestärkt sowie die negativen Altersstereotypen und negativen Selbstwahrnehmungen zum Altern geschwächt.

„Die Herausforderung dieser Studie war, den Teilnehmern zu ermöglichen, die negativen – von der Gesellschaft erworbenen – Altersstereotypen zu überwinden, wie sie oft in Alltagsgesprächen und Fernsehkomödien vermittelt werden", sagte Autorin Becca Levy. „Das erfolgreiche Resultat der Studie zeigt das Potential von unterschwelligen Prozessen bei der Verbesserung der körperlichen Leistungsfähigkeit."

Levy konnte in einer früheren Studie schon zeigen, dass negative Altersstereotypen die körperliche Funktionalität einer älteren Person schwächen können; in dieser Untersuchung konnte jedoch zum ersten Mal gezeigt werden, dass eine sublime Aktivierung positiver Altersstereotypen langfristiger die Resultate verbesserte. Die Forschungsstudie fand heraus, dass die Intervention die körperliche Leistungsfähigkeit durch eine Kaskade positiver Wirkungen beeinflusste:

1. Sie stärkte zuerst die positiven Altersstereotypen der Teilnehmer,
2. welche dann deren positive Selbstwahrnehmungen stärkten,
3. die wiederum die körperlichen Funktionen verbesserten.

(Quelle: Psylex.de)

Wenn unterschwellige Informationen bei älteren Menschen solch wesentliche Veränderungen hervorrufen, dann sollte es keinen Grund dafür geben, dass unterschwellige Informationen völlig altersunabhängig wirken.

Was können wir daraus schlussfolgern? Unser Alltag, die Gesellschaft, die Medien, kurz unsere gesamte Umwelt versorgen uns rund um die Uhr nicht nur mit Informationen, sondern infizieren uns gleichzeitig mit Millionen „unterschwelliger" Informationen. Das Problem besteht darin, dass wir mehr negative unterschwellige Informationen wahrnehmen, weil es ganz einfach viel mehr negative als positive Informationen gibt und weil wir evolutionär darauf orientiert sind, negative, bedrohliche Informationen besser wahrzunehmen als positive. In der Folge fühlen wir uns ängstlich, minderwertig, unglücklich oder einfach mies und je mehr dieser negativen unterschwelligen Informationen unser Unterbewusstsein verarbeitet, umso schlechter fühlen wir uns. Wenn wir hingegen unsere bewusste Wahrnehmung gestalten und kontrollieren, gelangen weniger unterschwellige Informationen in unsere Fühl- und Denkfabrik. Wenn

Sie z. B. morgens das Radio einschalten, sich den ganzen Tag „berieseln" lassen und den Abend danach vor dem Fernsehgerät verbringen, verstopfen Sie Ihre Fühl- und Denkfabrik Gehirn nicht nur mit jeder Menge überflüssiger Informationen, sondern Sie (Ihr Unterbewusstsein) bekommen nebenbei Unmengen negative, auf jeden Fall aber überflüssige, unterschwellige Informationen geliefert. Sie sollten sich nicht wundern, wenn Sie öfter mal mies gelaunt oder schräg drauf sind. Eine mögliche Ursache könnten unterschwellige Informationen sein.

Es führt kein Weg an Ihrem persönlichen, verantwortungsbewussten Informationsmanagement vorbei. Sie können Radio und Fernseher jederzeit abschalten. Sie können sich interessante Filme oder Sendungen gezielt aussuchen. Sie können sinnfreie Gesprächskreise, Facebook-Gruppen oder Twitter-Accounts verlassen oder Gesprächen einen Sinn geben. Sie müssen auch nicht alles lesen, was Ihnen bzw. Ihren optischen Sensorzellen angeboten wird. Noch weniger können Sie gezwungen werden, sich bestimmte Bilder, Werbung oder Filme anzuschauen. Auch wenn es keinen freien Willen gibt, eine Wahrnehmungspflicht gibt es schon gar nicht. In der oben genannten Studie wurde nachgewiesen, dass positive unterschwellige Informationen die körperliche Leistungsfähigkeit (psychisch und physisch) der Versuchsteilnehmer signifikant verbessern konnten. Es spricht absolut nichts dagegen, sich so oft es geht mit Informationen zu befassen, die positive Gefühle erzeugen. Ob diese ober- oder unterschwellig wahrgenommen werden, ist dabei von untergeordneter Bedeutung. Wenn wir das konsequent tun, verringert sich zwangsläufig die Anzahl der wahrnehmbaren unterschwelligen Negativinformationen und wir denken weniger falsch und fühlen uns besser.

Angst

Angst ist ein Gefühl. Angstgefühle entstehen bei der Wahrnehmung bestimmter negativer und/oder bedrohlicher Informationen sowie bei der Erinnerung an diese Informationen. Pragmatisch (sachbezogen) betrachtet werden bestimmte Botenstoffe produziert und ausgeschüttet (wie bei anderen Gefühlen auch) und zack, schon fühlen wir Angst.

Allerdings unterscheiden Forscher zwei Aspekte der Angst:

- Angst als einen vorübergehenden Zustand durch Wahrnehmung einer bedrohlichen Information/Situation

- Angst/Ängstlichkeit als ein vorhandenes Persönlichkeitsmerkmal, welches das gesamte Fühlen, Denken und Handeln maßgeblich beeinflusst.

Wir wissen, dass Persönlichkeitsmerkmale durch verschiedene Einflussfaktoren ausgebildet werden (Persönlichkeit, Seite 133). Persönlichkeitsmerkmale sind in der Hirnstruktur in Form spezieller Netzwerke angelegt und konsolidiert worden und können nur mit großem Aufwand aufgrund der Plastizität des Gehirns verändert werden. Sind diese Netzwerke erst ausgeprägt, bleiben sie auch erhalten und haben starken Einfluss auf das gesamte Leben des entsprechenden Menschen. Ein Mensch mit der Veranlagung zur Angst (Persönlichkeitsmerkmal) wird auch hinreichend Informationen „finden" (wahrnehmen), die ihm Angst machen. Hier spielt unser irreguläres Unterbewusstsein wieder eine unrühmliche Rolle, weil es sowohl unterschwellige Informationen verarbeitet als auch gerne vermeintliche Angstmacher aus dem Gedächtnis zaubert und damit die Angstgefühle initiiert. Ist ein bestimmter Angstmacher erstmal im Gedächtnis gespeichert, greift das Unterbewusstsein auch gerne immer wieder darauf zurück. Im Ernstfall entstehen Phobien, wie z. B. die Angst vor Spinnen (Spinnenphobie), vor Schlangen, vor dem Fliegen (Flugangst) oder vor dem Zahnarzt.

Eine Phobie ist eine Art von Angststörung, die durch eine anhaltende und übermäßige Angst vor einem Objekt oder einer Situation definiert wird. Phobien führen normalerweise zu einem raschen Auftreten von Angst und sind länger als sechs Monate vorhanden.

(Quelle: Wikipedia)

Phobien sind ohne professionelle Hilfe nur schwer heilbar. Eine Kombination von Kognitionstherapie und Konfrontationstherapie kann jedoch auch diese Symptome der Angst lindern oder heilen.

Ein vorübergehendes Angstgefühl hingegen geht auch wirklich vorüber, wenn die bedrohliche Situation überstanden bzw. die negativen Informationen verarbeitet sind.

Angst gehört zu unserer „natürlichen" Gefühlswelt und hilft uns, bedrohliche Situationen zu fühlen und dadurch zu vermeiden. Angst hilft uns, unsere Aufmerksamkeit zu erhöhen, um Gefahren rechtzeitig zu erkennen und ihnen aus dem Weg zu gehen.

Allerdings ist zu viel Angstgefühl keine Hilfe mehr, wenn sie uns lähmt, wenn wir weder denken noch handeln können, wenn wir starr vor Angst sind. In diesem Fall sind einfach zu viele Botenstoffe ausgeschüttet worden, was zu langfristigen oder auch dauerhaften Störungen führen kann.

Wenn eine Pflanze zu wenig Wasser bekommt, vertrocknet sie. Wenn sie zu viel Wasser bekommt, verfault sie und es kommt zu irreparablen Schäden.

So ähnlich ist es mit unserem Angstgefühl. Haben wir vor gar nichts Angst, werden wir unvorsichtig und begehen Handlungen, die uns schaden können. Erleben wir hingegen einen Angstschock, ertrinken wir förmlich in den Botenstoffen und es kommt in vielen Fällen zu posttraumatischen Belastungsstörungen (PTBS).

Nach einer Studie des Dartmouth College vom 26. Juli 2020 sind

„Unsicherheit und Ungewissheit bezüglich potenzieller künftiger Bedrohungen von zentraler Bedeutung für das Verständnis der Entwicklung von Angst und Angststörungen. Ängstlichkeit ist demnach ein psychischer Zustand, der durch ein intensives Gefühl der Anspannung, Beunruhigung oder Besorgnis im Verhältnis zu etwas Widrigem, das in der Zukunft passieren könnte, gekennzeichnet ist."

Wenn die Angst zu groß wird und in Furcht übergeht, kann es zu Veränderungen von Gedächtnisinhalten kommen, was in der Studie als „Einfärbung der Erinnerungen" bezeichnet wird.

„Menschen mit großer Angst müssen vorsichtig sein", sagte Studienautorin Myra Fernandes, Professorin für Psychologie an der Universität Waterloo. *„Bis zu einem gewissen Grad gibt es ein optimales Maß an Angst, das dem Gedächtnis zugutekommen kann, aber die Wissenschaftler wissen aus anderen Forschungsarbeiten, dass große Angst den Gedächtnisabruf verschlechtern kann, wodurch das Erinnern und die Gedächtnisleistung beeinträchtigt werden."*

Das passt zur irregulären Seite unseres Unterbewusstseins. Die „Angstbotenstoffe" verschlechtern das Arbeitsklima und das Unterbewusstsein fängt an zu schludern. Ungewissheit ist eigentlich schlecht für unser Unterbewusstsein. Es will unbedingt wegen der Kohärenz bzw. wegen der Homöostase eine Antwort an das Bewusstsein liefern. Aber im Gedächtnis kann das gestresste Unterbewusstsein nichts finden – die Antwort bleibt aus und, wenn es doch irgendeine Lüge abliefert, wird sie sofort vom Bewusstsein entlarvt. Ungewissheit bedeutet also permanente Produktion und Ausschüttung von Angstbotenstoffen mit dem Resultat, dass sich die „Arbeitsatmosphäre" in unserer Fühl- und Denkfabrik Gehirn stetig verschlechtert. Dieser Zustand ist für den Menschen der blanke Stress!

Stress kann auf Dauer krank machen, wir haben das schon kurz beleuchtet.

Aber Stress bei Unsicherheit oder Ungewissheit kann auch einen positiven Aspekt haben: Er hilft gegebenenfalls bei der Einschätzung von Gefahren. Der Koautor der Studie, Dr. Sven Bestmann dazu:

„Von der Perspektive der Evolution bedeutet unsere Entdeckung, dass auf Unsicherheit erzeugende Umweltsituationen abgestimmte Stressreaktionen einen Überlebensvorteil boten. Passende Stress-Reaktionen können also nützlich sein, um etwas über unsichere, gefährliche Dinge in der Umgebung zu erfahren."

Die Metapher von den Steinen

Sie ist für mich das stärkste und beeindruckendste aller Gleichnisse, obwohl es auf den ersten Blick banal wirkt, die Metapher von den Steinen. Jedenfalls sind die Interpretationsmöglichkeiten sehr umfangreich.

Nehmen Sie zwei leere, gleichgroße Glasbehälter (Zustand 0) und füllen Sie einen davon mit handgroßen Steinen, bis er offensichtlich „voll" ist und kein Stein mehr in das Glas passt (Zustand 1). Jetzt nehmen Sie Kies (kleine Steinchen) und füllen damit die Zwischenräume zwischen den größeren Steinen. Erste Erkenntnis: Die Beurteilung „voll" ist relativ, sie bezog sich nur auf die größeren Steine, für die kleinen Steinchen (Kies) war immer noch ausreichend Platz im Behälter (Zustand 2). Jetzt ist der Behälter wieder „voll", nämlich mit größeren Steinen und Kies. Wirklich? Natürlich nicht. Es gibt zwischen den größeren Steinen und dem Kies immer noch genug Zwischenräume, die Sie z. B. mit Sand auffüllen können (Zustand 3).

Geschafft! Zumindest mit „festem Gesteinsmaterial" ist der Glasbehälter „gefüllt", also voll. Theoretisch könnten Sie noch vorsichtig Wasser in das Glas geben, denn zwischen den Sandkörnern gibt es immer noch kleine Räumchen. Aber diese Mantscherei wollen wir uns sparen, unser Behälter ist gut gefüllt mit Steinen, kleinen Steinchen (Kies) und minikleinen Steinchen (Sand).

Beim zweiten leeren Behälter (Zustand 0) beginnen Sie in umgekehrter Reihenfolge. Füllen Sie den Behälter so mit Sand, dass ein Sandkegel (Zustand 1) entsteht. Was jetzt?

Jetzt haben Sie keine Chance mehr, noch kleine Steinchen oder ein paar größere Steine in den Behälter zu geben, ohne dass der Sandkegel zerstört wird und Sand aus dem Behälter rinnt.

Beide Vorgänge haben die gleichen Mitspieler (Behälter, Steine, Sand), nur die Reihenfolge des Befüllens unterscheidet sich.

Interessant wird diese Metapher aber erst, wenn wir den unterschiedlich großen Steinen und den Behältern sowie der Reihenfolge eine neue Bedeutung zuordnen.

1. Deutung

Nehmen wir an, der Glasbehälter steht für unser Gehirn, das von den Sinnesorganen mit Informationen versorgt wird. Nehmen wir weiter an, die großen Steine seien die für uns wichtigen und wertvollen Informationen, die kleinen Steine die weniger wichtigen, aber durchaus angenehmen Informationen und der Sand steht für Müllinformationen inklusive Fake News.

Unsere Wahrnehmung steht für die Reihenfolge, mit der wir unseren Behälter Gehirn mit den unterschiedlich großen Steinen (den unterschiedlich wichtigen Informationen) füllen.

Unser Denken wird von den wahrgenommenen Informationen bestimmt. Wenn wir vorrangig Müllinformationen (Sand) wahrnehmen, wird die Abteilung Gedächtnis unserer Fühl- und Denkfabrik Gehirn (Behälter) überwiegend mit falschen Informationen bzw. falschen Denkergebnissen gefüllt (GIGO-Prinzip). Für die Wahrnehmung und Verarbeitung wertvoller, wichtiger oder auch nur angenehmer Informationen sind deshalb die Kapazitäten begrenzt, da unsere Abteilung Bewusstsein für seine Bearbeitung auf die Zuarbeit der Abteilung Unterbewusstsein angewiesen ist, und die liefert überwiegend falsche Informationen aus dem Gedächtnis. Das Falschdenkersyndrom lässt grüßen.

2. Deutung

Der Behälter steht als Synonym für Ihr Leben respektive für Ihre Lebenszeit. Wenn Sie sich überwiegend mit unwichtigen Dingen beschäftigen, z. B.

- Ihre Freizeit überwiegend mit Telenovelas, Spieleshows und anderen sinnfreien Serien im Fernsehen verbringen oder
- täglich einen Großteil Ihrer Freizeit mit Computerspielen verbringen,
- zu viel Zeit mit Twitter- und Facebook-Aktivitäten vergeuden,

dann bleibt Ihnen wenig bis gar keine Zeit für die wirklich wichtigen Dinge des Lebens, geschweige denn über das Leben an sich und wichtige Aspekte davon nachzudenken. Ihre Lebenszeit verrinnt wie der Sand in einer Sanduhr. Sie sollten sich deshalb von Zeit zu Zeit fragen*: Was sind die großen Steine in meinem Leben?* Gesundheit, Familie, Freunde oder der Partner? Träume verwirklichen, tun was man mag, etwas lernen oder einer bestimmten Sache dienen? Sich entspannen, sich Zeit nehmen für besseres Denken?

Überlegen Sie, welche großen Steine wichtig in Ihrem Leben sind. Legen Sie diese wichtigen Dinge zuallererst in Ihren Behälter „Leben". Andernfalls laufen Sie Gefahr, Ihr Leben mit unwichtigen Dingen zu vergeuden. Wenn Sie den Lappalien (dem Kies, dem Sand) den Vorrang geben, füllen Sie Ihr Leben mit Nichtigkeiten und die kostbare Zeit, in der Sie sich um die wirklich wichtigen Dinge des Lebens kümmern können, wird Ihnen dann fehlen.

Fazit: Es muss niemand ganz auf Telenovelas oder Computerspiele usw. verzichten, nur die Reihenfolge Ihrer Aktivitäten ist entscheidend und daraus resultiert natürlich die Füllmenge, also die Zeit, die Sie diesen unterschiedlichen Aktivitäten einräumen.

Apropos Zeit, was schätzen Sie, wie viel Zeit ein Mensch im Durchschnitt innerhalb seines gesamten Lebens mit Arbeit verbringt? Sicher kennen Sie das Sprichwort: „Mit Arbeit verdirbt man sich das halbe Leben!" Wirklich das halbe Leben, also 50 %? Pustekuchen! Es sind im Schnitt gerade mal ca. 15 % Ihrer gesamten Lebenszeit, in der Sie für Ihren Lebensunterhalt arbeiten. Kaum zu glauben, aber wie folgende Rechnung zeigt, sind diese *15 %* in unserer mitteleuropäischen Sphäre annähernd repräsentativ bzw. noch hoch angesetzt. Wir gehen von folgenden Annahmen aus:

Anzahl der Stunden bei einer Lebenserwartung von 80 Jahren:	
80 Jahre × 365 Tage × 24 h = 700.800 h + 480 h (Schaltjahre) =	**701.280**
Anzahl der Arbeitsjahre:	45
Anzahl der Arbeitstage pro Jahr:	225
Zahl der Arbeitsstunden pro Tag:	10
Gesamtarbeitsstunden in 45 Jahren:	**101.250**
Gesamtarbeitszeit in % :	**~ 15**

Von wegen, ein halbes Leben lang arbeiten. Ab jetzt können Sie die ganze Geschichte Ihres Berufslebens etwas gelassener angehen und darüber nachdenken, was Sie eigentlich mit den verbleibenden 85 % Ihrer Lebenszeit so anfangen möchten. Gut, wenn Sie acht Stunden am Tag schlafen, dann sind das in 80 Jahren 233.600 Stunden und nochmal 33,3 % Ihrer Lebenszeit. Bleiben also 51,7 % Lebenszeit. Ziehen wir davon noch 18 Jahre (weitere 15 %) für Kindheit und Ausbildung ab, bleiben immer noch 36,7 % übrig. Sie haben also definitiv mehr als das Doppelte an Freizeit als an Arbeitszeit in Ihrem Leben. Ist doch toll.

Übrigens, wenn Sie am Tag 20 Zigaretten rauchen und für eine Zigarette ca. 5 Minuten benötigen, dann verrauchen Sie unter den oben getroffenen Annahmen ab dem 18. Lebensjahr rund 7 % Ihrer gesamten Lebenszeit und rund 13,5 % von Ihrer Lebensarbeitszeit. Aber die Zahlenangaben für Raucher sind rein theoretisch, denn es erreichen vergleichsweise wenige Raucher ein Lebensalter von 80 Jahren. Rauchen ist das Ergebnis falschen Denkens. Oder wie würden Sie etwas begründen, was nachweislich Ihrer Gesundheit schadet und wofür Sie freiwillig noch schlappe 300 bis 400,– € pro Monat bezahlen?

Geständnis: Ich habe ca. 20 Jahre selbst geraucht, dann haben mich meine Frau und die Vernunft davon befreit.

Pandemie der Dummheit

Die wichtigste Ursache für die Probleme der Menschheit ist, neben den Naturgewalten und den „natürlichen" Gefahren auf unserer Erde, das falsche Denken der Menschen.

Wie wir bereits mehrfach feststellen konnten, hat das falsche Denken eines einzelnen Menschen viele Ursachen, die wir alle unter dem Oberbegriff „Informationen" zusammenfassen können.

Unsere Fühl- und Denkfabrik Gehirn ist bis heute das größte Rätsel der Menschheit. Auch wenn in der Erforschung dieses emergenten Systems in den letzten Jahren enorme Fortschritte erzielt wurden, bleiben mehr Fragen als Antworten. Das liegt zum einen an der Vielfalt der ca. 172 Milliarden Gehirnzellen (Neuronen und Gliazellen) und zum anderen an der Komplexität der neuronalen Netzwerken, also an der Struktur der miteinander verbundenen Gehirnzellen.

Der Aufbau dieser Netzwerke erfolgt durch die wahrgenommenen Informationen in Zusammenarbeit mit den Genen. An einer genetischen „Ausstattung", die wir vererbt, können wir nichts ändern und wir müssen sie einfach hinnehmen. Bleiben die nahezu unendlich vielen Informationen. Informationen bestimmen ein Leben lang unser Fühlen, Denken und Handeln, unsere Persönlichkeitsmerkmale und damit unser ganzes Leben.

Wenn sehr viele Informationen unter Mitwirkung tausender Gene Milliarden Gehirnzellen veranlassen, sich zu Netzwerken zu verbinden, dann muss selbst ein solch emergentes System wie das Gehirn Fehler produzieren.

Warum? Nun, hinsichtlich der Qualität der Informationen sind dem Zufall Tür und Tor geöffnet und demzufolge können sich auch beim Aufbau der Netzwerke Fehler einschleichen. Es werden durch spezielle Informationen bestimmte Gene aktiviert, während andere passiv bleiben. So können Menschen gewisse Veranlagungen für spezielle Verhaltensweisen besitzen, während andere diese Veranlagungen nicht in sich tragen. Es gibt also durchaus Unterschiede hinsichtlich des Potentials der Gehirne der Menschen für das Denken und demzufolge auch für das Falschdenken.

Falsches Denken ist unabdingbar, nicht zu verhindern und von dieser Welt nicht wegzudenken.

Wie wir uns an verschiedenen Beispielen ansehen konnten, zieht sich falsches Denken durch die gesamte Geschichte der Menschheit mit teils dramatischen Folgen.

Faszinierend ist die Tatsache, dass die enorme Zunahme an Wissen und Erkenntnissen seit Ende des Zweiten Weltkrieges nicht zu einer Reduzierung der falschen Informationen und schon gar nicht zu weniger falschem Denken geführt hat. Im Gegenteil, die globalen Kommunikationsnetzwerke (Internet/social Media Kanäle) sorgen dafür, dass sich falsche Informationen in ungeahntem Ausmaß verbreiten können. Die Anonymität der Informanten in den sozialen Netzen führt dazu, dass hemmungslos die krudesten Ideen verbreitet werden. Die Meinungsfreiheit ermöglicht jedem Verschwörungstheoretiker und jedem Menschen mit Persönlichkeitsstörungen wie Narzissten, Machiavellisten und Psychopaten, ihre falschen Ideen, Meinungen und Überzeugungen problemlos unter die Menschheit zu bringen.

Es heißt, das Erste, was im Krieg stirbt, sind Wahrheit und Anständigkeit.
In unserer Informationsgesellschaft sterben Wahrheit und Anständigkeit permanent, täglich, rund um die Uhr und rund um die Welt.
Wir befinden uns praktisch in einem Kriegszustand, im Krieg der Informationen, im Kampf um das Denken der Menschen.

Die Zahl der Falschdenker und die Anzahl falscher Informationen und ihre Verbreitung nehmen dramatisch zu, wir erleben eine Pandemie der Dummheit.

Das Gehirn, unsere Fühl- und Denkfabrik, ist plastisch aufgebaut (Plastizität des Gehirns). Das heißt, Veränderungen an vielen Netzwerken sind jederzeit möglich, auch wenn die wichtigsten Verbindungen bis zur Pubertät (kindliche Prägung) hergestellt und gefestigt sind (Lernphase).

Aufgrund dieser Plastizität ist lebenslanges Lernen auf allen Gebieten möglich. Selbst Persönlichkeitsmerkmale können theoretisch ein Leben lang verändert werden, wenn auch nur unter teilweise enormen Aufwand.

Das Problem besteht nun darin, dass sich Persönlichkeitsmerkmale unter intensivem Einfluss von falschen Informationen über einen längeren Zeitraum verschlechtern können. Aus gelegentlichen Falschdenkern können dadurch notorische Falschdenker oder auch Fauldenker werden und umgekehrt, wenn Letzteres auch ungleich seltener vorkommt.

Wer sein Verhalten von Zeit zu Zeit auf den Prüfstand stellt, sein Umfeld und die Personen mit ihrem Fühlen, Denken und Handeln kritisch betrachtet und sein eigenes Fühlen, Denken und Handeln des Öfteren hinterfragt, für den ist rechtzeitiges Gegensteuern bei einer drohenden Persönlichkeitsveränderung in negativer Richtung zumindest nicht unmöglich. Wichtigste Voraussetzung dafür ist bewusstes Denken.

Menschen, die sich ihrer Persönlichkeitszustände nicht bewusst sind, gehören überwiegend zu den Fauldenkern. Ihr Bewusstsein dümpelt faul herum und lässt Unterbewusstsein und Gedächtnis freie Hand. In diesem Fall fehlt dem Denken das Korrektiv, die kontrollierende Instanz. Die wahrgenommenen Informationen können sich auf eine kritiklose Verarbeitung durch das Unterbewusstsein und einen guten Platz im Gedächtnis freuen und bestimmen damit das Fühlen, Denken und Handeln.

Frage: Auch die falschen Informationen?

Antwort: Vor allem die falschen Informationen. Und das kommt oft vor, weil es sehr viel mehr falsche Informationen als richtige Informationen gibt. Falsche Informationen machen das Falschdenken!

Frage: Kann man etwas dagegen tun?

Antwort: Jawohl, man kann! Und zwar jede Menge:

- Sie haben schon etwas getan – Sie haben dieses Buch gelesen.
- Lesen Sie andere Sach- und Fachbücher zum Thema.
- Reduzieren Sie Ihren täglichen Informationskonsum und beachten Sie dabei das GIGO-Prinzip!
- Nehmen Sie sich Zeit zum Denken (z. B. die Zeit, die Sie durch weniger Informationskonsum einsparen).
- Achten Sie auf die Reihenfolge Ihrer Aktivitäten (*Metapher von den Steinen* – Seite 270).
- Trainieren Sie Ihr Denken! (Suchen Sie sich ein eher positives oder interessantes Thema aus und überdenken Sie es von allen Seiten bzw. aus verschiedenen Perspektiven.) Sie werden merken, dass Ihnen nach einer Eingewöhnungsphase die Themen zum Überdenken förmlich „ins Gehirn fallen".
- Sorgen Sie für ausreichend Energie (ca. 25 % der Gesamtenergie Ihres Körpers verbraucht Ihr Gehirn).

- Sorgen Sie für ein angenehmes „Denkklima" (Ruhe und angenehme Umgebung).
- Machen Sie regelmäßig Denkpausen. Einfach nur sitzen oder liegen und an nichts denken.
- Schreiben Sie alle Themen und Probleme, die Sie aktuell belasten sowie Ihre Gedanken dazu auf. Aufs Papier ist raus aus dem Kopf!
- Sorgen Sie für ausreichend Wissen im Gedächtnis (Bildung). Unbekannte Begriffe, Definitionen und Sachverhalte sind dank Internet in wenigen Minuten greifbar.
- Achten Sie auf die Ich-Illusion, die Illusion vom freien Willen und die Objektivitätsillusion! Alle drei Illusionen sind Denkfehler!
- Seien Sie misstrauisch gegenüber zu schnellen Denkergebnissen – das Unterbewusstsein (UBWS) betrügt Sie nach Strich und Faden und liefert gern auch mal irreale Informationen!
- Misstrauen Sie ebenso Ihrer Wahrnehmung. Auch die wird von Ihrem Unterbewusstsein unter Einbeziehung Ihres Gedächtnisses manipuliert.
- Misstrauen Sie Informationen grundsätzlich, vor allem aber solchen von unsoliden oder anonymen Quellen, sie werden auf Schritt und Tritt manipuliert!
- Sie können falsches Denken nicht vermeiden, aber Sie können es reduzieren.

Epilog

Die menschlichen Zellhaufen haben unter anderem das künstliche Licht gegen die Dunkelheit in der Nacht erfunden. Gegenwärtig arbeiten sie an der künstlichen Intelligenz, weil die natürliche Intelligenz der Menschen allzu oft im Dunkeln tappt. Leider arbeiten viel zu wenige Menschen an einer Vermeidung der „Dummergenz" und an einer Reduzierung des falschen Denkens.

Das Falschdenkersyndrom und die Pandemie der Dummheit beruhen im Wesentlichen auf unserer Unwissenheit, auf den dadurch verarbeiteten falschen Informationen, den zwangsläufig falschen Denkergebnissen und unserem falschen Handeln.

Mit der Hypothese der drei Abteilungen Bewusstsein, Unterbewusstsein und Gedächtnis unserer Fühl- und Denkfabrik Gehirn können wir unser Fühlen, Denken und Handeln verstehen lernen. Weil wir die Wahrnehmung und Verarbeitung falscher Informationen aber nicht verhindern können, müssen wir unser falsches Denken zwar hinnehmen, jedoch nicht widerspruchslos akzeptieren. Informationen bestimmen unser gesamtes Sein, unser Fühlen, Denken und Handeln, falsche Informationen auch. Ein freier Wille ist lediglich eine Illusion, es gibt keinen freien Willen! Die Informationen dieses Buches sollen beim Leser den Willen erzeugen, sich vor falschen Informationen und ihren Folgen zu schützen und damit falsches Fühlen, Denken und Handeln zu verringern bzw. wo immer möglich zu vermeiden. Angesichts der Informationsflut in unserer digitalen Informationsgesellschaft mag dies aussichtslos erscheinen, vergleichbar mit dem Kampf David gegen Goliath. Aber David soll ja wohl gegen Goliath gewonnen haben!

Übrigens, das Falschdenkersyndrom war offensichtlich bereits zu Zeiten Goethes bekannt, wenn auch mit anderer Wortwahl:

„Man muss das Wahre immer wiederholen, weil auch der Irrtum um uns her immer wieder gepredigt wird, und zwar nicht von Einzelnen, sondern von der Masse. In Zeitungen und Enzyklopädien, auf Schulen und Universitäten, überall ist der Irrtum obenauf und es ist ihm wohl und behaglich, im Gefühl der Majorität, die auf seiner Seite ist."

(Quelle: Johann Peter Eckermann: „Gespräche mit Goethe", 1836)

© Der/die Herausgeber bzw. der/die Autor(en), exklusiv lizenziert durch
Springer Fachmedien Wiesbaden GmbH, ein Teil von Springer Nature 2021
H. G. Hoyer, *Das Falschdenkersyndrom*, https://doi.org/10.1007/978-3-658-32865-8

Anhang: Bücherliste

Die Inhalte der nachfolgend aufgeführten Bücher haben zu unterschiedlich großen Teilen zu diesem Buch beigetragen. Während ich sie gelesen (wahrgenommen) habe, hat meine Fühl- und Denkfabrik Gehirn mit den Gehirnen der jeweiligen Autoren gedacht, denn Lesen ist Denken mit einem fremden Gehirn. Die Inhalte (Informationen) dieser Bücher wurden zumindest in Teilen, unter Verwendung der Erfahrungen, des Wissens und der Erkenntnisse (EWE) aus meinem Gedächtnis, verarbeitet und es entstanden neue „Denkergebnisse", die ich im Buch beschrieben habe. Beim Lesen des Buches haben Sie also direkt mit meinem Gehirn und ein bisschen indirekt mit den Gehirnen der Autoren der aufgeführten Bücher gedacht. Wenn Sie möchten, können Sie im Nachhinein gerne auch noch direkt mit den Gehirnen der Autoren denken. Das wird Ihre EWE im Gedächtnis bereichern und kann damit auch Ihr Denken verbessern.

Übrigens, das Lesen, also das Denken mit einem fremden Gehirn, bedeutet nicht automatisch richtig zu denken. Im Gegenteil, es gelten auch hier die Empfehlungen zur Verhinderung des falschen Denkens, denn das Falschdenkersyndrom lauert überall, teilweise auch in den hier aufgeführten Büchern.

Autor	**Buchtitel**
Bauer, Joachim	Das Gedächtnis des Körpers
Bauer, Joachim	Das kooperative Gen
Bauer, Joachim	Prinzip Menschlichkeit
Bauer, Joachim	Schmerzgrenze
Bauer, Joachim	Warum ich fühle, was du fühlst
Birbaumer, Nils	Die Gehirn weiß mehr als du denkst
Blackmore, Susan	Die Macht der Meme
Bonhoeffer/Gruss	Zukunft Gehirn
Bryson, Bill	Eine kurze Geschichte von fast allem
Csikszentmihalyi, Mihaly	Flow im Beruf
Damasio, Antonio	Descartes Irrtum
Damasio, Antonio	Selbst ist der Mensch

© Der/die Herausgeber bzw. der/die Autor(en), exklusiv lizenziert durch
Springer Fachmedien Wiesbaden GmbH, ein Teil von Springer Nature 2021
H. G. Hoyer, *Das Falschdenkersyndrom*, https://doi.org/10.1007/978-3-658-32865-8

Anhang: Bücherliste

Dawkins, Richard	Das egoistische Gen
Dawkins, Richard	Der entzauberte Regenbogen
Dawkins, Richard	Der Gotteswahn
Dawkins, Richard	Gipfel des Unwahrscheinlichen, Wunder der Evolution
De Bono, Edward	De Bonos neue Denkschule
Dobelli, Rolf	Die Kunst des klugen Handelns
Dobelli, Rolf	Die Kunst des klaren Denkens
Dörner, Dietrich	Die Logik des Misslingens
Dürr, Hans-Peter	Warum es ums Ganze geht
Eckholdt, Matthias	Kann das Gehirn das Gehirn verstehen?
Fisher, Len	Schwarmintelligenz
Frith, Chris	Wie unser Gehirn die Welt erschafft
Fuchs, Jürgen	Willkommen in der Gehirn-WG
Gabriel, Marcus	Der Sinn des Denkens
Gazzaniga, Michael	Die Ich Illusion
Gigerenzer, Gerd	Das Einmaleins der Skepsis
Greenfield, Susan	Reiseführer Gehirn
Harari, Yuval Noah	Eine kurze Geschichte der Menschheit
Hobson, Allen J.	Das optimierte Gehirn
Hüther, Gerald	Die Macht der inneren Bilder
Hüther, Gerald	Etwas mehr Hirn bitte
Kahneman, Daniel	Schnelles Denken, langsames Denken
Kutschera, U.	Tatsache Evolution
Largo, Remo H.	Lernen geht anders
Lauxmann, Frieder	Vom Nutzen des unnützen Denkens
Lipton, Bruce	Intelligente Zellen
Lipton, Bruce; Bhaerman, Steve	Spontane Evolution
Mai, Jochen; Rettig, Daniel	Ich denke, also spinn ich
Margulies, Lynn	Die andere Evolution
Maslow, Abraham	Motivation und Persönlichkeit
Medina, John	Gehirn und Erfolg
Orwell, George	1984
Orwell, George	Die Farm der Tiere
Parianen, Franca	Woher soll ich wissen, was ich denke, bevor ich höre, was ich sage

Anhang: Bücherliste

Pinker, Steven	Denken – wie das Denken im Kopf entsteht
Pöppel, Ernst; Wagner, Beatrice	Traut Euch zu denken
Precht, Richard David	Jäger, Hirten, Kritiker
Precht, Richard David	Wer bin ich, und wenn ja, wie viele
Ratey, John	Das menschliche Gehirn
Reinhard, Rebekka	Die Sinn-Diät
Renz-Polster, Herbert	Kinder verstehen
Roth, Gerhard	Fühlen, Denken, Handeln
Roth, Gerhard	Persönlichkeit, Entscheidung und Verhalten
Schmid, Wilhelm	Dem Leben Sinn geben
Singer, Wolf	Der Beobachter im Gehirn
Singer, Wolf	Ein neues Menschenbild
Singer, Wolf; Richard, Matthieu	Hirnforschung und Meditation
Spitzer, Manfred	Digitale Demenz
Spitzer, Manfred	Dopamin und Käsekuchen
Spitzer, Manfred	Geist im Netz
Spitzer, Manfred; Bertram, Wulf	Braintertainment
Stangneth, Bettina	Böses Denken
von Glasenapp, Helmut	Die fünf Weltreligionen
Wehling, Elisabeth	Politisches Framing

GPSR Compliance

The European Union's (EU) General Product Safety Regulation (GPSR) is a set of rules that requires consumer products to be safe and our obligations to ensure this.

If you have any concerns about our products, you can contact us on

ProductSafety@springernature.com

In case Publisher is established outside the EU, the EU authorized representative is:

Springer Nature Customer Service Center GmbH
Europaplatz 3
69115 Heidelberg, Germany

www.ingramcontent.com/pod-product-compliance
Lightning Source LLC
LaVergne TN
LVHW080305260326
834688LV00039B/1141